ジン・クーユー
梶谷懐 監訳
西川美樹 訳

新中国経済大全

資本主義と社会主義を超えて

日本経済新聞出版

THE NEW CHINA PLAYBOOK
BEYOND SOCIALISM AND CAPITALISM

私の両親に捧ぐ

THE NEW CHINA PLAYBOOK
Beyond Socialism and Capitalism
by Keyu Jin

This edition published by arrangement with Viking, an imprint of Penguin Publishing Group, a division of Penguin Random House LLC, New York, through Tuttle-Mori Agency, Inc., Tokyo

日本語版への序文

中国経済の台頭は経済の奇跡とみなされている。戦後の日本と似ている点もいくらかあるが、人類の歴史上、中国ほど速いスピードで、かつ長期にわたって成長した国はほかにない。とはいえ、国民一人当たりで見てみると、日本は１９５０年から90年にかけて、一人当たりＧＤＰが52倍という驚くべき成長を遂げたのに対し、中国も１９７８年に改革開放政策が始まってからの40年間で、一人当たりＧＤＰが50倍も成長した。どちらも当初は名目所得が２００ドル以下の国であったことを思えば、これは驚くべき快挙である。そしてどちらも経済発展を成功させた世界の模範例となったが、両国の手法と政治システムは、根本的に異なっている。

中国で日本製品が垂涎の的だった１９８０年代当時のことを、私もよく覚えている。日本製のカラーテレビや洗濯機、炊飯器を手に入れることは、中国の人々にしてみれば夢のような話だった。こうした製品は高品質と信頼性を象徴するもので、これらを揃えることはステータスの証《あかし》になった。政府の政策決定者も、自国が見習うべきモデルとして、日本の経験に一斉に飛びついた。そしてその成功談から苦労話まで、日本の叡智たるものをつぶさに調べあげた。

一見すると中国と日本は、どちらも貯蓄率が高く、通貨を切り下げて輸出と投資の拡大を図るという、開発戦略上の共通点を持つ。またどちらも経常黒字を長期にわたって維持したがために、赤字に転落した先進諸国の怒りを買った。そして、どちらも自国が輸出するハイテク製品によって競争相手が駆逐されると、西側経済を不安に陥れた。なかでも顕著な例は、半導体産業だ。もともとマイクロチップはアメリカで発明されたものだが、1980年代には半導体産業の重要分野で、直ちに日本がアメリカを追い抜いた。

日本が当時経験したことは、中国が今日まさに経験していることと酷似しており、そこからわかるのは、世界第1位の経済大国が、世界第2位の経済国によって仕掛けられた競争をつねに冷静に受け止めるわけではないということだ。忘れられがちなことではあるが、1980年代のアメリカは、日本製品を温かく迎えたわけではなかった。当時、日本企業は輸出規制、関税、輸入割当て、市場参入規制、反ダンピング措置に直面したが、それとよく似たものを、今日では中国企業が経験している。当時は貿易摩擦によって緊張が高まり、苛烈な競争が繰り広げられたが、それでも日本とアメリカは、国際協力の精神のもと、そしておそらくは両国が同盟国であることから、報復よりも交渉の道を選んだ。

日本は自動車と家電品の輸出自主規制に同意し、1985年にプラザ合意に署名し、その結果、ドルに対する自国通貨の価値が100%上がった。それでも日本は、今日の中国企業には決して望めないようなかたちで、アメリカ市場への参入を許された。ホンダと日産はアメリカに工場を建設し、アメリカ人労働者を雇い、アメリカの顧客に商品を直接販売した。この対外直接投資(FDI)のモデルによって衝突は回避され、貿易摩擦による緊張は緩和された。一方の中国企業は、現在メキシコとベトナムで工場建設を進めており、これらの国を経由して自国製品をアメリカに出荷しようと考えている。そのため、貿易ルートはより遠距離で、よりコストのかかるものになっている。

中国と日本には、輝かしい奇跡からさまざまな試練まで、多くの共通点が見受けられる。とはいえ、いまや中国経済の先行きは、バラ色には見えなくなっている。成長はかなり減速し、ごく短期間で不動産市場が大幅に調整され、中国の政府・企業・家計を合わせた債務残高の対GDP比も日本とほぼ同程度になっている。中国企業は、拡大を続ける大規模な国内市場や活力ある起業家精神の恩恵にもはやあずかれず、国内の厳しい競争や総需要の急激な落ち込みに晒されながら、グローバル企業になるために奮闘している。高齢化する経済、銀行に過度に依存する金融システム、目もくらむような絶頂期を迎えたのちに崩壊した不動産部門など、いまや中国は1990年代初期の日本とあまりに似た様相を呈している。

ここにきて中国は、日本の「失われた10年」をたどりつつあると言われている。だが、両国の経済には共通の症状が見られても、その根本原因は必ずしも同じではない。両国の経済機構は基本的に異なっていて、この点については本書を読めばおわかりいただけることと思う。とどのつまり、中国のモデルは

「政治的経済」と呼べるものだ。活力溢れる起業家や新世代の消費者から、企業家としての国家に至るまで、そこに参加する多彩なプレイヤーは、この国の経済を決定するだけでなく、その経済にとって欠かせない存在だ。市場メカニズムと国家による調整、すなわち産業界と政府とのこの共生関係は、経済の持てる力を強化すると同時に、これを破壊する恐れもある。要するに、美徳と悪徳は同じコインの表裏にすぎないのだ。

中国モデルは、この40年間で、いかにも的を射たものであることが証明された。中国は世界経済において他国と最もつながり合う存在になり、世界の製造業生産の4分の1以上を担っている。人工知能や量子コンピューティングから電気自動車に至るまで、中国は新時代の多くの最先端テクノロジーで世界のリーダーになっている。それでも、これは一般の見方には反しているが、仮に国家が強力な役割を果たさなかったならば、これほどの急成長は望めなかっただろう。数年足らずで中国は、電気自動車用充電スタンド、データセンター、5Gインフラ、次世代電力網《スマートグリッド》などの新たなインフラ設備を展開するようになった。そして大規模なイノベーション投資を行い、技術革新を進めるべく企業に補助金を出し、消費者が新たなテクノロジーを利用できるように取り計らった。

最も重要な政策には、地方レベルで生まれたものもあった。地方政府は、有望な起業家のあらゆる要求を満たすための「ワンストップ・ショップ」（1カ所で必要な買い物を完了できる場所）になった。政治の中央集権化と経済の分権化がこのようにセットになっていることこそ、中国経済の決定的な特徴である。そして、このモデルがとりわけ首尾よく機能するのは、民間部門から公的部門、中央政府から地方政府、産業界から金融システムに至るまで、すべてのインセンティブが一致したときだ。この挙国体制こそ、中国が自国の戦略的目標を達成するために採用しているシステムであり、その目標がオリンピックで最大数の金メダルを獲得することだろうが、わずか10年ほどで最大かつ最も斬新な太陽光発電や電気自動車の産業を築くことだろうが、その点に変わりはない。

中国は数々の経済的成功を遂げた一方で、嫌というほどの試練も経験してきた。中国の開発モデルにはそもそも深刻な不備がある。それは、ときに無駄が多く、非効率的で、力ずくで実行されることだ。そして今日見られる問題のなかには、以前から蓄積されてきたものもある。地方政府は国のＧＤＰを増やすべく資金調達の必要に迫られるが、成長と投資の目標を達成する手っ取り早い方法は、不動産開発を行うことだ。そして差別的な金融制度によって需要よりも供給が優遇され、結果として過剰な生産能力が生じる。このモデルは迅速な規模拡大には優れていても、個人消費を伸ばすために必要な柔軟性や機敏性に欠けている。かくして法外な負債、資源の不適切な配分、内需の伸び悩みといった問題が、中国の輝かしい経済成長に暗い影を落としている。

それでも、こうしたコストに見合うものは得られたに違いない。何しろ10億人近い国民が30年ほどで貧困から脱出できたのだから。また中国は10年もかからずに、従来の自動車産業で世界的な競争力を持たないうちから、太陽光発電と電気自動車の両分野で、世界のリーダーになった。２０１０年代のはじめに中国は「模倣屋」の評判を脱ぎ捨て、同年代の終わりには傑出したイノベーターになっていた。非の打ち所のない完璧なモデルなど存在しないし、どんな手法にも費用《コスト》と便益《ベネフィット》の両方が伴うものだ。

中国モデルにとっての最大の試練は、その目的が変化したときに訪れる。過去40年にわたり経済成長と発展だけに一点集中していた目標が、ここにきて国家の安全保障、技術的な独立性、「共同富裕」、さらに政略といった広範な目標に置き換わった。またインセンティブも変化し、大きな賭けをして大きな利益を得ることよりも、慎重に行動して安定を維持することが奨励されるようになった。１９８０年代に大胆な改革を率先して実行した地方政府や国家機関の起業家精神は、損失を嫌う慎重な行動に取って代わった。実際、中国という国はいまだかつてないほど複雑化し、広範な開発目標や社会経済的目標を達成する必要に迫られている。さらに地政学的な変動が続く状況下で、自国の広範な戦術や、世界における足場を見直す必要も生じている。

だが、それは際どいバランスを保つことでもある。これまでに政治と経済、成長と拡大する格差、グローバリゼーションの便益とそれに対する不満とのあいだに折り合いをつけられた国は世界に見当たらない。これは今日の中国にとって重要な道徳意識でもあり、中国はその大義のための答えを必死に探し求めている。もちろん中国が、より包摂的で、より平等な資本主義という、もう一つの道に進みたいと考えたとしても無理はない。あるいはシステムを支配し、金融部門の混乱を抑制したいと考えたとしても、やはりそれも理解できる。とはいえ、成長を抑制するか、あるいは最も生産的な者の労働意欲や最も資源を持つ者の投資意欲を削ぐリスクを冒すことなく、こうした目標を達成する簡単な公式など存在しない。昨今、中国が成長と社会政治的目標とのあいだで揺らいでいることは、この国に便益よりも、一層不安定な状況をもたらす恐れがある。それは経済史が教えてくれる貴重な教訓だ。

これまでさまざまな偉業を成し遂げてはきたが、中国経済の未来が楽観的なものではなさそうだとの予感は拭《ぬぐ》えない。とはいえ、人口動態や負債水準、あるいは輸出主導型モデルなどの直接的な原因が問題になっているわけでもない。本書で詳しく説明するように、これらは克服できる問題だ。それよりも、完璧でなくとも著しい経済的成功を遂げた国の多くが往々にしてつまずくのは、成長重視の政策を放棄することが原因だと私は考える。つまり、それは政治が経済を牽引すること――その逆ではなく――を許すということだ。

未来に目を向け、中国の新たな戦略を探るにつれて、この国が自国の抱えるジレンマをいかに解決していくかという問題に興味が湧いてくるはずだ。自国が切望する科学的発見やイノベーションの達成に必要ならば、中国はごく一部の人間が過度に裕福になることを黙認せざるをえないかもしれない。あるいは国民がもっと広く豊かになるための代償として、資本主義社会の不公平かつ不安定な要素をいくらか取り入れるといった可能性も考えられる。ただし、社会主義を掲げる国からすれば、それは同時に不快感を伴う選択になるかもしれない。だが、市場経済の不備を過剰に修正することは、修正が中途半端な場合と同じくらい危険を伴うものである。

中国経済はいまも途方もない力を秘めている。そもそも中国と、1990年代初頭に長期の経済低迷が始まった日本は、きわめて異なる立場にある。中国の一人当たりの実質所得は、現在もアメリカのわずか5分の1だが、日本の実質所得はすでに1990年代にはアメリカの3分の2近くまで達していた。中国の全要素生産性はいまもアメリカの40%にすぎないが、当時の日本はすでに80%に達していた。中国では数億人の労働者が現在も農村部に住んでいるが、1億人を超える出稼ぎ労働者に社会福祉や保護がもっと行き渡れば、年間数千億ドルの追加消費が期待できるだろう。また農村部では、かなりの人口がいまだに十分な教育を受けられず、不完全雇用の状態にある。中国のサービス部門はGDP比がわずか50%で、労働人口の47%しか雇用していないが、日本では当時すでにサービス部門がこの国の経済の65%を占めていた。

中国にはいまも開発のチャンスが手付かずのまま残っている。農村部の土地の権利、国内の移動、金融部門の改革のほかにも、開拓できる余地はまだ多くある。政治的な束縛が少なくなるなかで、迅速にギアを切り替え、自国の方針・目的・政策を変更できる中国の力を過小評価してはならない。とはいえ、その力は恵みにもなれば、マイナスに働くこともある。

東京大会からちょうど3年後にパリで開催された2024年の夏季オリンピックが幕を閉じたとき、これまで自国の選手に手の届かなかった種目も含めて、中国があれほど多くのメダルを獲得したことに、私も感嘆を覚えた。オリンピックの試合に向けて中国が投じた戦略モデルも、その精神も、資源も、電気自動車や電池やソーラーパネルの開発にこの国が投じたものとさほど違いはない。こうした例からわかるのは、インセンティブが一致し、資源が入手でき、そして何より強い熱望や無我の興奮を国民が広く共有したときにこそ、中国の経済モデルが最大限の力を発揮するということだ。この国が苦境に陥ったときもそれは同じだろう。結局、私たちに必要なのは、中国という国を歴史に照らし、おそらくこの数年ではなく、10年ないし数十年の範囲で振り返ってみることだ。本書が示すパラダイムや要因は、今後も中国経済を導くものであるに違いない。本書が、この謎と魅力に満ちた国の経済に興味や好奇心を持ち、偏見を排して向き合い、その真の姿を理解したいと願う方々の一助となることを願っている。

2024年10月

ジン・クーユー

目次

第5章 国家と市長経済 151

第8章 世界経済における中国の役割 279

第9章 世界の金融市場で 315

第 1 章

中国という謎

THE CHINA PUZZLE

この本は、読者の皆さんが中国のありのままの姿を読みとり、その国民や経済、政府を、解釈過程で真実が損なわれることなく理解できるようにと願って書いたものだ。こうした新たな見方が必要であることを痛感したのは、私がまだ10代であった1997年に、中国の交換留学生としてアメリカに渡ってきたときのことだ。ニューヨーク市にあるホーレス・マン高校の校長ドクター・ローレンス・ワイスは、中国が経済的にも政治的にもはるかに存在感の薄かった当時から、この国が将来世界で重要な立場に就くだろうと予見していた。そして、本場中国の視点を自校の生徒に紹介することは、学習面でも社会面でも、意味のあることだと考えた。私はそのギャップを埋めるべく選ばれたわけだが、私もまた、母国の誰もが憧れるアメリカという国から多くを学びたくて胸躍らせていた。

地理的に、そしてイデオロギー的にもはるかに遠い国からやってきた私は、同級生たちの目に、いかにも異国の存在と映ったようだ。放課後、私が中国本土から来たことを口にすると、決まって次のような質問を浴びることになった。中国はいつ民主主義国家になるの？　向こうでは抑圧されてるって感じない？　自分の国の大統領を自分で選べないのってどんな気持ち？　中国経済はいつ成長をやめるの？……等々。幸いにも、私はアメリカ人のホストファミリーに温かく迎えられ、この一家のおかげで、この国の政治の世界にいきなり飛び込むことになった。共産主義国である中国から来たばかりの私が、ニューヨーク州の民主的な選挙活動に夢中になり、チラシを配ったり、資金集めのパーティに参加したりした。そこで見識の広い政治通の多くの大人たちに出会ったのだが、彼らもまた同級生と同じような質問をしてくることに正直驚いた。どうやら教養あるアメリカ人ですら、中国の生活については、いかにもステレオタイプの理解しかしていないようだった。彼らの言葉の端々に、表現の自由も政治の選択肢も制限された、彼らから見れば後進国で育った私への同情が感じられた。

そうは言っても、彼らの想像する中国は、私の生活実感から知る母国の姿とはかけ離れていた。1997年の中国は、すでに劇的な変化のさなかにあったからだ。新たな経済改革の重要性や、オリンピック開催国への立候補、世界貿易機関（WTO）への加盟、国営企業の民営化、自動車やインフラ、ビジネスモデルを含む西側のテクノロジーの採用といった話題に、人々は興奮し、希望に湧いていた。学校では政治の教科書が頻繁に改訂され、マルクス主義の考えは「中国独自の社会主義」へと徐々に変容されつつあった。中国の人々は、いまだかつてなく快適な暮らしを送っていた。私は大学生時代、その後はハーバードの大学院生として、毎年夏に北京に帰郷するたびに、都市の景観の変貌ぶりに目を丸くしたものだ。

そこから30年近く飛んで、現代に話を戻そう。私の子ども時代に後進国だった母国は、今日、世界第2位の経済大国になり、新しく台頭したこの国の大都市は、驚くべきテクノロジーの奇跡によって活気づいている。それでも世界の多くの人々は、あいかわらず同じ質問をしてくるし、中国を専制的で抑圧的な体制の旧共産主義諸国と同一視している。圧倒的な力を誇る中国経済に対しても、世界はいまだに懐疑的だ。中国の経済モデルは失速している、国家は民間の起業家を締めつけ、イノベーションを阻害している、金融崩壊が間近に迫っている、などと言われる。とはいえ、2008年に、欧州の金融機関や巨大企業を軒並み崩壊へと向かわせたのは、アメリカの金融システムのほうだった。その後、グローバル経済に影響力を持つ数多《あまた》の国々が揃って景気後退に陥った様子を見ると、果たして、従来の西側の資本主義のような汎用的な経済システムに、勝ち目があるのかどうかすらわからなくなった。

中国の現在の路線は、西側の価値観や経済システム、政治信条に合流しないかぎり、破滅に向かうと、今日も多くの人は強く信じている。中国の経済成果を肯定的に見る人たちのなかにすら、中国を脅威とみなす傾向がある。中国で育ち、西側で仕事をする経済学者として――つまり、東西の世界に片足ずつ突っ込んでいる者として――私はこうした見方はいずれも、中国で実際に起きていることを正しく捉えきれていないように感じる。本書は、中国に対するもう一つの、もっと繊細で、もっと複雑で、願わくはもっと役に立つ見方を提示しようとするものだ。

中国をより広く理解するためには、中国のシステムと経済を理解することが欠かせない。中国の成功を願う人たちは、この国の経済がいかに機能しているかを正しく理解しておく必要がある。そうすれば、それによって生まれるチャンスをもっと上手に活用できるからだ。一方、中国に不信感を抱く人たちも、もっと的確な批判ができるし、国家の行為と国民の行為とを区別し、マクロのイメージとミクロの現実を分けて考えることができるだろう。中国と西側諸国とのあいだには意見の対立する分野も多いし、価値観や視点、政治的手法に隔たりがあるため、眼前の出来事や政治の展開によって、経済に関する判断が曇ることがあまりに多い。本書では、こうしたことに極力影響されずに、経済の問題と、それが依拠する政治的・文化的上部構造について論じていくつもりだ。

ブロンクスでの私の高校時代から数十年を経て、中国は、自国の目的に叶い、自国の条件に沿った、自国の文化を受け継ぐ独自の経済モデルを築いてきた。崩壊間近との予想が繰り返されても、中国はあいかわらず世間の予測をはねつけている。経済を裏で操る「見えざる手」に任せるどころか、この国はしょっちゅう、かなり強引に、ときに不器用に、自国の経済に干渉し続けてきた。法の支配、企業の健全なガバナンス、知的所有権の保護は、すべて長期的な成長の必須条件とされてきたが、中国経済が急成長した大半の時期において、いずれも脆弱なままだった。だがそれでも、中国の方法は一定の成功を収めているように見える。

たとえば中国では、人口のかなりの割合が中間層の仲間入りを果たした。さらに2000万社の民間企業が続々と誕生したが、これらの企業は、ほんの30年前までは合法的に事業を行うことすらできなかった。2019年、中国では、ユニコーン企業（評価額10億ドル以上の民間企業）の数が世界最大を記録した。かつて地平線まで何もない平野が広がっていた風景に、いまでは新しいスマートシティが光輝き、自律走行車の専用車線が引かれ、ロボットがケンタッキーフライドチキンを運んでくる。中国の全権力を握る政党と無数の国有企業の存在が、国家主体の経済を示すと考える人は、今日、民間部門がこの国の生産量の6割、この国の資産の7割、都市の雇用の8割を占めているという事実に目を向けてほしい。30年前まで、その割合は逆であった。[1]

ヨーロッパ出身の私の同僚たちにとって、一見繁栄する資本主義経済のように見える国で、共産党が実際にどんな役割を果たしているのかはつねに謎だった。私のアメリカの友人たちにとって、中国の旺盛な起業家精神は、権威体制に国民が服従することと相容れないものに見えた。こうした一見不可解なこの国の状況を理解するためには、固定観念を捨てる必要がある。複雑で、しばしば矛盾する力学で動く新たな中国モデルを十分に把握してこそ、それが純粋な資本主義とも社会主義とも異なるものであることを真に理解できるはずだ。その長所を認め、かつその課題も見極めることで初めて、中国モデルを理知的に批評することができる。中国経済が成熟するにつれて、こうした深い理解こそ、この国のモデルのどの部分が維持され、どの部分が変化するかを予想する助けとなるだろう。私はこの間の中国経済の目を見張るような発展に胸躍らせてきたが、それと同じくらい、今後その手法がいかなる長期的結果をもたらすのか、このシステムが果たして適切なのかについて、懸念も抱いている。

流星のような中国経済の台頭の謎を解き明かすには、その歴史や文化とともに、家計、企業、国家など、さまざまな要素間の流動的な相互作用を検討する必要がある。次章以降では、この三つの基本的な経済主体を促す行動とインセンティブについて検討し、これらの相互作用が、多彩かつしばしば矛盾するものが共存しているように見える中国経済をいかに形成しているかを見ていく。その役割をより深く理解することで、テクノロジーや貿易、金融における中国の目標だけでなく、グローバル経済に中国がもたらす影響も把握できるはずだ。最後に、国家の役割、新世代の重要性、中国の成熟などの今後注目されるであろうテーマを取り上げ、中国が新たな時代に乗り出すなかで、この国の現在が、いかなる未来につながるかを考えたい。

1978年に権力の座に就いた中国の最高指導者・鄧小平《トン・シャオピン》は、かつて「黒猫であれ白猫であれ、鼠を捕るのが良い猫だ」と語り、イデオロギーが過熱した時代に、社会主義と資本主義の優越をめぐる白熱した議論を巧妙に終わらせた。市場経済は資本主義だけでなく社会主義とも共存できるという考えは、この

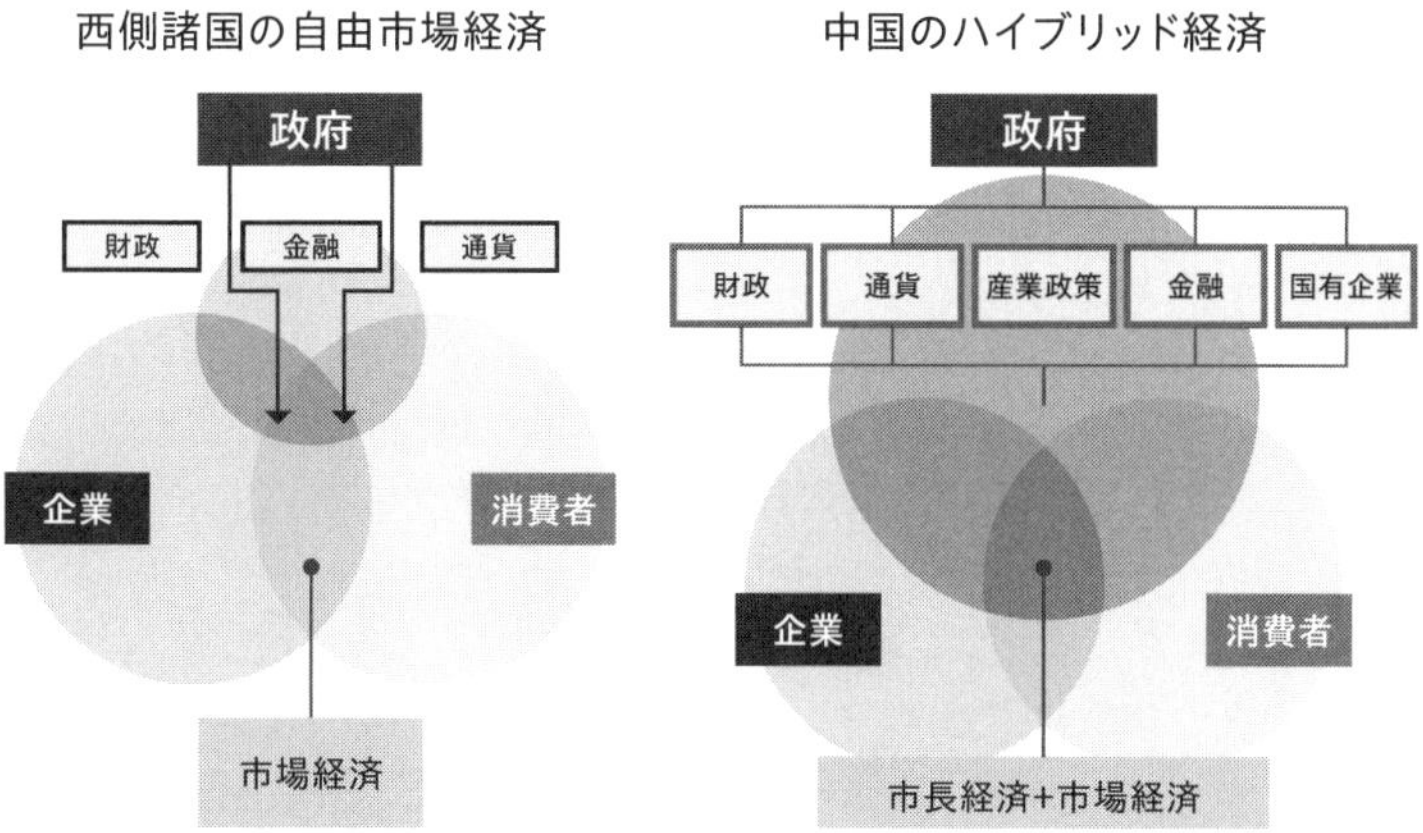

図1-1　西側諸国と中国の経済モデルの違い
左は西側諸国の市場経済を、右は中国のハイブリッド経済を示す。西側政府はおもに財政、金融、通貨政策を介して市場に影響力を及ぼすが、中国政府は産業政策および国有企業の管理を介して影響力を及ぼす。中国政府の規模のほうがはるかに大きく、政府はそのハイブリッド経済にも深く関与している。

国の経済自由化への道を切り開いた。以来、中国の経済システムは、徐々に独自のかたちをとりつつある。「管理された資本主義」「市長経済」、あるいは建前的に「中国独自の社会主義」などと呼ばれたところで、この国の経済モデルはどのカテゴリーにもぴったりとは当てはまらない。むしろそれは、国家と産業界、調整と市場のインセンティブ、共産主義と個人主義などのあいだで折り合いをつけた、国家と市場経済の稀有な混合物なのだ。

　中国の政治的経済モデルと西側諸国の自由市場モデルの対比を、図1－1に示した。西側の市場経済を構成する消費者と企業は、金融システムによってつながり、このシステムでは国家の果たす役割は小さい。一方、中国では、消費者、企業、国家（金融システムに顕著な力を発揮する）が重なり合うことで、市場経済と「市長」経済（これについては第5章で詳述する）の両方の要素を含むハイブリッド経済が生まれている。中国国家の規模と権力は、この図が示すように西側諸国よりも大きい。それは中国という国家が、自由に使えるツールや手段をより多く手にして、大幅な権限や目標を持つことにも反映されている。中国という国家の特徴は、国の目標を叶えるために大規模な集団行動を動員できる点にある。そうやって国民に資源を分配し、インセンティブを設定するだけでなく、命令を下し、罰を与えることもできるのだ。

この国のシステムが他国と異なることを示すもう一つの特徴は、中国では政治の中央集権化と経済の分権化がセットになっていることにある。中央政府は戦略的な方向を定めるが、現場でそれを実行するのは地方政府だ。「市長たち」は実質、その管轄区域のステークホルダーである。彼らは優良な民間企業を支援することで産業の集積を図り、ＧＤＰが上昇し、仕事が増え、不動産価格が急騰するなどの乗数効果のある活気溢れる経済を築き上げる。そして税収を増やし、自らも政治的階級の梯子《はしご》を昇っていく。だからこそ、国家にまつわる根強い憶測とは逆に、地方政府の役人は、奪いとるより助けるために手を貸すことが多いのだ。本書を通して見ていくように、地方の役人と大胆な起業家とのこの稀有な結びつきによって、中国はこれまでも改革、産業化、都市化を実行し、現在はイノベーションに取り組んでいる。

中国の成長モデルの第三の特徴は、経済の諸々の面がいまだ揺籃期にあることだ。法制度や規制機関、契約上のルールなどは向上しつつあるが、まだ頼りない。制度的な欠陥や抜け穴が多い経済では、いかなる事業においても、参入や操業上のさまざまな障壁を乗り越えようとする際は、国家がその鍵を握る。このため中国では、国家と民間部門とのあいだに、他国には見られないような親密な関係が生まれている。

表1-1　資本主義と社会主義の考え方の違い

	資本主義	社会主義
私有財産権	強い	不安定
研究の主導権および決定権	起業家／企業	政府
起業家への金銭的報酬	大きい	わずか
競争（創造的破壊）	強い	弱い
プロジェクトの資金調達	柔軟で市場主導	厳格で割当方式

出典：Chenggang Xu, “Capitalism and Socialism: A Review of Kornai’s *Dynamism, Rivalry, and the Surplus Economy,*” *Journal of Economic Literature* 55, no. 1 (March 2017): 191–208の修正版より

国家が未成熟な市場に対してできる良いことはたくさんある。問題は、大半の途上国には国家の力も、優れた制度も存在しないことだ。中国には国家の強大な力はあっても優れた制度はないが、一方、アメリカのような先進国には強力な公的制度があっても、国家の力が徐々に侵食されつつある。

資本主義と社会主義の最大の違いは、ダイナミックなイノベーションの有無にある。これは資本主義の最も基本的な利点であり、所有権の保護や競争原理によって発揮されるが、社会主義のシステムではとりわけ脆弱なものだ（表1－1）。ところが中国では、国内の調整や資源の分配といった社会主義の特徴があるとはいえ、イノベーションと起業家精神が、その経済の典型的な特徴になっている。この国は、独自の環境に合うように、民間と国家の力を結集する独自の道を見出したのだ。

多くの識者は、中国が成功した理由を、自由市場経済が出

現したからだとか、あるいは高度に中央集権化された共産党政権の力によるものだ、などというように、いずれかに決めつけるという間違いを犯しやすい。だが、真実はその中間にある。たしかに中国では市場が機能している。財と生産要素の市場（資本と労働）は需要と供給によって成り立ち、消費者は自由に購買し、企業は技術革新を進めている。発明や発見、教育、健全な金融投資は高収益につながる。とはいえ、国家の計画や動員もまた、主たる役目を果たしているのだ。

そうでなければ、どうして中国のような発展途上国が、わずか数年で電気自動車の最大の消費者にして最大の生産者になれるだろうか。新世代の輸送技術を大規模に導入するには、国内で迅速に充電スタンドを普及させ、電池メーカーから製造業者に至る広範なサプライチェーンを築き、旧来の消費者の習慣を変えていかなければならない。西側の経済では、消費者を「ナッジ」〔人々が自発的に特定の行動をとるように促したり制度設計したりすること〕して社会的にベストな選択をさせているとも聞くが、実際はかなり苦労している。一方、中国では、システム全体に及ぶ変更をすぐに実行でき、反対運動が起きることもほとんどない。この点について、感心すると同時に、怖いことでもあると感じる人もいるだろう。

本書でこれから見ていくように、マクロレベルでの国家の指導とミクロレベルでの市場メカニズムを組み合わせたことこそが、中国が短期間に急成長を遂げ、技術を吸収することができた最大の理由である。それは国民全体で繁栄をシェアするという新たな目的を実現するための手法でもあり、昨今注目される、中国の為替レートの持続的な切り下げ、長期にわたる低金利や賃金抑制、巨大な貿易黒字といった謎も説明してくれる。また国家と市場が逆方向に牽引し合うときに生じる相反する命令や緊張は、ハイブリッド型の経済に頻発するものだ。中国経済の成功方式は、自国のモデルを求める第三世界で実践できないかもしれないが、資本主義に代わるものとして学べることは多い。本書ではおもに中国経済の現在と未来に注目するが、さらなる理解のために、この国の直近の過去についても詳しく見ていくつもりだ。

中国という謎を理解する

経済学者は、予想できる結果をもたらす既存の枠組みのなかで確立された基本原則に着目しがちだ。ところが中国は、そうした原則で測ることのできない逸脱や矛盾、謎に充ち満ちている。西側の経済思想では、個人は自身の幸福を最大化すべく行動し、企業も同じく利益を最大化すべく動機づけされ、市場は自らの均衡を図り、その間、国はおおむね消極的な役割を果たすのみ、との見方が主となっている。ところが中国を眺めると、国家ははるかに目立つ役回りを演じ、文化や歴史などの堂々たる高台をも見下ろしながらそびえ立つ山頂のようである。中国経済では、アダム・スミスのような経済学の先駆者が発見したメカニズムだけが働いているわけでもないし、それが最も意味あるものであるとも限らない。

中国の消費者、起業家、国家はいずれも、通常の経済主体のように行動しない。そのため、中国の現在をもっと理解し、その未来を予測したいと思うなら、西側の考え方をいったん疑ってみることも必要だ。レンズを調整すれば、中国の特異性を、もっと正確に観察することができるだろう。中国の家（世帯）は個人でなく集団として物事を判断する傾向があり、その選択は、広い世代間の豊かなネットワークに配慮したもので、個人の義務が利益より優先されることも多い。起業家は自社の利益にとって何が最適かだけでなく、地元の役人と良好な関係を結び、自らの目標を国家の方針に沿ったものにし、自社の事業に影響を及ぼす規制に対し、見せかけでも従うふりをしなくてはならない。

中国という国家は並外れた権力を持っており、経済を牽引し、管理し、いかなる方向にも進める道具をふんだんに揃えている。こうした集団介入のツールは他国に類のないものだ。政策方針も規制も、政治的な反対意見など存在しないかのように決定される。国家は一夜にして古い規則を撤廃して新しい規則を設けることができ、どの企業が、いつ、どのように海外で投資できるかを左右し、特定の承認や許可を与えるか否かを決め、国家の目標を叶えるために金融システムにてこ入れする。しかし、この権力は絶対的なものではなく、内部統制や競争によって腐敗は抑制される。市民社会の要求が高まるにつれて、政府は広範な問題に対してますます多くの説明責任を負うようになった。ＳＮＳも、厳しい検閲下にあるものの、国民と政府が互いに監視し合う場になっている。

私たちが中国という国を読み違えることの多い第一の理由が、適切な視点を欠いていることだとしたら、第二の理由は、中国国内のデータが利用しにくいことだ。この国の全体像を知るうえで、個々の逸話は確かな証拠にはならない。中国の公式の数字について多くの人が疑いを持つのは当然と言えば当然のことだが、ミクロレベルでは、世帯や企業、産業界から収集された良質のデータがふんだんに揃っている。本書では、国際機関もしくは民間に委託されて集められた一連のデータや調査結果を含む、詳細な情報に基づいて議論を進める。こうしたデータは、政治的影響を受けやすいGDP値やインフレ率より操作されにくいという利点がある。

しかしそうは言っても、データは然るべきフレームワークがなければ、読み違える恐れがある。中国が数十年にわたり実現してきた二桁の成長率は目を見張るものであるが、当初の低い値に比べると、それほど驚く数字でもない。同様に、中国のGDP比40%というインフラ投資は、数字だけを見ると高すぎると言われるが、野心的な都市化計画の道半ばの国にとっては、そのお金が効率的に使用されるならば、決して高くないかもしれない。然るべきフレームワークを頭に入れ、実証的検証のためのデータを用いることで、中国経済の実際の姿が見えてくるはずだ。

また、中国経済をより正確に理解するためには、文化や価値観、歴史の影響についても考慮すべきだろう。それによって初めて次のような多くの謎も説明がつく。たとえば、アメリカの世帯の貯蓄率は平均3%だというのに、なぜ中国の世帯は収入の平均30%を貯蓄するのか。収入がアメリカの貧困線を下回る中国人に、どうしてボストン並みの住宅価格を払う余裕があるのか。中国経済は世界的に見ても非常にうまくいっているのに、どうして中国の株式市場は世界でうまくいかないのか。自分たちはさほど金持ちにはなれないのに、民間の起業家に膨大な富をもたらすために、政府の役人が力を貸す動機は何なのか。中国の金融部門における断層線——乱高下する株式市場、膨れ上がる債務、「影の銀行《シャドーバンキング》」、高騰する住宅価格——がいまのところ決定的な金融崩壊に至らないのは、一体なぜなのか。

西側の考え方では納得しにくいことも多い。高度に中央集権化された政府が国民の話に耳を傾け、そのニーズに反応することや、強い意志を持ち、(往々にして西側諸国で)高度な教育を受けて国際人となった新世代の中国人が、いまだに両親の望む道を重視することや、国民の圧倒的多数が、国家の厳格な規則や強制に反発せずに、進んで国に協力しようとすることなどだ。ある国にとっては受容できる行動が、他国では慄《おのの》かれたり嫌悪されたりすることもある。世界100カ国以上を対象に国民の考え方や価値観を調べた世界価値観調査では、中国人の93%が自由よりも治安を重視するのに対し、アメリカ人のその割合は、わずか28%だった。[2] こうした違いは、その国の文化や歴史を知らなければ、理解しがたいものだろう。

中国の介入主義的な国家体制は、2500年以上前の孔子の時代から続く中国政府の典型的な特徴、「パターナリズム(温情主義)」に深く根ざしたもので、その土台には、年長者による介入は年少者のためであるかぎり正しいという考えがある。中国政府が市場にすべてを任せるのではなく、経済の舵取りをしたがることも、それで説明がつくかもしれない。これは、たとえ健全な市場の自然な流れであっても、景気や金融市場の変動を国家が忌避する理由でもあるだろう。さらに、旧ソ連圏では一夜にして中央集権型経済が見直されたのとは対照的に、なぜ中国は自由化に時間をかけ、リスクを回避しながら慎重に進んできたのか、その理由も明らかにしてくれる。

中国の国家のパターナリズムは、権威主義的な子育てとよく似ている。西側の文化のなかで育った人は、その押しつけがましさに辟易するかもしれないが、子どもを厳しくしつけ、子どものかわりに判断を下す「教育《タイガー》ママ」を、中国人は当たり前に受け入れている。だからといって自分たちを、家庭内でも社会のなかでも無力な駒《コマ》と思っているわけではない。彼らは強い忍耐が求められる社会規範を切り抜けながら、つねに自由意志によって義務と服従との折り合いをつけるべく努力する。ハーバード・ケネディスクールの研究者らが実施した縦断調査では——各国で実施されたさまざまな調査と結果は一致するが——中国ではパターナリズムはあれど、政府に対する国民の高い満足度が見られ、2003年には86%、09年には96%、2015年と16年はいずれも93%だった。[3]

最新の世界価値観調査（2017～20年）では、中国の参加者の95%が政府に強い信頼を寄せていることが明らかになったが、アメリカの割合は33%、その他の国は平均45%だった。[4] 2022年時点の中国国民の政府に対する信頼度は91%であるのに対し、アメリカは39%だ。[5] 人々の感情は変化しやすいし、地方の役人に対する満足度ははもっと低くなりがちだ。それでも中国の国民は、社会経済の問題に対し、政府が大きな役割を果たすことを期待しているし、国家による介入が自由を侵害するものだとは考えていない。

中国経済の現在と未来

中国経済は、決して手放しの勝利の物語ではない。それは警告の物語でもある。大規模な改革を始めた1978年の中国経済は足取りもぎこちなく、国民は貧困に喘いでいた。その後の数十年で、何億人もの国民が貧困を脱し、中国は経済的に取り残された国から、グローバル経済で他国とつながりを強め、その中心的存在になった。とはいえ、中国の経済的野望は高い代償も伴った。急速な産業化を推進し、生産への投資に補助金を出すために、家計には相場以下の賃金と貯蓄の低い利回りが重くのしかかり、貿易輸出と国内消費の不均衡が深刻化した。貴重な遺跡のある歴史的な都市が、近代化の電力需要に応えるために建設されたダムの底に沈んだ。安っぽい醜悪な公共住宅が増産され、それに伴い環境汚染が拡大し、廃棄資源が大量に出た。中国の経済発展は、高コスト、高成長のモデルに依拠したものだった。

他国に急いで追いつこうとする貧困国は、無理な近道を選ぶことが多い。中国はマラソンを全速力で走ろうとする国の典型例だった。GDPの成長を促進するのに必要であれば、規則や規制も曲げられた。不公平な競争が、コネを持つごくわずかな関係者と、コネを持たないその他大勢との格差をさらに広げた。無節操な実業家が一夜にして億万長者になった。だがそれもこれも、資本が流入し、投資が拡大し、景気が良ければすべてが許された。

同じ手法が、技術獲得のためにも使われた。中国企業は外国企業に、中核技術と引き換えに膨大な量の国内事業を提供することを申し出た。不法に盗用した技術もある。急ピッチで近代化を進めるなか、政府は質の悪い製品やコピー商品、効率や結果を無視するような投資を容認した。私が覚えているあるレストランは、王宮のような外観で、大理石やマホガニー、金ピカのギリシャ風の柱で派手に飾られ、凝った衣装の給仕係が入口にずらりと並んでいた。しかし客が入っているのはほとんど見たことがなかった。こうした過度な近道は世界的にも物議をかもし、余剰品を生み、大量のゴミをあとに残した。

では、それに費やされた金や、払った犠牲には価値があったのか。もっと分別のある成長への道を歩んでいれば、同様に目覚ましい結果を達成できたのか。ここでたらればの話をしても仕方がないし、結果はわからない。だが、こうした結果を実現し、今日の中国の国民を牽引している力に、もっと注目してみることはできる。家族やコミュニティのために犠牲を払うのは、社会通念に一致する行為であり、広く受け入れられていることだ。新型コロナウイルスへの対応の仕方をめぐる昨今の議論は、犠牲という考えに新たな解釈を加えたが、2020年初頭の中国は、国内総生産よりも人命救助を優先した。一方、西側諸国では、振り子は反対方向に振れることになった。

今日の中国経済は、劇的な飛躍の一方で大きな課題に直面しており、それには自ら招いたものもある。経済発展の初期段階で有効だった鍵となる戦略が、のちの段階では役に立たない場合もある。キャッチアップ型の成長は、イノベーションを基盤とする成長とは大きく異なる。収穫しやすい果実が豊富にあるときは、経済成長を支える制度の質はさほど重要ではない。市場経済が始まったばかりの混乱期には、市場が複雑化した成熟期よりも、国家の強引な介入には効果があるかもしれない。

だが、電気自動車やクリーンエネルギーのような新分野の技術を牽引するための国家の動員に効果的だった組織は、やがてソーラーパネルの過剰生産を招き、国内市場や世界への過剰供給をもたらした。賢い国家は引き際を知り、規制を緩めるか、市場を自然な成り行きに任せるタイミングを理解しておく必要がある。私たちは手綱を握る力を弱め、もっと巧みなスキルで経済を導く必要がある。知識や情報が要《かなめ》となる、この新たな時代にはなおのことだ。

新たな世代、新たな戦略

この中国独自の近道の手法は、GDPの急成長をもたらしたが、中国経済が成熟するにつれて、それも過去のものになりつつある。中国経済はここにきて、新世代が推進する新たな戦略で動いている。中国からの輸入品がアメリカの労働者の職を奪っている、中国経済は安価な模造品を頼りにしている、成長モデルは重工業が主力である、柔軟性のない国家が民間部門を締め出している、あるいは事業を推進するためにはかなりの政治的腐敗も容認される、などという考えに、世界の識者がいまなお固執しているとすれば、それは彼らが急発展する中国の現況に追いついていないからだ。

中国の新たな戦略はイノベーションとテクノロジーに依拠し、それらは国家のかつてない危機感と強い誇りが際立つ時代に、自律と技術の習得によって達成されるものだ。いまこの国に台頭しつつある中間所得層と新たな消費者世代は、市民社会と生活水準の向上を強く求めている。中国はこれまで経済成長だけを必死に追求してきたが、現在は、よりクリーンな環境、より安全な食品、より高い生活の質といった、ソフトな指標を高めることをますます重視するようになった。かつての中国の開発モデルは、緩い規制と低水準のエコシステムに後押しされたものだった。だが新たなモデルが追求するのは、もっとゆっくりだが、もっと健全な——より秩序のある、規制され、監督された——成長だ。次第にわかってきたのは、経済的に効率の良いものが、必ずしも社会的に望ましいものではないし、経済的な成功が、必ずしも国家全体の幸福を保証するわけではないということだ。今後の中国は、物不足に象徴される社会主義や、不平等の烙印を押された資本主義の先へと移行するために奮闘し続けるだろう。

こうした変化が中国で起きつつあることには、重要な背景がある。それは新たな世代の台頭だ。1980年代、90年代、そして2000年以降に生まれた世代は、過去との接点をまったく持たないことを特徴とする。私もこの世代に属しているが、この層はそれ以前の世代とあらゆる点で違っている。先の世代には、資本主義を少しでも匂わせる一切のものを追放した社会で何十年も続いた物不足の記憶が刻まれ、文化大革命が国民心理に与えた影響を強く受けていた。一方、何より重要なのは、中国の若者は人類史上最大の社会実験に、予想のつくかたちと、まるで予想もしなかったかたちの両方で、多大な影響を受けていることだ。それは1980年代初頭に導入された中国の一人っ子政策である。この政策のもとで生まれ、成長した世代が、この国の支出や貯蓄習慣、イノベーションの力学、競争力やソフトパワーを大きく変えつつある。

データが示すように、この若い世代はかなりの散財家で、借金を厭《いと》わず、快適なライフスタイルにふさわしい消費のコツを心得ている。海外を旅行し、ファッションの世界的流行を決定し、両親とは比べものにならないくらい文化や芸術にお金を使っている。調査によれば、彼らは先の世代よりもはるかに偏見や固定観念を持たず、社会的意識が高い。だが中国の若者は西側の文化に多く接触しているものの、年長世代が感じる以上に、自分たちは西側の民主主義にそぐわないと感じている。[6]

中国の若者はアディダスのスニーカーを履き、NBAの試合を観戦しているが、グローバル化によって、国民の心理に深く刻まれたものが塗り換えられることはないだろう。人民服を西洋のスーツとネクタイに着替えても、それが西側のライフスタイルに完全に切り替わることにはならないのと同じことだ。中国の国民は自国の文化にどっぷり浸かり、自国の伝統と結びつき、自国のコミュニティに根を下ろしているのだ。記録的な数の中国人が世界を旅するようになっても、判断や選択の基準は圧倒的にローカルなものに根差している。この若い層は、政治の自由化を経験することなく経済の自由化の時代を経験する初めての世代だが、状況はつねに変化しつづけているので、国家の主力となりつつある中国の新世代については、まだ知られていないことも多い。[7]

それでも、コミュニケーションの行き違いや不信感が米中関係の悪化を助長しているとすれば、希望はある。高い教育を受け、多様な文化に精通した中国の次世代のリーダーたちには、さまざまな価値観の違いをつなぐ架け橋になる下地が十分にあるからだ。アメリカのエリート教育が、中国の若い学生を西側の民主主義や資本本主義の熱心な信奉者にすることができなくても、完全に自由な社会とはいかないまでも、開かれた社会の利点に開眼させたのはたしかなのだ。疑問を持ち、挑戦し、真実を追求し、不正と闘いたいという彼らの願いは、これから彼らが創る中国にとって重要な意味を持つだろう。

1979年以降、急激に発展した中国経済には、いくつかの大きなリスクが存在するが、最大の障害となるのは、おそらく経済的要因ではないだろう。イデオロギーや政治が経済的利害よりも優先され、成長を阻害することを恐れる人もいれば、問題は中国という国家が自発的であれ意図せずであれ、世界から距離を置くことだと考える人もいる。また政治に熱心な技術官僚《テクノクラート》が間違いをおかすリスクもある。中国の成長モデルの転換のために新たな政策を立てても、十分な調整をせずに性急にそれを実行に移すだけでは、最後の章で論じるように、利益よりも弊害のほうが大きいだろう。

長引く小競り合いや半導体の輸出禁止、関税の施行などによって、中国は発言力を強め、自国の自立のために、国家総動員の道へと向かっている。中国の台頭を願わないアメリカ人もいれば、「逆境は人を成長させ、順境は人を堕落させる」という古いことわざを信じる中国人もいる。だが、世界とのかかわりを断ち、自給自足をめざすという発想は、繁栄や技術がネットワークにますます依拠するようになる世界では危険なものだ。経済的な交流が遮断されれば誰の得にもならないし、とりわけ損をするのは脆弱な立場に置かれた者だ。

大不況から10年以上を経て、世界経済はとりわけ憂鬱な時期を迎えている。世界の経済大国が軒並み活力を失い、多くの国が重い債務負担と苛烈なインフレに苦しんでいる。グローバル・サプライチェーンの分断、テクノロジーをめぐる米中の睨み合い、途上国に浮上するパンデミック後の危機は、グローバル経済にとっては好ましくない兆候だ。2008年の世界金融危機によって生じた経済損失と闘うために、主要経済国が連携しはじめた当初、世界が収束するどころか、分岐の道をたどると予想した者はまずいなかっただろう。自社の運命が、戦略的決断や競争力ではなく、地政学的要因で閉ざされると予想した企業もなかっただろう。数年間の渡航規制を経て、中国が主要な投資先としての魅力をほぼ失うことになると予想した投資家も多国籍企業も、存在しなかっただろう。

ウクライナで起きている戦争は、戦争がもたらす破滅的な結果と、それが世界中に与える影響をさらに説得力をもって証明したにすぎない。だが同時にこの戦争は、経済や金融において国家が協力し、連携することがいかに重要であるかも教えてくれる。米中が合理的な行動をとるならば、衝突を避けるために最善の努力をし、たとえ収束には向かわなくても、少なくとも平和に、肩を並べて前進していくだろう。だがその場合は、技術的基準、グローバル化モデル、国政の運営、さらには経済において、米中それぞれを中心とする二つの世界が生まれることになる。加えてイノベーションの速度が遅れ、事業コストが上がり、物不足が進み、インフレが生じ、おそらく最終的にすべてのつけが消費者にまわってくる。大国が競い合い、ポストリベラル思想〔個人の自由を尊重する「リベラリズム」を批判し、共同体や国家の役割を重視する保守思想〕や経済不安、SNSの台頭にますます影響されて政治情勢が激変する世界からすれば、グローバル化を通じて経済効率を最大化するというような理論上の話は、あまりに楽観的な見方になってしまった。

さて、中国モデルの正しさが証明されるには、次の二つのことが起きる必要がある。まず、中国は一人当たり所得が1万ドルの国から3万ドルの国へと変わらなければならない。それは、最初の目標だった1万ドルに達するほどたやすいことではないだろう。次に、中国は、資本主義とグローバル化が抱える手強い問題に、自由市場経済よりもうまく対処できることを証明しなければならない。問題とは、不平等が拡大し、テクノロジーによって仕事が奪われ、若い世代が希望を失いつつあることだ。この世代は、かつてなく豊かな時代に生きながら、物資不足を経験した世代より、幻滅を感じている。

中国のシステムは挑戦を突きつけられている。国家を動員し、産業界を積極的に後押しする強大な力を持つこの国のシステムは、富裕国になるために不可欠な画期的技術や持続可能な成長を育むことに、さほど有効ではないかもしれない。国家と国民がひたすら経済成長をめざすときには都合のよかったシステムが、もっと複雑で多元的な社会を管理するうえで、レジリエンス（耐久性）や柔軟性を持つとは限らない。物質的ニーズが満たされるにつれて、幸福の基準も上がり、国民は消費や富の蓄積だけでは飽き足りなくなる。要するに個人は、多様化する自分たちの嗜好が尊重され、社会全体に反映されることを求めるようになるだろう。

トップダウンではなくボトムアップでこうした要求に応えるには、新たな仕組みが必要だ。さまざまな議論や専門知識、多種多様なスキルをまとめる優れたやり方を採用し、社会の多様なニーズを満たし、そのバランスをとるには、当事者の参加が求められる。こうした難題に、はたして中国は対応できるのか。まだ判定はなされていないが、中国について、より明解な結論や深い洞察に満ちた判断を下すことは可能だ。データやエビデンスに基づく分析を行うことで、不信感を和らげ、誤った通念を払拭し、未来をもっと正確に予測し、感情、イデオロギー、政治に根差した判断を回避することができるだろう。

その国で生まれ育った人が、自国のすべてを知っているとは限らない。私はこれまで、ロンドンを拠点とする大学の准教授、またグローバル企業数社の役員として、グローバル経済における中国の広大な影響を評価してきた。さらにテクノロジー企業の顧問という立場で、中国の事業の実体を直《じか》に学んできた。そして、テック企業の若い創業者たちの旺盛な起業家精神と、複雑な事業環境や政治状況を巧みに乗り越えていくそのスキルに、幾度となく感銘を受けてきた。

さらに、政府の作業部会や政策議論に参加することで、重要な決定をする際に政府が配慮すべきさまざまな事象についても理解するようになった。これまで私が出会った官僚や指導者は、高い目的意識を持って自らの仕事に真摯に取り組んでいる。彼らは物事を正しいやり方で進めたいと考えているが、それは容易なことではない。東西をまたぐ経歴と経験のおかげで、私は中国経済を間近に、そして遠くからも眺められるようになったが、後者の視点に立てば、物事がよりクリアに見え、違いについても妥協点を見つけやすい。

中国の戦略について理解を深めれば、この世界の緊張を和らげ、もっと安全な場所にできると私は信じている。ジョン・F・ケネディも「多様性を許容できる」世界を呼びかけていたとおりだ。一人ひとりの政治家、実業家、学生、研究者が、扇情主義や先入観、偏見を脱するために力を尽くすことができる。そうして初めて私たちは、中国に対して冷静かつ効果的にかかわり、的確に批評し、有益な問いを投げかけることができる。さもなければ、私たちは、中国について多くを誤解したままだろう。人類が直面する存続の危機に対応するために、共通の目的意識が欠かせないこの時代に。

第 2 章

中国経済の奇跡

CHINA'S ECONOMIC MIRACLE

経済成長の持つ力とは、人々の生活を変えられることにある。その顕著な例が中国だ。この国では1978年から2016年までに国民の平均寿命が10年近く延び、乳幼児の死亡率が8割以上低下した。過去40年のあいだに中国では8億人以上が極度の貧困から脱している。現代の不平等の減少という点で、これは最高記録だ。統計学的に見ると、そこには「72の法則」が働いている。つまり、年に6％の成長率では経済は12年で2倍になる。1978年から2011年にかけて、中国のGDPの平均成長率は10％と驚異的な数値を記録し、その具体的な影響はいたるところで見てとれた。新しいビル群が一夜にして出現し、新しい市街電車、車やトラック、鉄道、橋、幹線道路や各種道路、運河がこの国に溢れんばかりに現れた。

私が生まれたのは中国にこの経済変革が起きはじめた頃で、人生を一変させるようなその影響を、私は直接受けることになった。1980年代のはじめ、私の家族、そして私の知るかぎり、すべての身内が、「糧票《リャンピャオ》(食糧配給券)」を頼りに暮らしていた。卵、食用油、砂糖、肉、衣類、石鹸、そのほか多くの生活必需品が、毎月の厳しい配給制のもとに配られた。台所とトイレが共同の20平米のアパートに住むことも、当時は贅沢なこととみなされた。食事は石炭ストーブで調理していたが、電力はいかにも頼りなく、停電が起きるのは日常茶飯事で、この国の最も裕福な都市である北京でもそうだった。当時、「北京のシャンゼリゼ」と呼ばれる長安街を歩くと、見えるのはしゃれたホテルが3軒のみ。通りを走る一握りの車は、魚群のごとく分かれては合流する自転車の波のあいだを縫うように進んでいた。

当時は、鄧小平の経済改革という新時代を迎えてからわずか数年しか経っておらず、国民は貧しくても希望に溢れていた。いまにもエンストしそうな中国経済のエンジンが息を吹き返すうちに、子どもの私も、物のない暮らしから物が溢れる暮らしへと変わったことに気がついた。1985年には配給券は過去のものになり、数十年後にはこの券がコレクターの垂涎の的になった。1990年代前半に私が中学生になる頃には、食料は際限なく手に入るようになり、その種類も格段に豊富になった。当時はコカ・コーラや韓国のバタークリームケーキ、ポテトチップスといった輸入食品が大人気だった。マクドナルドが王府井大街と長安街に初めて店を出すと、目を輝かせた多くの客が数ブロック先まで列をつくり、その黄金のM型アーチが中国の各都市に広がると、ケンタッキーフライドチキンやバーガーキングもすかさずそのあとに続いた。当時のハッピーセットはまだかなりの贅沢品だったが、両親はこれを、学期末に私が良い成績をとったときのご褒美にしたものだ。

中国が食糧配給制と手を切ると、国民は長らく中国の衣服の王道だった、あの地味で古臭い人民服を脱ぎ捨てた。1990年代には、もっと面白い仕事を見つけようとする野心家たちの第一波が、「下海《シアハイ》」、すなわち民間事業に「飛び込む」ことになる。なかには一夜にして金持ちになり、大きな携帯電話をひけらかし、国産の新車を得意げに乗りまわす者もいた。経済が成長するにつれ、人々の暮らしはさらに豊かになった。北京では、1万元の所得を得る裕福な家族も珍しくなくなった。週1日しか休めなかった人々が、週に2日休みをとるようになると、休日にはたまった家事を片づけるだけでなく、都市部に点在する公園で散歩したり、夜には京劇を観たりと新たな娯楽に勤しんだ。そしてあっというまに10年が過ぎ、アイスキャンディが物珍しかった世代の私の同級生たちも、いまやホワイトカラーの職に就き、1、2台の車や、他の家族と共有しなくてもいい広々としたマンションの部屋を手に入れた。

この国内の尋常でない変貌ぶりと呼応するかのように、世界から見た中国のイメージも大きく変わった。1997年、イギリスが香港を中国に返還したその年に、私は北京の家族のもとを離れ、ニューヨークの最北区ブロンクスにあるホーレス・マン高校に入学した。当時、教育部門にいたアメリカ人のロビイストが——この恩を私は一生忘れないが——ホーレス・マン高校のワイス校長に推薦する、中国本土の交換留学生を探していたのだ。こうして中国共産党青年団の誇り高きメンバーが、民主的な選挙活動や資金集めに勤しむアメリカ人一家のもとで暮らすことになるのだが、私にとってそれはまさに夢のような話だった。

天地がひっくり返るほどの変化が自分の人生に起きたことで、私は万国共通だと思っていたそれまでの価値観とはまるで違うものが世の中に存在することを知った。私がどこから来たかを知ると、人々は皆同じ三つの話題を持ち出すのだ。チベット、天安門広場、そして人権。驚いたのは、国際都市ニューヨークの人たちですら、中国人は皆、抑圧的な政権につねに怯えて暮らしていると信じていたことだ。大半の中国人が、新たな機会を享受する日々を送っていたというのに。

こうした中国に対する狭量な見方は、幸いにも私が参加したような文化交流プログラムが増えたことで、徐々に変わってきた。2000年に私が大学生になる頃には、アメリカの友人たちは中国に魅了され、標準中国語を習いはじめた。4年後に大学を卒業する頃には、中国で働くことを決めた友人もいた。わずか15年のあいだに中国のイメージがこのようにがらりと変わった理由は、この国が世界で新たに主要な立場に就いたことに加え、中国国内で外国人の活躍の機会が増えたからでもあった。まもなく中国は、豊かな先進諸国と並び、世界のリーダー役を務めることになる。これはすべて、私が学生時代に起きたことだ。

これまで私自身の目で見てきた、食糧配給制から活力に満ちたグローバル経済に至るまでの中国の変貌ぶりは、「経済の奇跡」とも呼ばれる。経済学者とは科学的説明を好む存在である。このため、本章では、中国経済の変貌に寄与したさまざまな要因を見ていくつもりだ。変化に関しては、とくに目を引くものが二つある。一つは、そのスピードだ。20万年以上にわたる人類の歴史上、産業革命はきわめて重要な転機とされている。この時代、わずか1世代で生活水準が75%も上昇したのだ。一方、中国の成長率を見ると、多くの中国人が、７５００％の、すなわち７・５倍の生活水準の向上を経験したことになる。

歴史がさらに教えてくれるのは、周期的な急成長が頻繁に起きるということだ。１９６０年代から70年代にかけて、ブラジルやボツワナは抜群の高度成長を遂げた。メキシコやペルーなどの中南米諸国や、マレーシア、インドネシア、タイなどのアジア経済も、同時期に急激な成長を経験した。ところがそれから60年を経ても、これらの国はいまだに高所得国にはなれていない。また中国の成長は、スピードが速く、持続的なものであることも明らかになった。ＧＤＰは過去40年間にわたって年平均９・５％という驚くべき成長率で上昇してきた。一方、紀元1年から１８２９年までの西洋のＧＤＰの成長率は、1世紀あたり６％だった。[1] アメリカが最速の経済成長を遂げたのは、１９２０年から70年にかけてのことだが、当時のＧＤＰ成長率でさえも、年平均４％だった。

中国の経済成長の速度と持続力に並ぶ経済国は、世界にほんの一握りしかない。たとえば韓国、香港、シンガポール、そして日本であるが、[2] これらの国の大半は、はるかに経済規模が小さく、中国の一つの都市、もしくは一つの省レベルである。今日、中国は世界第2位の経済規模を誇り、世界のGDPの約16%を占め、世界トップのアメリカとの差は急速に縮まっている。最新の予想では、中国は2030年代前半までに、世界最大の経済国だった19世紀前半の地位を奪還するだろうとされている。

では、中国はいかにして「失敗をはね返す国」となったのか。今日、中国に注目する発展途上国は、民営化vs国有化といった微妙な問題を論じることにはあまり関心がなく、それよりも中国のモデルをそのまま輸入することを望んでいる。だが中国モデルとはそもそもどのようなものなのだろうか。そしてそれはどの程度まで模倣できるものなのか。ノーベル経済学賞を受賞したロバート・ルーカスは、次のように述べている。「ある国に、韓国のモデルを見習えと言うのは、バスケットボール選手になりたい者に、マイケル・ジョーダンを手本にしろとアドバイスするに等しい」[3]。彼がこう発言したのは中国が現在のような奇跡を成し遂げる前の1993年のことだが、この言葉は中国の経済モデルにいっそう当てはまるものだ。

中国の目覚ましい成長を説明するために、多くの理論が提示されてきた。研究者のなかには、それはもっぱら「毛沢東《マオ・ツォトン》を超えた市場(markets over Mao)」[4]、すなわち、束縛を受けない経済がイデオロギーに勝利したのだと結論する者もいれば、この国の桁違いの投資戦略が功を奏したと考える者や、貯蓄が異常なほど好きで商売っ気のある国民性が鍵となったと信じる者もいた。これから見ていくように、こうした要因はどれもたしかに一役買っていたが、過去40年にわたる中国の成長の最大の理由にはならない。この急成長の理由はひと言で要約できる。中国はその潜在能力に追いついたのだ。その意味では、これは奇跡でも何でもない。

才能あるアスリートが間違ったトレーニングのせいで試合に負けるように、中国は、ソヴィエトモデルに基づく計画に縛られていた1978年まで、欠点の多いその戦略に足を引っ張られていた。だが一流の訓練を受ければ、スポーツ選手はどのライバルよりも早く上達し、「奇跡の成長」を達成することができる。中国はその動乱の過去のせいで、根底に健在な基盤があることが見えにくくなっていた。中国が20世紀前半の壊滅的な出来事をついに乗り越えたとき、大国としての2000年の歴史、儒教的価値観、そして高水準の公教育と有能な官僚が、その出番を待っていたのだ。

中国の独自性——文化・制度・歴史

「世界価値観調査」とは、世界各国の国民に、さまざまな文化的信念や価値観について質問し、それを数値化したものだ。たとえば倹約、仕事や努力、個人主義、イノベーション、商取引、女性の役割、他国や他の文化に対する寛容度、政治および法制度などの項目がある。[5] 中国が他国と比べてとくに重視するのは、倹約や勤勉、子どもの教育だ。[6] 中国経済が成功するうえで、こうした特徴が重要な役割を果たしたと多くの人は考えるが、そこでは成長の要因と所得レベルを上げる要因とがそもそも混同されている。

文化や価値観はどうしても徐々に変化するので、成長の要因として上位に来るとは考えにくいし、前述のとおり、経済の成長は乱高下しかねない（信頼できない政策や不安定な政局、あるいはイデオロギーが間違った方向に進むことで、経済はたやすく脱線したり、破滅に向かったりする）。だが長い目で見れば、文化は国民の所得レベルに重要な役割を果たす（たとえば貯蓄傾向が高い国は裕福になる可能性が高いが、この結果がつねに保証されるとは限らない）。また、文化は成長を決定する際の「交互作用変数（交差項）」としても機能する。つまり、文化的価値観はそれだけで成長に寄与するとは限らないが、他の要因と合わされば、成長に影響することがあるのだ。

中国の文化的な強みのなかでも特筆すべきは、孔子（紀元前551〜479年）の貢献だ。中国のこの有名な思想家の教えは、孔子が当時の問題に対する実用的な解決策を探すなかで得られたものだ。農耕社会の過酷な生活に配慮した孔子は、勤勉の徳、大家族の価値、長く続く家系の誉れを称えた。大家族を持てば限られた資源でやりくりせざるをえないので、倹約を美徳とする儒教の教えは中国の人々の心に深く刻まれることになった。孔子の弟子が紀元前5世紀に書いたとされる注釈書『春秋左氏伝』によれば、「倹約はあらゆる美徳に共通する特徴であり、贅沢は悪の極みである」。

孔子によれば、知識や学問とともに、性格や道徳的誠実さも高く評価される。皇帝は最高権力を持つが、国家の日常の業務は、高い教育を受け、有能で、公正かつ自制の心を持ち、自らの務めを献身的に果たす行政官によって管理される必要があった。「優れた制度は能力主義の官僚制度を必要とした」との政治学者のフランシス・フクヤマの言葉には説得力がある。世界最古の中央集権的官僚制度を擁する中国は、紀元前3世紀には、政府の役人を選ぶ際に能力主義制を導入していた。

西側の人々にとっては驚くべきことに、中国の制度ではいまなお個人の能力と人格が昇格に大きく影響する。かつての中国には官吏になるための科挙試験制度があったが、今日のそれは、厳しい大学入学試験というかたちで国中の注目の的となっている。毎年3日間、全国各地から数百万人の生徒が集まり、何年もかけて準備してきた試験を受けるために、一斉に席に着く。試験会場の外では、数百万人の親たちが、その日を乗り切るべく弁当と水筒を持参し、うだるような夏の暑さに汗をかきながら、我が子に待ち受ける未来をやきもきして見守っている。

中国が秩序や統治に敬意を払うことも、その起源をたどれば儒教に行き着く。孔子の生きた時代は、絶対主権者が王朝の支配権を失い、この国を混乱に陥れ、属国が終わりなき戦いを繰り広げていた。そこで孔子は賢くも、社会における自分の立場を知り、受け入れ、それに従って行動する市民に支えられた社会の安定と調和がいかに重要であるかを理解したのである。現代の経済学者は、儒教が個人主義を嫌うことは起業家精神の対極にあるため、イノベーションが阻害されるのだと長らく信じていた。ところが最近では、社会秩序や倹約、勤労、共同体主義、能力に基づく官僚制を提唱する儒教の教えこそが、日本や韓国、台湾、中国本土などの東アジア経済の驚くべき成功に、重要な役割を果たしたと考えられている。[7]

こうした経済は高い貯蓄率、高い投資率、急速な産業化、豊かな人的資本を享受するだけでなく、実績のある公的機関や熟練のテクノクラートも擁している。シンガポールの経済学者タン・コンヤムは次のように述べている。「欧米のモデルは、政府を法と秩序のみに限定すべき必要悪だとするアダム・スミスの伝統に根ざしているが、儒教の価値観と伝統は、無数の責任や義務を負った最も大きな政府というモデルに行き着く。この国家は監督や規制を担うだけでなく、特定の優先順位にもとづいて、開発や教育、資源や国民の動員にも指導的役割を果たす。政府は行政官のみで成立するものではない。彼らは同時に指導者、学識者、教師とみなされることも多かった」[8]。皇帝は、最高統治者である一方で、哀れみ深い統治を行うことも、その道徳的な務めとされた。

紀元前479年に孔子が亡くなったあと、中国はヨーロッパよりおよそ18世紀も早く最古の近代国家を創設した。中国の4大発明――紙、印刷技術、火薬、羅針盤――は世界を永遠に変えることになる。宋王朝（960～1279年）の時代になると、中国は科学技術の分野で世界の紛《まが》うかたなきリーダーとなり、その巨大な経済は世界の総GDPの4分の1を占めた[9]。政治権力は一人の皇帝のもとに統合され、有能な官僚が皇帝の広大な領土の行政を担い、軍隊に食糧を支給し、公共財を提供した。また戸籍と土地所有権に基づく高度な課税制度が厳しく定められ、苛烈な役人登用試験によって能力主義に基づく行政が築かれた。

ところが中国はその後、孤立主義を選んだことで、産業革命の機会を完全に逃してしまう。19世紀後半になると清王朝は、西洋列強の意のままにされた。その孤立主義政策のせいで、他国による軍事侵攻を許し、戦争、政治的混乱、間違った政策等に陥った。さらに第二次世界大戦後の30年間、中国はイデオロギーの純粋さと国家の安全保障を最優先にしたことで、その主たる目標は経済を社会主義システムに移行させ、中国の主権を守るべく軍事力を強化することになった。

この国には見落とされがちな一つの歴史的事実がある。あの動乱の文化大革命に至る困難な時代ですら、時代を先取りするような取り組みがあったことだ。経済の分散化に基づく統治体制が導入され、それに伴って、地方での実験的な試みが、国家の主要な政策のリトマス試験紙となったのだ。それが中国の近代化にとって大きな歩みをもたらし、地方と国に電力網が敷かれたことで、新たな産業とテクノロジーが生まれる道が開かれた。国民の寿命が36歳から67歳に延び、識字率も上昇した。中国の子どもの大半が予防接種を受けられるようになった。経済政策の方向は間違っていても、1978年までの30年は、完全に失われた時代というわけではなかったのだ。[10]

こうした歴史を持つ中国は、自国経済の成長機会を待ち望む発展途上国とはまったく異なる存在である。これらの国々の大半は、制度や経済が高度に発達したこともなければ、植民地支配に一時的に屈しながら過去に繁栄を謳歌した経験も持たなかった。インド、バングラデシュ、中央アフリカ諸国を含むこうした国々では、伝統的な制度が根こそぎにされたり、挿げ替えられたりして、二度と元には戻らなかった。中国は植民地支配に隷属する運命をかろうじて免れ、どん底の時代にも政治的自立を固守し、1950年代から60年代にかけてソヴィエトの影響下にあったときですら、政治や経済の運命は自らの手中にあった。その文化と歴史という土台があるからこそ、中国には所得レベルの上昇余地があるのだが、この国がその真の力を発揮するには、経済システムを根本的に見直す必要があった。

1978年――分水嶺

1978年に先立つ数十年間において特筆すべきは、中国で二つの主要な政治的取り組みがなされたことだ。一つは、大躍進政策だ。これは毛沢東が1958年から60年にかけて行った政策で、その目的は中国を農業経済から工業経済に切り替え、鉄鋼生産でアメリカとソヴィエトを追い抜くという毛沢東の野望を実現することにあった。そのための政府の資金は、ささやかな余剰分をどこかからか搾りとることで調達され、人々は裏庭でやかんや鉄くずを溶かして、自分たちの務めを果たした。悲惨なことに、その結果として起きたのは、大躍進どころか大飢饉だった。農業生産を増やすための見当違いの政策によって、1959年には穀物の生産高が15%下落し、次の2年でさらに16%下がると、国中が飢饉に見舞われた。[11]

1970年代の半ばには、中国経済は混乱状態に陥った。ソヴィエト型の中央計画は非効率的で、文化大革命のあいだに経済は停滞し、さらに唐山で起きた大地震で24万人以上が死亡し、16万人以上が重傷を負った。中国は1964年に核保有国となり、70年には人工衛星を軌道に乗せた世界で5番目の国になったが、国民は貧困状態のままだった。その後、共産主義の中華人民共和国の創設者である毛沢東がこの世を去った。

こうした背景のもとで鄧小平が中国の新たな最高指導者として登場すると、鄧が経済発展に意欲的な実利主義者であることを覚えていた世代の人々に歓迎された。鄧小平は毛沢東が亡くなる直前に失脚し、すべての職務を剝奪されていた（毛沢東の死後に復権した）。鄧小平の役割に期待が寄せられたが、中国の新たな未来を切り開くべくこの指導者が始めようとしていた歴史的な改革は、誰にも想像のつかないものだった。鄧が直面したのは経済だけでなくイデオロギーにまつわる手強い問題であった。このときまで、この国の指導者たちは、階級闘争に基づく政治的思考を拠りどころにしていた。そのため、古参の強硬派は、正統派のマルクス・レーニン主義から逸脱した変革に抵抗するに違いなかった。それでも国内のどこかで一つでも改革を成功させれば、強硬な反対の声も、賛成の大合唱で搔き消すことができるだろう。

鄧小平は次の二つの点に集中することで、この難局にうまく対処した。一つは、文化大革命をめぐる論争が長引くのを避けるため、毛沢東の歴史的業績を評価し、党の合意を形成することだ。そうすれば、党の分裂を避け、一致団結させることができる。鄧は、毛沢東思想を「総体的に、正確に、包括的に」解釈すべきだと主張することで、自らの政治的な方向転換の意義を明示し、イデオロギーの正統性に関する縛りを、経済改革の道が開ける程度に緩めることができた。

二つ目の問題は、新たな経済政策をいかに施行するかにあった。ここで鄧小平は、融通をきかせながら辛抱強くこれに取り組んだ。中国のソヴィエト型経済を一夜にして根絶することの危険性を理解していた鄧小平は、「踏み石を探って川を渡る（摸着石頭過河）」ような手法を採用した。これは、厄介な問題を先送りするには絶好の漸進的な手法だった。たとえば、私有制度と社会主義国家の理想との、あるいは自由

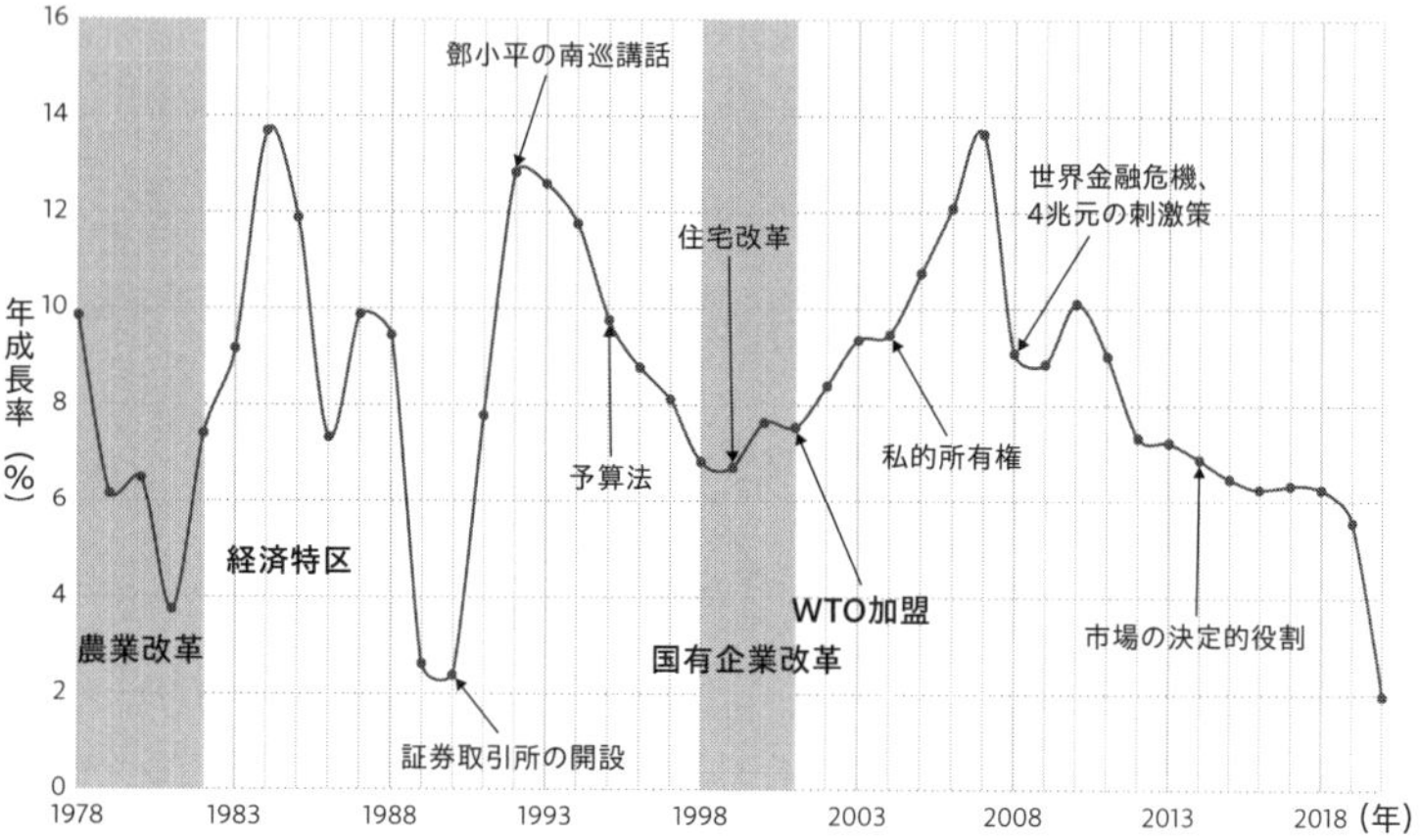

図2–1　中国の一人当たりGDP成長率（1978–2020年）
出典：世界銀行データセットより

な市場交換とマルクス主義の価値論との折り合いをどうやってつけるのか、といった問題である。

かくして鄧小平が三度の追放から復権し、中華人民共和国の異論なき指導者になった1978年は、中国現代史上、決定的に大きな転機となった。この年、中国は共産主義の教義に厳密に沿う戦略から離れ、一連の大改革に着手した。急成長への道筋はすでに用意されていたが、その秘めた力を解き放つには、まだいくつかの高いハードルが残されていた。

20世紀の中国が貧困国から経済的に豊かな国へと移行した過程は、迅速かつ持続的なものだったが、図2–1が示すように、この国の年成長率を見ると、上昇は順風満帆ではなかったことがわかる。成長率は14%と急上昇した年もあれば、3%未満に落ち込む年もあった。

ある一つの大きな変化がきっかけで、中国経済が上向きになったわけではない。振り返ってみれば、むしろ成長は一気に何度か加速し、それがのちに改革のいずれかの波と連携していたことがわかる。そして個々の波はそれぞれ、経済システムにおける特定の構造的な弱点に対して起きていた。ある改革の望ましい影響が、やがて潮が引くように消えはじめると、入れ替わるように次の新たな改革の波が現れて、それが成長につながる。しかしやがてそれも自然の成り行きをたどるのだった。「改革は中国のもう一つの革命だ」と鄧小平が語ったのは有名な話だ。そして1978年から2008年にかけて、4つの改革の大波が急成長の引き金を引くことになった。

旧ソ連や東欧諸国も、経済の救命艇として改革に頼ったが、一つだけ大きな違いがあった。これらの国々は、中央集権型経済の力不足に一挙に対処すべく、ショック療法に等しい政策を実行したのだ。突然の民営化や市場の自由化といったショックに対して備えができていなかった国々は、その治療の恩恵に浴せなかった。それに引き換え、中国は踏み石を一つ、また一つと探りながら川を渡っていった。この漸進的な手法によって、中国の指導者たちは、社会の安定を脅かすような混乱を招くことなく、リスクを伴い、イデオロギー的な問題がある場合も、変化を試みることができた。前述のように、中央集権型経済から市場経済への移行には波があったが、改善が見られるたびに、国民の側も少しずつ変化に対応できるようになっていった。

中国の改革の根底には、計画経済の限界に対処するという目的があった。たとえば中国で価格を決定するのは、自由市場経済のような需要と供給の力ではなく、価格は、イデオロギーと政治の両方の理由で、政府が設定していた。価格を低く保つことが重要なのは、誰もが生活必需品を手軽に入手できると社会の安定が保証されるからだ。国内の生産は、おおむねソヴィエトモデルに沿ったやり方で、政府が設定した割当量に従って決定された。農家などの生産者は、生産を拡大・縮小する指針としての価格を使用することができず、誰もが政府に割り当てられた量を生産していた。価格は不足や過剰状態の目安としての機能を失い、割当量は一か八かの賭けとなった結果、一部の生活必需品が極度に不足し、ほかの品が大量に余ることになった。

改革による成長

中国で起きた経済改革の4つの大波は、まず農業部門から始まった。鄧小平が政権を握った当時、国民の8割は農村部に住んでいた。この国は、人民公社が管理する中央集権化した農業生産と平等な分配というユートピア的なシステムを採用していた。これによって中国の膨大な労働力が農村部につなぎとめられ、生産物に対するごくわずかの、しかし平等な収益分配と引き換えに、人々は決められた土地で、集団で働いた。他の商業活動はすべて資本主義的活動とみなされ、厳しく禁じられた。人民公社の余剰食糧は人為的に価格を抑えて政府に譲渡され、中国の経済力の象徴とされる重工業の支援にまわされた。

この集団農業制には、生産を増やすための誘因がほとんどなかった。そのため、大半の国民が田畑に出て働いているのに、政府はすべての国民を養うに足る食糧を国民の食卓に届けることができなかった。そこで政府は改革の一環として、1980年代初頭、価格設定に二重のシステムを導入し、従来の集団農業のかわりに「生産責任制」を採用した。それにより各農家はそれぞれに土地を耕し、労働の成果の一部を自分たちの取り分にすることができた。国の定めた価格で政府に一定量の農作物を上納したあとは、余剰生産物を市場価格で販売し、収入を得ることもできた。[12]

この新たなシステムは早くから成功したため、正式に承認され、中国に劇的な変化をもたらした。1978年から84年にかけて、人々が都市部に移動するにつれ、農業労働力が全体的に減少したにもかかわらず、単位面積当たりの穀物収穫量は43%増加し、実質農業生産は50%以上増加した。農業生産性があまりに急成長したので、農村部にとどまっていた農業従事者の多くが、農業以外の活動に従事する時間を持つこともできた。極貧生活を送っていた農村人口は、6年間で2億5000万人から1億2800万人へと半減した。[13] 国が価格統制をやめたことで食品価格がいくらか上がったが、食料供給が急増したことで、価格上昇も許容できる程度に保たれた。

ここで、ある興味深い話に触れておきたい。自由市場でインセンティブとなる経済的要因の多くは抑制されていたが、中国共産党は革命精神や愛国心、国家再生の誇りを奨励することでそれを埋め合わせようと考えたのだ。業績上位者には、最高の栄誉である「全国模範労働者」の称号が与えられた。この称号は労働者階級だけでなく、知識人や技術者、科学者、教師、医師にも贈られた。また国民は、その活動分野で並外れた功績を認められると、全国人民代表大会（全人代）の代表者に指名された。こうしたインセンティブに多くの労働者は発奮し、自らの個人的な利害、ときにはその命までも犠牲にして国家の再建に貢献し、革命の殉教者の列に加わった。

1980年代の初頭から半ばにかけて、政府は第二の改革の波を実行し、自由な輸出志向型経済の効果を模倣した「経済特区」を設置した。この経済特区に与えられた特権は、広範かつ例外的なものだった。課税の免除、関税の減額措置、低価格の土地、労働や金融契約の交渉における柔軟性などだ。結果的に、経済特区の試行は大成功を収めた。外国企業は技術や設備、ノウハウを持ち込むかわりに、中国の安価な労働力、友好的な事業環境、健全なインフラ、巨大な国内市場の恩恵に浴すことができた。やがて外資が中国になだれ込む。最初に設けられた4つの経済特区——広東省の深圳、珠海、汕頭、そして福建省の厦門——の成功で自信をつけた政府は、1984年にはさらに14の都市で同様の開放計画を展開した。そしてついに中国は、海外から輸入した中間財を組み立てて、最終製品としてそれを輸出するという手法で輸出加工業の世界的拠点となる。

1980年代後半になると、この新たな経済成長の急速な波も、緩やかになっていった。1989年には、天安門広場で起きた事件が国内経済をストップさせ、この10年で最低の成長率を記録した。不安定な政局に乗じて、改革反対派が勢いをつけはじめたが、鄧小平は1992年に南巡講話を行い、改革に弾みをつけるべく、自らの使命にいっそう邁進した。地方の役人たちに対し、もっと商売っ気を出して、起業家精神を持つように発破をかけ、市場を開放し続けるよう促したのだ。

中国政府はさらに民間企業への揺るぎない支持を約束し、それから数年で国内の民間企業が爆発的な成長を見せた。民間企業が多くの国有企業を追い抜くようになると、次に政府は、遅れている国有企業の改革に乗り出した。従来、こうした国有企業は中国経済の屋台骨の役目を果たし、物資や設備を安価で購入し、高値で最終製品を販売することで独占状態を享受していたが、社会主義の大義を謳うシステムで何十年も主役を張ったのち、多くの国有企業はここにきて経済全体の足を引っ張る存在になりつつあった。

農業や経済特区の改革と同様に、段階的な戦略に従い、政府は企業の経営陣に慎重に少しずつ自主性を認め、生産や販売、資金調達、投資、事業拡大、技術向上に関する決定を委ねていった。やがて国有企業は法人化され、株式市場に上場申請するようになった。不採算企業も選別されて、倒産するに任せるか、従業員に売却された。1994年、「民営化」という言葉が禁じられていた時代からわずか10年で、中国では民間企業が都市部の雇用の4割を創出するまでになった。今日、民間部門は都市部の労働力の8割を雇用している。[14]

第三の改革は、中国が採用してきたソヴィエト型社会主義システムの別の根本的な欠陥に対処するものだった。競争の欠如である。1980年代の半ばまで、国有企業には自ら主導して事業を拡大する動機もなければ、競争したり、新たな技術を採用したりする必要もなかった。非効率で時代遅れの組織が許容される一方で、生産性の高い革新的な新興企業には、政府の恩恵を受ける機会がほとんどなかった。中央が管理する計画のもとでは、市場メカニズムの浄化作用が欠落していたのだ。競争が存在しないので、進歩や技術革新を促す誘因もないに等しかった。そこで政府は国有企業により高い業績水準を設け、市場を民間の競合社に開放することで、政府が補助する企業にも市場原理を適用することにした。

経済改革の最後の波は、2001年に中国が世界貿易機関(WTO)に加盟し、その門戸をグローバル貿易に開いた際に訪れた。政府は積極的に輸出を自由化し、貿易の主要な障壁を撤廃し、関税を半分に引き下げた。こうして数年間で中国の160ものサービス部門のうち、100部門が外国企業に開放された。規則や規制は国際基準を満たすべく書き換えられた。国家の安全保障の要とされるごく一部の独占部門を例外として、中国企業はこれまでのように国有企業を介してではなく、外国企業と直接取引することを奨励された。

WTOに加盟したことで、2000年から07年にかけて新たな成長の波が訪れ、中国の一人当たり実質GDPは、2倍近くまで上昇した。WTO加盟から数年で、中国は大幅な貿易黒字を記録し、外貨準備を大量に蓄積し、米国債をかなりの割合で保有した。引き続き外資が殺到し、輸出企業や工業部門、ホテルや建設業に流れ込んだ。1978年に中国は世界貿易では第33位、輸出入総額は2060億USドルだった。ところが2009年になると、WTOに加盟してわずか10年足らずで、中国は誰もが認める世界トップの輸出国となり、2017年には、中国の輸出入総額は4兆1000億USドルに達していた。

1978年以前の中国の厳しい計画経済は、新たな指導者にもぎとりやすいたくさんの果実を用意し、鄧小平がこれを収穫する術を見出した。能力よりはるかに低い業績しか出せない経済からスタートし、労力と報酬のつながりを回復させ、インセンティブや流動性、競争、価格の柔軟性、イノベーションを次々と解き放ち、政治や社会の安定を維持しながら国際的な貿易や投資に着手するために国内経済を開放した結果、この国に爆発的な飛躍を見せる経済が誕生した。このビッグウェーブが起きたとき、中国には経済成長に必要とされる基本条件すら存在しなかった。それは法の支配、所有権の保証、事業しやすい環境である。中国の状況は理想とはかけ離れていたが、改革が日常化されると、猛烈な成長のスピードに遅れが生じることはなかった。

労働・資本・生産性

1978年から2008年にかけての中国の好況を論じる際のよくある間違いは、それを中央政府による大量の資本投入のおかげとみなすことだ。この間の中国の投資率が平均してアメリカの2倍だったことからすれば、そう考えるのも無理はないし、中国がこれまで重工業を重視してきたことや、近年ネット上でよく見られる建築ラッシュで生まれた郊外のゴーストタウンや、どこにもたどりつけないピカピカの橋の画像も、この見方を後押しするものだ。とはいえ、前述の中国の4つの改革を見ればわかるように、真実はもっと複雑で、そしてもっと面白い。

数多の研究が支持する説によれば、中国の成功には資本投入も重要な役目を果たしたが、全要素生産性(TFP)――労働や資本などの投入がいかに効率的に用いられたかを示す指標――のほうがより重要な役目を果たしていた。大量の投資は戦略として長続きしないため、この点はとくに考慮すべきだ。第一、これほど多くの機械や労働者をいつまでも投入することはできない。完全雇用状態になれば、労働者により多くの機械を与えても成果は落ちるだけだ。経済学者はこれをよく「収穫逓減の呪い」と呼ぶ。だが生産性の伸びはまた違う。TFPが上昇すれば、同じ数の機械と労働者でも、より多くの生産を実現でき

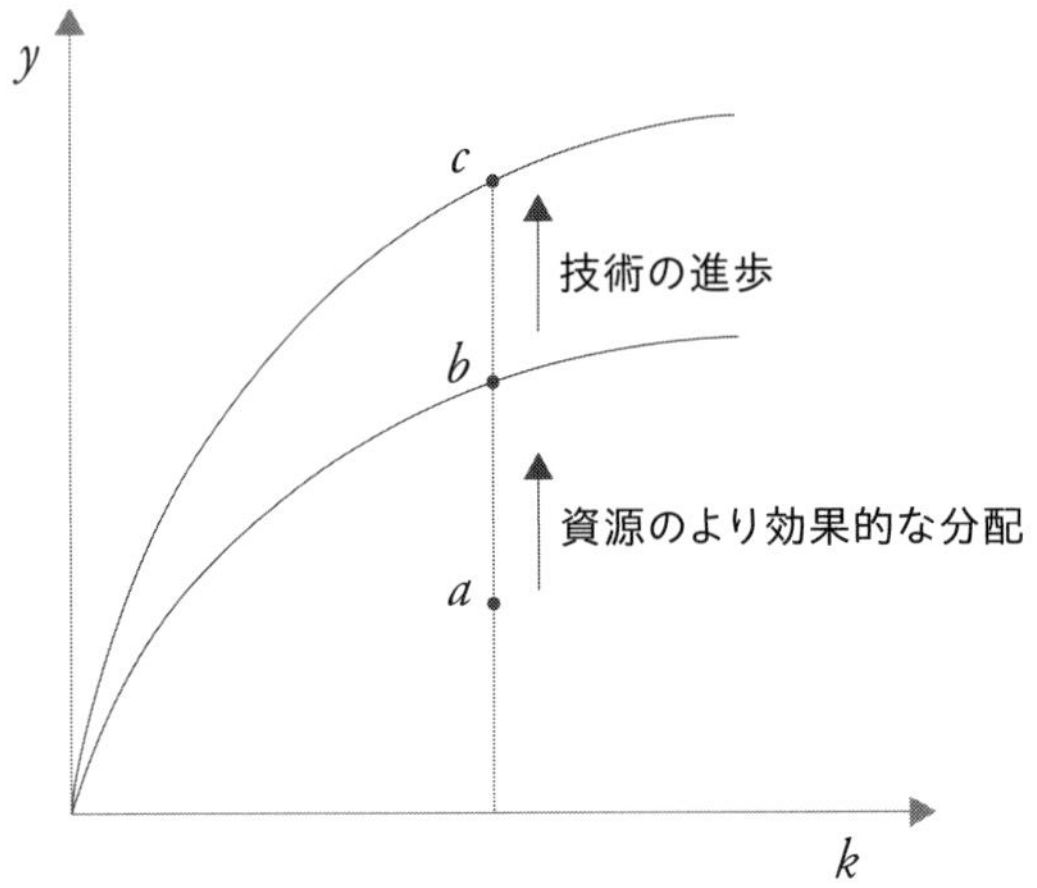

図2-2　経済成長と効率を高める二通りの方法

るのだ。

この考え方を明確化するために、経済の成長の道筋を示した図2－2を見てみよう。縦軸は一人当たりの生産高（y）、横軸は一人当たりの資本（k）を指す。b点の経済は、一人当たりの資本が蓄積するにつれ、その曲線に沿って生産を上げることができるが、ある時点で成長速度は遅くなる。カール・マルクスは、資本家の強欲が資本収益率をゼロにし、貯蓄や投資のインセンティブが下がることで、資本主義の終焉につながると予想した。

だが成長は、TFPが上昇しつづけるかぎり、収穫逓減の呪いを克服できる。TFPを上昇させるものは二通りある。より効果的な資源の分配、そして技術の進歩だ。TFPを上げることで、経済は下方から上方へと一気に飛躍できる。c（最高）点では、同じ投入量（k）でもb（中間）点より高い生産高を達成していることがわかる。こうして途上国は、生産性を継続的に高め、生産フロンティアを拡大できれば、成長を続けられる。

それなら中国のＧＤＰ成長のうち、労働・資本投入量の増加によるもの、ＴＦＰの上昇によるものは、それぞれどのくらいなのだろうか。学術的分析によると、中国が最速で成長した期間、つまり１９７８年から30年ほどのあいだの、この国の成長の約半分は、生産性で説明できるという点で意見が一致している。使用されたデータセットや測定方法はさまざまでも、計算するときわめてよく似た結果が得られるのだ。

研究者のバリー・ボズワースとスーザン・Ｍ・コリンズによれば、生産性の上昇は中国の総ＧＤＰのうち49・3％の成長に寄与したことがわかった。[15] 一方、ドワイト・Ｈ・パーキンスとトーマス・Ｇ・ロウスキは45・2％、[16] 鄭京海《ジョン・ジンハイ》、アーネ・ビグスタンならびに胡鞍鋼《フー・アンガン》は49％という数字を報告した。[17] ローレン・ブラントと朱暁冬《チュー・シャオドン》の計算では51・3％で、[18] 国際通貨基金の調査では50％以上だった。[19] さらに国のＧＤＰのかわりに一人当たりＧＤＰを見てみると、ＴＦＰは中国の成長の78％を説明するという驚くべき結果が出た。[20] ただし、２００９年からの10年間は、第6章でも詳しく見ていくように、また別である。企業レベルのデータの質は２０１３年から落ちているものの、大まかな推定によれば、ＴＦＰの伸びは過去10年でかなり低下している。[21]

ＴＦＰにとくに注目すると、１９７８年から２００７年までの中国の成長率は年平均３・９２％で、１９９８年から２００７年では４・５８％に達した。[22] 一方、アメリカの経済成長の主要因であるＴＦＰの伸びは、１８７０年から２０１０年で平均１・６％から１・８％、２０１０年から２０１８年では０・４％

だった。[23] ヨーロッパのＴＦＰの成長率は１％を下回る。韓国では、同等の開発段階の時期に平均３％だった（１９６０〜90年）。大半の見方に反し、生産性は中国の成長にとって重要な要因だったのだ。

では、何がＴＦＰの成長を後押しし、経済全体をより生産的なものにするのだろうか。まず思いつくのは、イノベーションと技術の進歩だ。たとえば電気の発見、蒸気機関や内燃機関、電信、コンピュータチップなどの発明は、長期的な生産性を大幅に向上させた。また暑い季節でも涼しく過ごせるエアコンや、健康維持に役立つ現代医療などのおかげで、私たちはより多くの仕事をこなせる。現代のオフィスワーカーは、電話、プリンター、コンピュータ、ソフトウェアのおかげで、以前の10倍もの成果をあげられるのだ。

こうしたテクノロジーの抜本的進歩はめったに起きるものではない。だが幸いにも、生産性の刺激剤はそれだけではない。中国は成長ブームの早い段階で、中国版のビル・ゲイツやスティーブ・ジョブズ、セルゲイ・ブリンやラリー・ペイジの登場を待つ必要はなかった。それはもっと簡単なことだった。資源の分配を見直して無駄や非効率性を減らすことが、途方もない違いをもたらしたのだ。ＴＦＰを高める方法として不適切な資源分配を減じることは、とりわけ途上国にとっては、はるかに重要である。

これをわかりやすく説明するために、成長率の数字に戻ろう。まだ検討していなかった可能性とは、経済がそもそも生産フロンティア上の*b*点からではなく、その下の*a*点から始まるとしたらどうか、というものだ。この可能性が生まれるのは、その国の経済の潜在能力を下回るかたちで、資源が非効率的に利用されている、つまり、資源が無駄になっているか、不適切に分配されている場合だ。

不適切な分配の例は現実に多く見られる。非常に優秀な労働者を獲得するのが非常に優れた企業とは限らないし、能力試験はあっても、いちばん良い仕事に就くのがいちばん優秀な学生とも限らない。また、最も生産性の高い農家が最大面積の土地を獲得するとも限らない。民間起業家がその革新的な事業の資金調達に苦労する一方、潤沢な資金を保有する巨大国有企業がサッカークラブやシーワールドを買っている。政界とのコネがある企業が豊富な補助金をもらえる一方、より高い生産性を誇る企業が、果てしなく煩雑なお役所手続きと闘わなければならない。こうしたすべての問題においては、資源利用効率が著しく悪いことがわかる。ノーベル経済学賞を受賞したアビジット・V・バナジーとエステル・デュフロは、共著『絶望を希望に変える経済学』で、途上国が直面する課題を次のように説明する。「つまり発展途上国で技術が導入されないのは、利益をもたらす技術にアクセスできないからではなく、手元のリソースが十分に活用できていないからなのである」[24]

この問題はとりわけ中国で頻繁に起きている。改革後の中国では、成長を叶えるための最大かつ最重要な決め手は、その潜在能力をいかに引きだすかであった。つまり、*a*点から*b*点に行くことだ。これは1978年から2005年にかけて資源の投入の仕方を大きく変えたことで達成され、この間におよそ4億人の労働者が、生産性の低い場所から生産性の高い場所へと移動した。そのとき二つの大きな集団移動が発生した。一つは、1978年から2005年にかけて徐々に発生した農業から工業への人々の移動で、その間、農業労働者の比率が70%から30%に減少した。もう一つの移動は、国有部門から民間部門への労働の大規模な再分配で、同時期の国有部門の雇用比率は、52%から13%に急落した。[25]

国有企業の雇用者を対象に大規模な「転換計画」が実施され、なかには再訓練のため学校に送り返される者もいたが、政府がその費用の大半を出していた。また民間企業に入ったり、自ら起業したりする者もいた。中国のことわざにあるように、「木は抜くと枯れるが、人は移動すると栄える」というわけだ。どちらにおいても、かつて政府が設けていたような、人々の移動を妨げる障壁が取り除かれたのだ。

こうした取り組みのおかげで人的資源の大幅な不均衡は改善されたが、中国は資本と土地にも似たような問題を抱えていた。市場経済は、創造的破壊という手法で、これらの問題に対処する。それによって革新的だったものが時代遅れになるのだ。競争は自然淘汰につながり、業績の芳しくない企業は市場から追い出され、成功している企業により多くの資源がまわされる。だがこうした流れは中央の指揮のもとでは弱まり、生産性の低い企業がより多くの資源を確保し、競争力のある企業が締め出されることがあまりに多い。ところが、1990年代半ばに「抓大放小《チュクダー・ファンシャオ》（大をつかみ小を放つ）」という政策が進められると、非生産的な企業が市場原理によって淘汰されることになった。製造部門が経験した生産性の伸びの4分の3近くは、再分配を通じて効率性が大幅に伸びたことで説明ができるものだ。[26]

中国にとって政策路線の変更がきわめて重要な意味を持ったのは明らかだが、やはり国家による有無を言わさぬ改革がなければ、それほどの効果は得られなかっただろう。国は資源を動員し、さまざまな主体を協力させ、全国規模のネットワークをつくり、他国で実行する場合は抵抗に遭うか、もっと長期的な手強い改革を推し進めた。当然ながら、すべての国において国家に強い権限があるとは限らないし、すべての国民が大きすぎる政府を求めるとも限らない。これまで見てきたように、共同体主義や社会秩序、政府指導者を敬うことを重んじる儒教の伝統の影響が、2000年以上ものあいだ、中国社会全体に深く浸透していた。現代の中国人も、国家がいつどこにいても介入してくることに慣れていて、それをごく当たり前のこととして受け止めている。

とはいえ、国家の大規模な介入がつねにうまくいくとは限らない。中国は、たしかに速やかに開発に着手し、インフラを構築し、失った市場を埋め合わせ、公共の財やサービスを提供し、革新的な新たな技術を開発するといったことには優れているし、これについては第7章で詳しく見ていくとおりだ。ただし、それほど役に立たないこともある。たとえばとくに優れた産業や技術に補助金を出す場合などだ。中国の教訓を途上国に適用しようとすることも難しい。

それに中国はいまも試行錯誤を繰り返しながら手探りで進んでいる最中だ。国家の強権的な姿勢が度を越しているとみなされて、2021年と22年には他国の信頼を失うという苦い経験もした。成長には普遍的な公式もなければ、理想的な経済ないし政治の条件も、万国に応用できるモデルもない。自由な市場を盲信する者は、中国や日本、シンガポール、韓国の経験に困惑するだろうし、国家の強引な手法を是とする者の戒めとなる経済の惨状は、過去にも現在にも至る所で見られる。経済発展にとって何が決定的に良くないかはわかっても、何が良いか、何が有効かをすべて見通せるわけではない。納得はいかずとも、おそらく途上国は自国の環境に合った、自国の開発段階に適した、自国固有の文化や歴史を踏まえた、独自の政策を築く必要があるのだ。

急速な産業化と危機

中国は驚くほどの成長率を達成してきたが、1978年から2008年の中国の成長モデルが成功の見本というわけではない。その間、中国の家計所得はGDP比の70%から60%未満にじりじりと下がったのに対し、アメリカや他の先進国では、家計所得の比率はおおむね80%を維持していた。中国の家計貯蓄に対する収益は極端に低く(いまだに低い)、経済が年10%の割合で成長し、経済全体の資本収益率が年平均24%だったときも、世帯当たりの預金の収益率は実質平均1~2%だった。[27] 一方、中国の住宅価格は衝撃的な二桁の成長率を記録し、住居は平均家庭にとってますます手の届かないものになりつつある。工業部門では、補助金が大量に投じられ、鉄鋼や採掘、ソーラーパネルの過剰供給を招き、地方の役人のなかには、供給削減のために工場を爆破しようと提案する者もいたほどだ。低利の融資は工業部門を支える麻薬にもなれば、経済全体の命綱にもなった。

こうした経済の病《やまい》は、まったく特異な現象というわけではなく、ある根本的な原因と密接につながっている。それは早急な工業化を求める国家の強い願望だ。工業化は近代化と同様に、中国経済が集中的に取り組むべき課題であると考えられてきた。その「後進性」ゆえに半世紀ものあいだ屈辱を味わってきた国にとって、近代化こそが絶対の目標だったからだ。

工業化はもちろん良いことであり、とりわけ途上国には有益だが、中国の急激な発展には高いコストも伴った。工業化を支えるべく金利が人為的に下げられたが、その結果として生産性が伸びることはなかった。この「金融抑圧」が可能だったのは、中国の金融システムが国有銀行に牛耳られていたからだ。低金利によって借入コストは下がる一方で、貯蓄から一定の利益を得ようとしていた世帯は痛手を被ることになる。そして金利を下げた結果、この国の経済は、あまりに消費が少なく、投資先は的外れである場合が多く、純輸出高があまりに大きくなった。第8章で詳しく見ていくように、こうした不均衡は国際的な物議を醸すことになる。

低金利は住宅や株式の高い均衡資産価格を生む一方、経済全体では大量の借入を促し、金融の安定を脅かす。要するに、過去40年の改革で歪みの一部が解消されたことによってTFPは急成長したが、中国が重工業の産業化を推進した結果、新たな歪みが生まれることになった。短期的に症状が改善されても、長期的に見ると有害な筋肉増強剤《ステロイド》的な産業政策から抜け出すことこそ、この国が質の高い持続的な成長と国際紛争の和解を叶える重要な鍵となる。[28] 旧来の工業化に基づく成長モデルは、イノベーションや生産性の持続的向上を重視する新たなモデルへと移行させなければならない。

中国経済、成長の行方

数十年前に、中国経済の運命を既存の経済原理をもとに予測せざるをえなかったなら、中国が今日のような国になるとは夢にも思わなかっただろう。法の支配、事業のしやすさ、企業のガバナンスといった、経済成長に必須とされるどの要因に照らしても、中国の評価は低いし、世界順位ではつねに平均かそれ以下にとどまっている。[29] 中国は法の支配においては126カ国中82位であり、2018年には事業のしやすさは78位で、アゼルバイジャンやルワンダより下位にあり、企業のガバナンスについても、調査対象の141カ国中72位だ。そのうえ、中国は共産主義――それも熱の入った共産主義《レッド》の――国家であり、最終的に中国以外に、共産主義国で完全な崩壊もしくは経済の困窮といった運命を免れた国はない。

では、中国の今後の成長については、どのような見通しが立てられるだろうか。2009年の世界金融危機に続く10年で中国の状況は大きく変化した。経済の急落を防ぐために大規模な財政刺激策を講じたあとは、全要素生産性が落ち込んだ結果、資源が望ましくないかたちで分配された。詳しくは第6章で見ていくが、資源は大規模な国有企業や「影の銀行《シャドーバンキング》」、さらに数多のインフラ計画に投入された。1978年から30年間で3歩進んだものが、これで1歩後退してしまったのだ。成長がそのペースを維持できたのは、効率が改善されたからではなく、多額の融資や国が主導する投資のおかげだった。2009年からの10年間、TFPの成長率は低いかマイナスになることもあり、経済全体の拡大を維持するために投資に頼っていた。

前述のように、メキシコやペルーなどの中南米諸国や、マレーシア、インドネシア、タイなどのアジア経済は急成長を遂げてきたものの、現時点でもまだ高所得国の仲間入りはできていない。データによれば、そのおもな理由は、生産性が顕著に減速していることにある。当然ながら、こうした数字からは、なぜ生産性が減速したかという理由はわからない。腐敗や不安定な政局、貧弱なインフラ、研究開発への不十分な投資が最初に考えられる理由かもしれない。この現象は、経済学者が「中所得国の罠」と呼ぶものだ。1960年以降、101カ国の中所得国のうち、この罠から脱出できたのはわずか13カ国にすぎない。韓国とイスラエルは成功したが、中国のような巨大国家にそれができるのか。これはおそらく、この国の経済の未来にとって、唯一にして最大の問いだ。

中国が中所得国の罠にはまれば、1990年代に成長が止まり、「失われた10年」を経験した日本と同じ道をたどるかもしれない。だが、仮に中国が平均5%で成長を続け、一方のアメリカが年1・5%で成長を続けるとすれば、中国経済は2030年頃までにアメリカ経済を追い抜くことになるだろう。中国は今後数十年は、アメリカのように裕福な国にはなれないだろうが、10億人を超える国民が平均的なアメリカ人と同じ生活水準を享受できるようになるだろう。とはいえ、ブラジルやメキシコではなく、東アジアの近隣諸国と同じ道をたどるには、中国はおそらく新たな成長モデルを必要とする。

本書執筆時点で、中国経済の成長率は減速しており、現在、過去40年で最低レベルを記録している。そう考えると、現時点で年成長率を5%と見積もるのは、あまりに楽観的だろう。グローバル経済とサプライチェーンにおける打撃や新型コロナウイルスによるロックダウンなどの「景気循環要因」は別として、いまも残る歪みや構造上の欠陥は、この国の経済に重くのしかかっている。たとえば、2022年時点で中国はGDP比で275%という記録的な債務を抱えているため、そのレバレッジを解消するには明らかに過酷な道のりが待っている。低迷した経済を救うための低利の融資のような刺激策には、もはや強い効き目はない。経済は「めったに冷えず、しょっちゅう熱い」とは真逆の方向に向かっている。しかも脱グローバル化の脅威によって、今後、輸出志向型経済はさらに脆弱になるだろう。

景気後退が長引けば、中国でいまだ手つかずの能力を生かすことも難しくなる。とはいえ、およそ8億7000万人の国民が、いまだに月間所得2000人民元（約300USドル）以下で暮らしているというのがこの国の現実でもある。彼らはまだ4億人の中所得層、すなわち中国の基準では2000〜5000人民元の月間所得層――それでも先進国の平均よりはるかに低い――の仲間入りを果たせていない。[30] 中間層という限界消費性向が最も高い集団を拡大することこそ、中国の消費エンジンを強化する唯一の道なのだ。

だが、こうした問題を収束させる余地はある。中国の生産性レベルは、現時点でアメリカと比べるとかなり低い。中国で学位を持つ労働力の割合は、南アフリカやブラジルよりも少なく、富裕国全体で見るとかなり下だ。[31] 政府が新たな改革を実行すれば、この国の経済をさらに開かれたものにできるだろう。以前より開放的な政策が実行されるようになったものの、民間企業が娯楽や教育、保健医療や健康などのサービス部門で競合できるようになるには、さらに門戸を開かなければならない。現在、サービス部門は中国のGDPの約50%を占めているが、他の先進国の70〜80%という数字に比べるとかなり低い。サービス業は製造業よりも労働集約的であるため、これを拡大すれば雇用機会がもっと増えるだろう。民間の保険会社、病院、学校、文化機関が増えれば、有益で、国内外の企業が参入・投資できる豊かな社会の土壌が生まれるはずだ。

中国が他の富裕国に追いつく余地は十分に残されているが、今後さらに豊かになれるかどうかの決め手となるのは、現在道半ばの改革を完遂できるかどうかにかかっている。その点では、最近の経済成長の減速は、ポテンシャルが下がったというより、改革の行き詰まりを示すものだ。前述のように、改革は経済の強力な刺激剤となってきたし、歪みを減らして、効率を向上できる分野も多い。金融部門も改善すれば、資本の分配も改善され、イノベーションに不可欠な長期的かつ安定した資金調達が可能になるだろう。

個人の労働をその生誕地に縛りつける戸口制度（戸籍）を改革すれば、才能のある人々が地域をまたいで移動できるようになり、労働の分配が改善されて、地域格差を減らすこともできるだろう。[32] 財政改革によって地方政府の債務も解決できるだろうし、これについては第6章で詳しく論じることにする。改革は中国にとって重要な要素だが、それでも時が経つにつれて、この改革による成長モデルはその勢いも効果も失われつつある。習近平《シー・チンピン》が総書記になった2012年、中国共産党第18回全国代表大会（党大会）が設定した包括的な改革政策の多くが、いまだに達成されていない。

中国は目覚ましい飛躍を遂げ、一人当たりの国民所得が40年間で380ドルから1万ドルに増加した。次に望まれるのは、それが3万ドルになることだ。この段階で初めて、中国経済の奇跡が現実のものとなるだろう。これまでの中国の迅速な経済成長のほとんどは、「キャッチアップ」型のものだった。だが中国が文句なしに成功したと言えるのは、14億の人口を有する国が高所得国になれたときだろう。西側の社会通念とは対極の政治環境で達成されたとすればなおさらである。それが実現すれば、世界の最も豊かな人々の半分が、共産主義体制のもとで暮らしているという状況もありうるかもしれない。こうした状況を、ベルリンの壁が崩壊した1989年にいったい誰が予想しただろうか。

新たなテクノロジーの波を起こす新世代が、こうした成功の道に、中国経済を導いていくことだろう。かつて自国の経済の道筋を決定し、その成長を主導してきた工業化志向を、中国の若者はもはや共有していない。この新たな世代はイノベーションを生み出す自国の成長を誇りに思い、自分たちはそれに貢献できると信じている。また、市場の動きに精通し、革新的で、起業家精神に溢れている。彼らの夢は、より高い生活水準、より持続可能な環境、仕事と余暇の理想的なバランス、創造やイノベーションのより大きな機会を実現し、持続可能で計画的な経済成長で世界をリードする国の市民になることだ。

中国の人々の血に流れる儒教の教えのなかでとくに重要なものを一つ挙げるとすれば、それは「先祖が誇れる者となれ」というものだ。仕事で偉業を成せば、先祖に栄誉を授けることになる。この国のリーダーとなる新世代も、さまざまな努力を重ねて家族の誇りとなるだろうが、いまやイノベーションの開拓者になることが、最高の栄誉の一つとなっている。イノベーションによってのみ、中国は21世紀随一の経済大国になれるのだ。

第 3 章

中国の消費者と新世代

CHINA'S CONSUMERS AND THE NEW GENERATION

中国で11月11日は「独身の日」と呼ばれる。11／11と並んだ「1」の数字が、中国で独身を意味する「葉のない枝」を想起させるからだ。「独身の日」は、もともと南京大学の学生たちが発案したアンチ・バレンタインデーとして始まった。一人っ子政策時代に生まれたこの学生たちは、孤独で、多くのプレッシャーを抱える、かなり高学歴の若者世代だ。「独身の日」は社会に対する一種の反抗、苛立ちや不満を吐きだす手段として始まったとされる。いずれにしても、EC（電子商取引）大手が宣伝したことで、この非公式の休日はたちまち万人にとって毎年最大のネットショッピングの日に変わった。2021年11月11日には、二つのECサイト、阿里巴巴《アリババ》と京東商城（JDドットコム）だけで1400億ドル相当の商品が販売された。これはアメリカの感謝祭の祝日（11月の第4木曜日）と、その翌日のブラックフライデー、さらにその翌週月曜日のサイバーマンデーを合わせた売り上げを超える額だ。

この瀟洒な若者たちの可処分所得、そしてそれを進んで使いたがる彼らの消費傾向は、中国の国民と聞いて皆が思い浮かべる節約や倹約ぶり、つまり世界最大の貯蓄家といった印象とはおよそかけ離れている。こうした若い消費者は、自己主張の強い新たなエリート層に属し、仕事の予定や旅行のプランを詰め込んで忙しく飛びまわり、日頃から多くのモノに囲まれてレジャーを楽しんでいる。

既存の壁を破るこの若者たちは、1980年代、90年代、そして2000年代に生まれた世代だ。自信に溢れ、特権を享受し、金持ちで、高い教育を受けているが、とりわけ彼らは、人類史上最も過激なソーシャル・エンジニアリングによって、その人生の道筋を否応なしに決定されてきた世代でもある。それは1970年代後半に導入された中国の一人っ子政策だ。先の時代の爆発的な人口増加への対処がそのおもな目的だったが、この政策が社会や経済に与えた影響は幅広く、また多くの点で意図しないものだった。本章でこれから詳しく見ていくように、この一人っ子政策は中国の人口統計だけでなく、家族関係やジェンダーの平等、貯蓄行動、さらに教育やスキル面での人的資本にも底知れぬ影響を与えている。

どんな経済においても、消費者は主要な三つの行為主体《エージェント》の筆頭に来るもので、そのあとに企業と国家が続く。中国の世帯を牽引する要因を探り、そのインセンティブや選好を知ることで、その消費習慣や投資傾向を把握できる。またそれらが貯蓄率や株式・不動産市場から貿易不均衡や国家間の紛争まで、マクロ経済のさまざまな面をいかに決定するかについても理解できるだろう。本書ではこうした広い話題も探っていくが、まずはこの国の広範な経済の基盤を成す三つの基本的な行為主体のうち、その筆頭に来る個人と世帯について見ていきたい。

中国の14億人もの消費者は、長らく世界中の事業家の野心を掻き立ててきた。アップルはアメリカの2倍の販売台数のiPhoneを中国で売り、毎日1億ドル以上稼いでいる。スターバックスは売上高の5分の1以上を中国で獲得している。テスラは中国に大規模な投資を行い、中国初の完全外資の自動車工場を建設している。同社の中国での売上高は、アメリカでの売上高をいずれ上回ることが期待されている。ナイキとエスティローダーが世界的に成功しているのは、もっぱら中国の消費者に人気があるからだ。

こうした企業は中国の消費者に微信《ウィーチャット》を通じてアクセスするが、これは10億人もの月間ユーザーを持つ中国で最も人気のSNSだ。最近では、中国の「インフルエンサー経済」が毎年倍増し、1兆ドルに近づいており、レストラン業界と同規模になっている。中国の消費者はさらに国境をまたいで気前よく金を使い、ボルドーワインの価格を下支えし、シドニーの海辺の住宅用不動産を購入し、世界中の学校で子どもたちを学ばせ、授業料を払っている。

だが、中国の消費者がどんなに多くの富を差し出そうが、この国の膨大な消費者市場の海を航《わた》るには危険が伴う。なぜなら一瞬のうちに消費者のトレンドが変わり、人気商品が流行遅れのものになり、予期せぬ政策変更によって突然大きな打撃を被ることもあるからだ。2012年に習近平国家主席が、政府の役人への贈与を厳しく取り締まる「八項規定」を施行すると、その影響で、ある予期せぬことが起きた。政府高級品業界が大打撃を受けたのだ。政府の役人との関係を円滑なものにすべく贅沢品をこぞって贈る習慣が一夜にして消え、高価なワインや高級腕時計の売り上げが激減した。

変数が万華鏡のごとく移りかわるなか、中国の消費者を観察する方法として唯一かつ最も意味があるのは、彼らを監督する指導者の世代交代に注目することだ。中国の新たな指導層は、一人っ子政策のもとで生まれた世代に徐々に代わりつつある。この世代を理解するために、まずはこの政策の社会的および経済的影響を観察しながら、40年間も所得が急成長を続けたのに、なぜ中国の国民はあいかわらず世界で最も熱心な貯蓄家であり続けるのかという普遍的なパラドックスを紐解いていこう。

新世代――小皇帝と小皇后

「小皇帝と小皇后」
わが家《や》の可愛い小皇帝と小皇后！
雨でも晴れでもご機嫌で
天気もあなたの思うまま
食事も着替えもお手伝い
あなたは指一本動かさない
どうして支えられようか
溶けたら口に入れようか
落ちたら腕に抱きとめようか

――中国で広く人気のある詩より

人類の過去の歴史を見ても、1978年から30年ほどのあいだに中国が行った人口抑制策ほど厳しい措置を設けた国はない。この規則は、中国のマジョリティである漢民族のすべての家族に対し、出産回数を制限するものだ。つまり、各家庭が子どもを一人しか持てないことにしたのだ。数年のうちに、都市部の世帯の大半がこの規則に従ったが、これは政府のそれまでの方針とはかけ離れたものだった。毛沢東政権の初期には、女性は子どもをできるだけたくさん産むことを奨励され、大家族を築いた女性は「英雄母親」として表彰されることも多かった。

毛沢東は国民の数が多ければ多いほど国力が上がると考えた。彼が新たに建設した国家は、強大な軍隊と大規模な労働力を必要としたからだ。そしてその政策はうまくいった。中国の出生率は急上昇し、1950年には一世帯当たり4人より少し多い程度だったのが、1964年には7人以上に増えた。むしろ毛沢東の計画は、あまりに成功しすぎたのかもしれない。

1957年、有名な人口統計学者の馬寅初《マー・インチュー》は、自著『新人口論』のなかで、爆発的な人口増加が迫っていると警告した。馬は中国の人口が経済的に持続不能な速さで成長していると訴え、この流れを止めるべく積極的な対策をとることを推奨した。だが馬の勧告は黙殺され、1970年代前半になってようやく事の重大さが国の指導部の目にも明らかになった。その頃には中国の8億の人口の8割が貧困に陥り、国民をどう養うかということが問題になっていた。中国の古いことわざに「王者は民を天となし、民は食を天となす」とあるが、中国の指導部は革命の歴史を熟知していた。革命とは、往々にして腹をすかせた民衆により引き起こされるものなのだ。

中国では一連の人口抑制政策が施行されたが、当初は道徳的勧告に近いものだった。政府は「晩婚・稀産・少産」というスローガンを掲げたが、それは男性に25歳になるまで、女性に23歳になるまで結婚しないよう、さらに第一子と第二子の間隔を3年以上空けて、産む子どもの数をなるべく少なくするよう奨励するものだった(「3人は多すぎで2人がちょうどいい」)。こうした指針は任意とされたが、それでもいくらかは効果があった。1970年代になると、中国の合計特殊出生率(15〜49歳までの女性の年齢別出生率を合計したもの)は顕著に低下した。都市部世帯の平均出生率は1970年代の前半には3人だったが、同年代の半ばには2人に低下した。

それでも、1976年の毛沢東の死去から2年後に権力の座についた鄧小平から見れば、十分ではなかった。人口が多いために一人当たりGDPの成長が遅いことに気づいた鄧は、自国民に「量より質」を求めた。鄧小平による国家人口委員会への指導は露骨で強制的なものだった。「人口を下げるのだ。やり方は何でもかまわない」。これが1978年の一人っ子政策の導入につながり、都市住民家計調査によれば、4年のうちに都市世帯の96％が子どもを一人しか持たなくなった。農作業を手伝う家族が必要な農村部の世帯には例外が認められ、少数民族の世帯は二人以上の子どもを持ってよく、双子の場合は（ありがたいことに）そのまま育てることが許された。

1980年代に北京で育った私は、いわば一人っ子政策世代の先駆けだった。私の知るかぎり、同じ漢民族で子どもが二人以上いる家族はいなかった。小・中学校時代に知り合った120人の同級生のうち、きょうだいがいたのはウイグル人の生徒一人だけだ。

この新たな法律はコミュニティレベルで実行に移された。各居住区にいる計画生育担当職員が、避妊具や避妊薬の使用から月経周期にいたるまで詳細な記録をつけ、割当以上の妊娠を早期に発見した。[1] 法の施行は多くのおぞましい逸話を生んだ。それでも国民の大半は、中国の爆発的な人口増加に対処する必要を承知していたので、この新たな一人っ子政策に従った。大半の家庭にとって、法に違反した場合の代償——高額な罰金、国有企業での失職、あるいは教育・保健医療・居住許可などの社会的便益の喪失——はあまりに高く、また耐え難いものだったからだ。

一人っ子政策は何をもたらしたか

通常は、個人が子どもを何人持つかを自分たちで決めるのはごく当たり前のことだ。その選択は人々の選好の問題だけでなく、世帯の収入や教育レベルも関係する。概して、高所得世帯は子どもの数が少なく、同様に、富裕国ほど出生率は低くなる。一人っ子家庭が、子どもが3人いる家庭より多く貯蓄するとしたら、それはその家の子どもの数が少ないからではなく、より裕福だからかもしれない。

中国の一人っ子政策がこれほど注目に値し、さらに出生率の因果効果について多くの情報を提供してくれる理由は、これが外因的なものであり、個人の選択の結果ではなく政府によって課された政策だからだ。都市部の全世帯がこの方針を強制されたが、それによって、この大規模な社会実験は、きわめて魅力的な事例研究となった。なぜならこの「自然実験」によって、出生率の変化が世帯行動にいかなる影響を与えるかがわかるからだ。そのためには一人っ子世帯を、たまたま双子が生まれた幸運な世帯と比較するだけでいい。これから見ていくように、この「双子調査」から、いくつかの驚くべきパターンが見えてくる。

そこでわかったのは、出生率は実際に重要な意味を持ち、広範かつ予想もしない影響を及ぼすということだ。中国の都市部世帯の高い貯蓄率、急加速する高学歴化、今日の中国で見られるジェンダー格差の拡大も、一人っ子政策で説明がつく。とはいえ思わぬ展開もあった。生まれる子どもの数が減ると、女性の地位が飛躍的に向上したのだ。多くの研究で、この政策のマイナスの影響が探求されているが、本章では、異なる視点を提供するために、この政策が経済に与えた予期せぬ影響に注目してみよう。

貯蓄への新たなインセンティブ

中国国民の過度な貯蓄傾向に世界は驚いている。中国の可処分所得に対する平均純世帯貯蓄率は、過去20年間、30％を超えている。一方、経済協力開発機構（OECD）に属する37の先進国では10％未満で、多くの場合、5％を下回る。中国の国民がもう少し貯蓄を控えれば、購買力が上昇することでグローバル企業の収益が上がり、中国の成長はいまほど投資や輸出に頼らずにすみ、貿易不均衡をめぐる中国と他国間の論争も減るだろう。

この現象についてはは本章の後半で再び取り上げ、その理由を探っていくが、なかでも一人っ子政策はとくに顕著な要因であることがわかっている。あなたが親であるなら、子どもを持つと「規模の経済」が働くことがわかるだろう。たとえば衣類や玩具などは複数の子どもがいれば共有できる。しかし、子どもが二人に費やすお金が一人にかかる費用の2倍にならなくても、全体の費用はやはり子どもの数とともに高くなる。食品や教育などは個々に消費され、共有できないからだ。事実、データによれば、中国で二人の子どもがいる家庭は、両親の収入や年齢などの変数を調整しても、一人だけの家庭より支出が顕著に高かった。

親の使うお金が減れば、当然、貯蓄率は上昇する。ただし、貯蓄の増大にはまた別の理由もある。一人っ子政策がなぜ貯蓄率を上げるかという問題は、儒教の伝統にも関係している。これについては第5章で詳しく見ていく。昔から中国では、親は子どもに、幼いうちから家族を支え、「孝行」することを期待してきた。そもそも、それが道徳的な人間である証《あかし》なのだ。「孝行」とは儒教の教えに従った徳であるだけでなく、この国の文化基盤の一つでもある。年長者を敬い、その教えに耳を傾け、彼らが高齢になればその世話をする。こうしたことは中国の強力な社会的規範であり、その法制度にも銘記されている。データによれば、金銭的な援助でも、子どもと同居することでも、高齢者が晩年の世話を家族に頼る証拠には事欠かない。かつて子だくさんの大家族は天の恵みとされていた。中国の格言にあるように「子どもが多ければ多いほど幸せも大きい」のだ。そして子どもが多くいる家庭は、少ない家庭と比べて経済的に豊かでもあった。[2]

私の父の家族を例にあげよう。父が生まれたのは1949年で、出生率にまつわるあらゆる法律が施行される前だった。父の母親、つまり私の祖母は、5人の子どもを産んだ英雄だった。当然ながら、大家族を持てば祖父母にとって老後の心配はなくなったかに見えたし、たしかにそのとおりだった。二人が引退すると、父は両親にマンションを買った。父のきょうだいが普段から経済的に支援し、とりわけ近くに住む娘と息子が両親を見守り世話を焼いた。大勢の子どもたちが協力し合って、さまざまなニーズに応えることで、祖父母は十分にケアされていた。

ところが、父と4人の兄弟姉妹の置かれた状況は、祖父母とはかなり違った。全員が子どもを持つのは一人だけに制限されていたからだ。そのため、高齢になると自分たちでなんとかするしかなかった。一人の子どもによる支援は、その子どもがどれだけ金持ちになろうとも、3人または4人の子どもたちが提供できるものとは比べようがない。子どもが親の近くに住み、日々の世話をすることも必要になるからだ。この差を埋めるべく、私の両親の世代は、自分たちが稼げるうちにもっとお金を貯めておかなくてはならないと感じるようになった。

リスクが大きく、先の見通しが立たないことも、人々が貯蓄に励む動機になる。2008年に四川省汶川で起きた地震で、粗雑なつくりの校舎内にいた多くの生徒が死亡したことは、一人っ子家庭に、さらに恐ろしい悲劇が起きる可能性があることを思い知らせた。社会保障制度が十分に機能している国では、通常は現在の労働人口が世代間移転の制度を介して引退した高齢者を支えている。ところが中国では、政府の支給する年金や社会保障の対象となるのは人口の一部のみで、それも往々にして控えめな額で、政府がその義務すら果たさないこともある。都市部の世帯では、年金は退職所得の4分の1以下だ。2014年には、広東省東莞市で近年最大のストライキが発生し、6万人の労働者が2週間にわたって仕事をボイコットした。彼らの雇用主が長年社会保険料をきちんと払わずにいたせいで、この会社で生涯にわたり働いてきた従業員に支給された年金は、本来受けとれるはずの額よりはるかに少なかった。

中国ではこれは珍しくもないことだ。この国の社会保険法の施行は、最低限の年金の支給すら当てにならない。そのため、年金という制度化された世代間の移転で対応しきれない場合、つねに家族がその埋め合わせをするのだ。これまでも社会保険の改革が何度か行われてきた。それは1997年から始まり、10年後にも再び実施され、将来の高齢世代はもっと保護される可能性もある。[3]とはいえ、現在の高齢世代にとって、年金が頼れる収入源になったことはこれまで一度もない。

双子調査

1990年から2010年にかけて、世帯貯蓄が急増した時期に、中国では多くのことが起きていた。急成長、市場改革、そして民営化などはすべて貯蓄に影響を与えるため、一人っ子政策がいかに大きな意味を持ったかを正確に判断するのは難しい。一人っ子政策が始まる「前」と「後」の国民貯蓄率を比較して、その差の原因をこの政策にあると単純に判断することはできない。そしてすでに述べたように、多くの家族をすべて同等視することもできない。たとえば子どもが一人だけの漢民族の家族と、子どもが二人いる少数民族ないし農村部の家族とは、本質的に異なるからだ。一人っ子政策の影響を知るうえで理想的なのは、子どもが一人だけの漢民族の家族と、偶然にも双子を授かった漢民族の家族(都市部の家族の1%)を比較する調査だ。双子が生まれた家族には、その運の良さを除けば、とくに目立った違いはないため、同時期に一人でなく二人の子どもを持つことの影響を調べる稀有な機会が得られるからだ。

世帯に関するデータを見れば、1990年から2010年にかけて、双子家庭は一人っ子家庭よりも貯蓄率がはるかに低かったことがわかる。この差は9ポイントにもなる。たとえば一人っ子家庭が可処分所得の平均30%を貯蓄するとしたら、双子家庭は21%しか貯蓄しないということだ。このパターンは異なる所得グループでも観察された。双子家庭は教育や消費財により多くの金を使っている。また双子の親は子どもたちが家を出れば、自分たちのためにより多くの金を使ったが、このことは、子どもの数が多ければ、一人しか子どもがいない場合よりも貯蓄する動機が弱くなることを裏づけている。この国が一人っ子政策ではなく二人っ子政策を実施していたならば、貯蓄率は30%ではなく20%程度になっていただろうし、その違いは大きい。

超学歴世代

双子調査は一人っ子政策の別の影響を調べるのにも役に立つ。1980年から2010年までの30年間に子どもが生まれた家庭は、教育に対してどんなアプローチをとるのか。ノーベル経済学賞を受賞したゲーリー・ベッカーと彼の共著者のグレッグ・ルイスは、1970年代に子育てにおける質と量のトレードオフについて有名な研究を行った。そして、子どもが少なければ少ないほど、子ども一人当たりの教育投資が大きくなることを発見した。[4] 家庭の子どもの数を減らすことで、一人っ子政策は子どもたちの「質」を高める可能性が大きく、それはまさに鄧小平が意図したことでもあった。

一人っ子政策が中国の人的資本の向上にいかに直接つながるかを見るために、再び双子調査を見てみよう。結果は実に驚くべきものだ。**図3-1**は、一人っ子の教育に費やした支出（実線）と、双子の教育に費やした支出（点線）を、子どもの年齢別に示したものだ。子どもが小さいほど、その差が小さいのは義務教育期間中だからで、中国ではこの間の公教育は基本的に無償だ。ところが子どもの年齢が上がるにつ

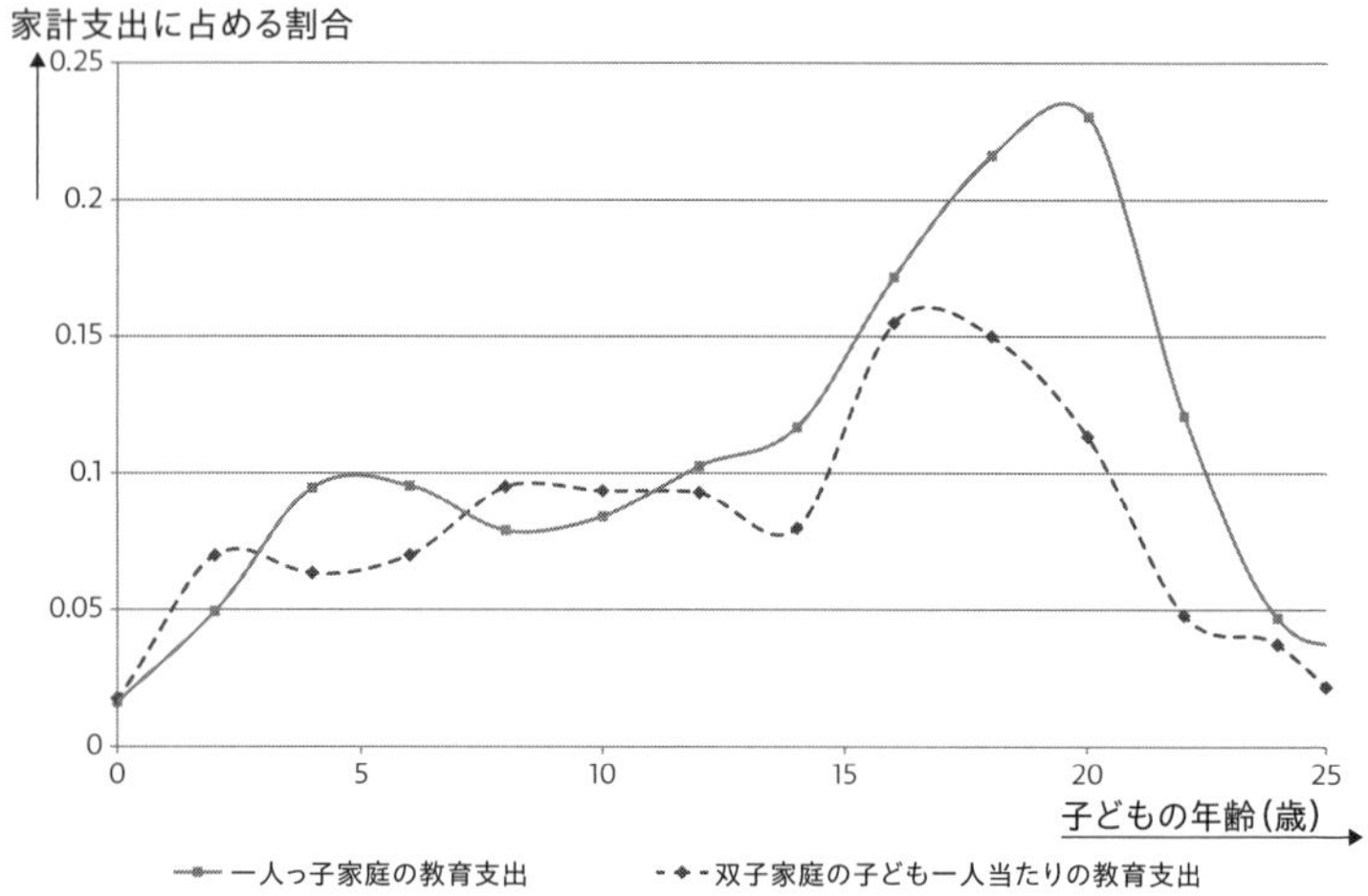

図3-1　一人っ子家庭と双子家庭の教育支出の違い

出典：Taha Choukhmane, Nicolas Coeurdacier, and Keyu Jin, "The One-Child Policy and Household Saving," *Journal of the European Economic Association*, Volume 21, Issue 3, June 2023, Pages 987–1032, https://doi.org/10.1093/jeea/jvad001. Working paper, July 2017.

れて、一人っ子は双子よりも家計支出のはるかに多い配分を受け、一時は2倍近くになっている。

　このデータで注目すべき第二の特徴は、中国の世帯は子どもの教育に多くの金を支出していることだ。平均して年間支出の25％を子ども一人の教育に充てている。これは途方もない額だ。たとえば、アメリカの平均世帯が子ども一人の教育に充てる年間支出の割合は約5％だ。アメリカの家庭は子どもの数がもっと多いし、中国の家庭と多くの点で状況が異なるが、一人当たりの教育費における差が大きいことは、一人っ子政策が親の教育への傾注を顕著に高めることを示唆している。それにはもっと現実的な動機もあるかもしれない。子どもが一人しかいないなら、その子に高い教育を受けさせ、なるべく高い給料を稼げるようにして、ほかに子どもがいない分の埋め合わせをしようとか、自分たちの子どもを、近所の子どもより高みに行かせたいとの願いが、その動機となっているのかもしれない。

当然ながら、次に浮かぶのは、一人当たりの教育投資が増えれば、本当に教育の成果はあがるのか、という問いだ。答えは圧倒的にイエスだ。2002年から09年のあいだに18歳から22歳だった若者（1980年代生まれの私の世代）のサンプル調査では、一人っ子と比べて双子は大学入学に備えた高レベルの中等教育を受ける確率が40％低いことがわかっている。また双子は、専門的な訓練を行う職業高校に通う確率が30％高かった。今日の中国をよく知る人ならわかることだが、子どもの予定をぎっしりと詰め込んで我が子の教育や成績に気を揉むことが、いまや国民の娯楽となっている。最近では、親たちが放課後や週末に子どもを塾や課外授業に送り迎えし、子どものスケジュールを秒刻みで入念に立て、教師に好感を持ってもらうために努力する（この傾向は両親の階層や財産とは無関係である）。

中国では公教育が小学校から中等学校まで無償で受けられる。このため、ごく最近まで私立の学校はないに等しかった。ところが、一人っ子世代がもっと高い教育をめざす「軍拡競争」の引き金を引いたことで（厳密には親たちがその引き金を引いたことで）、教育コストが急騰している。家庭教師を雇ったり、子どもを塾に通わせたりするための家計支出が、非常に高くなっているのだ。英語の集中講義や数学オリンピックの対策講座、ありとあらゆる種類の留学や渡航プログラム、サマーキャンプやインターシップなどにも、当然ながら相応の金がかかる。

どうしてそれほど多額の費用をかけるのか。親たちが何よりも優先するのは、自分の子どもが競争に勝つことだ。「わが子がスタートラインで遅れをとらないように」というわけだ。よその子が家庭教師に5科目教わっているなら、うちも同じことをしなくてはと焦るのだ。都市部の世帯は一人っ子の教育に途方もない金額を費やす。このコストには、人気のある学区にマンションを買ったり借りたりする費用も含まれる。

　中国の上級官僚になった私の大学院の同級生は、北京の中心部に所有していた広々としたマンションを出て、はるかに狭い賃貸マンションに一家で引っ越した。そのほうが良い小学校に近いからだ。彼の運転手の息子はまだ8歳だが、すでに学校外で3科目の補習を受けていて、それでも同級生に追いつくには足りないという。私のいとこ夫婦は、息子が4歳になっても掛け算の九九をまだ覚えていなかったことで、息子の幼稚園の園長から、親の怠慢だとこっぴどく叱られたそうだ。

　2019年に大手インターネット企業の騰訊《テンセント》は、人口15万人の四線都市から人口1500万人を超える一線都市までを対象に、そこに居住する生徒の調査を行った。[5] その結果、こうした都市に住む生徒の88・7%が、学外で補習授業を受けていることがわかった。全国平均では、生徒一人につきこうした授業を2・1クラス受けていた。当然ながら大都市の一線都市〔北京、上海、広州、深圳の四大都市〕および二線都市〔各省や自治区の省都、およびそれに準じる都市〕では、教育関連の支出がより多く、子どもたちは明らかに忙しかった。ところが、平均所得が一線都市のおよそ半分しかない四線都市の世帯でも、子どもたちに学習塾などの補足教育を受けさせていた。つまり、貧困地域の出身でない生徒は、ほぼ全員が学校の授業以外で個人指導を受けているのだ。

これまで見てきたように、中国の親は子どもの教育の質を上げるために、できるかぎりのことをやっている。この30年間で学齢期の子ども人口が減っていることは、中国の教育システムにマイナスの影響を与えていると思うかもしれない。だが実際は、学校や教師、教育関連サービス、学校の制服、教科書の数が大幅に増え、ありとあらゆる教育的体験も豊富に揃っている。国を挙げての教育熱によって巨大な市場が生まれ、そこに企業がいっせいに群がっているのだ。外国の学校や教育プログラムもこの前代未聞の金のなる木に関心を寄せ、中国全土でインターナショナル・スクールが新たに開校している。この好機は国内だけでなく世界にも開かれている。英米の一流高校の校長は、2020年にパンデミックが起きる前から、中国に自校を移転させ、また何百万人もの中国の生徒が、海外の高校や大学、サマープログラムに参加している。

この苛烈な中国の教育競争にはマイナス面もある。競争に駆られた親たちは、最善のサービスを受けさせるための出費を惜しまないが、こうしたサービスには非常に高額なものも多い。果てなき需要のおかげで、学習塾を運営する企業は高額な料金を請求でき、このことがまたしても一人っ子政策の意図せぬ重大な結果を生むことになった。中国では教育費が天文学的に高騰したため、人々は子どもを持つことをためらうようになっているのだ。

2013年に政府は一人っ子政策を緩和したが、だからといって、国民がいっせいに子どもをもうけることはなかった。以来、政府は出産可能年齢の夫婦に子どもをもっと持つよう積極的に働きかけているが、そうした試みはほとんど成功していない。中国の出生率は2021年に最低値を記録して以降、上向く気配はまるでない。中国では知らないうちに、一人っ子政策によって人的資源への投資が著しく増え、それが教育費の高騰につながり、結果として子どもをもっと多く持ちたい気持ちが薄れてしまうというサイクルが進み、深刻な影響を及ぼすことになった。

教育をめぐる熾烈な競争は、国民にとって不安の種になっている。この国で一時期大人気を博したテレビ番組は、子どもを良い学校に入れることをテーマとしたホームドラマだった。国民が教育について悩むのは、「共同富裕」という、万人を最大限に豊かにする習主席お墨付きの政策とは真逆とも言える状況だ。平均的な親にとって、大家族を養うには教育や不動産への出費が大きな障害となるし、それは産児制限がない状況でも同じだ。そこで2021年の夏、政府は学齢期の生徒向けの学習塾の授業を完全に禁止することにした。この措置によって、中国の大手教育企業の市場価値は、過去最低にまで下落した（破産した企業すらあった）。これが不動産市場の締めつけにつながったという見方もある。そこには、住宅価格の上昇を抑えて、住宅を中所得世帯にも手の届くものにするという意図があった。

中国女性の黄金時代

これまで2500万人もの女性たちが、中国では失われてきた。1980年から2010年までに生まれるはずだった女児たちである。[6] 国家統計局によれば、女児100人に対し、男児118人が生まれた年もあった。1982年以前では、その比率は100対108だった。この歪んだジェンダー比が生じた最大の原因は、従来から娘より息子が好まれるという傾向にある。前述の孝行の義務を思えば、この偏りは容易に理解できる。歴史的に見ても、息子は娘より経済的に親の面倒をみるのに優位な立場にある。1980年代に中国で超音波技術が普及すると、その技術は人口抑制政策を施行すべく、男女の産み分けに利用された。現在はこの産み分けは合法ではなくなったが、かつての中国では蔓延し、中国の農村部でそれはとくに顕著であった。

中国の田舎の家庭では、肉体労働を手伝う息子がの存在が必要だ。産児制限は農村部では施行しにくいこともあり緩和されていたが、それでも家族は出生前に子どもの性別を知ることに強い関心があった。ある調査によると、最初に女子が生まれた両親のもとでは二人目や三人目が男子になる可能性が高く、この事実は性淘汰があったことを示している。[7] それは別の証拠からも示唆されており、2013年に一人っ子政策が緩和されて以来、男女比がいくらか小さくなっている。2017年に生まれた女児100人につき、男児は約111人だった。

「失われた女性たち」というこの現象は、当時の中国の女性に対する著しい偏見を浮き彫りにしている（これはインド、パキスタン、カタールなどでも見られるが、中国のジェンダー比の不均衡は世界的にも最大規模だ）。それでも一人っ子政策は、実際に誕生した女児の運命を逆転させるという、予期せぬ効果をもたらした。それどころか、中国女性の黄金時代の幕を開け、いまも今日の中国の様相を変えつつある。その理由はおそらく単純なもので、「娘は息子のように育てられる」からだ。映画『ムーラン』の伝説的ヒロインが年老いた父親のかわりに兵士になって見事に手柄を立てたのは彼女に兄弟がいなかったからで、一人っ子政策下で生まれた世代にはそうした家庭が少なくない。娘は息子として育てられたわけではなくても、教育にかける資源をめぐって兄弟と競う必要がなくなった。

今日、娘はかえって息子より高い教育を受けるようになった。一人っ子政策のおかげで、娘は息子よりも長い年数にわたり学校教育を受けていることが、多くの調査からわかっている。[8] これは、子どもの数がもっと多かった昔とは正反対で、かつては、男女二人の子どもがいる家庭の場合、娘の受けた学校教育は息子よりも0・4年分少なかった。5人の子どもがいる家庭では、娘が受けた学校教育は平均して2・1年分少なかった。いくつかの興味深い研究を見ると、教育における投資収益は、男性よりも女性のほうが高いことがわかっている。経済学者らの推定では、2000年から09年にかけて、1年の学校教育につき女性は11〜12%の収益があったが、男性の場合は6〜7%だった。[9]

高等教育について見てみると、中国の国勢調査は、私の世代以降でジェンダー格差が縮小していることを示している。1978年に大学に進学した女性の割合は24・2%だったが、2009年には大学生全体の半数が女性になった。私の両親の世代では、大卒率は男性が女性の2倍だった。それでも、私の世代が大学を卒業する頃には、この割合はほぼ同じになっていたし、さらに大学院生の47%が女性だった。通常ならジェンダー格差の縮小は、大半の国のように経済の発展に伴って観察されるはずだ。ところが中国は例外で、(男性と比較して)女性の学歴の上昇率は、所得が同等もしくははるかに多い国と比べても、かなり高くなっている。[10]

産児制限政策によって、家庭の教育費が女児により多く充当されることになったこと以外にも、それほど目立たないが、一人っ子がジェンダー間のパフォーマンス格差を縮小する理由がいくつかある。たとえば、女性の需要が高いとわかれば、結婚や子育てのタイミングについて、女性はもっと発言権を持てる。結婚や子育ての時期を遅らせることを選べるし、[11]早くから結婚しないことで、長年受けてきた教育の価値をもっと活かすこともできる。また子どもの数が少なければ、女性はそれだけ解放され、労働市場にもっと自由に参入し、出産後も早期に復職しやすい。こうしたことがすべて、娘の教育にさらに投資する理由を親たちに与えている。娘は仕事を見つけやすく、より長く職場にとどまり、より早く仕事に復帰でき、これまでの教育が役立つ可能性が高いとわかっているからだ。[12]

今日、娘は息子と同じくらい、親の世話に経済的に貢献している。それは彼女たちが高学歴で、高収入の仕事に就いているからだけではない。これまでの慣例では、若者が結婚する場合、男性がマンションを購入し、住居を整え、その費用をすべて賄うことが多かった。それを承知している娘の親は、自分たちの蓄えを娘の教育に投資しやすくなる。皮肉なことに、今日ではかえって女子のほうに多くの選択肢があるため、都市部の家庭は、子どもを持つなら、息子より娘のほうがいいとまで思いはじめている。

女性をエンパワーし、ジェンダーのさまざまな不均衡を縮小することは、過去半世紀に成し遂げられた偉業の一つだ。アメリカでは避妊薬が女性を解放した。[13]避妊法を利用することで、女性は出産をコントロールし、より多くの時間を自身の教育に充てることも、労働市場への参加を増やすこともできた。一方、中国では、一人っ子政策がさらなる変化をもたらすことになった。推定では、女性が大学まで進学することは、避妊用のピルと比べて10倍の効果があった。[14] 中国の証券取引所に上場した企業に関する情報を提供する「中国経済総合データベース（ＣＳＭＡＲ）」によれば、中国ではあらゆる分野で女性のリーダーが増えている。２０１７年、民間企業の役員のうち１９５０年代生まれの女性は12％だったが、１９７０年代生まれの集団では、その割合は23％、80年代生まれでは35％に上昇した。90年代生まれの役員では、女性の割合は42％にまで増えている。

この傾向は政界でも認められるが、政治の世界は女性の参入がとくに難しい領域だ。同じデータによれば、１９５０年代生まれの女性ではその５％が市レベルの首長および党書記になったが、70年代生まれの女性では21％が同じ立場に就いている。中国共産党中央委員会（上位数百人の指導者からなる共産党の政治組織）の委員のうち、女性が占める割合は10％未満だ。政治局（党を監督する上位25人の高官）には多くて一人、政治局常務委員会（7人から9人で構成される最高位の指導者）には一人の女性も含まれていない。80年代に生まれた女性はまだ40歳になったばかりで、それは中国で政府の高位職につける最少年齢だが、続く世代には、おそらくビジネス界同様に、女性の政治指導者がもっと多く誕生するだろう。また政治の世界に参入する女性は、同僚の男性に比べて学歴が高い傾向にある。女性のリーダーの75％が大学院レベルの学位を持つが、その割合は男性では56％だ。

一人っ子政策が中国の家庭や社会における女性の地位を向上させた一方で、近年この政策が緩和されたことが、女性の社会的地位をいくらか下げることになった。雇用主は、出産可能年齢の女性、とりわけ子どもがいないか、いても一人だけの女性を警戒するからだ。彼女たちが育児休暇をとり、健康保険から支給される妊娠出産費用を必要とする可能性があることが、女性に対する深刻な差別を引き起こしている。残念ながら中国の法律は、彼女たちの利害や権利を保護する責務を、少なくともこれまで十分に果たしてはいない。中学時代からの私の親しい友人の話では、彼女に子どもが一人しかいないとわかると、どこの大手企業の面接も受けられなかったそうだ。数年以内にもう一人子どもを産む可能性があることで、彼女は職場でひどく不利な立場に置かれたが、それは一人っ子政策時代にはおそらくなかったことだ。

結婚できない男性たち

それでも、結婚市場では、女性は男性より有利な立場にある。ジェイン・オースティンの小説『高慢と偏見』は、有名な次の文で始まる。「独身の男でかなりの財産の持ち主ならば、必ずや妻を必要としているに違いない。これは世にあまねく認められた真理である」〔大島一彦訳、中公文庫〕。それから2世紀たって、この原則は中国にも当てはまるようになったが、次のように、多少の修正がなされている。「独身で妻を必要としている男ならば、不動産と車の持ち主に違いない。これは中国において認められた真理である」

先述のジェンダーの不均衡によって、中国では結婚適齢期の女性が不足している。これは言い換えると、独身男性の多くは結婚相手をなかなか見つけられない、ということだ。独身男性が所有する財産の合計は、彼の結婚の適性に良かれ悪しかれ分かち難く結びつく。そのため、資産を急いで増やそうとする強い動機が生まれ、これも人々が貯蓄に励む理由になる。実際、教育と貯蓄は、一人っ子の親が競い合う

「国技」と化している。家系（や子孫）は中国文化で非常に重要なものであるため、配偶者を見つけるべく息子が貯蓄できるように家族も資金を援助する。孫が一人もいないのは、昔ながらの家族にとっては悪夢以外の何ものでもない。

この傾向がとくに顕著に見られるのは中国の農村部で、そこではジェンダーの不均衡がさらに著しく、家族の伝統ももっと強固だ。しかも中国農村部の男性は流動性が低く、したがって女性がもっと多くいる場所に移動もできない。また新郎から新婦一家に贈り物をする伝統はもともと中国にはなかったが、今日では息子のいる家庭は結婚に備えて貯金をし、花嫁の家族に金を払うことすらある。中国人の経済学者魏尚进《ウェイ・シャンジン》と張暁波《チャン・シャオボ》によれば、所得やその他の世帯の特徴を踏まえても、息子のいる家庭は、概して娘のいる家庭より貯蓄額が多かった。また男女比がより偏った地域に住む人々は、さらに多く貯蓄していた。こうしたパターンはマクロレベルでも一貫して見られる。男女比の差がより速く拡大した省では、貯蓄率がさらに上昇し、その差が広がるにつれて、国民の貯蓄率も急上昇した。[15]

息子のいる家庭のほうが多く貯蓄せざるをえないなら、娘のいる家庭は気が楽で、そんなに貯蓄しなくてもよく、そのため総貯蓄額におけるジェンダー不均衡は軽減されると思うかもしれない。ところが、先の二人の経済学者によれば、娘のいる家庭も娘の交渉力をさらに高めるべく、貯蓄する傾向があることがわかった。娘の教育にもっと投資して、将来の結婚相手の質を高めたいと思うからだ。

中国におけるこの苛烈な嫁とり合戦には、異例の副次的な展開も見られた。深刻なジェンダーの不均衡に対して、とくに中国の貧困地域でとられた解決策は、海外から妻を輸入するというものだ。中国人の妻と結婚するために、なぜ1万ドルも出さねばならないのか。それよりはるかに少ない額でベトナムから調達できるというのに。アウトソーシングとグローバル化によって妙案が生まれ、通信販売で「嫁を買う」ことが中国の農村部で急速に広まった。これによって、もともと適齢期の娘のいる家庭が少ない自国内で妻を見つけねばならないという重圧から、人々は精神的にも経済的にも解放される。

ベトナムをはじめとする東南アジア諸国の新聞には、さまざまな価格帯でさまざまな花嫁のセット販売広告が掲載されている。最も高額なセットには、ベトナムにいる親や花嫁を訪問するための往復の航空チケット、ビザに許可証に加え、なんと保証(!)がつくものもある。たとえば最初の1年以内に花嫁が逃げ出した場合、花婿には別の花嫁をめとる権利がある。だが裏を返せば、道徳上の深刻な懸念も見えてくる。なかには搾取や虐待の被害に遭う女性もいるからだ。中国語を習ったこともない、あるいは姑とうまくいかないという女性も少なくない。2016年には、ある中国の村からベトナム人女性が集団で逃げ出した。「花嫁の人身売買」という憂鬱な記事がSNS上を騒がせたことで、女性や子どもの人身売買を厳しく取り締まる昨今の全国的キャンペーンの動きにつながった。

なぜ中国人は貯蓄を好むのか

一人っ子政策は引退後の過重な負担や、結婚適齢期の女性の争奪戦をもたらしたが、それだけでは、なぜ中国の国民がこれほど多く貯蓄するかを説明できない。この問いが重要なのは、言うまでもなく経済全体にかかわることであるからだ。なぜ中国人は貯蓄するのか。彼らを貯蓄に向かわせるものは何なのか。その答えがわかれば、もっと正確に未来を予測することができるだろう。中国の世帯が可処分所得の30％ではなく20％だけを貯蓄すれば、数兆ドルの支出がモノやサービスにまわるはずだ。それはおそらく中国経済にとってだけでなく、世界にとっても望ましいことだ。先に述べたように、中国人の旅行者、ミレニアル世代、そして一般の消費者は、グローバルな需要を支えるまさに頼みの綱なのだ。

中国の世帯の高い貯蓄傾向といかにも対照的なのはアメリカの世帯で、アメリカの貯蓄率は約7％だ（2008年のリーマンショック以前はわずか2％程度だった）。これが倹約家の中国人と浪費家のアメリカ人といった、よくあるステレオタイプを生むことになるが、貯蓄におけるこの差の影響は、個人の行動を越えて波及する。それは両国間の大幅な貿易不均衡に直接寄与するため、本格的な米中貿易戦争につながる苛烈な論争の火種になる。この問題の根底には、アメリカの過剰消費と中国の過少消費という問題がある。中国が国内で消費できる以上のものを生産すれば貿易黒字になるし、アメリカが国内で生産する以上のものを消費すれば貿易赤字になる。この不均衡を是正すべく制裁関税を導入しても、満足のいく効果は得られないだろう。

だからこそ、中国の貯蓄率が高い本当の理由を理解することが、きわめて重要になる。だがこの問題については、多くの誤った通念が存在する。なかでも顕著なのは、生来、中国人は倹約家だというものだ。こうした見方はこの国の文化から見て納得できる面もあるが、誰もがますます豊かになる成長経済で、中国の世帯が絶対額だけでなく所得比でも多く貯蓄する理由を解明するものではない。可処分所得が過去数十年で6倍になったというのに、[16]その間も中国の国民はいっそう貯蓄に励んでいるのだ！

ほかにも見当違いな説として挙げられるのは、中国の貯蓄率が高いのはその文化に理由があるというものだ。文化規範はゆっくりと時間をかけて変化していくため、これはさほど中国の消費者における昨今の貯蓄傾向を説明する理由にはならない。国民が次第に倹約家になっているなら話は別だが、それもありそうにないことだ。日本と韓国も儒教の価値観に影響された文化ではあるが、2020年の世界的パンデミック以前に両国の世帯が貯蓄にまわしていたのは、それぞれ可処分所得の約2・5%と6%だけだった。また別の理由としてよく言われるのは、中国の社会的セーフティーネットが脆弱なため、国民は老後に備えて働き盛りのうちに貯蓄に励むというものだ。だが、社会保障制度が不十分なことが中国の高い貯蓄率の元凶であるなら、この制度が改善されれば国民の貯蓄率は下がるはずだ。ところが中国の年金制度がかなり進歩しても、貯蓄率は依然として上がりつづけている。

この貯蓄の謎を解くうえで、納得のいく説明の一つは、不動産価格の上昇にある。この点については第6章で詳しく論じるが、金融システムの動向に目を向けると、中国における不動産のコストが天井知らずの急騰を見せている。都市部の世帯は住居を確保するために貯蓄する必要があり、たいてい自分で住居を所有したいと考えるため、不動産価格がますます上昇し、買い手はさらに貯蓄せざるをえなくなるのだ。

それには、所得の不平等の拡大も関係しているかもしれない。金持ちは貧しい人々より貯蓄率が高いからだ。国民貯蓄率の上昇を説明する際に中国の法人に注目する専門家もいるが、データでは、世帯の役割も同じくらい重要であることがわかる。1990年から2009年までの貯蓄上昇の3分の1は世帯の貯蓄によって説明できるが、これは企業の貯蓄の果たす役割に等しい。それに法人貯蓄の上昇は、中国に限った現象ではなく、世界の多くの国で起きていることだ。それでも中国の世帯の貯蓄行動は、世界的に見て類のないものであることは間違いない。

加速する高齢化

一人っ子政策がミクロレベルでいかに世帯行動に影響を与えるかはおわかりいただけたと思うが、これがマクロレベルの経済に及ぼす深刻な変化の一つは、中国で加速する高齢化である。その理由は明らかで、昨今、若者の数が著しく減少しているからだ。国連による世界人口予想では、1980年までの中国の人口の約半分は20歳未満だった。2015年には、その割合は24%に下がり、そして2050年には、人口の3分の1以上が60歳を超えるだろう。こうした人口推移は、国が豊かになり、国民がもうける子どもの数が減るにつれて自然に起きることだ。国民はゆっくりと、しかし確実に老いていく。ところが中国では急速なスピードでこの移行が起きているため、次のように問う者も少なくない。中国は裕福になる前に老いていくのか、と。

人口の高齢化には多くの経済的リスクが伴う。年金制度に負荷がかかりすぎて生じる大規模な財政負担、労働力の減少とそれによる成長率の減速などだ。それでも私はこの状況を比較的楽観視している。中国の若い世代が、一人っ子政策が撤廃されても子どもを多く持たないことはたしかに心配だし、その原因は教育費や不動産価格の高騰だけが理由ではないかもしれない。あるいは人々の習慣や選好が変わったとも考えられる――それも永久に。だが、たとえそうだとしても、中国の低い出生率や人口の高齢化が迫りくる災厄の前触れだとは私には思えない。重要なのは労働力における頭数よりも、生産的な労働力だ。

極端な例を挙げれば、労働力が半減しても、その労働力が以前より4倍も生産的であるならば、実際に働く人数の減少を補ってあまりあるだろう。それに、自動化によってすでに多くの仕事が消えつつある。人工知能の台頭によって、どのようなスキルを要する仕事が将来的に価値があるかという問題をめぐり、さまざまな憶測が飛び交っている。今日、そして近い将来の中国の問題は、一部の人が予想するような労働力不足ではなく、スキルの深刻なミスマッチだ。この国の一流大学を出た若者が適職に就けずに困窮する一方で、企業は必要とする技能労働者や技術者を失っている。2022年には、高学歴の若者において、20%という過去最大の失業率を記録した。[17] 国民の注目を集めたニュースでは、あるタバコ会社が2021年に新規に立ち上げた生産ラインの労働者のうち、3分の2が一流大学の卒業生で、そのうちの半分が修士号の取得者だったという。

人口ボーナス（若い人口を擁することで経済成長が高まる効果）によって中国のGDP上昇が説明できないとすれば、人口ボーナスが先細りになっても、GDPが下降する説明にはならない。第2章で見てきたように、中国の成長に寄与した第一の要因は、市場を開放し、生産の利益を分配し、資本と労働をより効率的に利用し、技術の改善を重視するといった具体的な改革だ。したがって深刻な経済成長の低迷を招きかねないのは、経済政策を過度に修正すること、民間部門の積極的な発展を見て非常ボタンを押してしまうこと、それ以上に最悪なのは、改革を劇的に逆転させてしまうことだ。高齢化はそれに比べると大した問題ではない。

人口構成よりも世代間のパラダイムシフトこそが、中国経済を最も変化させると私は考える。どの世代も、他の世代とは異なる生産性、消費、貯蓄のパターン、リスクへの欲求、ワークライフバランス、政治的選好を持っており、これについては次章で詳しく見ていきたい。ただし、明らかなことが一つある。今日の若者世代は、お金を使ったり借りたりするのが好きだということだ。アリババのECプラットフォームではクリック1回でリップスティックが買えて、もう1回クリックすれば、ローン払いも利用できる。アリペイが提供する小口金融サービス「花唄《ホワベイ》」には「お金を使おう」という意味があるが、若者に非常に人気がある。一人っ子集団が中年にさしかかり、貯蓄率の高い親に代わってこの国の経済の主役になるにつれ、彼らが中国を、貯蓄する国から支出する国へ、貿易黒字を赤字へと変える可能性は大いにある。

新しい未来像

一人っ子政策は、ほぼ誰も予想しなかったかたちで中国の近代発展の道筋を決定する独自の介入となった。この政策が、この国の経済、ジェンダーの不均衡、人的資本、貯蓄、家族構成などにもたらした思わぬ結果を理解できた者はほとんどいなかった。1978年以降に中国で起きた抜本的変化とともに、この政策によって、現代の中国社会に、ある例外的な特徴が生じることになった。それは、行動・精神・野心・生活全般など、あらゆる点において、根本的に異なる世代が共存することだ。

この前例のない世代間ギャップは、それ自体が社会革命で、過去との完全な決別を意味する。この新たな世代は、親たちのように貧困や精神的な苦労を経験したことがない。この新世代は、そこそこ成功した親を持ち、教師からの注目を飽きるほど浴びてきた。彼らは万一の場合に備えて貯蓄する必要がなかった。競い合う兄弟姉妹もいなければ、親の期待という重荷も含めて負担や責任を共有する相手もいなかった。現代的なツールやスキルを備え、西側の発想や思考に触れ、テクノロジーが経済を支える変化の激しい世界で悠々と暮らす彼らは、新たな未来図を思い描き、それを実現できる集団だ。

私がとりわけ関心を寄せているのは、一人っ子政策が中国の一般世帯に意図せず招いた影響や、世代間の行動の劇的な変化である。一人っ子政策のもとに生まれた新たな世代は、前例のない購買力、消費至上主義、豊かな生活をまさに体現する存在だ。かつて中国人がただ夢見るしかなかった「アメリカン・ドリーム」が、ここにきて現実に手の届くものになりつつある。この世代は驚くほどすんなりと消費至上主義の世界に飛び込んだ。享楽を好み、創造的なファッションセンスを持ち、消費することを厭《いと》わない彼らは、広告やニュース記事の格好のターゲットだ。中国経済について楽観的な見通しを持つ彼らは、リスク回避型の親世代とはかけ離れている。先の世代の脳裏に深く刻まれた経済不況や搾取の消えない記憶は、彼らの意識には何ら影響しない。彼らにとっては経済も自分たちの未来も明るく、そこが世界中のミレニアル世代と違うところだ。

彼らは社会意識の高い集団でもある。社会の不公正に憤慨し、持続可能な環境を守ることに熱心で、アフリカの野生動物の保護といった問題にも敏感だ。彼らには目的や動機があり、物質的追求や個人的利益を超えた勤労意欲がある。富よりも幸福を求めようとする中国の最初の世代だ。自国の力や影響力の高まりを誇りに思い、その意識は、西側の人々が中国の台頭に警戒することで強まるばかりだ。こうした理由から、彼らは中国の問題、国外よりも国内で起こることにより強い関心を持つ。かつて西側の生活水準や海外ブランド、アメリカでの仕事や外国の存在を仰ぎ見ていた先の世代と交代しつつあるこの新世代は、自分たちの教育も、モノやサービスも、他国に引けをとらないと信じている。新たな世代が持つこの自信こそが、中国の未来を決めることだろう。

一人っ子政策が人口増加を抑制したのは間違いないが、この政策はおそらく撤廃されるのが遅すぎた。結果的に多くの副作用が生じたが、この問題は経済を中心とする本書の分析範囲を超えるものであるため、ここで詳しくは論じない。だがそれでも自分の経験から、さらにここ数年教えてきた多くの中国の学生たちの経験を見るにつけ、私は一人っ子世代の数多の負担が痛いほどよくわかる。彼らの両親や教師に対する強い責任感、孤独感、果てなき競争に駆り立てられる日々は複雑で、簡単に言葉にしたり数値化したりできるものではない。ロンドン・スクール・オブ・エコノミクスで、さらに清華大学で客員教授として、私が長年数多くの中国人学生に教えてきてわかったのは、彼らは、どれほど成果をあげようとも、両親に対する義務と、自分の望む人生や仕事の追求とのあいだで板挟みになって、苦しんでいるということだ。

私のオフィスを訪れる学生に、卒業後に何をしたいかと尋ねると、彼らが最初に口にする言葉は「両親が自分に望んでいるのは……（修士号を取得する、中国に戻る、仕事に就く、等々）」というものだ。要するに、学生たちが受けた教育も西側での経験も、彼らを服従の精神から解放してはいない。少なくとも現時点で彼らの大半はそのようである。ミレニアル世代が理想の相手や仕事を見つける手助けをするテックスタートアップのワンダー・テクノロジーが120万人を対象に実施した調査では、1990年代以降に生まれた若者の82%以上は、できればいまとは違う仕事を選びたいと回答していた。よく言われるように、彼らは「死ぬことも、遠くへ旅することもできない！　両親には自分しかいないから、とにかく金を稼ぎたい」のだ。この世代は、新たな自信を胸に抱きつつも、自らが「唯一の存在であること《オンリネス》」が、精神的にも肉体的にも足かせとなっている。両親と社会という二つの期待の重圧を受けているからこそ、彼らが孤独な集団で、世界初の「独身の日」を生み出した世代であることに驚きはない。

第 4 章

中国独自の企業モデル

国有企業と民間企業

PARADISE AND JUNGLE, THE STORY OF CHINESE FIRMS

中国企業の出現と進化は、中国の現代史と同じくらいあらゆる点で劇的なものだった。わずか30年間で、2000万社もの民間企業がいかにして誕生できたかという問いは、いまなお中国経済における最大級の謎である。現代中国の起源が反資本主義の信条に深く根差していることを思えば、なおのことだ。

企業はいかなる経済においても主たる行為者だ。企業は、モノとサービスを生むために労働者を雇い、資本を投じる。消費者は、企業ないし国から直接得た所得でこうしたモノやサービスを購入する。使わない分はすべて貯蓄にまわされ、この貯蓄を金融機関は新たな投資先に融資すべく企業に貸し出す。消費者と企業は強固に結びついている。3番目の主体である国家が、二つの主体といかに作用し合い、経済の第三の柱となっているかという点については、次の第5章で詳しく見ていくつもりだ。

大半の国とは違って、中国の企業部門は二つの異なるタイプの企業から成っている。国有企業と民間企業だ。両者の視点とこの先の見通しは、一見大きく違っている。たとえば大規模な国有企業には楽園の門が大きく開かれていて、保証や借入、契約は何の苦労もなく手に入る。さらに幸運にも電気通信やエネルギーなどの戦略的産業で事業を営む国有企業であれば、大手グローバル企業の仲間入りができるほどの独占力を享受できる。一方、小・中規模の民間企業の世界は、高い参入障壁、法外な資本コスト、終わりなきお役所手続きといった、さまざまな脅威に満ちたジャングルだ。店を開いたりオフィスビルを建てたいと思ったら、区や市、省政府の迷路のごときネットワークから数百件もの承認を得なければならない。

とはいえ、この差別的な扱いの結果は、どんな理屈をも覆すものだ。国有企業が圧倒的に有利でも、中国の民間企業は大半の部門に根を張りながら拡大し、ライバルの国有企業に追いつくどころか、驚くべきスピードでこれを凌駕している。1990年に民間企業が中国の経済生産に占めるシェアはごくわずかだったが、20年後には半分以上を占めるまでになった。そのおもな理由は、生産性の伸びが非常に速かったからだ。以来、民間企業は中国経済の原動力となり、税収の5割、GDPの6割、イノベーションの7割、都市部の雇用の8割を民間企業が占めている。[1]

こうした数字は、非効率的で手に余る国有企業と、機転がきいて意欲の高い起業家といったステレオタイプの見方をさらに煽ることになり、これを自由市場原理の勝利であると西側諸国の人はつい解釈したくなる。だが真実はもっと複雑であり、実際に中国ではそういうことが起きやすい。たとえば国有企業と民間企業の境界線は、直線的と言うには程遠い。それはいわば陰陽のシンボルのように曲線に近く、真逆に見えるものが補完的に働いている。これから見ていくように、中国の国有企業と民間企業は、協力し、競争し、共存する道を見つけ、大いに交流することで利益を得ている。

中国で民間事業を営むには、資源を提供し、無数の障壁を乗り越えるために政府の力を必要とするが、政府も同じくらい優れた民間事業を必要としている。安定した事業は多くの雇用を生み、多くの税収をもたらし、地域のGDPを成長させ、地方政府の役人の政治的評価も高めてくれる。中国人の経済学者、白重恩《パイ・チョンエン》、謝長泰《シエ・チャンタイ》、宋崢《ソン・チャン》は、中国南部の諸都市を訪問したあと、中国企業の台頭について、地方政府がおもに重視するのは、民間事業を支援することであり、役人たちの仕事がその事業の発展とは公式に無関係である場合も、その傾向が見られたと指摘している。ある都市の9人の副市長は、新たな事業を探すことにその大半の時間をかけ、それぞれ約30社の民間企業の窓口になっていた。[2]

国家と民間部門の共生関係は、制度が未熟で自由市場が不完全な経済では、とりわけ役に立つこともある。これは本書を通して考察するテーマだ。民間の産業が生まれてまもない無秩序な時代ですら、野心ある起業家と地方政府の役人が、この新たな市場主導型経済の果実を分け合うことも珍しくなかった。彼らは連れ立って豪勢に飲み食いし、カラオケを歌いながら、規制をぎりぎりまで回避したり曲げたりした。有名な中国のことわざにあるように、「改革は規則を破ることから始まる」のだ。

1990年代から2000年代前半にかけて、この非公式の、ときに非合法の協力が混じり合った稀有な状況から、数百万の民間企業が誕生した。ところがその時代が揺籃期の役目をまっとうすると、2013年、習近平国家主席は大規模な反腐敗運動を開始し、民間企業と政治権力を握る者との違法な関係にメスを入れ、収賄に歯止めをかけ、腐敗の野火を抑え込んだ。以来、中国における企業と国の結びつきは新たにされ、かつてなく複雑で合法的なものになった。中国の実業界の歴史は、公的企業と民間企業の分岐と収束の物語だ。そして、今日あらゆる場所で生じている活力を自国経済に吹き込むべく、中国の起業家精神が過去の膨大な障害物を乗り越えていった物語でもある。ここからは、中国の新世代の起業家が、この国の事業のやり方をいかに変えつつあるかという点を見ていこう。

国有企業の変遷

1949年に中華人民共和国が誕生したとき、国有企業は、自らの立場を維持すべく奮闘する中国経済の土台のような役目を果たした。当時の国有企業は、生まれたばかりの国にとって重要なほぼすべての役割を担っていた。経済構造がほとんど存在せず、工業力が限られ、民間の富が乏しい国で、国有企業は戦争で破壊されたインフラを再構築し、国民総生産の目標を達成し、基本給や医療、従業員への年金を支給する役目を果たし、その間、ほぼすべての利益を国に還元していた。労働者は、かの有名な「鉄飯碗《ティエファンワン》」〔政府に保護されている職業は、国がなくならないかぎり安定していること〕と呼ばれる生涯の仕事を与えられ、その仕事を子どもに引き継ぐこともできた。誰も解雇されず、自ら辞める者もめったにいなかった。要するに国有企業は、とりわけ都市部において、国民のゆりかごから墓場までのニーズに応えていたのだ。

そもそも国有企業にとって、業績は最重要とはみなされていなかった。国有企業は社会の安定を維持し、国の重要な目標を遂行するための道具だった。政府は国有企業にありとあらゆる優遇措置を与え、それで企業を生かしておくのに十分だと考えていた。しばらくはそれでよかった。

ところがついに国有企業はその非効率さと財務悪化に悩まされ、十分な雇用も保証できず、中央政府が定めた国の経済目標を達成するための税収も確保できなくなった。この原因は、国有企業で働く経営者にインセンティブがなかったこと、とりわけ利益追求の動機や利益の共有が欠けていたことにあると考える者も多い。だが実際はそれほど単純ではない。次章でさらに詳しく見ていくが、こうした経営陣にとっての動機は、報酬ではなく、党の組織だろうが政府だろうが、自分の功績が出世の足がかりになると理解していることだ。多くの者は、国有企業の成功や失敗は、自らの尊厳や価値を反映するものだと考えていた。

国有企業の成功を阻むもっと重要な障壁は、ときに特権を与えすぎて弊害が生じることだ。資本が容易に入手でき、借入コストが低く、債務の償還期限が延長されるか免除すらされることが暗黙の了解となっているなかで、大胆な行動に出る国有企業もあった。国有企業のおもな成功の目安は成長であったため、あらゆる類いの資産を集め、自社の中核事業や専門技術とかけ離れた分野に参入を試みる企業もあった。

ある防衛関連企業のオフィスビルでは、3階で絵画を購入し、27階でミサイルシステムを買うこともできた。同じ会社がスポーツカーを販売し、国立劇場やオペラハウス、世界で3番目に大きい美術品競売会社も運営していた。中国の航空機製造企業の中国航空工業集団（AVIC）はハリウッド映画に出資し、保険会社の安邦保険はウォルドーフ・アストリア・ホテルの最高入札者になった。多くの国有企業が不動産にも手を出したが、不動産の所有が自社の事業目的に貢献するかどうかは関係なかった。2020年には、世界最大級の収益を誇る企業「フォーチュン500企業」のうち、中国企業の数が最も多く、その135社のうち圧倒的多数が国有企業だった。

実業界では、往々にして規模が権力と名声の重要な指標とされるように、経営者もまた世界レベルの複合企業《コングロマリット》の運営に伴う特権に惹かれるものだ。また、なかには政治的な影響力を行使したがる者もいれば、親戚や友人や愛人、さらには政界にコネのあるパトロン候補の印象をよくするために、自慢できる地位を欲しがる者もいる。大手国有企業の重役は次官級の政治的待遇を享受し、さらに政治の梯子のもっと高みに昇るチャンスもつかめるかもしれない。資本へのアクセスが容易で、何よりも規模が重要になれば、つまり「大き過ぎて潰せなくなる」まで成長することが目標になれば、こうした道を外れた動機が日常的なものになりかねない。

だが、国有企業が直面する最大の課題は、そもそもその存在理由にある。これまでの国有企業にとって、収益性が最重要目標になったことはなかった。前述のように、現代中国誕生の当初から、国有企業は社会的責任を一身に背負わなければならなかった。戦争で破壊された経済の立て直しに国有企業が乗り出して70年以上経ったいま、こうした企業に課された社会的責任はかなり緩和されたものの、いまだに国有企業は歩兵で、火消し役で、国の戦略計画の実行に不可欠な存在だ。

経済的な必要に駆られた時代には、国有企業はインフラに投資し、これを構築するよう求められ、必要とあればどんなに高い費用でも負担した。中国の政策決定者が2008年の世界金融危機が招いた混乱から自国経済を救いたいと考えたとき、彼らは国有企業を頼り、国有企業は雇用を促進すべく多額の支出を行い、商業利用の可能性に関係なく数多くの景気刺激策に着手した。そして中国経済が過熱し、確実な買い手もないまま過剰にモノを生産していたとき、供給を削減し、工場を閉鎖したのも国有企業だった。

中国政府から見れば国有企業は、その数は激減しても、この国の経済を支える屋台骨であることに変わりはなく、いまも政府の重大な国家計画を実行する主体である。オリンピック・スタジアムを記録的な速さで建設する必要がある？　それなら国有企業に頼めばいい。一帯一路、すなわち空港や海港、鉄道を含むインフラ網を通してアジアとヨーロッパなどの世界をつなぐ中国の野心的な計画を実行する際も、主導権を握るのは国有企業だ。その大半にして最大の企業は、エネルギーや防衛、電気通信、インフラなどの「戦略的支柱産業」と呼ばれる分野のものだ。

国家の戦略的利害にとっては利益はつねに二の次だという理解に基づく国有企業は、多くの利点に浴す一方で、かなり不利な条件で経済ゲームに参入することになった。とはいえ、国家の経済目標を達成できる十分な雇用と税収を確保できない状態が続くと、国の指導部のなかには、それまでは予想もしないような代案を検討する者も出始めた。それは、民間企業に反対する姿勢を捨てることだ。

起業の波が起きている

何十年ものあいだ、民間企業は中国社会のなかにまったく居場所がなかった。１９５２年から56年にかけて商工業企業の社会主義的改造が行われて以来、中国に民間企業はほぼないに等しかった。中国経済は中央も地方も、国有企業が完全に支配していた。時が経つにつれ、家族経営の小規模事業も現れたが、社会主義国家では、夫婦だけで営むような小さな店は、生計を立てるための「胡散臭い」やり方に、やましさを感じないまでも、戸惑うことが多かった。小規模事業主が国有企業の従業員のような誇りや地位、雇用の安定を享受できないことは明らかだった。そうした状況で民間の企業経営者になりたいと考える者などまずいなかったし、資本主義が自ずと拡大することを懸念した当局は、個人や家族経営の事業が現れると、厳しく統制しつづけた。

中国初の主要な非国有企業は地方で生まれた。当初、郷鎮企業〔農村部や郷鎮（町や村）で運営される企業。1980～90年代にかけて中国の経済改革と開放政策のなかで急成長した〕と呼ばれるこうした企業は、地元住民が集団で所有し、地方政府が管理および運営し、援助することが多かった。これらの企業はどう見ても民間ではなく公的事業だったが、それでも市場志向型であることは明らかだった。郷鎮企業は国有銀行からの借入を許され、地方政府の支援を受けられたが、その所有権は厳密に言えば国家のものでも民間のものでもなかった。その二つのあいだのグレーゾーンで機能していたのだ。郷鎮企業は中央からの直近の命令に闇雲に従うかわりに市場機会を活用できたため、1978年から89年にかけて（その後は1992年から98年にかけて）、深刻な物不足や意図せぬ余剰に苦しむ地域で成功を収めた。こうした地域では、中央計画の指導下にあった国有企業がとりわけ非効率な働き方をしていた。

1990年には、中国の労働力の14％、すなわち約9300万人が郷鎮企業に雇用され、こうした企業の多くは、繊維や衣類、食品加工、玩具などの労働集約的ないし資源集約的分野に特化したものだった。[3] イデオロギーが民営化の主要な障壁だったとき（余剰価値が資本家による搾取につながるというカール・マルクスの理論を、中国政府の役人は盲信していた）、こうした企業に添えられた「集体（集団）」という表現は、実際に起きていることを隠す役目を担い、強制的な閉鎖を免れるための最善策となった。民間事業に対する法的枠組みが存在しないため、起業家は自社を郷鎮企業として登録するようになった。[4] この郷鎮企業はいわば暫定機関の役目を果たし、それから数年のうちに、多くは完全な民間企業になった。

「集体」という保護色をまとった農村部の郷鎮企業とは違って、都市の家族経営や小規模の民間事業は手強い障壁にぶつかった。たとえば法律で規模が厳しく制限され、従業員は最大8人までしか雇用できなかった。この問題が顕在化したのは、次に紹介する「傻子瓜子《シャーズグアズ》（愚者のスイカの種）」をつくった年広九《ニエン・グアンチュウ》が、1ダースの人間を雇ったことがわかったときだ。商売人が資本主義者とみなされるこの行き過ぎた行為は、国の猛烈な怒りを買った。

年広九と「傻子瓜子」

中国人はスイカの種が大好きだ。種の殻を歯で割って、木の実の味がする甘い中身を食べるのだ。昔からよく人が集まる場などで出されたこのスイカの種が、農村部の貧困地域出身の先駆的な一人の若者の家族を養う手段となり、やがて1949年以降の中国初の起業家世代に水門を開け放つことになる。年広九は7歳のとき、金を稼ぐためにタバコの吸い殻を集め、9歳になる頃には、両親を手伝って果物を売っていた。正式な教育を受けないまま大人になると、生計を立てるべく、さまざまな日雇い仕事についた。1960年代には、仲買人として金を儲けたことで逮捕され、1年の禁固刑を言い渡された。この行為は金融投機とみなされ、当時、厳重に禁止されていたからだ。

当時の中国は国有企業の失敗を相殺する手段として、民間企業に徐々に門戸を開きはじめていたが、民間の商売人や仲買人は、法執行機関の一歩先を行くほど機敏でなければならなかった。最善を尽くしても足りないこともあった。年広九は魚や栗を売ったことで再び牢屋に入れられた。釈放されると、近所の人に雇われて、スイカの種の入手と販売を手伝うようになり、そのコツをすぐさま身につけた。当時、スイカの種は配給食に分類され、民間で販売することは禁止されていた。年広九はしょっちゅう捕まって商品を没収されたが、それでも商売をやめることはなかった。

１９８１年、ついに政府は、事業を興して雇用を生むことを厳しい規制のもとに合法化した。年広九には、すでにこの好機を最大限に活かす用意ができていた。警官を見かけても荷車に商品を積んで慌てて逃げる必要がなくなったので、決まった場所に屋台を出すことができた。さらに、長年開発してきた独自の味つけを施したスイカの種を販売することにした。彼は払った代金以上の種をくれると評判になり、「傻子《シャーズ》（愚者）」というあだ名が付けられた。これを褒め言葉と解釈した彼が自分のブランド名に採用すると、「傻子瓜子」は評判になり、年広九の屋台の前には、気前よく美味しい種を分けてもらおうとする客が、長蛇の列をつくった。まもなく彼は最初の１００万元を稼いだが、それは当時では目もくらむほどの金額だった。つましいスイカの種売りが百万長者になったのだ！

年広九は、国有企業や国家機関で正式に働いた経験のない、新興の自営業者たちの先頭を切っていた。眉をひそめられても、年広九の事業の成功は誰にも否定しがたいものだった。当時、農村部の多くの労働者が艱難《かんなん》に耐えていたことを思えば、実に羨ましがられることでもあった。だが、それほどの成功を手にしたにもかかわらず、あるいはそれが原因で、年広九はまたも困難な状況に陥った（「人は名をなすのを恐れ、豚は肥え太るのを恐れる（人怕出名、猪怕壮）」という中国のことわざがある）。彼は若者たちを雇って、増え続ける屋台を任せたが、従業員が12人になると、それが「資本家の搾取」という仕掛け線に触れることになったのだ。

無学に近いスイカの種売りの年広九が国家の頭痛の種になると、政府は国有企業が振るわず、起業家による民間事業が成功する中国の新たな現実と、マルクス主義の理念とのあいだで、折り合いをつけざるをえなくなった。国家による規制はすでにいくらか緩和されつつあったが、はたして当時の中国指導部は、実際に民間企業の支援をどれほど進める気があっただろうか。そして決断を下すのは誰だったのか。

「傻子瓜子」の一件は厄介な政治的問題となり、ついに権力の頂点、中国の最高指導者の鄧小平のもとにも届いた。だが、１９８４年10月に開かれた高位の会議、中国共産党中央顧問委員会で、鄧はこの件について「傻子瓜子」の事業継続を認めるという重大な決断を下した。その意味は、この国の経済の未来を占う誰にとっても明白だった。労働者の搾取という問題が持ち出されることはなく、少なくとも当面のあいだ、中国の個人事業は妨害されずに事業拡大を認められるということだ。

誕生したばかりの起業家たちはこの機会を逃さず、鄧小平の裁定以降、自らの事業を成長させようと懸命に働いた。非効率的な国有企業によって生まれた隙間を埋めるべく民間企業が殺到し、この思わぬ好機が国全体に拡散した。結局、鄧小平の型破りな裁定は功を奏したのだ。その過程には、いくつかの大きな節目があった。鄧小平の改革への意気込みと民間企業への経済開放を再確認した1992年の鄧の南巡講話から2年後に企業法が施行され、正式な銀行システムを含む民間部門で融資経路が合法化された。さらに2004年の憲法改正によって、国家が民間部門を支援し、私有財産を法的に保護することが、一点の曇りもなく明らかになった。

起業家の第二、第三の波

鄧小平が8人の従業員の上限を超えることを「傻子瓜子」に認める決断を下し、もはやマルクス主義のイデオロギーが民間企業の成長を抑制しないことが明らかになると、中国の起業家は前代未聞の拡大期に突入した。野心家やリスクを恐れぬ者、生来の革新主義者にとって失うものはなく、むしろ得るものばかりだった。彼らは成功したいなら、もっと懸命に働いて、たとえ禁固刑に処されても罰を受けたほうがましだということを身に沁みてわかっていた。そのハンデがかえって発奮材料になるからだ。しかも彼らは民間事業をめぐる環境を熟知していたため、即座に政策や規制の抜け穴を探し、鞘《さや》とりの機会を見つけ、規制や法的要件の裏をかいた。その戦略を車の運転に例えれば、青信号を次々と猛スピードで走り抜け、黄色でも走りつづけて、赤信号はすべて迂回するというものだ。法を曲げたり破ったりする度胸と、そのためのスキルがある者には実入りのいい機会が次々に舞い込んだが、そうしたチャンスは融通のきかない国有企業にはつかめないものだった。

まもなく他の起業家たちが、「傻子瓜子」の驚くべき成功はまぐれではなかったことを証明した。魯《ルー》冠球《グアンチュウ》は浙江省蕭山区の貧しい農家に生まれた。1950年代後半から60年代初頭まで3年続けてこの国が自然災害と経済危機に襲われたとき、魯は鍛冶屋見習いの仕事を失った。そこで精米と製粉の工場を始めたが、事業は閉鎖され、借金返済のため、祖父が残した3部屋ある農場の家屋を売却せざるをえなくなった。だが魯は諦めなかった。1969年に農場の機械を修理し、6人の助っ人とともに自動車部品の製造を始めたのだ。そして高品質と低価格を追求することで、アメリカに製品を販売する中国初の民間事業主になった。だが、魯冠球は成功しても、謙虚なままだった。最初に事業を始めた質素な灰色の二階建ての煉瓦の家から事務所を移すこともなかった。

　時が経つにつれて、中国の民間事業主のプロフィールは多岐にわたるものになった。年広九が開いた突破口から押し寄せた最初の起業家の波は、彼に似たタイプが中心だった。正式な教育を受けることもなく、貧困のなかで育った彼らは、中国の官僚が享受する特権とは無縁の、正真正銘のプロレタリアだった。一方、第二の起業家の波は、最初の波とは違って、その多くが政府の上級役人か、中国社会に広いコネを持つエリートだ。彼らは生涯保証された雇用先や、高い社会的地位を得るのに十分な教育と訓練を受けながらも「鉄飯碗」を自ら手放し、「下海《シアハイ》」と呼ばれるビジネスの荒海に飛び込んだ。民間事業の荒海に乗り出す挑戦であることを承知のうえで、一攫千金の好機に飛びついたのだ。社会的なコネを持つこの起業家たちの目的は、ただ儲ける機会を探すのではなく、最高級の事業を始めることにあった。

　劉永好《リウ・ヨンハオ》は、いかにもこの第二の波の起業家だった。1982年、彼と3人の兄弟は国有部門の仕事を辞めて、新たな事業を一緒に始めることにした。そしてわずか8年のあいだに、中国最大の飼料製造会社のオーナーになった。1995年、多角経営によって4つの別会社を創設し、4人がそれぞれ別の会社を経営した。強力な国政諮問機関である中国人民政治協商会議の委員に新たに選ばれた劉永好は、民間資源を動員し、民間部門の発展を促す、国の認可を受けた銀行を創設することを提案した。その結果として誕生したのが中国民生銀行で、2000年に上海証券取引所で上場した。

収斂する国有企業と民間企業

これまで見てきたように、国有企業と民間事業は、そもそも最初から扱いが違っていた。国有企業は独占的な権利や株式市場への優先的な参入、許認可の受けやすさを享受してきたが、民間企業が融資を獲得するには、家族や友人、企業間信用や質店に頼らざるをえなかった。[5] 国有企業が5%の利子で金を借りるとしたら、民間企業の利子はその3倍であった。弱体化した国有部門がGDPの半分未満しか占めていないときも、この国の銀行貸付や投資の半分以上を獲得していた。だが、こうした利点はいずれも国有企業の経済実績にはつながらず、かといって民間事業の終焉につながることもなかった。図4－1に示すように、数十年のあいだに国有企業が資産、利益、雇用に寄与する割合は着実に下がっていた。かたや天国で暮らし、かたやジャングルで奮闘するこの2種類の企業は、ここにきて当初の条件が真逆になったかに見えた。

民間企業には国有企業よりも目立った利点がある。それは柔軟性だ。民間企業は迅速に決断し、変化し

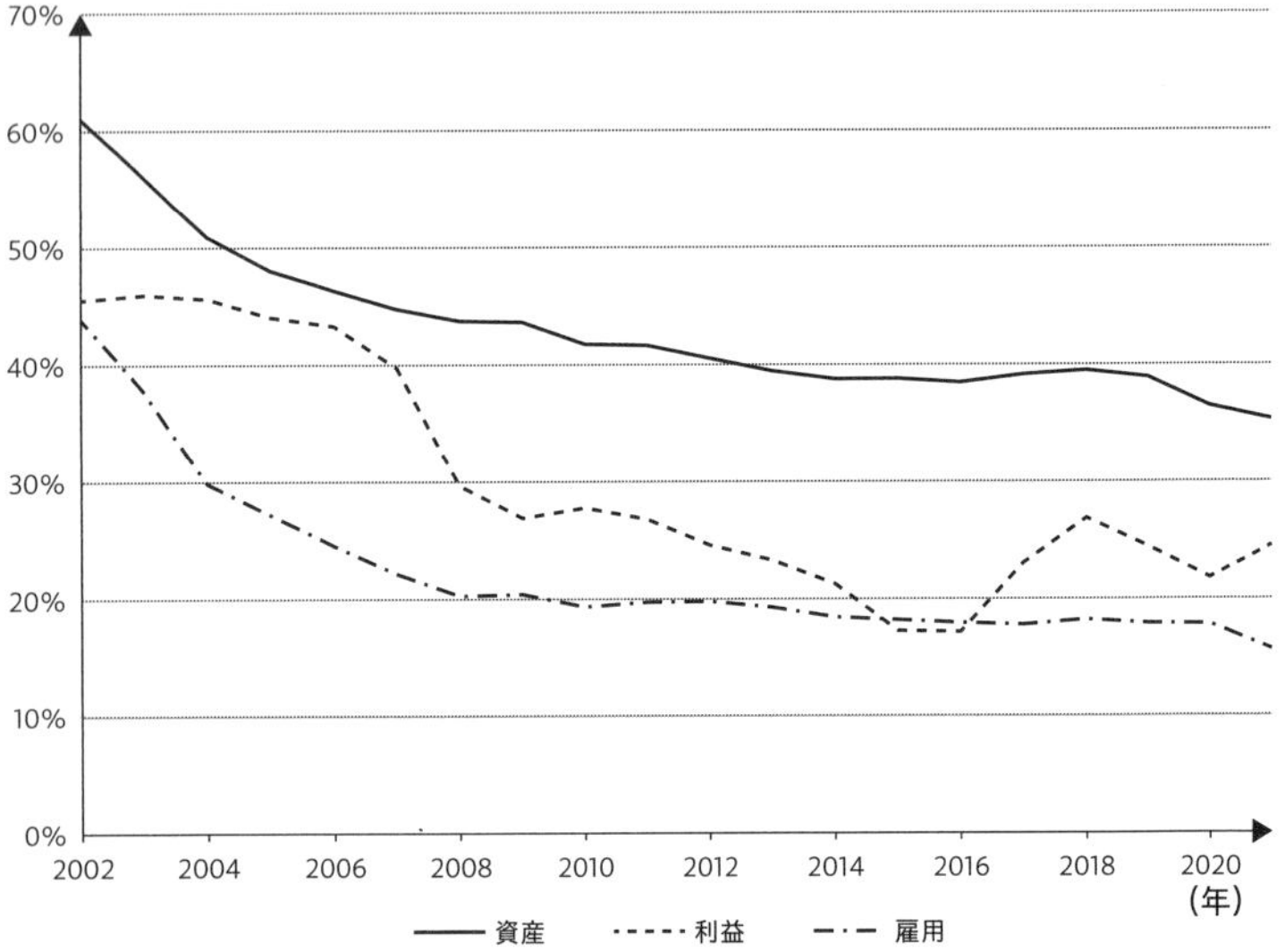

図4-1　工業系企業における国有企業のシェア
出典：CEIC China Premium data set.

つづける環境に適応し、複雑な役所の承認手続きも必要なかった。好きなときに市場に参入し、退場することもできた。一方、国有企業は赤字に転落しても、先の見通しが暗くなりかけても、簡単に規模を縮小することも、閉鎖することもできなかった。従業員を解雇する際にも制約があり、国の政策目標を実行するという使命もあった。資産を売却して規模を縮小するか、別の国有企業と合併して立て直しを図ることはできても、ただ退場するという選択肢はなかった。また、競争の激しい民間部門のように、非生産的な国有企業が効率的な国有企業に道を譲るように強いられることもなかった。だが１９９５年、そのすべてが大きく変わった。

「鉄飯碗」から「踏み切り板」へ――激変する国有企業

中国の非効率な巨大国有企業をめぐる長年の懸案に取り組み、こうした企業を自立させることを決めた朱鎔基《チュー・ロンジー》首相は、1990年代半ばには誰も想像しなかったような一連の措置をとり、第2章で説明した第三の改革の波に着手した。それは「大をつかみ、小を放つ」ことから始まるもので、大規模な国有企業を抜本的に改革し、小規模企業は自由化し、生き残りたければ自力でなんとかさせた。大手国有企業は、大々的な再建期に入り、戦略的投資家に資本の一部を引き継がせ、少数株主持分を民間に売却するか、国内の株式市場に上場した。その結果、国有企業は大幅に縮小することになった。[6]

1998年に操業していた国有企業の8割以上、とりわけ小規模で非効率的な企業は、2007年までに閉鎖されるか民営化された。最小の国有企業(下位10%)の年間廃業率は3割を超え、その割合は同規模の民間企業の廃業率よりはるかに高かった。国有企業の数が11万8000社から3万4000社に減ると、国有部門の雇用も4400万人減少し、国の資産に占めるシェアは70%から50%未満に低下した。手厚く守られた、戦略的に重要な産業ですら、国有企業の存在感は薄くなり、鉄鋼、石油、化学、金属部門に国有企業が占める割合はほぼ半減した。

その結果、国有企業全体の業績は改善した。1998年には国有企業の6割が赤字で、不採算の国有企業が国の雇用の半分近くを占め、製造業の雇用は23%を占めていたが、2003年が終わる頃には潮目が変わった。大手企業はわずか7年で収益性が3倍に急増した。国有企業は規模が大きいほど利益が上がり、生産性も高まった。2001年から07年にかけて、国有企業と民間企業の生産性の差は急速に縮まった。この改善は驚くべきもので、状況はすっかり逆転していた。

「大をつかむ」という目標は、大規模な国有企業の収益性を高めつつ、こうした企業を国家の統制下に置きつづけることを意味した。2018年には中国の主要国有企業の半数が、世界最大の企業500社に入っていた。国有の大規模な複合企業《コングロマリット》のなかには、合併してさらに大きくなるものもあった。鉄鋼部門では、国有企業が合併して5大企業グループが誕生した。自動車業界では、国有企業が6社の国有コングロマリットに統合されたが、その最大のものは上海市政府が所有する企業、上海汽車集団（SAIC）だった。こうして1990年代半ばの粛清から生まれた大きな国有企業は、さらに巨大になった。1999年から2008年にかけて、工業系国有企業の平均資産規模は7倍に拡大した。[7]

国有事業部門は急激な変化を遂げた。多くの国有企業が分割されたり解体されたりしたが、生き残った企業はますます傑出した存在となり、1990年代後半の改革によって生産性も急伸した。不採算の国有企業は合併によって雇用が損われることなく消滅し、競合する国有企業間の価格戦争もストップした。企業数が少なければそれだけ業績は上がる。こうして国有企業は、民間企業と互角に競える収益性を持つ企業になれることを証明した。

さらに、国有企業のこの変貌ぶりが、中国経済における「瞰制高地《かんせいこうち》」〔「領域支配のために戦場全体を俯瞰できる高地」という意味の軍事用語に由来し、国家の経済動向に重大な影響をもたらす重要産業〕において、将来は全面的な民営化が避けられない、との考えを時代遅れのものにした。ロシアや東欧経済で採用された大規模民営化というビッグバン的手法は、オリガルヒや腐敗、さまざまな社会問題を伴ったが、それが唯一の選択肢でないことも明らかにした。中国は、国有企業と民間部門が共存する並行式のシステムを、国有企業を徐々に改革することで見事に築いたかに見えた。こうして国家資産が政界の大物エリート集団にずさんに移行されずにすみ、大量解雇や高い失業率、社会の不安定化も回避することができた。

中国の段階的だが着実な改革は、国有部門を活性化させ、民間部門との生産性の差は縮まり、1998年以降、国有企業の資産利益率はたちまち2倍になった。一時期、国有企業の生産性の伸びは民間企業を追い越し、肩を並べる競争相手となった。政府が自らに行った外科手術は成功し、中国経済は続く10年で成長した。第6章で論じる中国の金融システムの現状を見ればわかるように、この動きは2009年の金融危機後にストップし、経済を救うべく国有企業が駆り出されることになった。それから10年間、国有企業と民間企業の業績の差が、再び開くことになる。

企業と政府はいかに結びつくか

「グワンシ（关系）」という中国語を聞いたことがあるかもしれない。これは「関係」という意味で、過去には、強固な取引関係の土台となる特別なつながりや信頼を指していた。これを築くには時間がかかるが、いったん関係が築かれれば、物事はもっと素早く、もっとうまい具合に進んだ。起業家は事業を拡大するために、契約よりもこの「グワンシ」を頼みにした。

やがてそれは民間事業と地方政府の交流を特徴づけるものとなった。地方政府が地元の国有企業を支援したがる理由は明らかだが、従来から国有企業を優遇し、起業家を邪魔してきた政府が、なぜ今度は民間企業に手を貸そうとするのか。江蘇省の地方政府は、民間のアパレル企業にまつわる好ましくないネット記事をなぜブロックするのか。また、ある地方政府が民間企業1社のために、貨物機が発着できる特別な滑走路を建設しようとするのはなぜなのか。ある小規模都市の政府は、民間企業の工場を建設するために山をまるごと爆破した。また、起業家の妻のために仕事を見つけ、子どもたちを一流校に入れるのに手を貸すことも珍しくない。いったいなぜ、こうしたことが行われるのだろうか。

その理由を説明するために、ある例を見てみよう。ここ数年で北京や上海をはじめとする大都市や省の政府の役人は、バッテリー式電気自動車（BEV）の製造に尽力してきた。その一つの理由は、環境に配慮した自動車の製造を政府が支援すると表明したからだ。また、こうした企業は地元のGDPや雇用にも多大な貢献をしてきた。とりわけ自動車の製造には、大規模な下請け業者のネットワークが必要になるからだ。地方政府の首長は、勢いのある電気自動車部門から2種類の利益を得ることができた。一つは、支援を決めた企業の利益を共有し、個人的な金銭的利益を享受できたこと、そしてもう一つは、政治的利益が得られる見込みである。地元の経済成長を促し、中央政府が定めた自動車生産目標を達成すれば、政府や共産党内での昇進の可能性も高まる。こうした地域の成長と政治的出世とのつながりこそが、中国経済を特異なものにしている。

地方政府には、さまざまな選択肢がある。電気自動車の製造を始めた地元の国有企業を支援してもいいし、革新的な民間企業を支援してもいい。成功のためには進んで賄賂を差し出してもいいし、さほど生産的ではない複数の企業を支援してもいい。政府による接収は、たいてい最後の手段だ。地方政府は魅力的な民間企業を乗っ取ることもできるが、市場動向に精通したその企業の幹部よりも優れた経営手腕がなければ、その企業の収益は落ちることになる。

この場合のトレードオフを考えてみよう。最も簡単なのは、国有企業を助けることだ。それなら追加の資源はほとんど必要ないし、政治的に問題になることもない。マイナス面は、国有企業が優れた電気自動車を製造しない可能性があることで、そうなると、大きな収益や豊富な雇用が生まれにくくなる。革新的な民間企業のほうがより多くの資源を必要とするかもしれないが、将来的に花形企業になる可能性もある。一方、どんなに手を尽くしても生産性が上がらない一部の企業は、中央政府が腐敗を厳しく取り締まるような目下の環境では、その魅力ははるかに劣るだろう。

では、この場合、どのような結果が得られるだろうか。最も期待できそうなのは、やはり民間起業家を支援することだ。安徽省の省都である合肥市が、蔚来汽車《ニーオ》（成長著しい新興の中国の電気自動車メーカー）に対し、本社を地元に招致したケースなどがそのよい例だ。合肥市は同社の株式を取得する見返りに現金で投資し、安価な土地を提供し、ニーオの移転を容易にするために、さまざまなサービスを提供した。ニューヨーク証券取引所に上場したグローバル企業ニーオのおかげで、合肥市は高い評判を得て、同社の株価が上がるにつれて膨大な利益を手にし、地元産業を活性化することもできた。同様に広州市も、民間の電気自動車メーカー小鵬汽車《シャオペン》のために、似たような役回りを演じている。

こうした新たな事例から、なぜ地方政府が、民間企業に反目してきた自国の歴史を捨てて、勢いのある地元の民間企業を支援しようとするかを説明することができる。この経済的自然淘汰とも言える形態は、市場メカニズムに基づくものほど効率的ではないにしても、中国のような特殊な状況下では十分に機能するものである。

地方政府にできる支援は無数にある。地方政府は自分たちが選んだ企業に、認可や契約、安価な土地、地方銀行からの直貸しを提供できる。また新たな法律を制定して古い法律を排除し[8]、許可を出すことも、免税措置を求めて中央政府に働きかけることもできる。「グワンシ」は実際の貨幣価値に変換される。ある調査によれば、2004年の憲法改正後（民間部門で党の影響力を強化するため、共産党員に起業家精神を受容するよう促した）[9]、民間部門に参入した党のエリートは、銀行の貸付や国の補助金を頻繁に利用することができた。さらなる拡大を続ける不動産大手の恒大集団《エバーグランデ》は、いち早く築いたエリート政治家とのコネによって、一小規模事業から世界でも指折りの巨大企業へと成長を遂げた。

これまで見てきたように、地方政府の役人が民間企業を支援するのは、利他的な動機によるものではなかった。それによって政治的な影響力が強まるだけでなく、個人的な利益も得られたからだが、過去にはそれが灰色収入（違法性のない知人同士の金銭のやりとりや実質的な賄賂など、取得経緯を特定しにくい収入）や非合法の収賄などのかたちをとることも多かった。前者の場合、最高級の旅行やリゾートホテルの宿泊を手配する、あるいは役人の子どものために海外留学時の学費を負担するといったことも含まれていた。そしてもちろん、現金や民間企業の株式が有力な役人の家族にも贈与された。国有企業でも汚職は見られたが、民間企業とのこうした取引のほうがはるかに容易だった。

これが国と民間の旧来の癒着モデルだった。身びいき、汚職、地方経済の潤滑油など、何と呼ばれようともその考え方は同じで、手を貸すかわりに企業から分け前をもらうのだ。その動機が不正なリベートであろうと、昇進のチャンスあるいはその両方であろうと、地方政府は、成長や拡大のために殺到する企業を諸手をあげて歓迎し、生産性の高い民間の大企業にはとりわけ好意的な態度をとった。

一方、小企業に対する差別は根強く、もっと言えば、このモデルには顕著なマイナス面があった。地方政府には、自分たちの地域の企業を守り、外部の競争相手を拒否するという動機があるため、それがイノベーションや競争を阻害するのだ。上海市政府はゼネラル・モーターズの独占を保護したが、安徽省蕪湖市の政府は地元の民間企業である奇瑞《チェリー》汽車を後押しした。チェリーは全国で販売許可を得ていたが、上海や地元に自動車会社のある地域では抵抗に遭った。[10]

中国経済を変える新たな合弁モデル

旧来の癒着型の経済モデルは、２０１３年に政府が厳しい取り締まりを開始したことで、大きな打撃を受けた。役人はもとより企業もさらなる規制や管理、より厳格な監視下に置かれたため、民間企業は政府の庇護を離れて自立せざるをえなかった。簡単な融資や政治的優遇を断たれた民間企業や国有企業は、コングロマリットを築き、互いのオーナーになることで新たな繁栄の道を見出した。

電気自動車メーカーのニーオの話に戻ろう。２０２０年4月、同社の株価は２０１８年の公開時に比べて62%下落し、破産寸前に陥って融資は打ち切られた。この時点で安徽省合肥市が介入し、同社の25%の株式を取得するかわりに70億元（10億ドル相当）を提供し、競合相手に競り勝った。[11] ニーオは本社を合肥市に移し、そこで地方政府は同社が6行の大手国有銀行から融資を受けやすくしただけでなく、さらに電池、エンジン、制御システムのサプライチェーンの構築も手助けした（そのおかげで他の生産性の高い事業も誘致できた）。翌年、ニーオの自動車生産高は81%増加し、２０２０年4月に30億ドル前後だった総株価評価額は、８カ月後には約１０００億ドルに急騰した。こうしてステークホルダーとなった地方政府はかなりの恩恵を受けることになった。優良企業をハイテク産業団地に誘致し、雇用を創出し、評判を高め、さらにニーオの株も保有したことで相当な利益を得ることができた。

　政府は国有企業を介して主要な民間企業の重要な株主になった。２０１６年、深圳市政府の国有企業である深圳地鉄集団は、万科《バンカ》企業の最大株主になった。この企業はもともと中国の完全な民間不動産会社で、フォーチュン５００企業にも入っている。万科企業は、より安価な土地と無数の建設プロジェクトを獲得することで恩恵を受け、深圳地鉄集団も、委託経営者の万科企業を通してその資源を収益化することで恩恵を受けた。

　東方希望集団のケースも有名で、前述の四兄弟が設立したこの巨大コングロマリットは、家畜飼料から化学製品まで、ありとあらゆるものを取り扱っている。同社が本拠地である四川省以外の地に進出するときは、決まって地方の国有企業との合弁会社を設立した。今日までにこの企業は15の国有企業と11

の民間企業との合弁会社を有している。この方式はその後広く再現され、農業や重工業部門では合弁会社の9割が、企業が拠点とする省以外の地方政府と組んで設立された。

今日、この方式が顕著に見られるのがテクノロジー分野だ。ハイテク株中心の中国版ナスダック株式市場「科創板《スター・マーケット》」が開設されたとき、上場企業の半数は国有企業から投資を受けていた。地方政府は(リスクのあるハイテク企業に直接投資することで)シリコンバレー型のベンチャー資本家に転身しただけでなく、ウォールストリート型のファンド・オブ・ファンズ・マネージャーにもなった。つまり、投資顧問を選び、自分たちのかわりに企業の選定や投資を決定してもらうのだ。

多くの民間企業が国のステークホルダーを歓迎している。地方政府やコネのある国有企業とかかわりを持つことには多くの利点があり、それによって地元の資源を活用し、流通網を築き、入手困難な認可を得て、一定の政治的な保護も獲得できる。民間企業がこうしたことを実現するのは不可能ではないにせよ、かなりの時間と資源を要する。なかには「コネが多すぎて潰せなくなる」ことを期待する企業もあった。政府機関にとっても、有能な民間経営者と合弁事業で協力したり投資家になったりすることは、経済的に有益で、国の資源の最も生産的な活用法でもある。とはいえ、このような共同作業が成功するのは、国家が少数株主である場合、つまり経営陣や起業家が、政治の介入を受けることなく自由に重要な決断を下せる場合だけだ。

こうした状況を見れば、中国は国家の命令と産業政策を遂行するために巨大国有企業に補助金が気前よく与えられる、いわゆる国家資本主義であるという西側の見方は、もはや現実的ではない。この解釈はごく一部の戦略的産業については当てはまるかもしれないが、現在は国と民間のあいだに、もっと巧妙で、一般的な連携モデルが生まれている。これは、国家の権力は強いが制度や機関は脆弱であるという中国本来の特徴を活《い》かしたものだ。

こうした新たな相関関係が広く浸透しつつあることを、経済学者の白重恩、謝長泰、宋崢、王鑫《ワン・シン》による優れた研究が明らかにしている。この研究が用いたデータには公式登録されたすべての中国企業が含まれており、[12] ２０１９年時点でその数は３７００万社にのぼる。企業データの母集団から所有権の複雑なネットワークの全情報が入手できたが、所有者は６２００万人の民間「資本家」と、地方政府と中央政府を含めた6万の国家機関で構成されていた。

たとえば、国有企業が民間企業Aと合弁事業を立ち上げると、Aは国と直接のつながりを持つことになる。ところが、企業Aが今度は民間企業Bと合弁事業を立ち上げると、Bもまた国有企業と間接的につながりを持つ。民間企業Bはさらに民間企業Cの株主になるかもしれず、その場合、Cもまた間接的に最初の国有企業とつながることになる。この多層的な所有関係が、巨大企業のコングロマリットを形成するのだが、このネットワークでは往々にして、国有企業が主要かつ最大の節点になる。

中国で実際に事業を行う企業の数は、２０００年から19年にかけて9倍に増えた。だが、もっと驚くべきは、こうした企業が登録する資本の約3分の1を、国とつながりのある民間企業の所有者が保有していたことだ。ここから、国と民間企業の資本提携が中国企業でいかに広く普及しているかを知ることができる。２０１９年には、国家所有者〔企業への出資者のうち、中央・地方政府の特定部門およびそれらの政府によって直接かつ全面的に所有されている企業）との合弁会社を持つ民間企業が10万社を超え、２０００年と比べると、その数は5倍になった。２０１9年には、上位１００社の大口投資家（登録資本ベース）のうち63社は国家所有者だった。だが驚くべきは、こうした国家所有者がそれぞれ民間企業との合弁会社を保有していたことだ。同じことが大手民間企業の所有者にも当てはまり、その大多数が国家所有者との合弁会社を保有している。

政府と実業界のこの密接な関係は中国に限った話ではないが、その蔓延ぶりは他に類を見ないものだ。そのコングロマリットのモデルは、日本の「系列」や韓国の「財閥」を想起させるかもしれないが、これほど複雑かつ一般的な資本提携はない。公式の民間資本の3分の1が国とつながっているというこの比率は、フランス、ブラジル、ロシアなどのように、企業の国家所有傾向が顕著な他国の経済を大きく上回る。アメリカでは州政府が注目企業の招致をめぐって競うことができ、たとえばアマゾンの第二本社の誘致では立候補が殺到したが、政府がこうした企業に融資を行うことも、取引に資本参加が含まれることもない。

複雑な恩恵

制度、機関、市場がいまだ未成熟な国では、政府と産業界の連携が大いに役立つし、両者の動機が明確に一致している場合はなおのことだ。とはいえ、適切な監督なしに多額の金が関与する場合は、決まって出来の悪い相手が問題になる。中国では一部の国有ならびに民間企業が、国の支援のおかげで資金調達しやすいことに乗じて、高リスクの分野に投資するようになったが、こうした投資が失敗すると、関与した国有企業が負債をカバーし、経営難に陥った民間企業の道連れとなって失墜することもあった。

また、この連携モデルは、民間の所有者が大手国有企業の少数株主になるという逆のパターンにおいてもうまく機能しない。2013年、政府は民間企業に対して、国有企業の株を大量に引き受けるよう促し、国有企業の収益性やガバナンス、生産性の改善を図ろうとした。ところがこうした動きが不幸な結末を迎えることも多かった。民間企業は効率性を優先したが、国有企業が目標を追求できる力は、政府の統制に縛られ、限定されていたからだ。民間部門の人間が国有企業の経営や戦略に意見することはほぼ不可能だった。彼らは結局、能動的な参加者ではなく、受動的な投資家にすぎなかった。そうなると、迅速な決定、厳しいコスト管理、一流の経営手腕といった最大の長所も十分に力を発揮することができず、当然、その結果も微妙なものだった。このため、民間部門が国有部門の業績を改善することも、民間所有者がとくに裕福になることもなかった。

政府の関与が恩恵になることもあれば、厄介なものになることもある。国家と民間の連携は、とくに国の発展段階によっては、つまり公式の制度や機関が脆弱なときには、有益なものになりうる。結果的に、それは中国で役に立った。西側諸国が農業経済から工業経済、そして情報経済へと移行した数百年を、わずか40年間に短縮することができたからだ。一方、こうした急速な移行にはマイナス面もある。連携は企業にとって不安定な状況をさらに増幅しかねない。また、民間企業は経営陣が代わることもあるが、提携や、共同所有する国有企業の経営者や地方の役人に見られるような予期せぬ入れ替えはない。後者の場合、昇進や降格によって、急に配置換えがなされることもある。

成功を手にした地方の指導者が地元を離れ、他の土地で、さらなる出世のチャンスを狙う場合も少なくない。自分の思い描く未来があり、それに役立ちそうな特定企業を助けるために資源を使ったとしても、その後継者はおそらくまた別の野望を持つだろう。前任者との差別化を図るため、あるいは政治情勢の変化を利用すべく、前任者の計画をいきなり中止することもあるかもしれない。そうなると困るのは企業のほうだ。ある地方政府の指導者のお気に入りが、次の指導者のもとで失脚する可能性もある。中央政府も先の見通しを不確実なものにしかねない。中央政府がある年に環境に重点を置くことを決定すれば、地方の役人は、廃棄物管理の関連事業を優遇するかもしれない。ところが翌年、今度は中央政府が半導体分野で国内企業の競争力向上に注力すれば、地方政府もそれに従おうとするだろう。

政府と民間企業の連携が成功しすぎると、かえって危険なこともある。中国のことわざにあるように、「木高ければ風を招く（樹高招風）」のだ。政府は企業の成長を助けることはできるが、企業が公的な制度にも影響力を持つようになると、あるいは競合他社への容赦ない措置に世間で不満の声が上がるようになると、政府はその企業を厳しく管理するようになるだろう。つまり、いかなる大企業も、決して真に独立した立場にはないということだ。すでに政府の監視の目が光るアリババや不動産大手エバーグランデのような大企業は、たった一度の決定だけで政府の怒りを買う恐れがある。

中国で大企業になることの恩恵は、その広大な市場から膨大な利益が得られる点にある。だがその一方で、成功した民間企業には過去の国有企業を彷彿とさせるような責任や義務が伴う。たとえば、パンデミック下で政府のために自社のサービスを提供したり技術を開発したりすること、あるいは、自然災害からの復興のために資金を提供することなどだ。中国がテクノロジー分野で世界に追随する必要があったとき、中国政府はテック部門に自由裁量権を与え、それが多くの億万長者を生み、中国のデジタル経済を一躍世界の最先端へと押し上げた。

それから20年を経て、時価総額１００億ドルを超える１００社近い企業を誕生させた中国政府は、企業を野放しにする時期は終わったと判断した。その結果、大手テック企業の多くが、その独占的な力を不当に利用して収集したデータを使い、消費者の嗜好を操作し、第三者に違法にデータを販売しているとして告発された。こうしたデータ濫用事件がたびたび明るみに出ると、中国政府は２０２１年に一部の大手テック企業、教育関連企業、そしてゲーム会社に新たな規制を導入するという大胆な措置をとった。そこには、ＥＣ大手のアリババ、出前代行やネット通販の美団《メイトゥアン》、ライドシェア企業の滴滴出行《ディディチューシン》など、最も有名なインターネット企業への多額の罰金も含まれた。こうした規制によって中国のインターネット企業の株価が1兆ドルの損失を出しても、政府は動じないように見えた。

世界各国の政府も認識しているように、規制や独占禁止政策は、無秩序な成長が日常化した国では正当化されるべきものだ。こうした政策は、首尾よく計画し、実行に移せば、より公正な結果が得られ、イノベーションや効率性の向上につながるだろう。だが、政府による規制がダイナミックな起業家精神を損ない、才能ある人々の意欲を削ぐこともある。規制とイノベーション、妥当性と効率性のバランスをとることが、中国の戦略の新たな目標となっているが、その実現には政府側の高度なスキルが必要となる。

透明かつ明確な指針、良好なコミュニケーション、予測可能な政策は、信頼をつなぎとめ、投資とイノベーションの正の循環を継続させるうえで不可欠なものだ。しかし、それをうまくやり遂げた政府はいまのところほとんどない。

外国企業の参入

1970年代後半になると、外国企業が中国に参入しはじめた。[13] 1978年、最初に中国に参入したのは日本のパナソニックだった。その1年後、コカ・コーラが中国で自社製品を販売する最初の消費者ブランドになり、同じ年にはIBMが中国に進出した。ゼネラル・エレクトリック、アップル、マイクロソフトなど多くの企業が中国でも成功したが、モトローラのように、すぐに撤退する企業もあった。中国での外国企業の運命はまちまちで、その全体像を一言で表すことは不可能だ。当初、中国政府は外国からの直接投資（FDI）に対し、いささか両面的な態度を見せていた。

中国政府は喉から手が出るほど欲しいテクノロジーやノウハウが得られるFDIを歓迎する一方、競争力のある外国企業によって国内の一部の産業の発展が阻まれることを懸念した。そのため、ありとあらゆる障壁や規制に遭遇する企業もあれば、特別待遇を享受できる企業もあった。その全体像は、見る角度によっても違ってくる。データによれば、1998年から2007年にかけて、外国企業は製造業で最も多くの補助金を得ており、その金額は国有企業が得ている補助金のほぼ数倍であった。[14] また、外国企業は概して国内企業よりも付加価値税が低く、むしろ外国資本であることの恩恵を享受していた。[15] 政府が輸出を強力に後押ししていたこともその理由の一つで、多くの外国企業が中国の輸出拡大に加担していた。

中国の外資系企業への投資状況を見極める唯一の基準というものはない。鉱業、教育、メディア、電気通信、一部のＩＴ企業のように外資が制限される部門もあれば、中国企業との合弁会社の設立が唯一の選択肢となる部門もある。多くの外国企業は、国内企業と合弁会社を設立して中国市場に参入する際に生じる技術移転の要請や、国有企業との不公平な競争、あるいは政府の徹底した保護主義に対して不満を抱く。こうしたことは、とりわけ過去には的を射ていたが（たとえば２０１９年に成立した外商投資法は、強制的な技術移転を禁じている）、この点については第8章で詳しく見ていく。とはいえ、多くの研究や専門家も指摘するように、外国企業の失敗を差別のせいにするのは、あまりに話を単純化しすぎている。[16]

いかなる産業においても、外国企業を見れば、成功例と明らかな失敗例の両方が存在する。自動車部門では、フォルクスワーゲンとトヨタはうまくいっているが、フォードと現代《ヒョンデ》はそうではない。アウディとＢＭＷとリンカーンは成功したが、シトロエンとプジョーは中国市場への参入は早かったものの、中国の消費者にアピールできなかった。消費財産業では、プロクター・アンド・ギャンブル、ヤム・ブランズ（米大手飲食チェーン）、スターバックスは大成功を収めた。だがマテルは、中国の少女たちに彼女たちのような外見のバービー人形を売ろうとしてに失敗した。同社は中国の少女たちが青い目のブロンドの人形を好むことがわからなかったのだ。フォーチュン５００企業のほぼすべてが中国で事業を展開していることは、中国市場の魅力を雄弁に物語っているし、２０１９年に中国が世界第2位の、そして２０２０年には世界最大の直接投資の受け入れ国となった事実もそれを裏付けている。ブラックロックやフィデリティのような外国の金融機関は、貯金から退職金まで、さまざまな商品を提供すべく、中国で完全子会社を設立している。中国への参入熱は、貿易戦争や地政学的な反発にもかかわらず高まっており、米中経済の発展や両国間の金融連携は、高まりつつある両国間の緊張を少なくとも現時点では反映していないようだ。こうしたすべてのことが、外国企業が中国で直面する多くの課題や抱える不満の一方で起きている。

製造業、ＩＴ、ソフトウェア、金融、消費財、不動産などの分野で、外国企業はつねにチャンスを手にしていたが、その運命を決めたのは、各企業の考えや手法であった。グーグルのような一部の企業は規制に従わないことを選択し、市場から撤退した。地元の競合企業に出し抜かれたケースもある。イーベイやアマゾン、ウォルマートのオンライン事業はアリババに敗れた。ウーバーは滴滴《ディディ》との競争に敗れたが、この2社は双方にとって利点のある契約を結んだ。そして、アップルやサムスンのような多くの外国企業が成功を収めている。

外国の競合他社に対して国内企業が持つ一つの利点は、政府相手の面倒事をうまく処理できることだ。すでに見てきたように、これは簡単なことではない。この点をよく理解したうえで戦略を調整した外国企業は、中国で他の企業よりもうまく立ち回ることができた。決定を下す権限を与えられた地元チームは、海外にある本社の決定を待たなくてはならないチームよりも成功した。地方政府と良好な関係を築き、これを維持し、地元の習慣に順応し、地元の需要をしっかり調査した外国企業は、国内企業に勝つこともできた。中国では、「接地气《ジエディーチー》」というビジネスの教えが人気だ。これはすなわち、地に足をつける、あるいは地元の状況を深く理解し、それに倣《なら》う、という意味である。多くの企業が別の国で成功したビジネスモデルを中国で再現しようとしたが、それが成功することはほとんどなかった。

実例と体系的な証拠《エビデンス》が一致しない例はほかにもある。それは中国における合弁会社の有効性に関するものだ。その失敗例を紹介する実例は多いが、データが示すのは、中国では、合弁会社が完全外資企業や国内企業よりも良い業績をあげているということだ。[17] 合弁会社は１００％の外国資本が認められていない業界では必要なものだが、別の意味でも理にかなっている。国内のパートナーは中国市場やその法律をうまく切り抜け、政治的なコネを活用し、流動的な規制環境に対処できるのに対し、外国のパートナーは新たな技術、資本の注入、強力な企業ガバナンス、既存の国際貿易網を提供できるからだ。

最近、マクドナルドは中国でさらなる拡大を狙い、国有企業との合弁会社を設立した。とくに自動車業界では、合弁会社が圧倒的に多い。メルセデス、アウディ、ＢＭＷなどは、地元のパートナーとの合弁会社を介して、中国での事業拡大に成功している。一方、業績が芳しくない合弁会社は、経営スキルや手法のミスマッチ、管理をめぐる意見の不一致に原因があるかもしれない。また、文化の違いや、目標をいかに達成するかといった見解の相違が妨げとなることもある。

中国における外国企業について徹底的に論じようとすれば、その重要性を説明するだけで1冊の本を書かねばならない。また、これらの企業を一つの枠組みに当てはめようとすることも難しい。なぜなら、中国で事業展開する外国企業は、非常に多様であるからだ。外国企業の参入は中国のとりわけ魅力的な側面を明らかにする一方で、この国の不安定な事業環境も浮き彫りにする。第8章でさらに論じるように、中国に参入した外国企業の多くは拡大計画を差し控えており、なかには完全に撤退した企業もある。その原因は、地政学的緊張、パンデミック下での経営、あるいは事業そのものの難しさにある。

それでも実際は、多くの外国企業が中国にとどまり、縮小を考える企業よりも、参入や拡大を計画する企業のほうが多い。中国が自信を深め、企業が粘り強くなったおかげで、この国は外資の参入や競争に対してもより開放的になっている。また最近の政府の政策では、外国企業にさらに門戸を開くことの重要性が強調されており、ここ数年で、外資による投資を禁じた業界や部門も激減している。今日の外国企業にとっての新たな課題は、政策による規制ではなく、国内の苛烈な競争がもたらすものだ。国内企業の生産性は大幅に上昇しており、第7章でも詳しく見ていくように、中国企業は製品と企業を支えるビジネスモデルの双方で、ますます革新的になっている。

2018年、テスラは中国からの大歓迎を受けて、この国で最初の完全外資の自動車工場を建設した。上海市政府はこの会社に現金、補助金、安価な土地を提供している。だがこの試みが成功するには、テスラは国内の強敵である比亜迪（BYD）やニーオ、その他大勢の新興の電気自動車メーカーと互角に競わなければならないだろう。さらに、新世代の嗜好の変化に合った製品を製造し、地元の下請け業社や政府とも良好な関係を維持しなければならない。相手の文化や価値観を尊重し、過去に外国ブランドの足元を掬《すく》ったような不適切な広告を避け、データ保護に関する国内の法律にも従わなければならない。さらに、中央政府の定めた全般的な政策方針に沿うことも求められる。

外国企業にとって、これはずいぶんと多い注文だ。成長の機会を探す企業は、巨大な中国市場を無視するわけにはいかないが、この市場はリスクも報酬も高いままだ。そして両者はいずれも変化しつづけている。国内企業は、外国ブランドが牛耳るファッションや化粧品分野でも、独自のバリューチェーンを立ち上げつつある。国内で手強い競争が芽生えている背景には、中国の伝統や様式を刷新し、自らのアイデンティティを築こうとする誇り高き新世代の存在がある。こうした複雑な環境では、然るべき手法や考えを持った外国企業でも成功するのは難しいが、不可能なことではない。

新世代の起業家たち

夥《おびただ》しい数の企業間で、市場シェアの拡大や顧客集団の苛烈な奪い合いが起きているようなこの時代には、スピード、機動性、地元の状況を正しく理解すること、謙虚さと自信の絶妙なバランス、環境変化への適応力などのスキルが求められる。これがとくに当てはまるのは中国で、今日の起業家は、革新性と創造性を発揮して、自社のビジネスモデルを最適化・収益化する新たな方法を見つけなければならない。早い段階で短期的な競争力を獲得できたとしても、発展の機会を捉えて有利な状態を維持しつづけなければ、すぐに敗れてしまうだろう。多くの起業家は社会意識が強く、高い道徳基準を持ち、自分たちのような幸運に恵まれない人々を支える方法を見つけ、さまざまな社会課題に取り組みたいと願っている。[18]キックバック、役得、巧妙な策略、不正行為、規制の抜け穴を突く手法、露骨な賄賂などが、もはや事業拡大に役立たなくなったいま、新世代の起業家は、より明確なビジョンと高度なスキルを備え、より高尚な動機を持たなければならない。私はここ数年でこの世代の人々と数多く知り合ってきたが、彼らは実に感嘆すべき集団だ。起業家世代の彼らにとって、政府への追従はもはや成功の必須条件でも、共通点でもない。彼らは情熱と成功への強い意志を抱いている。そして彼らにとっての成功とは、近道をして手に入れるものではなく、創意工夫や優れたガバナンスを通し、良質の製品やサービスを生み出すことで達成するものだ。

新世代の多くの起業家が育ったのは、貧困家庭でもなければ、恵まれない環境でもない。彼らは一流の教育を受け、一流の大学で学位を取得し、西側諸国の一流企業で働いた経験を持つ。いくつかの例を紹介しよう。

2001年に王興《ワン・シン》は清華大学の電気工学科を卒業し、アメリカのデラウェア大学で電気コンピュータ工学の博士号をとるべく進学した。2年後に中途退学すると、中国に戻って25歳で最初の事業を始めた。王興の当初の起業方針は、合衆国で学んだ、いわゆる「コピーして中国へ」というものだが、その事業は地元中国の現状に深く根ざしていた。彼の運営するテック大手企業の美団は、食品、医薬品の配送、タクシー、レンタル自転車、ホテル、旅行、映画、マッサージ業、オンライン処方など数百ものサービスを提供する。

黄峥《ホアン・チェン》（コリン・ファン）はウィスコンシン大学マディソン校で学び、グーグルでエンジニアとして働いたのち、中国に戻って拼多多《ピンドゥオドゥオ》を始めた。そして皆が大量購入を楽しめるよう工夫を凝らし、コストコとディズニーを合わせたような小売空間をつくった。ユーザーは家族や友人とともに共同購入のような楽しいイベントに参加し、素敵な商品が当たるくじを引き、格安の値段で多種多様な消費財を簡単に手に入れることができる。黄は政治に関しても抜け目がなかった。メディアの注目を浴びないように努め、大成功を収めた起業家によく見られるようなこれみよがしの態度を避け、中国で最大級のネット企業を設立したわずか数年後に、最高経営責任者（CEO）と会長の座をひっそりと退いた。とはいえ、彼がCEOを辞めたことは、彼の会社やその出資者にとって、そして逸材を育てようとしている国にとっても、必ずしも朗報とは言えない。

こうした中国の新世代の起業家は、その根気強さと革新性と如才なさを頼りに、凄まじい競争の世界を生き延び、その先達よりはるかに厳しい規制を切り抜けている。中国に登場した最初の真のイノベーター世代である彼らは、その製品にも発明にも高い品質を維持することで勝利する。昨今では、環境、社会、企業ガバナンス（ESG）が、世界のあらゆる企業にとって、統制された評判のよい市場で成功するための基準となっている。これは多くの中国企業にとっては高いハードルで、この基準が満たせずに撤退を余儀なくされた企業もある。だが、この新世代は、新しい技術や手法を採用することでこの挑戦に立ち向かい、規則を都合よく曲げたり親密な関係を築いたりするという旧来の手法を、時代遅れのものにしている。

２０１７年、JDドットコムは、他のネット企業とともに汚職防止同盟を結成した。これによって、従業員が違法行為をすれば、インターネットビジネスのコミュニティ全体で、ブラックリストに載ることになる。中国のネット検索大手の百度《バイドゥ》は重大犯罪を調査する組織を立ち上げ、美団は倫理行動委員会を設立し、毎年、数十件以上の事件を警察に通報した。こうした組織の存在は、過去の中国の成長モデルになじんだ旧世代の企業には想像もつかないものだろう。

中国ではあらゆる世代の起業家が、自分たちの利益と、社会の安定を維持したい政府の要望との微妙なバランスに気を配る必要がある。急な政策の変化や指導層の交替に柔軟に対応することが、つねに求められるのだ。企業間の競争ルールが進化しても、この国で起業家に求められることは変わらない。中国で大金を稼ぐことは、規制や管理が厳しくなった環境において、ますます難しくなっているが、この新世代の起業家たちが持つ楽観主義や自信は、企業の活力を勢いづけ、巨大な中国市場の隙間に食い込んで成功したいと願う彼らの夢を掻き立てている。政府の介入に不満を抱く億万長者が一人いるとすれば、その一方で大勢の胸躍らせるミレニアル世代の若者がいる。より多くの参加者が競い合えるようになったいま、新世代の起業家たちは、億万長者になれるチャンスが増えたと信じているのだ。

第 5 章

国家と市長経済

THE STATE AND THE MAYOR ECONOMY

今日、中国の広大な風景のいたるところに数百の工業団地が散らばっている。近年、電子機器、生物医学、クリーンエネルギーなどの商業拠点を設けるために、全国の小・中規模都市に150を超えるハイテク産業開発区が建設された。中国では、23の省と4つの直轄市のほぼすべてで実験的な開発プロジェクトが進行中だ。広東省には「海のシルクロード」計画があり、福建省には同省と台湾との「両岸融合」のための投資プロジェクト、上海にはこの都市を国際的な金融サービスの拠点にするためのプロジェクト、ほかにも多くの計画がある。上海市では個々の地区が、貿易物流、造船、ハイテク、金融、工業開発などの特定分野を選択している。従来の発電所や製鉄所のほかにも、文化センター、博物館や美術館、展示会場、観光プロジェクトが突如大量に出現し、地方や地元が主体となって経済成長を促そうとする新たな取り組みが見られる。

この現象は「市長経済」と呼ばれるものだ〔原文では"*Mayor Economy*"。ただしここでの"*Mayor*"は必ずしも地方行政の長としての「市長」を意味するものではなく、市の党書記、あるいは省や県のトップなどを指す場合もあると考えられる。このため、訳文では文脈に応じて「市長」「指導者」「リーダー」などの訳語を使い分けている〕。ここ数十年で、地方の先駆的な役人が、漁村や農地をテクノロジーのハブや産業の中心地に変えるために、地元経済の拡大に猛烈なスピードで取り組んでいる。彼らは、経済成長、外国からの投資、工業・貿易・園芸の展示会の数からコンサートや映画祭などの文化的行事の規模に至るまで、あらゆる点で互いに競い合っている。地方政府は、最新の前衛的な建築を取り入れたランドマーク的な橋やオペラハウス、屋内競技場を次々と建設している。2019年には全国の3000を超える展示会で、最新の環境テクノロジーや美容分野の新製品、さらに画期的なギフト包装（このテーマだけで、中国国内で58もの展示会が開かれた）など、さまざまなものが紹介された。上海市内だけでも、1年間ですべての展示場を回ろうとすれば、毎日2カ所以上訪れなければならない。そしてすべての展示会が規模の大きさを競っている。

外国の役人や経営者が中国を訪れると決まって驚くのは、省や市、県、さらには村の指導者までもが、地元の工業、農業、サービス、輸出入の成長についての驚異的な数字や、とりわけ自分たちが投資環境や事業環境を改善するためにどんな対策をしているかを、猛烈な勢いで語ることだ。市長経済は中国において、市場経済に引けを取らないくらい重要だ。

西側諸国では、中国は国家が介入しすぎだとの批判が絶えない。その非効率性、干渉、硬直性があいまって、民間企業の開発を阻害し、経済の妨げになっているというのだ。たしかに中国政府は、自分たちの都合で事業のやり方に横やりを入れることがある。だが、あまり知られていないことだが、国はあえて地方政府にかなりの経済的権限と自主性を認めることで、中央政府の硬直性と組織的不備を相殺しようとしている。市長経済において地方政府は、前途有望な事業が障壁を破るのを助け、地元で技術革新を育む強い動機を持っている。アダム・スミスの言う市場の「見えざる手」のかわりに、中国では地方政府が、千手観音よろしくこれでもかと手を伸ばしているのだ。

中国の経済発展のパラダイムを説明するための最適な言葉は「政治的経済」で、中国では、国家と経済が強く結びついている。ハンドルの握り手が交替することもあるが、どちらも単独で運転することはめったにない。こうした中国式モデルについて検討する際にとくに顕著な特徴と言えるのが、この政治的経済という特徴だ。このシステムに埋め込まれた複雑で細やかなメカニズム――政府と実業界で見られるさまざまな報奨制度、競争、流動的な内部管理システム――は、中国を理解するうえでとりわけ興味深いテーマである。

中国という国には三つの顕著な特徴がある。一つ目はその力であり、この国は国家の目標のために迅速な集団行動を動員する資源と手腕を持つ。二つ目はその政治の中央集権化と経済の分散化が対をなしている特殊な構造であり、それによって、中央政府の指導のもと、地方で創造的な事業活動を行う余地が生まれる。三つ目の特徴はその適応性だ。環境の変化に迅速かつ柔軟に適応し、それが行きすぎた場合は政策を撤回し、状況に応じて優先順位を変更できる。

ダロン・アセモグルとジェイムズ・A・ロビンソンは、その画期的な書籍『国家はなぜ衰退するのか』のなかで、政治権力が極端に集中している国では、成長や新たなテクノロジー、教育、投資を重視するのではなく、一部のエリート支配層が国民から搾取するような制度が生まれやすいと指摘している。たしかに中国は、権力の集中という点ではこの見方に当てはまるが、実際は、収奪的国家とは程遠いものだ。中国は国家の富を少数のエリートが吸い上げることでその成長を阻害するのではなく、2000万社の民間企業をほぼ一夜にして誕生させた。

中国は新たなテクノロジーを抑制するかわりに、新たなテクノロジーを開拓する世界のリーダーとなるために、国民に発破をかけ、数兆ドルを投じて、起業家、研究所、大学、ハイテク地区を支援している。中国の国民は、長期的に貯蓄や投資をするだけでなく、バラ色の未来を夢見て、子どもたちの教育に膨大な費用をかける。したがって、この国にはうまく機能している面があるのは明らかだ。政治権力が集中することで膠着状態に陥らずにすむと主張する者もいるほどで、国家が輝かしい成長を遂げるのに権力の集中が重要な役目を果たしたと信じる者もいる。[1] 本章では、この国の飛躍的な経済発展に国家が果たした役割について、さらに詳しく見ていきたい。

中央政府と共産党の密接な関係

2020年3月に新型コロナウイルスのパンデミックが始まったとき、私はそれを中国国内で直に体験することになった。このウイルスの流行がイギリスを襲う直前に、ロンドンから北京に戻ってきていたからだ。空港はさながら軍事作戦の現場といった雰囲気だった。数百人の制服姿の係員が、随所にある検問所に首尾よく配置され、個々の乗客の詳しい情報を集めたのちに、あちこちのホテルに振り分けていた。すべての検問所を通過するまでにおよそ8時間かかり、それが終わると、居民委員会の委員に紹介された。この委員が、私が14日間の隔離義務をきちんと守るかを確かめるのだという。

中国のほぼすべての市や町の住宅地域には、その規模の大小を問わず、もっぱら年配のボランティアから成る居民委員会が設置されている。これは共産党による統治基盤となる組織で、結束が固く、その地区を管理する責任を担っている。委員長を務めるのは年配の女性であることが多く、絶大な権力を振るっている。私の暮らす区では、閣僚級の官僚ですらこの女性の意見には従うし、彼女が住民に法と規則をしっかりと守らせている。

それから14日間、私が部屋をこっそり抜け出していないかを、居民委員が1日2回、チェックしに来た。玄関のドアは外から紙テープで封印され、生活必需品が届けられると一時的にテープがはがされて、再び貼り直された。居民委員が管理する社区（コミュニティ）のオンラインチャットで、私は自分の健康状態を報告しなければならなかった。他の国々では、こうしたシステムは受け入れ難いかもしれないが、中国の市民はこれに素直に従う。人々は、高度に組織化され、有能かつ温情主義的な中国共産党が提供する安心感と引き換えに、プライバシーの制限を受け入れる。かくして党のネットワークや組織力は、世界的なパンデミックといった危機のさなかでも役立つことが証明された。

中国では共産党と政府はそれぞれの権限に従って機能するが、両者は並行して動くというより、絡み合いながら動いている。両者は二重螺旋のように機能し、二つのシステムが交差結合することで安定するのだ。だがDNA構造とは違って、この二つのシステムはその頂点で合流する。中国は中国共産党という単独政党が仕切る社会主義共和国だ。共産党の政治局が権力の頂点に位置し、その指揮をとるのが政治局常務委員会で、この委員会がおもな政策や法律、そのほかの重要な取り決めを行う。その下で権力は二つに枝分かれしており、一方は共産党、もう一方は議会と政府だ。全国人民代表大会（全人代）の議長が議会の指揮をとり、首相が政府を指揮するが、どちらも政治局常務委員会のメンバーで、そこで中国の二重螺旋の二つの紐が一つになる。共産党の総書記が国家の長ならびに中央軍事委員会の主席を兼任し、共産党が軍の支配も担うことが保証されている。

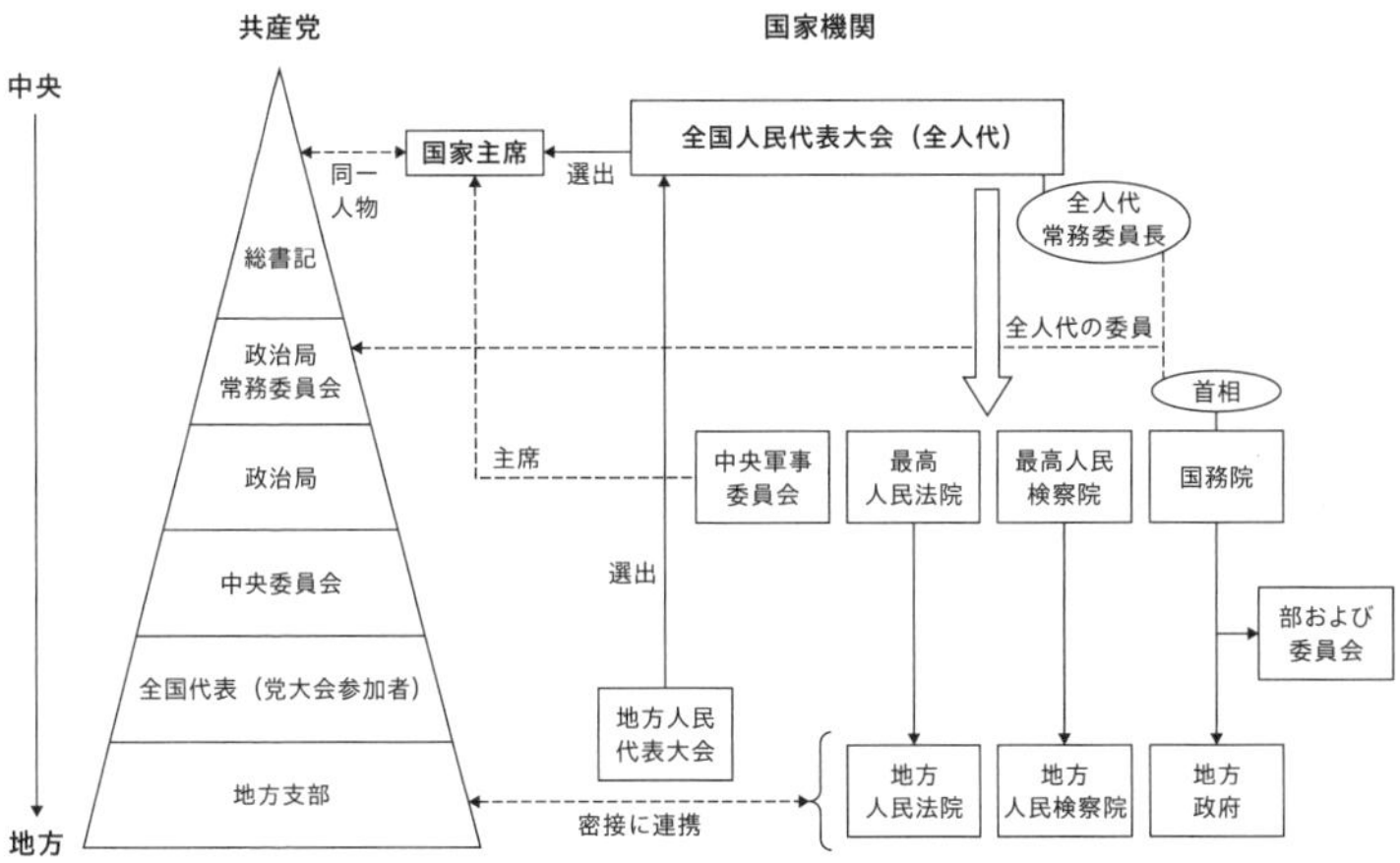

図5-1　中国政府行政部門のヒエラルキー

一方、政府には国務院の下に多くの部と、さらに省政府がある（行政部門のヒエラルキーについては、図5－1を参照）。ここでも同じく党と政府の並行構造が機能している。すべての組織のすべてのレベルで、最高位の指導者となるのは党書記である。同様に、市政府では、市の党書記が市長より上の立場にある。前者は党を代表し、後者は政府を代表するが、どちらも互いに密接に連携し合いながら動いている。

中国の政治権力の集中が始まったのは帝政時代で、当時の最高権力者は皇帝であった。今日、政治権力を握っているのは共産党の最高指導者だが、日頃の経済の運営について実権を握るのは地方である。省や市、県、郷の役人たちが、地元の発展を後押しし、成長目標を達成し、改革を実行し、外資を引き寄せる。こうした地方の幹部が、漁村や田舎を近代的な輸出のハブや製造拠点、ハイテク経済区域に変えているのだ。あらゆる成功談の背後には必ず、ありと

表5-1　中国の地方行政区分

	行政区分	2020年
省	省レベル	23
直轄市		4
自治区		5
特別行政区		2
地級市	地区レベル	293
地区	県レベル	973
県級市		388
県		1,312
鎮	郷レベル	21,157
郷		7,693
街道		8,773

出典：中華人民共和国行政部門の統計表（2020年12月31日）、http://xzqh.mca.gov.cn/statistics/2020.html.

あらゆる段階でそれを支援してきた地方政府の存在がある。

このように、政治の権力集中と経済の分散化が結びつくモデルは、中国特有のものだ。すべての決定が国家の上層部でなされ、大規模な経済政策はすべて専門の中央省庁が調整・施行する旧ソ連のような完全中央集権国家のシステムとは大きく異なる。また、有権者から選ばれた州知事や市長の経済的な影響力は、主として州議会からの予算配分というかたちで顕在化するアメリカ流の連邦主義体制とも異なる。一方、中国の地方官僚は、土地、エネルギー、原料から地方銀行にいたるまで、膨大な資源を牛耳っているので、直接規則を制定し、施行し、インフラを構築し、大規模な商業プロジェクトを着工できる。中国では、中央政府が国内や国際的な政策を担当し、経済政策全体を決定するが、経済そのものを仕切るのは地方政府だ。

中国株式会社

中国独自の統治機構は、経済発展を加速させるエンジンとなった。だが、どのようにそれを実現できたのか。この形態を巨大な法人、すなわち「中国株式会社」として捉えようとする経済学者もいる。中国株式会社の目標は、従業員の意欲を高め、斬新なアイデアが役所的な手続きに潰されないよう細心の注意を払い、すべての重要な決定に健全な議論を促し、収益と持続可能性を最大化することだ。そしてこの中国株式会社の最大の課題は、従業員の利益と経営陣の目標と、株主つまり一般大衆の目標とをいかに一致させるかという点にある。

政治局常務委員会はこの国のトップ官僚によって構成されるが、巨大企業の経営陣のような役割を担う。そこでは最高業務責任者、人事部長、最高マーケティング責任者などの役員たちがそれぞれの領域を担当する。地方政府の役人は、各部署の責任者のような機能を担い、中央の指導部が設定した目標を達成する方法を見つけ出す。省のトップから市長、県長、さらに村長にいたるまで、権力はヒエラルキーの各層に行き渡る。

大手企業と同様に、ここでも効果的なインセンティブ構造をつくることが、きわめて重要になる。中国株式会社が依拠するのは、「ノーメンクラトゥーラ」と呼ばれる統治システムで、そこでは政府ならびに共産党の階層全体の要職に官僚が任命される。共産党、政府、大手国有企業の上級職に昇進させるべき幹部の選別を行っているのは中央委員会組織部だ。この強大な組織はまさに世界最大の人事部であり、野心溢れる官僚たちが党の階級を昇ることを夢見ている。市長の中には省長や省党書記の座を狙い、省レベルの指導部に入り、中央政府のより上位の立場、最高位の政治局の椅子を切望する者もいる。人事とは、優秀さを奨励し、かつ追従を強制するための中央政府の仕組みであり、どの地方政府の役人を昇進・降格させるか、要職に任命するか、あるいは刑事罰を科して収監するかを決定する。

中国株式会社では、地方政府の役人が成し遂げた経済的成功は政治資本になる。つまり地元で経済成長を達成できた者は、党のヒエラルキーを昇るチャンスを手にするのだ。昇格の公式基準には、誠実さ、勤勉さ、能力などがあるが、功績が最も重視され、その地方役人が地元経済をいかにうまく管理できるかが最大の決め手となる。かつてはGDPの成長率がもっぱらその指標とされていたが、後述するように、この状況はいま、大きく変わりつつある。GDPは一定の期間に経済がいかに拡大したか、雇用がどれほど創出されたかは判定できるが、国民の幸福全般の指標にはならないのだ。

中国株式会社の大胆な年間成長目標は、地元のGDP成長を加速させるために地方政府に競争を促すが、この現象は「GDP崇拝」と呼ばれることも多い。主要報道機関による報道がこれに一役買っており、全地域のGDP成長率の年間ランキングを発表し、人々はそれを読んで、あれこれ噂し合う。江蘇省の去年の成長率は11％だったのに、今年はなぜ10％しか成長しなかったのか？　12％の成長率を記録した隣の安徽省は、いったい何をしたのか？　などというように。

市長経済とは何か

江蘇省昆山市は、地方政府が無名の農村を、急成長を遂げるハイテク工業都市へと変貌させた好例だ。1978年、昆山市の住民の年間平均貯金額は約12ドルだった。上海と蘇州という二つの強大な市に挟まれた同市には、欧米の多国籍企業の誘致競争に勝つ見込みはどこにもなかった。そこで市当局は、台湾の裕福な投資家に狙いを定め、ニッチな市場への転身を試みることにした。事業をしやすくするためにさまざまな政策を実行し、そこには金融および財政支援、借地契約、一括許可申請、資本投資の条件引き下げなども含まれた。さらに汚職も厳しく取り締まった。その結果、台湾の投資家たちが自分たちは歓迎されていて、ここなら安心して事業ができると感じるようになった。数人の台湾人が訪問中に具合が悪くなって入院したときには、地元の指導部が見舞いに訪れ、体調が回復するまで個人的に世話を焼いたという。そうした手厚いサポートや友好的な態度が功を奏し、4000社を超える新たな企業が昆山市に続々と誕生した。

こうした成功談には、地方当局を駆り立てるさまざまな動機も見てとれる。なかにはこの国固有のものもあり、先述のとおり、成功を重んじる風潮は、儒教文化に深く根ざしていた。それ以外にも、より高い地位で大きな責任を担い、世間から称賛されるなどの動機もあった。そして、成功はさらなる成功を生む。GDPが上昇すると収入が増え、それを地方の役人は自分たちが適切だと思うところに分配できる。

こうした財源は重宝され、地方政府は、これを一流都市の証である地下鉄の建設に充当することもできる。

昨今では企業の業績評価でも重要度が高まっている環境改善分野にこの資金を投入し、川や湖を浄化したり、大気汚染や廃棄物の問題に取り組んだりすることもできる。教育、社会福祉、保健医療等の制度の財源の一部にしてもいい。成功した地方政府はさらにイメージアップを図るため、派手なランドマーク的建造物を建設し、世界レベルの展覧会やフェスティバルを開催することで、新たな投資を呼び込む。郷が市に昇格し、県級市が地級市〔中国の行政区画は省級―地区級―県級―基層（郷・鎮）に分かれており、「市」は県級と地級の双方に存在する。表5－1参照〕に昇格すれば、地方の役人は名声と知名度、さらには政治的影響力を手にすることになる。

だからこそ、地方政府の役人は地元の国有企業だけでなく、民間部門も積極的に支援するのだ。だが、以前からこうした動きがあったわけではない。1990年代まで、中国では国有企業が幅広く経済を仕切り、そこには家電から自転車、ビールまで、さまざまな消費財も含まれた。儲けの多い国有企業が地元の注目と資源を集められたのは、その収益が直接、地方政府の財源になったからだ。ところがやがて地元の多くの国有企業が不採算に陥ったり、破産したりすると、地方の役人はより革新的で逆境に強い民間企業を支援し、その成長の芽を育てようとした。

こうした動きが見え始めた1980年代、つまり民間企業が政治的に認められつつもまだ資本主義の烙印を負っていた頃、役人たちはこれらを集団所有制企業に仕立て、通常の事業を行うあいだ、いわゆる

「紅帽子」を被せておいた。やがて国家が民間企業に寛容になり、その有効性や価値を理解するようになると、地方政府は優良企業を積極的に誘致し、気前の良い税控除や柔軟な規制といった魅力を武器に、この「誘致合戦」に参加しはじめた。

効率性がこのプロセスの主要因であることは明らかだ。政治学者のフランシス・フクヤマは自著『政治の衰退』のなかで、能力主義的な官僚が現代国家の成功には不可欠だと述べている。幸いなことに、この必須要素が紀元前3世紀以降の中国の市民社会で熟成されてきたことはすでに述べたとおりだ。だが他のシステムと同様に、利益供与もまた重要な意味を持つ。西側諸国では、選挙に勝利した政党は、政府の仕事を支持者に気前よく分け与える。中国社会で後ろ盾がとくに重要なのは、そこに忠誠が伴うからであり、上層部の人間が自分の被後見人を昇格させれば、いざというときに、その揺るぎない政治的支持を当てにできるからだ。[2]

党上層部との政治的コネは、とくに幹部への昇格には重要だ。強い政治的コネを持つ役人でも、極端に無能で、目立った経験がなければ昇格されないが、どんなに成績が良くても政治的コネを持たない地方の指導者は、やがてガラスの天井にぶつかる可能性が高い。一方、最優秀の成績をあげ、なおかつ十分なコネのある省の指導者は、国の最高位の幹部に昇進できる。実際、鄧小平以降の中国共産党総書記は、3人とも省レベルの元指導者だ。江沢民《ジャン・ツォー・ミン》は上海の市長、胡錦濤《フー・チンタオ》は貴州省とチベット自治区の長、そして習近平は浙江省と福建省の長だった。

これまで見てきたように、さまざまなメカニズムとインセンティブが絡み合う複雑なシステムが、中国の経済成長を助けている。それでも、経済を学ぶような学生は、こうした途方もない労力を費やしてまで、なぜ地方政府を巻き込む必要があるのかと疑問に思うかもしれない。それは市場が勝手にやってくれることではないのか、と。だが、国家が異例の措置をとらざるをえないのは、中国では自由市場が十分に発達していないからだ。

市場には依然として厳しく統制されている領域があり、金融システムも未熟で、法制度も弱いため、中国経済は他の成熟した市場経済のようには機能していない。西側の経済は、自力で順調に機能する市場を築くまでに数百年を要し、いまも政府の介入を必要とする多くの綻《ほころ》びがある。前述のように、中国経済は、強大な政府が脆弱な公的制度と結びついている点で、他国の経済とは明らかに異質であり、それがこの国で市場と市長経済のハイブリッドを誕生させ、それを機能させている。

他の諸外国では、多くの深刻な問題の背後にあるのは無能な国家の存在だ。だが中国はそうではない。中国では、国家が必要に応じて介入し、資金や物流、軍隊まで提供することができる。それは中国が新型コロナウイルスに直面したときに、私自身も体験したことだ。この国は経済においても、安定化を図る政治的手腕を発揮する。これはつまり、現状維持しながら長期目標を追求し、緊急の要件や特別な利害集団からの圧力に抵抗できるということだ。これから見ていくように、中国経済は良くも悪くも、政治と不可分なのだ。

変革・イノベーション・リスク

中国経済の成功要因の一つは、変革・イノベーション・リスクを受け入れる力にある。これは通常、中央集権化した体制とは結びつきにくい性質だ。この路線を最初に決めたのも党の上層部だった。新たな改革の取り組みが、イデオロギーに固執する保守派の党指導部の抵抗に遭ったとき、自らの地位を利用して地方幹部を支援したのは、他ならぬ鄧小平だった。変革は容易ではなく、1970年代後半の中国の経済環境は未知の世界だった。市場経済の動きを誰も本当の意味で理解できていなかった時代に、地方の役人にこれほどの経済的な力を持たせるのは思いきった決断であった。一か八かの賭けに近かったが、それでも当初から、地元の首長はその大胆なアイデアを試すことを後押しされた。

何より重要なのは、試行錯誤によって失敗しても、罰を受けなくてすむことだった。こうした取り組みは地方で行われたので、失敗の影響は限られていたし、その計画が成功すれば称賛され、全国でその取り組みが模倣され、その後援者も高く評価された。リスクも報酬も高いというこの環境のおかげで、高度に中央集権化した国のなかで、起業家精神が育まれた。役人たちは、規則や伝統に抗いながら、どんなに奇抜なアイデアでも提案し、結果は二の次で、創造的かつ直感的な決断を下すことを求められた。彼らは勇気と力の両方を授けられたのだ。

地方レベルで権力を共有することは、実際多くの点で理にかなっていた。結局、地元の状況を誰よりもよく理解し、地元で最も広いネットワークを持ち、収集した情報をもとに資源の配分を決められるのは、地方の役人だったからだ。だからこそ、彼らは地方経済の発展において、遠方の中央政府よりはるかに有利な立場にあった。中央集権化した政治が抱える永遠のジレンマとは、大義のために長期目標を立てるのは得意でも、遠方にいる官僚が地方のニーズに鈍感な場合が少なくないことだ。だが中国では、地方の役人たちが常識に縛られずに行動する自由を謳歌し、その仕事に邁進した。

政治腐敗の悪影響

地方官僚に権力や資源を与えることには、利点だけでなく、マイナスの側面もある。腐敗の機会がふんだんに生じることも、その一つだ。開発プロジェクトが争奪戦になると、利潤を追求する好機が生まれる。許可証を発行し、地方の国有銀行を介して融資を都合し、土地の使用権を競売にかけるといったことはすべて、地方政府の役人が不当な利益を得る機会を提供することにつながる。なかには権力を濫用し、資金を自分の懐に入れる誘惑に屈する者もいる。経済のパイを大きくするのに自分がそんなに役に立つなら、一切れくらいもらったっていいではないかと、多くの人が考えるのだ。途上国においてはある程度の汚職は成長に資すると主張する経済学者もいるほどだ。公的な制度が機能しない場合には、それが潤滑油になるというわけだ。

中国の支配者は昔から、腐敗の悪影響によって体制が蝕まれることなく、いかにインセンティブを与えるかという難題と格闘してきた。封建時代の皇帝は、自分が見聞きしないと決めたものはその一切を遮断できる王冠をかぶっていた。これは言葉の比喩ではない。王冠についている小さな黒い薄織物の垂れ幕には、翡翠のビーズで飾られた12本の房飾りがあしらわれ、その両側の翡翠が耳栓の役目を果たしていた。その房を降ろし、耳栓をはめることで、皇帝は自分が望むものだけを見聞きすることができた。

この中国の王冠は、中国の皇帝たちの支配の仕方を象徴している。つまり彼らにとって何より重要なのは、すべての状況を自分の支配下に置くことであり、悪行や腐敗、陰謀や確執を王国から一掃するといった難題は、ただ無視していればよかった。古代中国のことわざにあるように、「水清ければ魚棲まず」なのだ。

今日、中国の中央権力は、腐敗はシロアリのように体制を内側から蝕むため、傷んだ柱が突如倒れるまで、問題がわからないということを理解している。2013年に権力の座に就くと、習近平国家主席はすぐに、中国近代史上、最も徹底した反腐敗キャンペーンに着手した。全階層のおよそ230万人の役人が、党の規則ないし国の法律に違反したとして罰せられたが、そこには、大物エリートの「トラ」から、下っ端の「ハエ」まで、ありとあらゆる役人が含まれた〔習近平国家主席による反腐敗キャンペーンのスローガン「トラもハエもたたく」から、指導幹部などの大物もそうでない者も対象にすることを指す〕。

2017年には、処罰された官僚52万7000人のうち、58人は省または部レベル以上の官僚で、3300人は局レベル、2万1000人は県レベル、7万8000人は郷レベル、9万7000人は一般幹部、そして残りは村や地元企業の人間だった。[3] このことは、全国に散らばる数百万人の地方役人を監視・管理することの難しさを浮き彫りにしている。その背景にどのような政治的動機があったとしても、この作戦の規模や徹底ぶりを見れば、無秩序な急成長時代に生まれた腐敗を、習近平が本格的に断ち切ろうとしていることがわかる。

陝西省の元党書記である趙正永《チャオ・ジャンユン》が全国人民代表大会（全人代）に参加するために省の党書記の地位を去

ったとき、多くの商取引で彼が個人的に膨大な利益を得ていたことが明るみに出た。とりわけ悪評が高かったのは、民間の開発業者が秦嶺山脈の北斜面に高級住宅を建設する計画で、ここは中国中部のアルプスと呼ばれる、美しい大自然と霊場を擁する保護区の一部だった。上層部から繰り返し警告を受けた趙正永は、この住宅は取り壊したので問題はないとの虚偽の報告をした。しかしさまざまな取引がついに白日のもとに晒されると、趙と彼の多くの共犯者が逮捕され、収監された。

この例からもわかるように、中国ではすでに腐敗は容認されるものではなくなっている。この全国的な収賄の一掃の動きは広く世間に支持され、政府に対する満足度の向上に大いに貢献したことが世論調査でもわかっている。とはいえ、こうしたことは経済にとってはリスクでもある。収賄という誘因がなくなった地方の役人にとって、成長への動機が薄れることがあるからだ。

不本意な注目を浴びることを恐れ、前向きな改革を含む大規模事業にかかわることを躊躇する役人も出てくるかもしれない。規則が変わる、あるいは別のかたちで施行されるようになると、慎重になりすぎるあまり何もしないという選択をすることもあるだろう。反腐敗のためのプログラムは、幹部のやる気を削ぐという意図せぬ副作用を生み、経済成長を鈍化させかねない。だが、党がその優れたガバナンスを印象づけようと決めてしまえば、経済の活力が失われることを恐れて反腐敗運動を中断することはないだろう。この意図せぬ結果に対処すべく、党は幹部の行動への監視を強め、無関心や無気力、怠惰、あるいはまったく活動しないことで反腐敗運動に受動的に抵抗しようとする行為に対し、処罰を下すようになった。

支配力を維持する

こうした腐敗以外にも、中国の歴史を通じ、長年問題になっていることがある。それは、多様な文化や民族を抱える広大な国で謀反を起こす地元のリーダーの存在だ。地元のリーダーたちに一定の自由を認めるのは、士気を高め、物事を進めるには良い方法だが、当然ながら、中央からの権力も地方に移行することになる。権力を固め、維持することは、中国の指導者にとってはつねに難題であり、それは1966年に毛沢東が文化大革命を始めた理由でもあった。地方が結託して中央政府の指示に反対することを防ぐには、競争を生むのも一つの手だ。それは、中央政府が権力を維持する目的に叶うだけでなく、成功をめざす動機にもなる。

競争的環境を育むために、国家は、地方政府の役人の業績を評価し、報酬を与えるべく、ありとあらゆる手段を用いる。ヤードスティック競争（経済環境の似た他の地域の行財政運営の成果を基準として、それを下回った場合には制裁を、上回った場合は報酬を与えるような競争方式）では、役人の絶対的な実績（GDPの成長など）と相対的な実績の両方が評価される。トーナメント式の競争では、相対的な業績だけが重要となる。適格性審査による競争に参加するには、地方の役人は、事前に一定の基準を満たす必要がある。排除的競争では、一定基準を満たさない役人は、他の領域でいかに高得点をあげようとも昇格の資格を失う。この競争モデルが有効なのは、中央政府がその人事部を介して人事決定権を掌握しているからだが、実際に誰もが羨む上級職に任命されるのは、ごく一握りの幹部だけだ。

だがこうした競争は諸刃の剣でもある。第4章の地方の自動車メーカーの例で見たように、地方政府の役人同士の苛烈な競争は、協力を促す中央政府の努力が実ることがあったとしても、結局は地方の保護主義を煽っている。地方政府はその縄張り内で自らの存在感を高めることに注力するあまり、経済的な相乗効果が期待できる場合でも、近隣地域と協力したがらないこともある。自分たちの産業や企業を外部の競争相手から守ることが最優先で、そのために地元企業が品質管理や環境基準を満たす義務を免れるように計らうこともあるかもしれない。こうした地方の保護主義は、経済全体に甚大な影響を及ぼす。経済学者トレヴァー・トゥームと朱暁冬が2019年に行った調査では、国内貿易の障壁を取り除くことは、グローバル化による対外貿易の発展より、はるかに生産性を向上させることがわかって。[4] こうした国内の障壁は、規模や相乗効果、補完的な強みを活かす国家の力を削ぐだけでなく、行政や司法の過度な縛りを生むことにもなる。

地方の手綱を握っておくために、中央政府が活用できる方法はほかにもある。重要な地位にある政府の役人は一カ所に長くとどまることを許されない。こうした幹部の異動は、地方の役人が独立した封土を築く力を制限できるという点で重要であり、そうでもしないと、忠誠は党の中央委員会ではなく地元のボスに注がれることになりかねない。大半の党書記や省長・市長は、5年の任期を終えると別の職場に異動になり、長期的な権力の強化を防ぐべく、省のトップも別の場所から異動してくる。

幹部の交代はほかにも重要な役目を果たす。改革精神に溢れる有能な地方の役人が、繁栄する沿海部の省から後背地に異動になると、新しい血が入ることで地元の指導力が鍛えられ、地元経済もテコ入れされる。才能ある人間が加わることで、低所得地域は、地元の協力を促しながら視野を広げられる。さらに役人たちにさまざまな困難な状況を経験させ、その指導力に磨きをかけることができれば、将来のリーダーを育てるための訓練にもなる。

GDPの複雑な恩恵

「GDPの数字が官僚を生み、官僚がGDPの数字を生む」と冗談交じりに言われることがある。中国のシステムがインセンティブや競争をとりわけ重視するため、地方の役人がGDPの数字をついごまかしたくなるのも驚きはない。研究者らによれば、2004年以降、中国では、本来、国全体のGDPに等しいはずの省のGDPの合計が、つねにそれより5%高いことがわかった。これは省の数字が水増しされていることを暗に示す匂わせるものだ。[5] とはいえ、GDPの数字を改竄することは、空《から》のGDP、つまり実態価値のないGDPをねつ造することに比べればまだましかもしれない。私の同僚が中国東北部のある県に出張に行ったとき、地元の指導者が来訪者の一行を立派な橋に案内し、これは自分の指示で建設したものだと言って、この事業の壮大な規模と費用について延々と講釈した。来訪者の一人が、この橋が川ではなく、乾燥した広い大地にかかっていることを指摘せずにおれなくなり、この橋は一体何のためにあるのかと問うと、その指導者は笑いながら、こう答えたという。「心配いりませんよ。この下に川を掘ることを、中央政府が承認してくれましたから」

橋の建設はGDPを押し上げる。その点では、川を掘ることも同じだ。中国の「GDP崇拝」が、こうした突飛な行動を生むのも珍しくない。以前、中国南部の風光明媚な山岳地帯の行楽地を訪れたとき、私は道路の幅があまりに広いことに気がついた。タクシーの運転手に、この山の麓に、どうして北京の長安街みたいに広い道路が必要なのかと尋ねると、彼はこう答えた。「新しい指導者が来たからですよ」

GDP崇拝は都市の過度の再構築につながることも多く、文化や歴史にゆかりのある場所が犠牲になるケースもある。再設計される土地の隅々が、伐採・移植される木の一本一本が、取り壊される名所旧跡の一つひとつが、すべてGDPのレンズ越しに眺められる。江蘇省の州都である南京市の元市長・建業《ジエン・イエ》（中国語で「建設する、または大きな事業を立ち上げるという意味」）はまさにその名のとおりのことをした。彼ためには草の根一本残さず大規模な解体と再建を行い、「ブルドーザー市長」と呼ばれたが、空のGDPを生むために使われた巨額の金を懐に入れたことで、現在は禁固刑に処されている。

GDPの成長を過度に追求したために、中国はあまりに多くのものをつくりすぎた。工業団地、先端科学産業団地、展示場、製鉄所や炭鉱が過剰に建設された。市場主導でなく国家主導で資源が分配されたため、設備過剰となり、さらに低価格競争が発生した。安価な鉄鋼や鉄、ソーラーパネルがグローバル市場に溢れ、貿易相手国を動揺させた。国家がマラソンから短距離走に移るにつれ、スピードが最優先になった。誰もが迅速に考え、迅速に行動し、迅速に金儲けに励み、壁にぶつかればすぐさま方向転換した。急速に変化する環境に沿って現状を評価し、そこから教訓を得る時間はほとんどなかった。中国経済は、そのエコシステムによって刷新するスピードよりも速く、社会が追いつくよりも速く進んでいた。

中国の新たな戦略――GDPを超えて

高成長を達成するのは素晴らしいことだが、問題はそれにどのような代償が伴うか、である。中国の過度な成長の追求は、環境への有害な影響をもたらした。そのエコシステムがバランスを失うにつれ、川や湖が汚染され、都市はスモッグに覆われ、表土は有毒化し、山々は植生を失い、地滑りが発生した。「世界の工場」の地位は羨ましがれても、そこには高い代償が伴った。先進国は自国の二酸化炭素排出量を減らすために、低所得国に公害産業を移転し、環境コストを他国へと転嫁した。中国は工業化のために、早くからこうした産業の多くを引き継いできた結果、国中に荒廃した景色が広がり、廃棄物が溢れ、水は汚染され、その空はスモッグに覆われることになった。地方政府には、GDP成長を捨てて環境悪化を抑制しようとする動機は長年見られなかったが、それもいまは変わりつつある。膨大なコストをかけて湖や河川を浄化し、ディケンズの小説に出てくるようなスモッグの帳《とばり》から都市を解放しようとしているのだ。

中国は、生産を最大化することから品質を改善することへ、厳しい成長目標の達成から教育や保健医療などの公共サービスをはじめとするソフトインフラの追求へと、新たな発展のパラダイムに移行しつつある。この転換は、中間層が台頭する国家が必要とする条件を反映するものだ。「小康社会（適度に繁栄する社会）」が求めるのは人並み以上の生活で、これは物質的満足を超えたさまざまな変数によって示される。2022年後半に開かれた第20回党大会では、党の政策課題の中心でありつづけてきた経済成長が、もはや唯一の優先課題ではなくなったことが示された。現在の課題とは量より質の問題、もっと言えば治安や共同富裕の問題だ。

人々の基本的欲求を満たすだけの社会を卒業した国が、増えつづける市民の要望のすべてを叶えるのは容易ではない。市民は車通勤しながら、大気汚染に抗議する。電化製品の便利さを享受しながら、気候変動の阻止にも取り組むよう当局に要求する。採掘や資源抽出をさらに必要とする高品質の商品を買いながら、環境保護が最優先課題だと訴える。そして、新たな世代はこう自問するのだ。子どもたちに安全で、豊富で、質が高い食べものを提供できなければ、お金がたくさんあったところで何の意味があるのか、と。[6]

環境クズネッツ曲線によって、環境破壊は逆U字型をたどることがわかっている。国民の所得が上がると環境破壊は上昇し、その後、下降するのだ。[7] これにはさまざまな説明がなされているが、なかでも目立つのは、人々の選好の変化だ。当初、人々は環境の質よりも所得の急増を優先するが、一定の所得レベルに達すると、高コストでもクリーンな成長の仕方を選ぶようになる。社会が繁栄するにつれて、人々の健康や環境への要求が高くなるのだ。

住宅価格の上昇、激しい交通量、環境の劣化はすべて、中国政府がＧＤＰを急成長させようとした結果であり、それを煽ったのは、土地の価格を押し上げ、大量消費を促した地方政府だ。当時、重視されたのはスピードと量だが、今日それは、ＧＤＰの向上から日常生活の質の改善へと移行しつつある。10年前には中国を訪れた外国人の多くが、中国人の「唾を吐く習慣」に衝撃を受けた。当時は人々が道端で大きな音を立てて唾を吐き、手鼻をかんでいたからだ。ごみを散らかすのも、まるで国のお家芸であるかに見えた。街中、川や湖、そのほかの公共の場所はゴミ箱同然で、走り去る車から空き瓶や空き缶、その他のゴミが投げ捨てられた。しかし今日、北京や上海の通りは小綺麗になり、住民の行動も大きく変化した。政府は最近、ゴミの分別に関する細かい規則を設けたが、苦情よりそれに従うケースのほうが多いことからも、国民のますます膨らむ要望と社会規範の収束傾向が見てとれる。

中国の拡大する中間層は、政治参加の機会を増やすことを正式に認められていないが、それでも重要な政治勢力になりつつある。政治理論によれば、中間層の台頭は政治システムに対する圧力を生む。人は豊かになればなるほど、政治を自分らに関係あるものとして捉えるようになるからだ。社会経済の進歩に沿って政治体制が進化できなければ、社会の不満につながりかねない。アラブの春（2010〜12年）は中国でこれから起きることの前触れだと指摘する識者もいる。だが中国が他の国々と違うのは、支配政党が社会の不満の危険性を鋭く察知し、政治体制が国民のニーズの変化に追いつくために進化し続けていることだ。

共産党の言葉にもあるように、「時代に即して発展変化する（與時倶進《ユーシージュージン》）」ことが極めて重要だ。そのために国民の力を強化し、政府はあらゆるレベルで説明責任を負う。地元の有権者によって代表が選ばれる全国人民代表大会（全人代）は、かつてのように党の政治局常務委員会が承認した法案を無条件に承認しなくてもよくなった。2015年に修正された行政訴訟法は、政府を訴えることができるように国民の権利を拡大し、実際に勝訴した例もある。権力はもはや当然のものとはみなされていない。その正統性が投票箱に依拠するものではなかったとしても、それは国民の生活水準を党が向上させられるかどうかにかかっている。この国では、自分たちの経済の安定が政治的に保証されることが、いまも国民の願いだ。

西側社会では説明責任は法の支配のもとにあり、独立した司法と報道の自由によって守られている。こうした制度は中国では未発達だが、公式の制度に非公式のルートが組み合わさって、そのギャップを埋めようとする動きも見られるようになった。中国は西側諸国のように一人一票の民主主義を実践していないからこそ、説明責任と迅速な対応によって、世間の支持をつなぎとめておくことが今後の最善策となるのだ。地方の役人は、自然災害や感染症の流行、あるいは地元の炭鉱が爆発したり職務怠慢による重大事故が起きたりした際に、然るべき対応ができなければ、即刻クビになる。

政府の迅速な対応は民主主義だけの特徴ではないし、民主主義国家がつねに反応が速いとも限らない。ハリケーン・カトリーナの後始末や新型コロナ感染症の発生時のように、アメリカは国民のニーズに応えるのが遅いこともある。一方、権威主義体制下のシンガポールは腐敗とは無縁で、国民に対する高い説明責任を果たしている。中国では武漢で新型コロナウイルスが最初に確認されてからわずか3週間以内に、政府がこの都市に16の大規模な移動病院を建設し、4万人の医療従事者を派遣した。さらに財政部は、国民全員にコロナ関連の医療費が全額無償になるよう資金を分配した。とはいえ、過度の動員が問題になるケースもあり、中国の多くの地域では、コロナ対応の直接経費は膨大な額に膨らんだ。

面倒見のよい国

中国共産党の正統性は、つねに興味深い問題だ。前述のように、多くの国際的な調査から、中国では国民の政府に対する満足度が高いことがわかっている。なぜならそれは、多くの市民に物質的な豊かさと安全を提供しているからだ。とはいえ、国民の満足感は、政府の面倒見のよさや反応の速さから生まれる。このシステムの説明責任の仕組みは、社会問題に取り組む際はとくに、民主国家のそれに引けを取らない。

たとえば、調査権限を持つ中国の部門数は昨今増えており、こうした部門が防災や職場の安全対策、食品の安全性、医薬品の基準、知的所有権の保護、汚染防止、反腐敗措置について調査している。25万人の幹部が、あらゆるレベルの民間ならびに公的機関を調査すべく定期的に派遣される。2016年から17年にかけて、環境保護に関する視察によって、1万7000人以上の役人が懲戒を受け、起訴され、有罪となった。[8]環境保護の取り組みを競うトーナメントを国家や省が開催し、その勝者には、高い監視力と粘り強さを称えて賞が贈られる。その結果、北京の大気汚染は改善され、いまでは市民が多くの「青空の日」を楽しめるようになった。政府は世間の関心に応じて厳しい措置を講じ、中国石油天然気《ペトロチャイナ》、中国石油化工《シノペック》などの大手石油企業を分割し、北京市に隣接する河北省の工場を閉鎖した。

政府は査察団を派遣し、街頭やオンラインで苦情ポストを広く設置し、内部告発者にあらゆる悪事を通報するよう呼びかけている。その結果を見ると、大方の予想に反し、中国のような一党独裁国家が役人の力に歯止めをかける強力な仕組みをつくり、それを実践できていることがわかる。中央政府は、地方の市民が苦情や要望を投稿できる公的なオンラインプラットフォームを注意深くチェックしている。地方の役人は往々にして悪いニュースよりも良いニュースを伝えたがり、スキャンダルの隠蔽やデータの改ざんも非常に多いため、中央政府は市民の声を重要な情報源としている。今日、全国に3000近くある県レベルの自治体の4分の3以上が、ウェブ上に公的なプラットフォームを設置している。

SNSも同様の役目を果たしている。政府がインターネットを厳しく管理しているとはいえ、SNSを見れば現代の中国の生活に関するさまざまな意見を知ることができるし、さまざまな問題について、市民の盛んな議論を促している。中国では、あらゆる世代の国民が、毎日何時間もネットを見ている。SNSのウィーチャットには毎月12億人以上のアクティブユーザーが、微博《ウェイボー》(新浪《シンラン》が所有)には5億人のマイクロブロガーがいて、リアルタイムでつながり合っている。

ジャーナル・オブ・エコノミック・パースペクティブズ誌に発表されたある研究では、2009年から13年にかけて、ウェイボー上の132億件の投稿を観察した。この論文を執筆したのはアメリカの研究者らであるが、驚くことに、そこではさまざまなデリケートな話題について実にオープンに語られていた。民族紛争、地方の役人のスキャンダル、上層部に関する話題、政治的抗議、ごく最近では米中関係といった、議論を呼ぶテーマも広く話題に上っていたのだ。[9] 抗議デモや暴動などの集団行動に関する数百万件の投稿のようにきわめてデリケートな話題も見られ、なかには、数日後に抗議デモが起きると予測するような投稿も見られた。

中国政府はインターネットに目を光らせているが、SNSが完全に検閲されているという世間の憶測は正しくない。たとえば、投稿や荒らし《トロール》をブロックするのは容易ではないし、これらは瞬時に拡散される。政府の監視があるにもかかわらず、数百万人のブロガーが深夜に投稿し、政府がそのトピックについての無数のスレッドをブロックする前に、すでに国内で騒動が進行しているケースもある。完全に削除されたものであっても、ネット住民の記録に残る足跡を消すことはできない（ただし、人工知能や機械学習がもっと採用されれば、この状況も変わる可能性がある）。何より重要なのは、国民に自分の意見を表明させることが有益だと指導部も気づいている点だ。こうした情報に目を光らせておけば、世論が社会の混乱を招く前に、政府は速やかに対応することができる。共産党そのものに反対する意見や、最上位の党の役員に対する攻撃などの内容でないかぎり、政治的・社会的にデリケートな問題に関する投稿も広く容認されている。

また政府にとって好都合なことに、党幹部の監視を手伝う密告者がSNS上には存在する。同じくジャーナル・オブ・エコノミック・パースペクティブズ誌に掲載された別の論文によれば、132億件の投稿のうち1100万件が政府に関する内容で、そのうち半分以上が汚職にまつわるものだった。中国の市民パパラッチが追いかけるのは、セレブだけではない。彼らは望遠レンズを使って汚職に関与する役人も探し出す。たとえば、ある北京の高官が地方の役人を訪問したとき、目利きのカメラマンが、役人の手首の色がやけに明るいことに気がついた。そこで地元の記録資料を調べてみると、同じ役人が光り輝くいくつもの高級腕時計を身に着けた写真が見つかる。彼がこの写真をネットに投稿したことで正式な捜査が開始され、汚職が告発された。中国では、こうしたアマチュア捜査官たちが、豪奢な邸宅から夜中にこっそり出てきたり、不適切な場所にいたりする役人の写真を次々とネットにあげている。

SNS上のキャンペーンが変化を巻き起こすこともある。ある有名な例では、誘拐されて強制結婚させられた一人の女性の動画をあるブロガーが投稿したことがきっかけで、政府の無策のためにこうした問題が起きるのだと国民が激怒した。中央政府はこれにすぐに反応し、女性や子どもの人身売買を厳しく取り締まる全国規模の施策が2022年から開始された。ほかにも、ある女子学生が学費をだましとられたあとに心臓発作で亡くなった事件なども大きな話題を呼んだ。こうした一連の動きによって政府が一斉に取り締まりを始め、やがてこれは、世界で最も厳しいデータプライバシー法の制定へとつながった。SNSでは多くのデリケートな問題に関し、反対意見が沈黙を強いられているが、それでもSNSは政府と国民との複雑な交流の場であり、政府の身勝手な行動の制限、情報やプロパガンダの拡散、監視、世論の集約などに、広く役立っている。

このような質と安全の重視は、この国の統治における新たな戦略の一環でもある。それは、GDPの創出を最大目標に掲げ、その追求のためであれば、露骨な汚職も含めてあらゆることが許された時代に比べれば大きな変化だ。これまで、役人の行動に対する国家の対応は、そのレベルの高低を問わず、目標が達成されれば片目をつぶるというものだった。ところが今日では、両目を見開き、頭の後ろに第三の目がついているに等しい。さらに業績評価においても、GDPの成長率よりはるかに測定することが難しいさまざまな社会的指標が重視されるようになった。

国家の新たな政策課題には、公害や腐敗への対処以外にも目立つ問題がある。それは国家の急成長に伴う所得格差の問題だ。市場の力だけではこれを解決することはできないし、かえって悪化させることもある。不平等の拡大はいま、世界中で深刻化しており、社会の二極化、ポピュリズムの台頭、政府への不満の拡大をもたらしている。

こうした問題に対処することもまた、地方政府の役目だ。地方政府は毎年、その管轄内で貧困を脱する必要のある人々の数値目標を課され、その数値をもとに評価がなされる。

習近平国家主席は、最も脆弱な者を豊かにする一連の具体的な対策を提案した。たとえば、自然災害や生活困窮に苦しむ農村部の住民を市や郷に移住させる、小規模事業を始める際に国民に優遇措置や資源を提供する、農村部のインフラを改善して保健医療や公共サービスなどの公共財を提供する、若者を教育して職業訓練を行う、といったことだ。該当世帯には、貧困撲滅担当の役人の連絡先なども伝えられた。この政策によって、農村部の貧困人口（1日1・9ドル未満で生活する人々）は、2012年後半は1億人近くであったのに対し、2018年の終わりには1660万人にまで減少した。2020年末には農村部で最下層に位置づけられる人々が極貧状態から解放され、貧困を撲滅するという国家の目標は達成された。中国政府の次の目標は、第10章で詳しく見ていくように、鄧小平が改革開放を始めたときに約束した野心的な目標である「共同富裕」を達成することだ。

スピードは遅くても質の高い持続的成長をめざすという方針は、今後の中国にとって正しい選択だ。

拙速に勝利を手にしようとする長年の政府方針で消耗した中国経済にとっては、これこそが唯一確実な戦略であるとも言える。とはいえ、地方政府にインセンティブを与える仕組みは、今後その真価が問われることになるだろう。これまで地方政府の業績は、GDP成長に関する定量可能な目標だけで簡単に評価できた。ところが、雇用、環境、パンデミックの制御から成長そのものまでを含む広範な目標になると、地方経済は混乱し、間違った対処をしかねない。地方の役人は、市民の幸福を高めるはずのさまざまな目標間のバランスをとるよりも、処罰を免れることを優先し、一つの方向に舵を切りすぎることがある。

中央政府が経済や権力を地方と共有する中国独自の統治システムは、桁外れのチャンスと顕著な障害の両方を生み出す。また、中国は自由市場の力を制限し、自由な報道や独立した司法制度、個人の投票権が存在しないにもかかわらず、市民のニーズに応え、所得格差の脅威に対処する別のメカニズムが働いているようにも見える。

異なるシステムのもとでは、異なるトレードオフが生じる。経済学者プラナブ・バーダンが指摘するように、中央集権化された体制は、長期的公約の遂行には長けていても、説明責任や柔軟性という点で、あまり有効ではない。また、政治的多元主義には、多様な集団の声を網羅できるという利点はあるが、その達成のために、集団的行動が脆弱になるという代償を伴う。民主主義的な討議は社会の正統性に寄与するが、民主主義体制内での政党間の対立は徹底闘争につながりかねない。民主主義はもともと広範な利益に叶うことを意図しているが、金の力とロビー活動によって歪められる恐れもある。さまざまな立場の人々が、ある特定の価値を他の価値よりも重んじている。自由を重視する人もいれば、富や安定、あるいは治安への関心が高い人もいる。

マーカス・K・ブルネルマイヤーがコロナ後の社会を分析する際に用いた分類方法を借りて見た場合、[10] 中国の政治的経済システムはロバスト（頑強）ではあるが、果たしてレジリエントと言えるだろうか。レジリエントな社会は柔軟で、衝撃を吸収し、すぐに立ち直ることができる。一方、ロバストな社会は頑丈で、何層もの緩衝材に守られているので、衝撃に耐えられる。だがどんなに強固なシステムも、大きな出来事が起これば、軌道を外れ、回復に長い時間がかかり、完全に元に戻らないこともあるだろう。

本章で見てきたように、中央集権化した権力、財力、政策を実行する行政力を持つ中国の組織は、この国をロバストにしている。またこの国はレジリエントな性質も備えている。つまり、リアルタイムで方針を変更し、意思決定プロセスを素早く起動させる機敏な国家なのだ。とはいえ、結局、中国という国は頑強さがレジリエンスより優位にある。中国の成長モデルは頼りになるが、柔軟とは言えない。このモデルをつねに駆動させておくには、経済に頻繁に信用を提供し、不動産価格や株価を支えなければならない。また継続的な安定のために、金融危機を回避する、厳格なゼロコロナ政策を維持する、といった膨大なコストがかかることもある。

経済の下落傾向にどんな代償を払っても抵抗したり、つねに安定を維持しようとしたりすることは、レジリエンスを高めることにはならない。それは、無菌環境に生きる人が、やがては免疫機能を失ってしまうようなものだ。混乱に耐えられるようになるには、それを実際に体験し、そこから教訓を得る必要がある。その点で、ブルネルマイヤーの「よくしなっても折れはしない」葦《あし》のたとえは、実に的を射ている。経済や社会のシステムは、頑丈な樫の木ではなく、葦のようになれたときに、最も持続可能なものとなる。そしてこれこそが、中国の新たな戦略がめざすべき目標となるだろう。

第 6 章

中国の金融システム

THE FINANCIAL SYSTEM

すべての経済の中心には金融システムがある。生物の身体に血液と酸素が送り込まれるように、金融システムは、モノやサービスを生産・売買する市場（実体経済とも呼ばれる）に資金を供給する。第3章で見たように、消費者は働くことでお金を稼ぎ、その多くを使い、残った分を貯蓄する。こうした貯蓄は、たんす預金にならないかぎり金融システムに流れ、銀行や保険会社、株式市場が、必要とされるあらゆる場所へとその金を移動させる。そうして調達した資金をもとに企業は生産能力を高め、多くのモノやサービスを生産する大規模な施設を建設し、多くの従業員を雇う。ここでも、リスクや略奪行為を抑制すべく、国家が金融機関を規制する。そして国家も国債を発行することで資金を調達する。

株式市場の暴落や大手企業の倒産によって金融システムが嵐に見舞われると、このシステムは少しばかり揺らぐが、そうした悪天候がシステム内にとどまっているあいだは制御できる。だが嵐が金融システムの堤防を決壊させると、より広い実体経済に大きな被害が及ぶ。歴史を振り返ってみれば、こうしたシステム全体にかかわる金融危機は、途上国と先進国のいずれの経済にとっても深刻な脅威となった。たとえば1980年代、さらに90年代に中南米経済を揺るがした債務危機、1990年代の北欧諸国や日本の金融危機、1997年のアジア通貨危機、そして、2007年から09年のアメリカの金融危機などである。とりわけアメリカの金融危機はGDPの縮小と雇用喪失を招き、その影響は10年以上も長引いて、前例のない規模で他の国々へと波及した。

中国経済も、1978年以降の長い市場の移行期に似たような激震を経験したと考えられているが、実際に中国で構造的な金融危機が起きた回数はゼロだ。これから見ていくように、市場はたびたび急落し、一部の大手国有銀行の不良債権が20％に達する年も何度かあったが、いずれの出来事も、現時点で経済全般に深刻な収縮をもたらす金融崩壊に至ってはいない。

この特異性は、中国の金融業界に存在する多くの謎の一つにすぎない。ほかにも、異次元の経済成長を遂げたにもかかわらず、この国の株式市場は世界的に見て著しく業績が悪いという謎がある。ある研究では、２０００年から18年にかけて中国の経済規模は4倍になったが、２０００年に国内の中国株の多様化したポートフォリオに1ドルを投資した中国市民が、18年を経たインフレ調整後に保有していたのは、その1ドルだけだ。ところがアメリカでは同じ投資が2ドルの価値になり、ブラジルやインドでは3ドルになった。ちなみに国際市場に上場している中国株に投資していれば、3ドル50セントになっただろう。[1]だが、中国市民は国内の金融市場しか利用できないため、現金を貯蓄口座に入れておくほうがまだましだった。これは、長期投資が最大の利益を生むという、一般的な考え方とは真逆である。

中国の株式市場は、例外的なものではなく、この国の非効率的で混乱した金融システムを反映する一例にすぎない。住宅市場もまた同様である。北京と上海の住民は、ボストンやサンフランシスコ並みの価格を苦労して払っているが、彼らの一人当たり年間所得は、ボストンやサンフランシスコの住民の5分の1に満たない。[2]２００８年のアメリカの金融危機を見ればわかることだが、規制度の低い「影の銀行《シャドーバンキング》」にはリスクが伴う。中国の不透明な「影の銀行」のシステムは、２０１７年まで驚異的な速さで拡大したが、この年、政府はついにブレーキをかけた。こうしたさまざまな問題がありながらも、いまだに中国は大規模な金融崩壊をなんとか回避できている。

では、中国の金融システムに見られる多くの奇妙な性質について、私たちはなぜ気にかける必要があるのだろうか。グローバル化が加速する通商・金融ネットワークのなかで、私たちの運命がいかに複雑な要素に影響されているかを考えれば、無関心ではいられないからだ。ある国で起きた金融危機の影響を国内にとどめておけるからといって、その衝撃が他国に波及しないとは限らない。2015年、中国の株式市場が急落すると、世界の株式市場価値の2兆ドルが泡と消えた。[3] 同じ年、中国の通貨が突如切り下げられて再び世界的な混乱が起き、世界の株式価値の5兆ドルが消滅した。[4] 2021年の下半期には、規制当局によってテクノロジーや教育分野の企業が壊滅的な打撃を被り、同分野の民間企業の価値を1兆ドル以上消滅させたが、こうした企業はアメリカの株式市場に上場し、株式も世界中の投資家たちに所有されていた。これは投資家にとって深刻な資産喪失となる。

また、こうした経済の動揺は、驚くほど広範な影響を及ぼす。2021年、中国の大手不動産開発会社エバーグランデが債務を返済できなくなると、銅の価格が急落し、ほかの不動産開発会社もその余波を受けて、外国投資家に対して債務不履行を発表することになった。国内の大規模なデフォルトが続けば、中国の資産を保有する多くの金融機関にとって、その重大なリスクはドミノ効果となり、他の多くのプレイヤーに波及しかねない。

一方、プラス面を見ると、混沌として騒々しい中国の金融システムを私たちが理解したいと思う理由は、その不完全さにこそ、チャンスの鍵があるからだ。欧米の保険会社や投資銀行、資産管理会社は、中国の消費者にいつでも多種多様な金融商品やサービスを提供できる。中国の民間フィンテック業界はかなりの成功を手にしているが、それは国が厳重に保護する中国の公的金融システムの多くの穴を埋めるものであるからだ。

読者の皆さんの関心が、自分の金融リスクを知ること、魅力的な機会を活用すること、あるいはたんに知的好奇心を満たすことにあるとしても、不安定な金融システムと経済の楽観的な例外主義という、この国の不可解な二つの側面を知る価値はあるだろう。

中国金融システムの謎

中国の金融システムは、その幅と厚みの双方において発達が遅れており、たとえば銀行への過度な依存が見られる。中国では銀行貸付が主たる資金源で、2019年のGDPの約165％に相当する。一方、アメリカの銀行貸付は、GDPの52％にすぎない。[5] 先進国の経済では、株式などの資本市場や債券市場は、成長やイノベーションのための資金調達にとってきわめて重要な役目を果たしており、スタートアップ企業や成熟企業は、株式や債券を発行することで大規模な資本プールを利用することができる。

アメリカの株式市場の規模（発行済み株式の価値で測ったもの）は2019年にGDPの約150％で、債券市場の規模はGDPの205％だった。一方、中国では株式市場はGDPのわずか60％で、債券市場は2008年の35％から2020年末には約113％に上昇したが、アメリカの債券市場と比べると、その規模と厚みと成熟度において、まだ差がある。[6]「社会融資総量」とも呼ばれる重要な信用取引の指標は、金融システムから実体経済に提供された資金の総額を測るものだ。2021年末では、信用総額の60%以上が銀行融資によるもので、株式市場と債券市場はそれぞれわずか3%と10%だった。[7]

銀行への過重な信頼は、途上国の原始的な金融システムに共通して見られる特徴だ。その理由は容易に想像がつくだろう。なぜなら、銀行融資は、リスクの高い小規模企業に安定した確かな融資を十分に提供できないし、経済状況や金利などの重要な価格に関する透明度の高い情報も提供できないからだ。しかも銀行は、所得の多様な預け先を中国の世帯に十分に提供して満足させることも、国家の成長に出資する機会を提供することもできない。債務中心の中国の金融システムとは対照的に、株式中心のアメリカの金融システムでは、多様な参加者全体に、リスクも経済的メリットも広く共有する。だが、厚みがあって、うまく機能する株式市場を持つ途上国はめったにない。

中国国内の金融環境には、投資ファンドや保険会社、格付け機関、国際投資銀行などの典型的な金融プレイヤーが著しく不足している。たとえば投資ファンドが管理する資産は、中国ではGDPのわずか12%だが、アメリカではその割合は100%を超えている。[8] さらに欠けているのが、活発な派生商品市場、先物取引やオプション取引だ。この領域が今後発展する余地は大きく、中国が世界に門戸を開き、金融サービスを自由化するにつれて、外国投資家により多くの機会を提供するだろう。かつての中国では、外国投資家が国内株式市場で占める投資の割合は5%未満だったが、この数字は今後20%近くまで増える可能性がある。これは中国の金融システムにとっては朗報だが、世界は中国経済の変動の波に晒されることになるだろう。

こうした数字はいずれも中国経済特有の強力な変数、つまりこのシステムに対する政府の積極的な関与を反映していない。政府は、金利を決定し、株価や不動産価格に影響を振るう金融や政策の舵とりをするだけでなく、中央銀行の金がどこに行くか――どの部門に、またその部門のどの企業に行くか――を決定する力を持つ。だが、中央政府の政策は変わることも多い。

たとえば最近も、政府は住宅価格の高騰を防ぐために住宅所有者に家の売却を奨励した直後、今度は住宅価格の急落を防ぐために各世帯に家の販売を禁じた。それからしばらくすると、政府は住宅投資を厳しく取り締まるようになり、それによって2022年には全国規模の混乱が生じた。住宅価格が上がっているときに家を売れず、下がっているときに家を買えないことに国民が不満を抱くのは当然のことだ。しかも金融市場は、政府による突然の政策変更に即座に反応するので、その政策の妥当性を正確に見極めることができない。

政府の介入は中国の金融システムの隅々にまで影響を及ぼす。こうした管理への政府の強い欲求は、文化や歴史に深く根ざした強固なパターナリズムから生まれている。さらに詳しく見ていくように、それは、乱高下する株取引や不動産バブル、「影の銀行」による野放図な操作に至るこの国の金融にまつわるさまざまな謎を理解する際に非常に重要な意味を持つ。

一方、消費者や民間企業も野放図に振る舞い、個人の世帯が投機を行い、企業が法の抜け穴を利用し、地方政府がベンチャー資本家のように行動した。過去10年で、「影の銀行」からピアツーピア（P2P）レンディング〔銀行等の金融機関を介さず、インターネットを経由して、資金を必要とする個人と資金を提供する個人を結ぶ仕組み」まで、正式な銀行システム外の金融活動が爆発的に増えた。それはある意味、正式な規則や規制を回避する手段であり、金融のイノベーションでもあり、既存の問題への解決策でもあった。これから詳しく見ていくように、そのすべてが、混沌としながらも活気に満ちた中国の金融システムに寄与している。

ツールとしての金融システム

優れた金融システムは、家計の貯蓄を融資を必要とする事業に結びつけ、リスクをプールしたり多様化したりして、市場に価格と価値の発見機能を持たせ、技術革新とイノベーションによって、より大規模な経済を活性化させる。アメリカの金融システムには問題や失敗があるものの、こうした目的の大半を叶えている。アメリカ経済は、機能的な金融システムによって繁栄を維持できているが、中国経済は、この国の特殊な金融システムにもかかわらず発展してきたと言っていいだろう。

かつての中国の金融システムは、まさに国家の道具《ツール》そのものだった。株式市場や債券市場は、不振に陥った国有企業を助けるために開放された。政府が預金金利に上限を課したのは、製造業の企業が安価に資金を借り入れ、大量生産を迅速に実現できるようにするためだった。だが、その代償として、低金利と投資対象不足が数十年も続き、世帯の実質収益はほとんどないか、マイナスになることもあった。国有銀行は国有企業に優先的に融資を行い、国がインフラやテクノロジー、工業などの領域に直接貸付を行うことは、政府が計画する目的の遂行にも役立った。金融システムを国家の目的に沿って誘導することは、戦略的な目標の達成や、緊急事態への対応という点では非常に効果的だが、一連の厄介な問題を生むこともある。

歴史を振り返れば、これがどのように始まったかを知ることができる。1970年代後半まで、この国には現代的な金融システムは存在しなかった。外国為替や海外事業に注力していた中国銀行を除けば、厳密には銀行は1行しかなかった。それは中国人民銀行で、中央銀行と商業銀行の二つの役割を果たし、国家の金融資産の93％を管理し、金融取引の大半を処理していた。1978年に中国はようやく中国人民銀行から派生した商業銀行を設立し、銀行システムを誕生させた。そのうちの4大銀行とは、中国工商銀行、中国農業銀行、中国銀行、中国建設銀行で、その名前が示すように、それぞれの専門分野を任されていた。今日では、これに交通銀行を加えた5大銀行が、中国の銀行預金総額の約40％を管理している。

これらの銀行は、国家建設への融資以外に、当初から別の任務も与えられていた。政府が清算したがらない業績不振の国有企業の支援である。前述のように、国有企業は予算制約が甘く、その財政は政府の支援を受けている。だが、必然的に、甘やかせばリスクも生じる。政府による公然ないし暗黙の保証によって守られた銀行は、思わぬ儲けを手に入れようと、あるいは政府の融資圧力がかかったために、当然のように過度な融資を行ってきた。その結果、1990年代から2000年代前半にかけて、大規模な資本喪失が生じることになった。窮地に陥った国有企業の数が増えるにつれて、2000年代前半には不良債権化した銀行ローンが20％という最高値を記録し、こうした融資を行った銀行を、事実上の破産に追い込んだ（2009年のアメリカの金融危機のさなかも、同国の不良債権のシェアは5％にすぎなかった）。危機が回避されたのは、政府が銀行の資本を速やかに再編成し、その財務体質を改善し、国内および海外の株式市場に上場させたからだ。この措置によって、中国政府は、過去に敬遠していた株式市場や債券市場に大きく舵を切ることになった。

1990年に株式市場が再開された際、上海と深圳の二つの取引所に上場した企業の大半は国有企業だった。もともと鄧小平の実験の目的は、民間企業の資金集めを助けるためでも、投資家にリスク管理の機会を与えるためでも、価格の発見を促すためでもなかった。鄧の狙いは、不振に陥っている国有企業に供給する資金を集め、国有企業を市場原理に従わせることにあった。株価は企業の経営能力や業績を反映していた。債券市場も同じ状況であったが、それは地方政府や国有企業が発行する債券向けにつくられたものだった。[9] 2000年には上場企業の7割が国有企業だったのに対し、民間企業の動きが活発になるにつれて、2018年には3割に減少した。[10]

好景気と停滞する株式市場

中国経済はここ数十年で奇跡的な成長を見せ、ブラジル、インド、日本、アメリカの成長率も軽く追い抜いている。だが、中国の急成長期（2000年から14年）の株式投資の運用成果は、これらすべての国にも、さらに日本の不振時の日経平均株価にも、はるかに及ばない。通常の経済では、経済が好調であれば株式市場も好況だ。言い換えれば、株式市場の利回りと経済成長には高い相関関係が見られる。とりわけ大規模経済における株式市場の5年の平均利回りをGDP成長率と比べてみると、予想通りの結果が得られる。ドイツとイギリスでは約50%という高い正の相関関係が見られ、その比率はアメリカでは30%、ブラジルやタイなどの新興経済でも40%を超える。

だが中国では、その数字はゼロである。つまり、GDP成長率と株式市場の利回りには相関関係が一切ないということだ。[11] この点で中国はイランと同格だ。経済成長と株式市場の利回りが関係しないということは、個人や世帯が資本市場を介して経済の急成長の果実を享受できず、ある企業の株価動向も、必ずしもその基本価値に連結していないことを意味する。

いまは幸い、中国の株式市場の不振を説明するいくつかのデータがある。それには、中国本土の企業の大半が上場し、大部分の株が国内投資家によって売買されるA株市場の4000社近い企業の財政・会計情報も含まれる。中国には上海証券取引所と深圳証券取引所という二つの株式市場がある。B株市場を構成するのは、この二つの取引所に上場し、オフショアの外国投資家(A株市場の上限1%未満を占める)が購入・保有する中国企業発行の株だ。ほかにも1000社ほどの中国企業が、香港証券取引所やニューヨーク証券取引所のような海外市場に上場しているが、こうした国際的な証券取引所のおもな投資家層は、国内ではなくグローバルな投資家である。

中国企業の業績は、上場・非上場の違いによって、大きく異なることを示す強力な証拠がある。このデータによれば、上場企業の資産利回り、株式投資収益、純利益成長率はすべて、非上場企業と比べると、はるかに劣っており、海外で上場している中国企業にも遅れをとっている。面白いことに、国内で上場している企業を除けば、残りの企業の利回りは経済成長との相関が約40%とさらに高くなる。この数字を歪めているのは国内の中国企業だ。それではなぜ、中国の証券取引所で上場することが異例の業績不振をもたらすのだろうか。

それには二つの要因が関係している。一つは、上場すること自体に淘汰の原理が働くことだ。もう一つは、上場企業で起きることに関係する。一つ目の要因から見ていくと、中国の上場プロセスは、通常の市場経済とは違っている。中国では企業が金融収支を開示し、新規株式公開（IPO）のための登録を行う登録制のかわりに、承認制をとる。A株市場（2019年に創設されたナスダック市場の中国版「科創板《スター・マーケット》」を除く）に上場を希望する企業は、国の規制当局である中国証券監督管理委員会（CSRC）という、アメリカの証券取引委員会（SEC）に相当する委員会の承認を得る必要がある。この手続きは時間と労力を要するもので、得られる結果もかなり不確実だ。承認資格を得るために、企業は厳しい基準を満たさなければならず、IPOまでの3年間、毎年の収益を提示するなど、純収益と資産の両方で厳しい条件を満たさなければならない。CSRCはこうした基準を満たすことではじめて企業を評価し、申請を承認もしくは却下する。承認の可否がわかるまで何年も待たされることも少なくない。すでに事業で成功を収めていても、IPOがいつになるか見当がつかないこともある。

この上場手続きには、ルールを操作し、特権を求めることで介入する多くの余地が生まれる。政府と親密な関係にある企業は、この手続きをいわゆる「追い越し車線」で進むことができる。つまり残念ながら、強い政治的コネを持つ企業が優遇され、画期的で革新的な企業が締め出される恐れがあるということだ。その結果、中国の証券取引所では、多くの活気に満ちた企業が上場機会を逃している。遅く不確実な手続きに意欲を削がれ、アリババやテンセント、JDドットコム、百度《バイドゥ》、優酷《ヨウク》（ユーチューブの中国版）、拼多多《ピンドゥオドゥオ》などの企業はすべて、海外で上場することを選択している。しかも、成功している多くのハイテク企業は、何年も収益を公表していない。

たとえばウーバーやアマゾンは、おそらく中国の収益条件を一度も満たしたことはなかった。中国のアリババに次いで2番目に大きなネット通販会社のJDドットコムが国内で上場していない理由は、2014年のIPO申請の2年前に、わずかばかりの損失を記録したからだ。そこでナスダック市場への上場を決め、同社の時価総額（公に取引された発行済み株式の市場価値）は1150億ドルに跳ね上がった。大成功を収めているSNSアプリのウェイボーも、2013年に3800万ドルの損失を計上したため、海外での上場を選択し、似たような状況から、新浪《シンラン》、捜狐《ソウフ》、網易《ネットイース》、優酷などの企業も海外での上場を決めた。

米中の株式市場の違いを、中国市場は過去を見るが、アメリカ市場は未来を見ている、と表現する識者もいる。中国で表舞台に立つには、高い収益性が求められるが、アメリカでは、投資家が企業の潜在能力をもとに判断する。中国のA株市場は、工業部門を重視し、サービス部門を軽視する旧来の成長モデルの大半を体現している。中国経済はテクノロジーとイノベーションの力で成長してきたが、国内の証券取引所はいまだに過去にしがみついたままだ。中央の国有企業（中央当局が管理する国有企業）は中国の株式市場の底辺にいて、地方政府が管理する国有企業以上に業績は芳しくない。

その理由として考えられるのは、2008年から18年にかけて、海外での上場を決めた中国企業の数が4倍に増え、2021年半ばのアメリカの株式市場に2兆1000億ドル相当の中国企業が存在することだ。[12] 最良かつ最速の成長企業が国内で上場されなければ、中国国内の証券取引所の業績が悪くても不思議ではない。だが、この傾向も地政学的緊張の高まりによって容易に変化しかねない。昨今のアメリカは、機密産業分野で、自国の取引所から中国企業を排除すべく圧力をかけている。一方の中国政府も、機微なデータを保有する企業の、外国証券取引所での上場をさらに困難にしており、いざとなればいつでも海外での上場そのものを制限する新たな規制を施行できる。

こうした淘汰の問題は、どの企業が株式市場への参入を許されるかだけでなく、市場を去る企業にも当てはまる。通常、業績不振は国内の証券取引所の上場廃止につながるはずだ。2000年から18年にかけて、アメリカでは毎年33%の企業が上場廃止になり、ブラジルではこの数字は13%だ。ところが中国では同時期に毎年上場廃止された企業はわずか5銘柄程度で、全体の2・7%に満たない。[13] 他の証券取引所から排除された多くの企業が、ここで細々と生きながらえて、国内の業績全体の足を引っ張っているのだ。

さらに中国の上場手続きは、IPOまでの期間に企業に間違った判断を下すことを促す。上場基準を満たすために、多くの企業が体裁を取り繕って短期の収益を追求するが、いったん市場に公開され、こうした隠れた弱みが露呈すると、株価は急落する。あらゆる企業は株式公開のタイミングを慎重に選ぶものだが、国内で上場した中国企業の収益率は、アメリカ、インド、ブラジル、日本の企業よりはるかに低い。中国の資産収益率はＩＰＯの翌年におよそ半減する一方、アメリカの下げ幅は10％未満である。

中国の国内株の業績が振るわない別の要因は、公開後に間違った判断を下してしまうことにある。中国の公的企業は投資額では世界上位に入るが、投資効率は他の主要経済国よりはるかに悪い。これは、中国がルールを曲げたがることにも関係している。企業は、過半数の株主と関係の深い別の企業に金を貸す（これは「トンネリング」とも呼ばれる）。また企業は派手な買い物を続け、基幹事業に関係のない企業を買い占める。かつて誰もが知るある中国の自動二輪メーカーは、上場後に製薬企業を買収し、同じく有名なある製薬会社は、ゴルフクラブやホテル、自動車メーカーを買収したが、いずれも大失敗に終わった。世界最大級の不動産企業となった後[14]、2021年後半に、中国の金融安定を脅かす負債爆弾と化したエバーグランデは、電気自動車やサッカークラブ、ミネラルウォーター、養豚業などの、まったく専門外の分野に手を広げていた。

ある政府高官が、活力や精力の源として知られる人気の珍味、スッポンを販売するある会社を調べたときのことを私に話してくれた。その会社の幹部は、自社の悪評をでっちあげて株価を操作し、株価が下がったところで株を買い、株価復活後にかなりの儲けを手にした。この会社が保有する長江のスッポン養殖場が灌水し、膨大な数のスッポンが逃げ出したことを地元新聞が報じると、株価が急落する。ところがそれからまもなくして、この会社は記録的なスッポンの数を報告し、悪い知らせを聞いて株を売却した投資家たちを驚愕させる。投資家たちが会長との話し合いを要求したところ、会長は次のように説明したという。「魚はふ化場から泳ぎ去ると戻ってこないが、スッポンには、生まれた場所に戻る強い本能がある。そして、今回なんと不思議なことに、スッポンたちが新たなスッポンの大群を引き連れて戻ってきたのだ！」

スッポンとその習性の話はさておき、中国の株式市場は乱高下が激しい。世界で2番目に大きなこの市場は、全主要経済国のなかでも最も変動が大きい市場であるため、中国の投資家は、アメリカの投資家と比べてはるかに利回りが悪く、はるかに高いリスクを背負う。中国市場の利回りの平均変動率は、2000年から17年にかけてアメリカ市場の2倍を記録し、中国市場は、目も眩むほどの急騰と心臓が止まるほどの急落を頻繁に繰り返してきた。2008年、中国の株式市場は上海証券取引所の総合株価指数が記録的な高値に達したわずか数カ月後、70％という恐ろしい割合で縮小し、2015年に上海証券取引所のA株は、数カ月をかけて150％上昇したあと、わずかひと月で市場価値の3分の1を失った。

気の弱い人には明らかに中国の株式市場は向いていない。アメリカとは異なり、中国では株式市場が個人投資家に支配されており、その多くは長期投資よりも、噂やゴシップを頼りに市場に参加することを好むノイズトレーダーやギャンブラーだ。また、この国では個人投資家がA株市場の取引高の約8割を占めるが、ニューヨーク証券取引所では機関投資家が85％を占めている。[15]

中国政府が国内の株式市場に介入したがることも、ただでさえ変わりやすい投資環境にとって、さらなる不確定要素となっている。パターナリズムに駆られた政府は、個人投資家を保護するために介入を行い、崩れかけた市場を救うべく、「チーム・チャイナ」と呼ばれる金融機関集団を結集し、市場の急騰を抑えるための一連の措置（印紙税、値幅制限、国有企業の株所有制限など）を講じることがある。だが結局、個人投資家は自らの間違いから学ぶことはないし、政府はいまだに彼らを保護する必要に迫られている。それに、国家が長らく介入してきた歴史を、投資家も計算ずみだ。彼らの思惑の是非はともかく、主要なアクターとしての国家の存在は、この国の金融システムにとってさらなる不確定要素となっている。

２０１５年６月、政府がそれまで規制されてこなかった証拠金余剰額を規制しようとしたことで、株式市場の暴落が１カ月続くという悲惨な結果を招いた。そのため、２０１６年１月、中国政府はサーキット・ブレーカー制度を導入する。これは上海と深圳の株式市場で株価の総合指数が５％変動すると、自動的に取引が15分間停止し、さらに7％変動するとその日の取引がストップするという措置だ。

この措置の目的は、株式市場が大きく変動した際に市場を安定させ、売りに制限をかけて個人投資家を保護することにあったが、投資家はすぐにこの新たな措置の影響を理解し、このメカニズムが作動しはじめる前に売りに走った。これによって同時取引停止が導入された初日に市場は暴落し、その2日後、上海取引市場は取引開始から30分後に売買が停止され、史上最も短い取引日となった。結局、政府が市場の安定を強化するはずのこの新たな措置の無期限中止を決めるのに、まる4日かかった。当然ながら、この短期間の実験の最中に、市場は1兆ドルを超える損失を出した。アメリカでこの同時取引停止が発動されたのは１９９７年の一度のみだが、２０２０年3月には、新型コロナウイルスのパンデミックによって、月4回の発動を強いられた。政府が何らかの行動をとるたびに予期せぬ反応が次々と起き、結局、さらなる動揺や問題を招くことに、中国政府は無自覚であった。

金融市場の域を超えた大きな経済に関しては、中国政府は漸進的な手法を用いてこれを管理し、最初は限られた規模で徐々に策を講じ、その間の経済の動きを注意深く観察する。この戦略はおおむね成功してきたし、中国が大転換を遂げるなかで数々の危機を回避できたことは、政府の功績にほかならない。だが金融市場では、市場への期待が瞬時にして市場価格に反映されるため、こうした漸進主義がつねに有効とは限らない。[16]

株式市場は価格と価値の発見の場であるべきだが、中国では、人民日報電子版に設置された掲示板がその動きを決めることも多い。最近では、株式市場の改革が然るべき方向に進み、その企業の将来的な利益は株価にも反映されつつある。とはいえ、実践的で的確な規制と適切な企業ガバナンスによる本格的な市場の実現はまだ道半ばであり、中国の有名なゴーストタウンのイメージにかなり近いだろう。

大住宅ラッシュ

2003年から13年にかけて中国の主要都市における住宅の平均価格は4倍になった。約0・09平方メートルあたり550ドルで、北京と上海の住宅価格はほぼボストンに匹敵し、深圳はサンフランシスコに急速に追いつきつつある。両国の平均所得に大きな差があることを考えると、これは驚くべきことだ。北京、上海、深圳の同時期の所得レベルは年間7500ドルで、ボストンの平均所得の4万ドルや、サンフランシスコの5万ドル超と比べて大幅に低い。[17] 中国の住宅価格は他の地域でも劇的な急騰を見せ、毎年ほぼ二桁の成長を記録した。それに比べると、2000年代前半のアメリカの不動産バブルなど瑣末なものに見える。中国は、多くの点で典型的な住宅バブルの兆候が見られ、住宅価格が急騰するにつれて、新規の建築工事の看板がいたるところで目につくようになった。

不動産は金融部門の一分野とみなされるが、中国経済全体に見る不動産の重要性を過小評価してはならない。なぜなら、不動産の価値は、消費者、企業、国家といった主要な経済主体のすべてに影響を与えるからだ。不動産は中国の家計資産の60％を占めているが、その割合は日本では37％、アメリカでは25％だ。[18] 中国企業は、資金調達の需要な担保として不動産に頼っている。不動産は地方政府にとっても大切な生命線で、その収入のかなりの割合や、債務による資金調達を、現在および将来の土地の売却に依存している。より大局的に見れば、不動産はこの国のGDPの30％近くを占めており、[19] この割合は経済大国のなかでも飛び抜けて高い（アメリカは17％、韓国は15％、イギリスとフランスは20％前後、スペインですら2008年以前の住宅価格のピーク時も30％を超えなかった）。

中国は株式市場の周期的な下落から容易に立ち直る様子を見せていたが、多くの専門家は、住宅部門の崩壊を恐れながらその成り行きを見守っている。多くの大規模経済国が高い不動産価値に依存しているように、中国も非常に高いリスクにさらされている。また中国の「影の銀行」も、不動産を担保にして広範な企業に積極的に資金を投じている。住宅価格の急落は一連の債務不履行の引き金となり、住宅ローンだけでなく、企業債務、地方政府の債務、「影の銀行」の貸付にも影響が及ぶだろう。恐ろしいのは、住宅危機が２００８年のアメリカの金融危機のような、システム全体の金融危機につながりかねないことだ。

２０２２年時点で、中国の住宅市場価値はアメリカのほぼ2倍である。これは１９８０年代後半から90年代前半に日本で起きた住宅バブルの崩壊を想起させるものだ。このとき、不動産の市場価値はアメリカの2倍以上だったが、その30年後には3分の1足らずに下落した。[20] この一連の動きが示すのは、住宅ブームの背後にある力であり、その持続可能性や欠陥を理解することがきわめて重要だということだ。ここからはまず、中国の過去30年の住宅環境を決定づけた顕著な要因を見ていこう。それは国家、新たな世代の購買習慣（結婚の役割と「6つの財布現象」も含む）、そして中国の政治的経済における地方政府の役人のインセンティブなどだ。

価格上昇率をどう測定するか

中国の住宅価格の動向を追跡するのは、簡単なことではない。公式統計は、毎月の取引リストをもとに出されることが多いが、このやり方自体に問題がある。たとえば、今月販売された住宅の全件数が北京の南側にある新築住宅で、翌月はこの街の東側にある新築物件だったとしよう。物件はすべて新築という点では同じだが、北京の東側地区の住宅は南側よりもかなり高額であるため、今月と翌月の件数を比べると、住宅価格が高騰したように見えるだろう。つまり問題は、公式の統計では一緒にされていても、当月に販売された新築マンションは、翌月に販売された新築マンションとはかなり異なる点があることだ。

理想を言えば、真に比較可能な物件の価格変化を測定すべきだ。場所や規模以外に、より測定しにくい生活空間の快適さという要素もある。他の国々ではケース・シラー住宅価格指数という共通ツールが使われているが、これは住宅価格の変動を知るために同じ物件の販売価格を追跡するものだ。とはいえ中国では不動産部門が生まれて間もないため、同じ物件が複数回売却される例が少なすぎるという問題もある。

こうした理由から、中国の住宅データは、公式の情報も不動産仲介業の非公式の情報も、注意して見る必要がある。この問題を回避するために、中国の研究者は同じ集合住宅内の取引に着目することで、より確かな住宅指標を構築しようとしてきた。[21]

中国の都市における典型的なシナリオは、開発業者が多くの高層ビル内に一度に数百の住戸を建設し、数年かけてこれを徐々に販売するというものだ。こうしたマンションはジムや戸外の空間、管理人サービスなど、同じアメニティを共有するので、品質の差を調整しやすい。研究者らは中国の120の都市における2003年から13年までの詳細な住宅ローンのデータと、2017年までの別のデータを採用した。この二つの期間を合わせれば、住宅価格が急騰した時期をカバーできるからだ。この一連のデータには、物件が販売されたときの実際の価格以外にも、世帯収入やローンの規模などの詳細な情報も含まれている。中国の大手銀行が提供するこうしたミクロレベルのデータは、国が提供する公式の数字よりもはるかに信頼できるものだ。

ここでまず目につく特徴は、ミクロレベルのデータの住宅価格が、公的な統計よりも顕著に高く、そして変動しやすいことだ。２００３年から14年までの国内の各都市における平均住宅価格指数と家計の購買力の指標を示したデータを見ると、意外なことに、国全体で平均住宅価格は２００３年から14年までに３５０％上昇しているが、この傾向は所得の上昇率とそれほど乖離していない。[22] つまりこれは、大きな住宅バブルがまだ起きていないことを示唆している。

それでも都市間を比べると、また状況は異なる。一線都市は他の都市と比べると、かなり異なる様相を見せる。図６－１が示すように、北京、上海、広州、深圳では、住宅価格の上昇と所得の伸びに驚くほど大きな差が見られ、まさしくバブルの兆候を示している。だが二線都市では、住宅価格は所得の伸びに沿って上昇し、三線都市では、所得よりもさらに伸びが遅く、こうした都市では価格の上昇が下支えされていることがわかる。

大都市の住宅市場のバブル現象への懸念は、一つの警告でもある。経常所得は固定されているのに対し、住宅価格は将来の期待を含めた価値を反映する。たとえば北京や上海が今後20年のうちに世界屈指の国際都市になると考えられていれば、その期待が価格に反映されるだろう。すると現在の価格がもっと高くなる。そのため、住宅価格の所得比が高くても、それがバブルの兆候であるとはかぎらない。それが未来への国民の期待を反映している場合もあるからだ。こうした期待は、どの程度現実的で、また、どの程度変わりやすいものなのか。こうした問いに答えるには、歴史的背景を理解しておく必要がある。

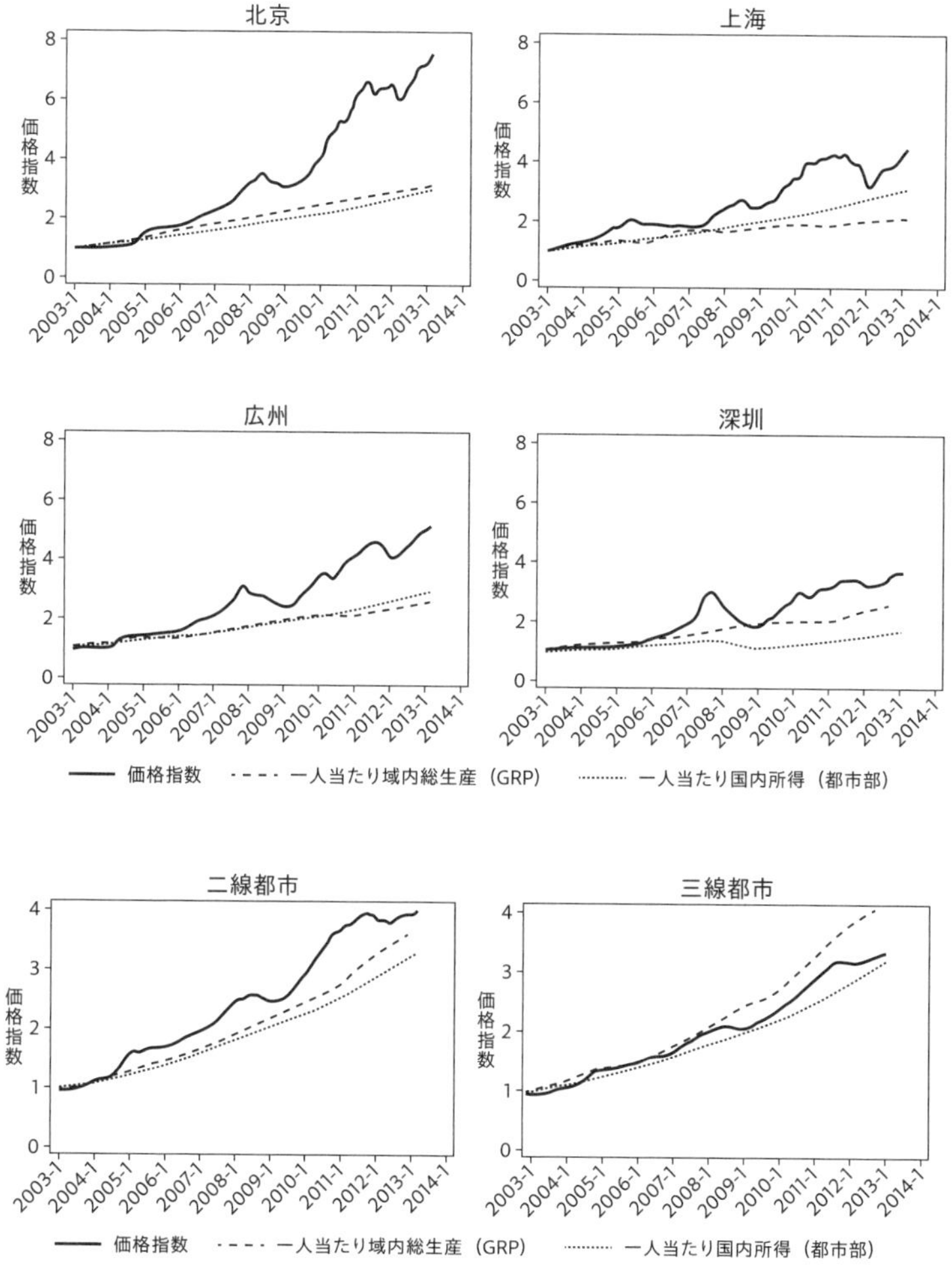

図6-1　各都市における住宅価格の上昇と所得の伸びの違い（2003–14年）

出典：Hanming Fang, Quanlin Gu, Wei Xiong, and Li An Zhou, “Demystifying the Chinese Housing Boom,” *NBER Macroeconomics Annual* 30, no. 1 (2016): 105–66および国家統計局

住宅市場の変遷

20年ほど前まで、中国の住宅価格はほぼ存在しないも同然だった。これもまた、この国が並外れたスピードで変化したことの証である。公務員や国有企業の従業員などの公的部門で働く人々は、当局から住宅を割り当てられていた。ところが1997年に中央政府は住宅市場を民営化し、その年の東アジア金融危機後の経済成長を促す手段として、住宅需要に目をつけた。こうして中国で住宅市場が誕生すると、わずか20年でそれは世界最大の住宅市場になった。

中国では農村部を除くすべての土地を国家が所有し、農村部の土地は地元村民が集団で所有している。国家は異なる期間で土地の使用権を貸与しており、たとえば、工業用地は30年間、商業用地は40年間、住宅用地は70年間と決まっている。これまで工業用地は割安で販売され、生産目的のみで使用されてきた。一方、商業用地と住宅用地の価格は市場が決定した。大半の土地は国家の独占的な所有物だが、従来から地方政府が管理し、地方政府が税金を集め、その収入を地元の経済発展、地元の制度や機関、さまざまな地域の社会計画のために使うことによって、政府の活動資金を賄っていた。

しかし、1994年に分税制改革と予算法という二つの変化が法制度に起きると、その仕組みは大きく変わる。それまでは、税金はもっぱら地方政府の管理下にあり、その年の全税収の8割近くが地方政府により徴収・消費されていた。だがこの年以降、地方政府はこの税収の大半を手元に置くことが認められなくなり、中央政府に渡さざるをえなくなった。数年のうちに、地方政府が徴収・消費した税収は5割以下に減少した。さらに厄介なことに、1994年の予算法によって、地方政府は借入も財政収支を赤字にすることも禁じられたが、それでも同じ額を支出し、地元の活動や計画を実行し、成長を達成する必要があった。自分たちが取り立てた税金の大半を維持する権限を奪われ、しかも、その支出分の資金調達のために借入を禁じられながら、地方政府が歳入と歳出の差を埋めることは現実的に難しい。そこで中央政府は地方政府に新たな生命線を与えた。もとは中央政府の独占分野だった土地を貸す権利を付与したのだ。

地方政府が土地を貸すとき、実際はその地域の発展を見込んだ権利を売っている。土地の価値が最も高くなるのは、住宅と商業施設が開発され、そこに人々が暮らすようになる場合だが、そのためには幹線道路を含む道路や橋、学校、公園、病院などのインフラを整備する必要があり、それによって公的なシステムやサービスを提供する強力な動機が生まれる。1994年以降、地方政府が商業および宅地開発のあらゆる段階でベンチャーキャピタル融資を求める株主になっているのは、そのためだ。

地方政府はこれまで、その管轄内に製造プラントや工場を建設するよう企業に求めてきた。だが2008年以降、工業化の波は都市化の流行へと道を譲り、製造業や輸出による旧来の成長モデルは、地方の役人がその収入を土地のリースに頼る不動産開発へと置き換えられた。地方政府は持ち分の一定の割合を不動産開発業者に販売し、業者は両者の持ち分を投資してさらに価値を高めた。このメカニズムは、少なくとも当初はほぼ問題なく機能していた。

両者の動機は完全に一致していた。地方政府はさらなる建設に熱心で、それが資本投資とGDPの成長につながった。一方、建設コストが低いことで高い利ざやが得られたため、不動産開発業者も膨大な富を蓄積できた。工業用地（製造業者を支援すべく価格は低く抑えられていた）を除くすべての価格が急騰し、商業用地は2004年から14年にかけて全国平均で7倍、住宅用地の価格は5倍に上昇した。[23] 北京の土地の価格は18倍に跳ね上がり、武漢のような二線都市ですら、土地価格は15倍に急騰した。[24]

こうして土地使用権の販売は、たちまち地方政府の主要財源になり、全体の30～40％を占めるまでになった。不動産開発や住居販売に課される税金も寄与したが、地方政府が地元のプロジェクトに資金調達できたのは、もっぱら土地使用権の売買による収益が急成長したおかげだった。地方政府は土地の供給を管理していたので、価格下落を招くような供給過剰を防ぐペースで市場に土地を供給することができた。そして住宅購入を制限するか、あるいは補助金を出すことで、新規開発の管理を規制ないし緩和した。政府は土地供給を制限することで、地価を高騰させ、政府の財源を満たし、住宅価格も天井知らずの上昇を記録した。

中国の不動産開発業者は長期的な好況を享受した。彼らは地方政府の支援を受け、低コストの融資を得て、熱心に拡張に励んだ。建設前の物件を住宅購入希望者に売り出し、無制限に融資を受け、多くのプロジェクトがまだ存在すらしないうちに、新たな土地や建設資材を調達しはじめた。こうして中国の不動産開発業者は、世界で最も多額の負債を抱える公営不動産企業になった。[25] 彼らは、無節操な行動をとることも珍しくなかった。2021年に転落することになる不動産大手エバーグランデは、急速に巨大化し、レバレッジ率も高かったため、バブルを利用して不動産とはまったく関係のない領域にまで手を広げることができた。一方、他部門の多くの企業も、リスクは高いが収益性の高い不動産部門に惹かれて、自社の中核事業以外の分野に手を出すようになった。

過熱した不動産市場はやがて、もっと大きな社会問題を生み出した。先述のように、供給される土地が少なく、あまりに高額であることで、昨今の若者は多くの子どもを持たなくなっている。住宅価格の上昇は、低中所得世帯に住宅が手の届かないものになるという問題を生み、不平等への懸念も高まった。そこで2020年、政府は「不動産は投機の対象ではない」との勧告を掲げ、市場の引き締めを始めた。この新たな規制によって中国の不動産市場は急降下し、売り上げは2021年に30%も落ち込んだ。債務不履行の波が押し寄せ、1年足らずで不動産開発業者の上位100社の大半が深刻な状況に陥り、多くが倒産寸前となった。政府が過熱した不動産市場に対して厳しい姿勢を示しているかぎり、この火薬庫を爆発するまま放っておくことはないだろう。だがおそらく過去20年の大住宅ブームも、そろそろ終わりを迎えつつある。

新世代の住宅事情

過去10年で3回の浮き沈みのサイクルが見られたように、住宅市場がたびたび混乱に陥っても、中国ではこれまで住宅価格が大幅に修正されたことはない。2021年から22年にかけて、中国の不動産販売は著しく下がったが、これまでのところ、ピークから底まで価格が36%下落したアメリカや、日本、スペインなどの国々で見られたような大規模なバブル崩壊は起きていない。住宅価格に対して下値支持線

〔価格がこの線の近くまでくると底をつき、反発に転じる線〕がある理由を理解するには、需要サイドに目を向ける必要がある。

多くの人には想像しにくいことかもしれないが、中国では一軒の家を買うために約40年間分の所得が必要になる。一方、世界のほかの国では通常10年分ほどだ。ではなぜ、中国人は購入するより低コストの、住居を借りるという選択をしないのか（住宅価格と年間賃料の比は北京と深圳では70倍だが、ニューヨークやサンフランシスコでは20倍以下だ）。

たとえばあなたが20代後半で、人生重大の決断のときを迎えているとしよう。あなたはそこそこの給料を稼いでいて、そのうち3割を貯蓄し、現在住んでいる家を賃借している。そのまま賃借を続け、銀行に貯金し、年に約2％の預金金利を得るという選択もできる。その場合、平均インフレ率が約2％とすると、実質利回りはほぼゼロに等しい。あるいは貯蓄を株式市場に投入し、前述のような高リスクを伴う低い収益を得てもいい。中国の家計調査では、２０１０年から18年にかけて、上位10％の所得階層だけが金融投資でプラスの収益をあげていた。[26] 第三の方法は、住居を購入し、不動産の資産価値が上がるにつれて約20％の実質利回りを稼ぐというものだ。高額の頭金を払うのに3、4年分の貯蓄が必要になるだろうが、おそらくありがたいことに、あなたの両親も援助してくれるだろう。こうして6％の金利で30年の住宅ローンを組むことができる。

こうした選択肢はあるが、あなたがこのなかで最も選ぶ可能性が高いのは、思いきって不動産を購入することだろう。配偶者を求める苛烈な競争市場で自分のプロフィールを格上げしたいと願う独身者なら、なおのことだ。車と家を持っている人が、なかなか増えない普通預金を持つ借家人より魅力的なのは間違いない。2010年3月、上海日報が若い娘を持つ母親に意識調査をしたところ、母親の8割は、娘が家を持たない男性と結婚することに反対だった。こうした諸々の理由から、中国では誰もが家を持ちたがっている。中国の持ち家比率は世界で最も高い。それは都市部の2億7600万世帯の90％以上に相当するが、アメリカではその割合は65％、スイスでは42％だ。

購買力という点で重要なのは、中国で「一人の子どもに6つの財布」と呼ばれる現象だ。現在の住宅購入者の多くは、1980年代前半に施行された一人っ子政策のもとで生まれた世代だ。そのため、一人っ子同士の夫婦が家を買う場合、一つの財布だけでなく、場合によっては6つの財布から（夫婦のほかに互いの両親の財布からも）高額な頭金を出し合い、必要に応じて、さらなる援助が得られるかもしれない。購入者の両親だけでなく、配偶者の両親も手を貸したいと思うからだ。ここに祖父母まで加われば、1軒の住宅購入のために10個の財布の口が開くことになる。だが、一人っ子政策の廃止後、住宅購入を考える若い世代は、家族からそこまでの支援は期待できない可能性が高く、6つの財布も過去の話になるかもしれない。

ある友人から聞いた話では、上海で住居を新しく購入するのはほぼ不可能だという。住宅熱を抑えるべく政府が厳しい評価システムを導入したからだ。新規に不動産を購入するには、抽選の参加資格を得るために、高いスコアが必要になる。上海で誰もが憧れる地区にマンションを持つために、彼女は規則の裏をかいて、入念な戦略を立てる必要があるのだという。まず自分の父親に、アパートを購入してもらう。

それから60歳を超えた父親が、彼女の母親と離婚し、治安への貢献、住宅の購入歴など、多くの指標で高いスコアを持つ別の誰かと結婚する。その後、新たな高いスコアを携えて抽選に参加して勝ち抜くというのだ（父親は数年以内に離婚して、最初の妻と再婚してもいい）。こうして高スコアを持つ人々の新たな市場が生まれ、彼らは手数料と引き換えに結婚したり離婚したりする。これは上海ではさほど珍しくもないことだ。この奇妙な行動からもわかるように、社会的圧力と市場原理の強力な組み合わせによって、中国の住宅価格はますます高騰し、2021年に不動産市場が急激に落ち込んだときも、暴落を回避することができた。

ゴーストタウンはどうなった？

つい最近まで中国はゴーストタウンで有名だった。アメリカ西部で見られるような廃れた古い炭鉱町ではなく、誰も住んでいない月面のように空っぽの、新築のオフィスや高層ビル群だ。内モンゴル自治区のオルドスや河南省の鄭東新区のこうした画像が、世界の人々の意識に刷り込まれた。ではなぜ、これほど多くの空き物件があったのか。一説では、中国には2億人が住むのに十分な空き物件があるという。その理由は、中国の過剰な生産能力にある。どこにもたどりつけない橋、誰のためでもない住宅の建設はこれで説明がつく。中国の典型的な都市では空室率が高く、大都市では年によって20％に達することもある。一方、アメリカの平均空室率は、2000年代前半の住宅ブームのときですら約3％だった。

だが、中国の過剰生産能力によるゴーストタウンというイメージは、実は的外れであるかもしれない。

それにはいくつかの理由がある。一つに、最もよく知られたゴーストタウンのイメージは内モンゴル自治区のもので、中国全土で見られるわけではない。また何よりそれは継続的な状況ではなく、おそらくある瞬間を切りとったスナップ写真として捉えるのが妥当だろう。中国では、新たな地域や地区の開発には、いくつもの段階がある。

通常、この段階は、地方政府が基本計画の概要を策定することから始まる。どれくらいの広さの土地を商業地や住宅用地に変えるべきか、また、それを支えるにはどれくらいのインフラが必要になるのか、といったことだ。それから地元の役人が不動産開発業社と合弁事業を立ち上げ、融資が下りると建設が始まる。この最初の段階は、1年から5年かかることもある。この段階で住宅物件を購入する人もいるが、一般に占有率はかなり低いだろう。

建設がほぼ完了するまでの第二段階は、プロジェクトの始動後、6年から10年かかることもある。この時期に地方政府は、職員やオフィス、部署を新天地に移し、現地の消費財やサービスの需要に備える。占有率は徐々に上がるが、この地区が新たな活気ある居住や職場空間になるまで、さらに10年かかる。そしてようやく、この地区の営利事業に収益が出るようになり、中古住宅市場が始動する。

この長期にわたる資本の懐妊期間によって、かつてのゴーストシティがいまでは活気ある大都市になっていても驚きはない。上海の浦東新区はこうしたゴーストシティの先駆けだったが、現在はこの都市のなかでもとくに活況を呈する地区になっている。鄭東新区の占有率はかつて10%だったが、今日では70%を超え、数百の金融機関や多くの企業がこの地区にオフィスを構えている。常州市と蘭州市もかつてはゴーストタウンと呼ばれ、その新興都市の界隈は真っ暗な海に明かりが点在する程度だったが、どちらもいまでは都市としての賑わいを見せている。空っぽに近い街の多くがのちに都市化され、それを支えるインフラが建設されて、地元の経済は大いに活気づいている。[27]

もちろん、つねに例外はあり、地方にはそれぞれの理由から空っぽのままの都市もある。とはいえ、中国では地方政府による不動産開発は、「貧しい子どもがぶかぶかの服を着る」ことによくたとえられる。このたとえはわかりやすいかもしれない。成長すれば、大きすぎる服が体にぴったり合うようになるのは、子どもも都市開発政策も同じである。要するに、時間が解決してくれるのだ。

それでも中国の住宅市場のバブルを抑えるのに、時間だけでは足りないこともある。2000年から15年までのデータを見れば、不動産ブームによって他の投資も被害を受けたことがわかるが、これは土地を担保に借金をしていたからだ。住宅建設に関係のない企業でさえ、予算の20%から40%を土地の獲得にまわし、そこには工業用の土地だけでなく、生産に使う予定のない商業用地や住宅用地も含まれていた。なかにはその土地を担保に別の土地を手に入れ、さらにその土地を使って借入を重ねる企業もあった。

こうしたすべてのことが、「大きすぎて潰せない」という不動産市場の危険な発想を生み出している。地方政府は不動産に依存しているので、中央政府が住宅価格の下落を許容することはありえないと企業も世帯も見込んでいる。この期待によって、さらに投機的な行動が煽られ、資源がさらに住宅部門に投じられることで、その価格が需要と供給の原理から逸脱したものになるというわけだ。

中国では多くの都市で住宅バブルが生じていると言われる。それでも前述のように、この価格高騰にはそれなりの社会的および金融上の理由がある。だが、将来の見通しはバラ色ではない。まず、中国の人口の高齢化や、若者が多くの子どもを望まないことから、住宅需要の低下が予想される。さらに言えば、結婚する人が急減している。2021年、結婚の届け出件数はわずか760万件で、数年前に比べると3割も減少した。一人っ子政策のもとに生まれた若者世代は、婚期を遅らせたり、結婚しないという選択をするかもしれない。今後10年ほどで、農村部から都市部にさらに2億人が移動するにしても、都市化や所得の伸びは鈍化している。供給面では、国家が市場をいっそう引き締める兆候を強く見せており、それが開発業社と住宅購入者の飽くなき意欲にも水を差している。

政府は、思いのままに使えるさまざまな行政管理の権限やツールを持ち、新規の建築や住宅購入を規制し、ローンの条件や金利を調節して価格の上昇や下降を管理する。そのため、他国の市場経済で見られるような典型的な住宅危機とは比較的無縁かもしれない。だがそれでも、その救済措置の手法があまりに大胆かつ手荒なために、マクロ経済や金融の安定を脅かすことがある。

住宅市場がこうした「筋肉増強剤」に依存しがちなことが、中国を継続的なジレンマに直面させている。自国の経済をそのジレンマから解放させたい政府も、成長を妨げたり危機を誘発したりすることなく、それを実現できないことをわかっている。市場が逼迫するたびに、政府は手綱を緩め、再び活性化させようとする。このように市場を冷やしては温めるというサイクルを繰り返すのは、根本原因を追求せずに、ただ目の前の症状のみに対処するようなものだ。経済を刺激すべく不動産価格の高騰にのみ応急措置をとっていれば、やがて効き目は徐々に薄れていく。不動産に過度に依存する市長経済は、今後、方向転換が必要になるだろう。

影の銀行《シャドーバンキング》

中国の金融システムにとって最大級のリスクは、「影の銀行《シャドーバンキング》」部門にある。「影《シャドー》」という言葉は謎めいた危険な香りがするが、その「影」と「銀行《バンキング》」が結びつくと、さらに穏やかならぬ気配が漂う。この「影の銀行」は、2008年にアメリカで起きた大不況を発端としている。当時の銀行は、隠れたリスクが複雑に絡み合う格付けの低い担保付き債券を、実情を知らない消費者に販売していた。それからわずか数年後に、中国の「影の銀行」はアメリカをはるかに超える規模で拡大した。そして2009年以降、年20％の猛烈なペースで成長し、金融界に不安をもたらしている。

「影の銀行」とはその名のとおり、正式な銀行システムの外で発生する銀行とよく似た活動、すなわち、さまざまな形態の融資や資金移動を指す。商業銀行とは異なり、それが綿密な調査を受けることはなく、流動性や資本要件の対象にもならない。中国ではこうした「影の銀行」が至るところで見られ、質屋からモバイル決済会社、ピアツーピア（P2P）融資プラットフォームから貯蓄金融機関まで、さまざまなプレイヤーが存在する。商業銀行や地方政府でさえ、「影の銀行」業務に積極的に関与している。

起業家精神に富む国民が数多の規則や制約、規制を切り抜けようと奮闘し続ける中国で、このシステムが理想的な土壌を見出したことには納得がいく。中国の国民は、株式や住宅市場で見てきたとおり、自由に利益を追求しようとする傾向が強い。今日、教育、外国為替、雇用、そして銀行など、どんな公的機関や公的部門も数枚皮を剝けば、その影の姿が見えてくるはずだ。

「影の銀行」がこの国に定着したのは、通常の銀行が融資活動の大半を「簿外」に移すことで、政府の規制を回避しようと決めたときだ。その熱意を誇示したい地方政府は、注目度の高い建築プロジェクトやインフラの資金を調達するために、この代替システムを利用した。少しでも高い利回りを求めて、多くの世帯もこの安価なローンに殺到した。「エデンの園」のような場所で、こうして多くの禁断の果実が消費された。以前は参入が禁じられていた不動産や鉱業などの領域に投資すべく、非公式のルートが開かれた。また、「金融の専門家」が法外な利回りを約束することで、一般の個人投資家から貯めた金を騙しとり、P2P型の融資プラットフォームがネズミ講のための肥沃な土壌となった。そこでは善意の人々が強欲で無節操な者と一緒にされ、「影の銀行」は両者を区別なく歓迎した。

驚くことに、「影の銀行」はとりわけ国家にとって重要だった。最初にその兆しが見えたのは、中央政府が無秩序な揺籃期にこの取り締まりを行わないことを決めたときだ。国家の管理する金融システムが、複雑化する自国の経済ニーズに十分に対応できないことに気づいた政府は、「影の銀行」を擬似実験として扱った。つまり、金融自由化という次の大勝負のための実験場にしたのだ。「影の銀行」がもっと自由で開放された金融システムを模倣する程度なら、その教訓から学ぶことができるだろう。そしてうまくいけば、中国は金融自由化によって、安価な労働力に依存する経済から、豊富な資本を持つテクノロジー主導型国家へと生まれ変わり、国際的な地位を高められるだろうと考えたのだ。
かつて大規模な国有商業銀行は、預金金利と貸出金利の大幅な差によって、多大な利益を享受することができた。銀行はできるだけ多くの預金を集めて貸し続けていればよく、そのおもな顧客となったのは、他のクライアントよりはるかに安全な国有企業だった。ところが政府の規制が緩和され、少数の民間銀行を含めた中小の銀行が参入するようになると、預金をめぐる競争は苛烈さを増した。加えて規制当局は、資本や流動性の要件をさらに厳しくしたため、銀行は貸付規模を縮小せざるをえなくなった。2007年以降、75％という厳しい預貸率が課されるようになると、銀行は預金1ドルにつき75セントしか貸し出せなくなった。この時点で、銀行にはより多くの預金を獲得するか、より多く貸し出すか、あるいはその両方を行う道を探すしかなくなった。[28]
「影の銀行」が中国で理想的な手段となったのはこうした経緯によるものだ。2005年に中国の銀行は、理財商品（WMP）と呼ばれる新たな貯蓄商品を顧客に販売することにした。これは数カ月を満期とする定期預金のようなものだが、キャップ付金利（指定した期間中は一定以上に金利が上がらないよう上限を設けたもの）の対象ではなかった。なにより重要なのは、銀行が理財商品を簿外取引に移せるようになり、元金を保証する必要がなくなったことだ。2009年以降、企業や個人預金者からの資金が大量に流入すると、理財商品の残高が急増した。こうした理財商品は、2008年ではGDPの2・6％未満だったが、2016年にはGDPの40％へと急拡大した。2013年だけで3兆1000億元相当の理財商品が販売され、2017年末までに元本非保証の理財商品は、22兆2000億元（3兆3600億ドル）になった。[29] 銀行は理財商品の売り上げを外部の信託会社に流し、信託会社はその資金を債券市場や信用証券、あるいは特定の企業や事業に直接投資した。

ここでも決定的な違いは、銀行とは異なり、信託会社は規制当局の監視対象にならなかったことだ。融資規制や資本要件に縛られないこうした信託会社が銀行に代わって貸付を行うことが、銀行の簿外取引の手段になった。この金融の巧妙な手法によって、それまで投資できなかった分野への門戸が大きく開かれ、銀行や中央国有企業の管理する信託会社が、不動産、鉱業会社、地方政府の融資プラットフォームなど、高リスクの借り手に資金を投入し、その好機を存分に活用した。2010年から15年にかけて、信託会社の資産はGDPの6%から24%に急増した。

規則や規制を回避する道を見つけようとしていたのは、商業銀行だけではなかった。ありとあらゆる事業が「影の銀行」に金を貸して大儲けするチャンスを手にしようとした。通常、金融部門以外の企業にはこうした取引は禁じられているが、大手国有企業や民間企業など、公的融資にアクセスできる特権的な企業が低金利で金を安く借り入れ、それを特権を持たない企業に高い利子で貸すことで、短期的な利益を得ることができた。この委託貸付は、基本的には企業間で行われる貸付で、理財商品や貸付信託とともに、「影の銀行」の主要業務の一つになっている。[30]

「影の銀行」の鍵を握る地方政府

「影の銀行」の最大のプレイヤーとなったのは、実は喫緊の問題を抱えて、これに引き寄せられた地方政府だった。中国の中央政府はアメリカの金融不況を受けて、大規模な景気刺激策を展開することにした。この決定は２００８年9月に山西省でなされたもので、胡錦濤国家主席とその政治顧問、政治局の数人のメンバーが、アメリカの金融危機の余波として生じる壊滅的な影響に、どう対処するべきかを検討した。[31] 大規模な財政支出を行うというのが、彼らの出した結論だった。思いつくかぎり最大の刺激策を実行しなければ、この国もかつての日本のように、失われた10年に見舞われる可能性があった。

それから2カ月後の２００８年11月、温家宝《ウェン・チアパオ》総理は、２０１０年までに景気を押し上げるべく、4兆元の財政刺激策を実行すると発表した。それは1兆５０００億元を鉄道、道路、空港、水保全、都市の電力網に投入し、1兆元を２００８年5月に起きた四川大地震の被災地・汶川県の復興に、1兆１４００億元を低所得者向け住宅、農村部の生活、地域の施設やサービスに、さらに３６００億元を環境保護と教育に充当するという内容の財政拡張だった。[32] この対応策の速さと規模は、世界から称賛された。

とはいえ問題は、誰がこの計画を実行するかにあった。誰がその資金を出し、幸いその金が用意できたとして、誰がこのプロジェクトを実行するのかということだ。中央政府には、これほどの出費がもたらす財政赤字への備えもなく、海外からの資金提供にも頼れなかった。２００９年には、中央政府は２００８年の大不況から脱却させる責務を地方政府に負わせることにした。だが厄介な問題が一つあった。１９９４年の予算法で定められたように、地方政府は赤字を出すことが許されなかったのだ。借入をせずにどうやって金を使えるというのか。今回は土地の貸付に頼ることはできなかった。それでは足りないし、時間がかかりすぎるからだ。

2010年には、中国の4兆元にのぼる刺激策の全額が予定どおり支払われた。とはいえ、中央政府は1兆元だけしか融資しなかった。では、残りの3兆元はどこが出したのか。地方政府が資金調達を頼ったのは「地方融資平台（LGFV：Local Government Financing Vehicle）」だった。このLGFVは、名目上、独立企業とされていたが、実際は地方政府が所有していた。LGFVは商業銀行や「影の銀行」から融資を受け、その債務は地方政府の赤字ではなく企業債務とみなされた。地方政府は土地資産をこうした企業に投入し、土地の利用権と橋や幹線道路を建設する許可を与え、そして、これらの資源を担保に莫大な資金を借りることができた。この計画が見事なのは、地方政府の負債がそのバランスシートには現れないことだ。このため、表向きは中央政府の規制に反していないことになる。

LGFVの第一号は、1992年に設立された上海市建設投資開発総公司で、開発が遅れていた上海東部・浦東新区の建設資金の調達を目的とした債券の発行を、中央政府から許可された。同年に発行された上海浦東建設債は、毎年5億元を10年間にわたり提供するものだった。その後数年間、地方政府はこうした手段を用いて資金調達を行ったが、この特別目的事業体（SPV）は厳しく規制され、都市開発分野の道路建設や投資に限定されていた。それでも、2009年の景気刺激策の緊急性によって、地方政府の融資媒体は急増した。2009年にはわずか3800社だったLGFVの数は13年には7170社とほぼ倍増し、中国の31の省・直轄市・自治区のうち30の地方政府がLGFVを設立した。これらの金融機関が負った債務の合計は、2009年の6兆元から6年後には45兆元に急増したと推定されている。[33] 近年、LGFVは、24億ドルをかけて世界2位の高層ビルとなった上海中心《タワー》などの巨大事業にも資金提供している。

当初、中央銀行はこれを支持していた。地方政府が1994年の予算法の抜け道を探すことを許したのは、簿外借入が唯一の代替策だったからだ。これは見かけ上はうまくいった。財政部は地方政府にLGFVを使った借入を奨励し、一方、中央銀行当局（当時は中国銀行業監督管理委員会）は、こうした企業に気前よく資金を貸し出すよう国有銀行を焚きつけた。2009年の新規の銀行融資4兆7000億元のうち半分が、このLGFVに流れていた。例年、新規の銀行融資はGDPの15%程度だったが、2009年にはそれが27・5%に跳ね上がった。その結果、GDPは大幅に拡大したが、それは地方政府の膨らんだ債務によるものだった。[34]

「影の銀行」が地方政府の資金源としてますます重要な意味を持つようになったのには、こうした背景があった。銀行融資に加え、LGFVは「城投債」と呼ばれる建設投資債券を発行しはじめた。これは社債とみなされたが、地方政府が暗黙のうちに保証するものであることを、誰もが理解していた。こうした債券に流れた資金はもっぱら「影の銀行」から調達され、即効性のある筋肉増強剤のような役目を果たした。この新規ルートによって簡単かつ迅速な資金調達が実現すると、地方政府は活気づいた。城投債が急成長するにつれ、「影の銀行」からの資金が大量に流れ込むようになった。新たに発行された債券は、2008年の79件から14年には1704件に急増し、毎年85%という驚くべき成長率を記録した。こうしてすべての市政府が、LGFVを使って城投債を発行するようになった。[35]

従来の銀行融資への依存から「影の銀行」への移行は、2012年以降さらに弾みがついた。2014

年の終わりには4兆9500億元の城投債が発行され、地方政府の主たる財源になっていた。地方政府の資金調達における銀行融資の割合は、わずか6年前の8割から2割以下へと縮小した。[36] その引き金となったのは、地方政府が新たな窮地に陥ったことだ。債務の急増に危機感を抱いた中央銀行が、2010年に金融緩和の縮小を決定したのだ。だが、すでに地方政府は行き詰まっていた。2009年に受けた巨額の銀行融資が3年から5年のうちに返済期限を迎えることになっていたが、その資金は完成までに10年、実際の利益を生むまでに20年はかかるインフラの建設計画に投入されていた。借り換えの期限が迫るなか、地方政府はかなりの額の銀行融資を返済しなければならなかった。地方政府がそれまでの自制心をかなぐり捨てて、「影の銀行」という新たな土俵を全面的に受け入れたのは、このときだ。すでにバトンは、公式の銀行部門からその分身へと渡されていた。

こうして「影の銀行」が提供する新たな資金源によって、地方政府は2008年の大不況の脅威に備えた中央政府の大胆な政策を首尾よく実行することができた。しかも、こうした資金を、不動産、地元の産業、懇意の企業など、好きなところに投入できた。2008年のアメリカの大不況から6年のうちに、中国経済の規模は4兆5000億ドルから2014年には9兆ドルに倍増した。とはいえ国の債務総額はGDPの230%以上に増大し、その大部分は「影の銀行」を介して調達されたものだった。

米中の銀行の違い

アメリカも中国も「影の銀行」が生まれる背景にさほど違いはない。両国とも銀行は規制を回避するための手段として、簿外投資目的会社をつくることを選択した。そしていずれも、儲かるがリスクの高い投資のために、短期の融資を首尾よく立ち上げた。アメリカでは、この金は複雑で難解な金融商品に流れ、中国では不動産などの過熱した部門に流れた。とはいえ、その違いは、両国の「影の銀行」の構造だけでなく、さまざまなプレイヤー間の関係にも見てとれる。

アメリカの「影の銀行」の大半は、おもに証券化という複雑な方式がとられている。融資の一部を分割し、それをリパッケージして、リスク、満期、流動性など、異なる嗜好に合った多種多様な証券をつくるのだ。その代表例がモーゲージ証券〔住宅ローンを担保として発行された証券化商品〕だ。一方、中国の「影の銀行」の構造はもっと単純だ。銀行は高利回りの理財商品や信託商品を提供し、個人や企業投資家から金を集める。アメリカの「影の銀行」の特徴である、長く複雑で不透明な仲介の流れはここには存在せず、アメリカでは7つの仲介ステップがあるのに対し、中国ではわずか一つか二つのステップがあるのみで、その大部分がごく単純な普通の融資だ。

また、中国の投資網には多種多様な金融機関が絡んでいるといったこともない。一方、アメリカではこれははるかによくあることだ。2008年を迎える頃、ゴールドマン・サックスはスワップ取引によってヘッジファンドとつながっていたが、その取引はベア・スターンズとの別のスワップ取引の支払い義務を相殺するために使われており、ベア・スターンズもまた、ある非公開株投資会社とスワップ取引を結んでいた。その間、市場金利連動型投資信託《マネー・マーケット・ファンド》がリーマン・ブラザーズの債券を購入し、AIGなどの証券会社が数百兆ドル相当のクレジット・デフォルト・スワップを販売すると、購入者の多くはリーマンの債券も保有することになった。この相互に関係し合う複雑なネットワークでは、一つのドミノが倒れると、残りも総崩れになる。

中国に複雑な金融環境が存在しないという理由から、この国では本格的な金融危機が起こりそうにないと考えるのは必ずしも正しくないだろう。大半の金融危機の火種となっているのは不良債権であり、中国の理財商品や信託商品からなる数兆ドル市場の一部を支える標準以下の貸付では、事態が急に悪化する恐れがある。崩壊した不動産大手エバーグランデは、財政難に陥る前に、信託会社からの融資が40%を占めていた。[37]そして正式に債務不履行になったことが引き金となり、信託会社が一斉に損失を被った。信託会社は個人投資家を使って、同社の事業のために資金調達していたからだ。安信信託《アンシン・トラスト》股分有限公司は、ある不動産会社に金を貸し、その会社はその資金を使ってシーワールドや富裕層向け旅行社アバクロンビー&ケントを買収したが、この不動産グループがその借入金を返済できなくなると、自社も債務不履行に陥った。

会社が倒産すると、投資家、とくに金融知識の乏しい個人投資家が被害を受ける。だが金融経験を積んだ者でも、「影の銀行」の投資商品は、それを販売する大手の国有ないし商業企業が保証してくれるから安全だと勘違いしてしまうことがある。

ある国有銀行の支店長を務める私の親戚は、金融システムのエキスパートだった。彼女が買うと決めた信託商品はさまざまな不動産事業の投資に使われたが、こうした貸付は土地や住宅開発などの価値の高い担保によって保証されていた。当初、彼女は自分の投資に満足していた。なにしろ年10%の利回りを生み、価値の高い土地と地方政府の強力な支援が下支えしていたからだ。事業に支障が出たとしても、その不動産を売って債権者に返済できるはずだった。ところが、過熱した不動産市場を政府が鎮静化することに決めると、担保の価値が急落し、事業自体が苦境に陥った。それから5年経っても、彼女はいまだに投資した元本を回収できずにいる。

「影の銀行」が災難に見舞われる可能性は、この業界の規模と同じくらい大きい。理財商品だけで、中国のピーク時のＧＤＰ比約35%に相当し、それはシティグループ、バンク・オブ・アメリカ、ウェルズ・ファーゴ、ＪＰモルガンを合わせた価値が米ＧＤＰ比に占める割合の4倍に相当する。[38] 中国のこのシステムの弱点は、投資家が急にリスク志向をやめると、理財商品や信託商品の売りが殺到しかねないことだ。そうなるとまたたくまにパニックが広がり、債務不履行の波が発生する可能性がある。

中国での「影の銀行」の台頭に伴うこうしたリスクはきわめて現実的なものだが、マイナス面だけに注目するのは公平ではないだろう。「影の銀行」が目覚ましい成長を遂げた理由は、たとえ欠点があったにせよ、従来の金融部門の救済策となりえたからだ。資金不足に陥ったときに中国経済の穴を埋めてくれたのだ。公的な融資を受けるルートを持たない中小の民間企業は、「影の銀行」に比較的安価に利用できる資本を見つけ、「影の銀行」が存在しなければ、おそらく国有企業にその大部分が投入されていた資金配分の影響を改善した。各世帯の家計も、その背後には隠れたリスクがあるにせよ、従来よりも高いリターンを得られる貯蓄手段を獲得することができた。「影の銀行」はこうして社債市場の発展も加速させ、２０１３年以前は小規模で、もっぱら商業銀行が利用していただけのこの市場を、今日では世界で3番目に大きな市場へと成長させたのだ。

結局、「影の銀行」は、中国の金融部門のもう一つの混乱の舞台となっている。株式、住宅、銀行など、これまで見てきたすべての市場では規制の枠組みが不完全であるため、関係者はあらゆる抜け道を利用しようとしてきた。その特異性は、中央政府の気まぐれな政策の結果であり、金融システムの一部に国家が過度な介入を行ったことで、問題が別の場所に移行した結果でもある。政府はまるで巨大なモグラ叩きゲームをしているように見えるときもあるが、それもまた、中国経済の重要な一部を成す金融システムが、いまだ発展途上にあることを示唆するものだ。

中国の金融システム——リスクと今後の方向性

過去30年間、中国では10年ごとに、その時期特有の懸念材料が生まれた。1990年代は国有銀行が提供する大規模な不良債権だった。21世紀の最初の10年は膨らむ不動産バブルで、バブルが弾けたことで銀行システムもその道連れとなった。次に訪れたのは、支払い条件の緩い信用貸しを大量に行う「影の銀行」の急拡大で、それが負債の山を生み出した。2001年、ゴードン・チャンは著書『やがて中国の崩壊がはじまる』で、「現代中国の終わりが近づいている。中華人民共和国は5年、もしくは10年以内に崩壊する」と予見していた。エコノミスト誌は「中国の大下落」という見出しで、2004年と15年に記事を発表した。だが、こうした暗い見通しは何一つ現実のものにはならなかった。では、中国はどうやって本格的な危機を回避できたのか。

2008年のアメリカの危機の際に主要な火消し役を務めた一人、元財務長官のティモシー・ガイトナーは、自著『ガイトナー回顧録——金融危機の真相』のなかで、すべての金融危機は、信頼の危機であると述べた。人々が銀行や債券、株式市場に投入した金の安全性を信じられなくなれば、あるいは政府が重要な金融機関を救済しないことを投資家が確信すれば、彼らはいち早く逃げ出そうとするだろう。アメリカでは、政府がベア・スターンズに救いの手を差し伸べたことで市場は鎮静化したが、リーマン・ブラザースへの援助をしないことを決めると、市場の底が抜けた。だが中国では、金融システムの崩壊からの救出を、政治が邪魔することはないだろう。

中国では、国家は銀行を規制すると同時にその過半数株主でもあり、銀行は逆に地方政府の負債を抱えている。それはつまり、大手銀行がリーマンのように倒産する可能性はほとんどないということだ。政府の異なる部門間のいかなるイデオロギー的争いも、緊急の救済措置を妨げることはないだろう。たしかにそれによってモラルハザード（倫理の欠如）と、投資家が深刻な損失を免れるという二つの意識が生まれるが、政府は問題を抱えた機関のCEOから権力を剝奪し、彼らを起訴し、ときに有罪にすることもできる。それは、将来こうした危険をうまく切り抜けるのに十分な警告と保証になるだろう。

さらに中国という国家はどこにでも資源を動員できるため、その力の及ぶ範囲は、銀行や証券会社の保護にとどまらない。アメリカの金融危機では、深刻な信用収縮が金融システムを凍結させた。これによって一般の借り手は新車の購入や大学進学のための資金を調達できなくなり、金融機関は現金を溜め込み、金融仲介機関は貸付を停止した。この時点で、政府が金融システムに流動性を供給していれば、このような事態は避けられたかもしれない。ところが、議会はさらなる救済に無関心だった。これが中国であれば、政府は銀行にもっと金を供給するように、ただ命令するだけでいい。

中国の金融システムで最も警戒すべきは、拡大する負債である。先に述べたように、2008年の大不況によって、中央政府が命じる大規模な刺激策を実行せざるをえなかったことが、地方政府の多額の負債につながった。その結果、企業・家計部門を含む中国の負債の対GDP比は、2022年に過去最高の275%に達し、世界最高水準となった。とはいえ、債務危機が起きるのは、借り手と貸し手の双方が許容できる解決策を見出せないとき、あるいは貸し手が連携して行動しないときだ。中国では、負債の大半を地方政府、ないし国有企業が直接または間接的に保有し、借入も貸出も国家が管理しているため、債務不履行の決定は、はるかに簡単だ。必要であれば中央政府は介入し、事態をすぐに解決できる。[39] だが、たとえば2022年の不動産危機のように、救済策のタイミングが遅すぎたり、規模が小さすぎたりすると、投資家を不安にさせ、予想以上に救済コストがかかる恐れもある。

負債は問題の一側面にすぎない。信用度を調べるときは、資産の面も重要な意味を持つ。地方政府は多額の負債を抱える一方で、かなりの資産を保有するところも多い。ある信頼できる推定によれば、地方政府の資産合計は、2017年末時点でおよそ126兆元で、29兆元の負債（その後、推定61兆3000億元にまで拡大）をはるかに上回っていた。[40] 地方政府の年間収入は、2022年に不動産市場のデフレと経済不況によって著しく損なわれ、なかには公務員への給料支払いを延期しなければならないほど財政逼迫したところもあった。それでも裕福な中央政府とのバランスシートを連結させることで、緊急時には中央から資金を引き出すことができた。一方、中国の家計はもっと恵まれている。住宅ローンなどの負債は増えていても、膨大な貯蓄額のおかげで利息の返済能力は非常に高く、住宅バブルが崩壊したアメリカ、日本、スペインの国民の数倍の高さだ。[41]

中国の債務レベルは、西側経済と同じ基準で評価されるが、両者には根本的な違いがある。それは経済成長率と金利の格差で、債務の持続可能性を測るための重要な変数でもある。金利が成長率より低ければ、債務の利子も低くなり、債務のGDP比はやがて低下するだろう。一方、金利が成長率より高ければ、債務のGDP比は上昇し、債務の持続可能性が問題になる（本書執筆時のアメリカでは、金利が上昇している）。中国のような新興市場は通常、先進国よりはるかに高い成長率を示し、成長率は金利より高く維持されている可能性が大きい。同じ基準で債務を正確に評価することができないのはこのためだ。しかし、だからといって、中国がリスクの高い過度な貸付のツケを長期的に被らないとは限らない。不良貸出や「ゾンビ企業」への国家の支援が続いたとしても、経済は急性期的な暴走が継続して起きるよりも、徐々に蝕まれていく可能性のほうが高いだろう。

中国の尋常でない国家貯蓄額は、国内の投資ニーズに対応するにあまりあるものだ。つまり、経済は外資に頼る必要はなく、結果として、中国は国外の投機的資金に左右される可能性は低く、大半の新興市場経済が耐えねばならなかった突然の国際資本の逆流に見舞われる可能性も低いだろう。国の資金流出入を制限する厳しい資本管理によって、貯蓄は中国国内にとどまる。日本をはじめとする他の国々では、住宅市場が崩壊すると、国民は資産を国内で売却して海外に移したため、資産価格の調整ははるかに大きなものとなった。一方、中国では、国の厳しい管理が急な資本逃避を防いでいるかぎり、国民の貯蓄が国に金融的な安定をもたらす。国民や長期的な経済効率にとって、これは最適とは限らないが、少なくとも金融危機の拡大を防ぐことはできる。

それでも、中国の金融システムは崩壊すると頑なに信じる人はいるが、そうした破綻までのカウントダウンを、予想外の事態に備えるための警告と捉えるのも悪くはない。なぜなら、どんなことも起こりうるし、中国の金融安定は、金融システムのある分野の不振がその領域のみに隔離され、システム全体には拡散しないことが重要な条件となっているからだ。複数の大手銀行が経営難に陥ったり、あるいは一部の理財商品や信託商品が不履行になったりしても、国はこうした脅威を十分に食い止めることができる。だが最悪の事態において、たとえば不動産価格の急落に加え、株式市場が急降下し、大手銀行が倒産し、同時に債務不履行の大波に襲われると、政府の救済能力が問われることになるだろう。期待は覆され、信頼は失われ、金融の津波が銀行や地方政府、企業、家計、事業所を襲う恐れがあるからだ。とはいえ、中国政府が過去40年間、あらゆる難題に対処してきたことを見れば、近い将来、こうしたシナリオが起きる可能性は低い。

近年、政府は金融システムと経済全体のデレバレッジ（債務削減）にも注力している。2020年から21年にかけて、中国の大手不動産企業が債務不履行に陥ったとき、政府が救済を拒んだことは、その措置の評判は悪くても、政府に深刻な金融危機を食い止める力と意志があることを示した。こうした努力はおおむね成功し、この国の金融は数年前より安定している。しかし企業の借入が困難になり、銀行が資金を貸し渋り、不動産開発業者が瀕死の状態に陥ったことが市場を揺るがしたため、中国経済はあるときから大幅に鈍化した。企業も変更を重ねる規制や資金調達条件に苦しめられた。政府の対応に遅れや躊躇が見られるたびに、救済や景気刺激のコストが膨らみ、その都度、モラルハザードが悪化した。中国では経済全般と同様に、とりわけ金融システムにおいて、安定性の評価は高いが、効率性の評価は低い。

中国の金融システムは長年、数々のジレンマに直面してきた。この国の金融システムはまだ成熟していないので、国家がつねに介入し、安定を保つ必要性がある。だが介入すればするほど捻《ねじ》れが生じ、成熟は鈍化する。今後は国家よりも、市場メカニズムを重視しなければならないのは明らかだ。

中国の金融の弱点に対する救済策は、国内のプレイヤーと、手強い国家主体のいる現状《ステータス・クオ》に挑戦できる外国プレイヤーとの競争をもたらすだろう。民間企業が国有企業に挑戦を突きつけ、国有企業の生産性を高めたように、ＪＰモルガンやフィデリティ、ブラックロックなどの外国企業の参入が増えれば、中国国内の金融界に蔓延する捻れたインセンティブや歪んだ行動を一掃できるかもしれない。長期的に見れば、国家がこれまでたまにしか関心を持たなかった開放や自由化を進めることが、多くの人が中国の金融システムについて予想する暗い運命を回避するための最善策なのかもしれない。

第 7 章

テクノロジーをめぐる競争

THE TECHNOLOGY RACE

200万年近く前に最初の石器がつくられて以来、テクノロジーは人間の経験を大きく変えた。私たちは科学の力を借りて食べ物を調達し、寿命を延ばし、認知能力を拡大させてきた。今日、国家がグローバルな競争で優位に立つには、軍事力に頼るより、最先端テクノロジーやサイバーセキュリティに精通することのほうが重要になった。今後、国家間の競争の大部分は、どの国が国際的な技術水準において幅をきかせるのか、どの国がハイテク産業でより多くの市場シェアを獲得するのか、どの国が私たちの日常生活についての膨大なデータを処理する最良のアルゴリズムを開発できるか、といったことで決着がつくだろう。テクノロジーが地政学的な勝者と敗者を決定するのだ。

テクノロジーは、あらゆる経済においても重要な役割を果たす。資本と労働の注入が経済成長の原動力として順調に働けば、今後は生産性の向上こそ、進むべき最善の道になる（経済学者ポール・クルーグマンが言うように「生産性がすべてではないが、長い目で見ればほぼすべてである」）。第2章では中国が貧困から脱出した経緯を見てきたが、中国が世界の最富裕国の仲間入りをするには、進歩しつづけることが欠かせない。

中国が最後にテクノロジーで世界をリードしていたのは、13世紀の宋王朝時代のことで、この時代に羅針盤、火薬、印刷技術が発明された。今日、中国を初めて訪れた人々は、買い物客が生きたカニをつまんで携帯電話でスキャンし、産地と栄養価を確認する様子を目撃する。彼らは「独身の日」にアリババのネットショッピングの熱狂に参加するが、そこでは完全自動化されたカスタマーサービスが、毎秒54万件の注文を処理している。新型コロナウイルスによる感染症が急増した際には、ロボットが各家庭の玄関先に食料を運び、公共空間を消毒してまわっていた。[1] 街頭に出れば、物乞いが「私はお腹がすいています」と書かれた、モバイル決済用のＱＲコードつきの看板を掲げている。

世界最速のスーパーコンピュータと世界初の太陽光発電による高速道路を建設し、世界初の５Ｇ対応の遠隔手術を行ったのは、中国だ。乗客一人を23分間で35キロメートルも輸送できる世界初の有人ドローン「億航１８４」を飛ばしたのも、この中国だ。インターネットと知覚ベースのＡＩ、さらには５Ｇやデジタル決済、量子通信、音声技術においてアメリカの先を行くのも、中国だ。音声技術では、中国企業は英語を含むあらゆる言語でアメリカ企業を凌いでいる。中国の新たなスマートシティを走る自律走行車は、信号機や駐車場と通信しながら進み、途中で通過するスマートポールは、風向きや二酸化炭素濃度を測定し、リアルタイムでデータを送信し、電気自動車を充電してくれる。生活水準が主要先進国のわずか4分の1程度の開発途上国が、最先端テクノロジーを使いこなす達人になるなど、まさに史上初のことだ。これは西側の予想とは真逆であるように見える。１９９９年のタイム誌の特別号「21世紀の世界(Beyond 2000)」には、「中国は21世紀に工業大国になることはできない。人口が多すぎるし、国内総生産が低すぎるからだ」と書かれている。当時はこの国に先端技術を買える金があるとは、ましてそれに投資する資源があるとは、信じがたいことだった。[2]

技術力を持つことを示す明らかな証拠はあっても、中国が世界のイノベーターの頂点に立つ用意ができているかという点で、専門家の意見は分かれている。いまだに受験や丸暗記の勉強を重視する教育制度、脆弱な知的所有権法、計画を実行する国家の強権的手法に頼る中国では、想像力や創造性が制限されていると指摘する識者もいる。さらに、中国のテクノロジーは半導体をはじめとする最先端の中核技術で欧米に大きく依存しているため、テクノロジーの最前線には程遠いという見方もある。

中国に対するこの相反する見方に折り合いをつけるには、「根本的なブレイクスルー」と「創造的な適応」という2種類のイノベーションを区別することが有効かもしれない。前者は私たちを「0から1」に導くものだ。このテクノロジーは革命的で、コンピュータや人工知能のような汎用技術を世に生み出し、これらが経済に浸透し、さらに新たなスピンオフ技術の誕生につながる。また後者は私たちを「1からN」に導く。こうしたイノベーションは段階的なものだ。革命的というより進化的で、突如生まれるものではなく、継続的に改良されることを特徴とする。中国は「1からN」の技術を見事に習得し、インターネットのアプリやビジネスモデルの設計において、とくにその傾向が見られる。だが中国には、「0から1」の先駆的なイノベーションをコンスタントに創造していく態勢はまだ整っていない。そのためには、中国の市民社会、その市場、そして国家の役割が大きく変わる必要があるだろう。

1からNへ——中国の最適分野《スイートスポット》

では、イノベーションとは何なのか。それは、何か新しいもの、過去に類のない機器や方法やプロセスを開発することであると、一般に理解されている。この定義によれば、iPhoneの発明はイノベーションとみなされるが、サムスンのギャラクシーは、世界市場で3分の1のシェアを占め、サムスンのほうがアップルより規模が大きくても、イノベーションとはみなされない。とはいえ、技術的進歩が社会や経済に与える影響を踏まえれば、この定義は狭すぎる。既存の製品、プロセス、サービスにおける重要な改良は、いずれもイノベーションとみなすべきだ。エドウィン・マンスフィールドは自著『技術進歩の経済学』で、イノベーションは既存製品の新たな生産方法や、重要な特徴を新たに加えた設計を含め、ありとあらゆる形をとると述べている。この定義では、新聞のように折り畳めるLG社の携帯電話用スクリーンや、心拍数を追跡できるランニングシューズもイノベーションとみなされる。そう考えると、フェイスブックも最初のSNSプラットフォームではないが、元のアイデアを改良し、インターネットの使い方をすっかり変えてしまったという点で、イノベーションにほかならない。

製品のイノベーションに加えてプロセスのイノベーションもある。これは、何かをつくるための、もっと安価で、クリーンで、効率的な方法を発見することだ。新たな発想や科学的発見を実行に移すことも、重要なイノベーションと言える。たとえば、多くの重要な貢献は、実は新規のイノベーションではない。ジェームズ・ワットは蒸気機関を発明はしなかった。彼のつくった機械は、その1世紀前に特許をとったトーマス・セイヴァリーの発明に重要な改良を加えたものだ。ライト兄弟はノースカロライナ州キティホークで現代の飛行機の前身を開発した。だが、そのはるか前の1799年に、すでにサー・ジョージ・ケイリーによって飛行機械は考案されていた。アメリカの経済史家アボット・ペイザン・アッシャーいわく、発明は「既存の要素を新しい合成物へと建設的に融合させること」で生じ、社会学者S・コラム・ギルフィランのもっと簡潔な定義によれば、発明とは「先行する技術の新たな組み合わせ」なのだ。[3]

中国のイノベーションは、既存のテクノロジーを新たに応用したものである場合が多い。人工知能を支える中核技術の機械学習は中国の発明ではないが、中国によるＡＩ技術の応用は世界レベルで、自動運転車、自律飛行型ドローン、顔認識技術、ロボット工学が含まれる。限られた居住空間で暮らす都会人のために、中国企業は二つに畳んでクローゼットに収納できる超薄型のランニングマシンを開発した。幼い子どもに早期教育をしたいと考える親たちのために、娯楽と教育を担うロボットもつくられた。都市部の深刻な大気汚染に晒される警察官のために、勤務中に装着する空気清浄機能付き鼻腔用デバイスを提供するメーカーもある。

中国人がとくに得意なのは、既存の技術をもっと安価で、もっと優れたものにすることだ。華為《ファーウェイ》技術の高品質の携帯電話は、ｉＰｈｏｎｅの半分の値段だし、小米《シャオミ》の素敵なスマートフォンも、さらに安い。シャオミは２０２１年、世界のスマートフォンブランドの第1位に輝いた。中国の製造プロセス自体が迅速で無駄がなく、高品質の製品を、他国で一般的にかかるよりはるかに低いコストで（人件費を計算に入れる前でも）製造できる。たとえば中国企業は、モジュール製造技術を使い、60階建てのホテルを3週間足らずで建設することができる。

だが、中国が最も創造性を発揮する分野は、ビジネスモデルの開発だろう。誰もが動画配信プラットフォームに慣れ親しんでいるが、中国の愛奇芸《アイチーイー》（ｉＱＩＹＩ）の視聴者は視聴中のドラマに出てくる商品や衣服を購入できる。それもその場ですぐに！　拼多多《ピンデュオデュオ》はオンラインで買い物をする会員が集まってグループ割引を受けたり、友人や家族とゲームをして賞品を手に入れたりすることを勧めている。こうした斬新なショッピング体験を提供することで、2015年生まれのこの新規参入企業は3年後の新規株式公開時には300億ドル企業となり、史上最も急成長した企業となった。美団は、グルーポン（共同購入）、グラブハブやデリバルー（フードデリバリー）、トリップアドバイザー（旅行）、イェルプ（クチコミサイト）を一つのプラットフォームに集約している。こうした中国企業や、無数の同類の企業は、サービスを収益化し、顧客を引きつけ、商品の購入を促すが、それは世界最大の貯蓄率と輸出側の世界的貿易不均衡を同時に抱える国にとってはよいことだ。

要するにイノベーションに限って言えば、中国企業は、既存の技術を新たな形で応用し、それを1からNに拡大することに驚くほど長けているということだ。これは既存の技術をただ使いまわしているだけだと一蹴する向きもあるが、生産性を高め、所得を生むことで成長に寄与するかぎりそれは重要なものであり、中国が行っているのはまさにこれだ。たとえば、電気はゼロから1の技術だが、家のなかを明るく照らし、室内の温度を調整する技術を含め、電気から派生した無数の技術のおかげで、私たちの生活は以前よりはるかに快適になり、生産性も高まった。機能満載の安価なスマートフォンは、電気の発見ほど世界を一変するものではないかもしれないが、こうした機器を使って地方の農家が生産物の価格や需要についてリアルタイムでフィードバックを得られるようになれば、人々の幸福にも大きな貢献となる。このように、イノベーションを広く定義すれば、中国は高度にイノベーティブな国として位置づけられるだろう。

模倣と保護主義を超えて

中国のハイテク分野の業績は、おそらくそれが画期的なブレイクスルーではないために、模倣や保護主義によるものとして、西側諸国には軽視されやすい。たしかにこれらの模倣品はこの分野の業績が早い時期に中国経済を牽引したが、そうした機会はすでに十分使い尽くされているので、中国のイノベーションのおもな原動力ではない。そのかわり、中国には自転車シェアリングの「モバイク」など、世界に類を見ない多くの企業がある。さらにアリババから派生したオンライン決済と金融サービス企業のアントグループは、この領域では世界で最もイノベーティブな企業と言っていい。[4]ティックトックは短い動画をシェアする初のアプリではないものの、ＡＩを駆使したその技術は、この種の動画配信企業では最高レベルだ。

長年、中国の人々にとっては自分たちの好きなものを模倣するのは当たり前のことで、これは政府ではなく社会の要請によって生まれた習慣だ。この国では、複製品は長らく実用的なものとみなされ、事業を行い、先行企業に追いつくための手段として広く受容されてきた。２０００年代初期の中国の第一世代のインターネット企業は、西側のモデルを完全にコピーしたものだった。中国のＳＮＳの校内網《シャオネイ》は、フェイスブックの完全な模倣だし、Ｙａｈｏｏ！（ヤフー）の中国版はＳｏｈｏｏ（のちのＳｏｈｕ＝捜狐《ソウフ》で、「Ｓｏ《ソウ》」は「探す」の意味）、ユーチューブの中国版は優酷《ヨウク》（Ｙｏｕｋｕ）と呼ばれる。こうした模倣はテクノロジーに限らない。「中国のアップル」と呼ばれたシャオミの創設者は、スティーブ・ジョブズを想起させる黒のタートルネックを臆面もなく愛用していた。ファストフード企業のKFCには、同様に赤と白のロゴを持つ複数の中国の模倣企業があり、MFC、KFD、KFGなど、いずれも微妙に異なるブランド名がつけられていた。また中国の自動車メーカー、チェリーのロゴは、日産のインフィニティと気味の悪いほどそっくりだ。

中国では模倣は恥ずべきこととはみなされず、むしろ自慢の種にもなった。私が一度会ったことのある地方の首長は、自分の郷を流れる小川に橋をかけることを奨励していたが、いずれもロンドンのタワー・ブリッジやゴールデン・ゲート・ブリッジの縮小版で、堂々たる模倣だった。北京郊外にあるゴルフコースのクラブハウスは、フランスの有名な城のレプリカだ。ある裕福な事業家は、自分の住居はホワイトハウスの精密な縮小版であることを自慢していた。それでも、世界がこうした模倣を鼻で笑っているうちに、中国企業は世界の産業界のリーダーに追いつき、近年はこれを追い越すほどだ。このいかにも実利的な態度は同時に、この国の知的所有権保護の認識の甘さも示している。

経済のどんな成功談にも、業界トップの技術や製品を模倣する段階があることを忘れてはならない。模倣とは自然な行為であり、経済活動にとって不可欠なものでもある。アメリカが経済大国になったのはイギリスから織り機や製粉機の設計を盗んだからだとか、任天堂、日立、ソニーなどの日本企業が世界で有名になったのは模倣のおかげだなどと主張する人はいないだろう。誰の真似もせず、自分の力だけでトップに立つ経済などありえない。そしていま、この模倣という現象は新たなサイクルを迎えつつある。ここにきて逆に中国企業のほうが、マレーシアやインド、フィリピンの競争相手にコピーされているのだ。
テクノロジーには模倣しにくいものもある。西側諸国から先進技術を吸収することを急いだ中国は、「市場と引き換えに技術を手に入れる」という長期的な戦略を実行した。中国で事業を展開し、その安価なコストと広大な市場を利用したい外国企業は、市場への参入と引き換えに、独自技術の共有を条件とする合弁会社の設立を求められた。昨今の貿易論争で、この政策が西側諸国で「強制的な技術移転」と呼ばれるゆえんだ。
だが現実は微妙に異なっており、多くの多国籍企業はこの取り決めを受け入れた。中国国内の競合他社よりも早く新しい技術を発明できれば、この国の広大な市場で多額の利益を得られると考えたのだ。一方、中国側は、こうして獲得した知識から膨大な利益を得たが、この戦略には大きな欠点もあった。中国が求める中核技術を入手できないことも多かったのだ。外国企業は中国国内で生産される製品（もしくはその一部）に必要な技術だけを共有し、その基本的な設計図や、競争力のある製品を完全に独自生産するために必要な重要情報を隠していた。[5]
封凱棟《フォン・ガイトン》教授は自著『イノベーションの国、中国（*China as an Innovation Nation*、未邦訳）』のなかで、外国企業に技術共有を求めるこの方針が、いかに当初意図した目的を達成できなかったかを述べている。自動車産業がその最も良い例だろう。外国の自動車会社と数百の合弁事業を設立しても、中国側は独自に高性能エンジンを製造することすらできなかった。それどころか中国国内で市場シェアを独占できたのは、チェリーや吉利《ジーリー》汽車などの純粋な国内メーカーだった。今日、技術と引き換えに市場を提供するという政策は支持を失っている。さらに地政学的緊張や貿易戦争がきっかけとなり、中国は技術の輸入を「自立自強」の戦略へとシフトしている。たとえば上海のギガファクトリーで記録的な台数の車を製造するテスラは、その技術も知的財産も完全に管理している。

関係者全員がトレードオフを認識し、互恵的な契約を結ぶかぎり、技術移転に本質的な問題はない。多くの革新的技術の領域で中国が先頭に立つようになると、技術移転の振り子は逆方向に揺れはじめた。これはとくにグリーン・イノベーション分野に当てはまる。スコット・マルコムソンがフォーリン・アフェアーズ誌で述べているように、フォードとトヨタは中国の電気自動車会社に投資し、その技術をアメリカ、日本、ヨーロッパの市場に導入できるようにした。[6] テスラは、革新的な中国企業ＣＡＴＬが製造するコバルトフリー電池の採用を決めた。こうした投資を中国側が規制する可能性もあるが、それは誰にとっても有益ではない。すべての国が地政学的理由で単独に技術開発を行うことを選択すれば、すべての国で技術の進歩は遅れるだろう。ドイツ政府は自国の自動車メーカーに対し、電気自動車の電池生産でレベルの向上を奨励しているが、それも革新的な中国企業との10年間の協力によって実現できたことだ。

模倣だけでなく保護主義も、中国の技術的成功の理由として挙げられることが多い。この主張には正しい側面もある。グーグルやフェイスブック、ツイッター（現X）などの外国の情報関連のテック企業は、中国ではその活動が厳しく制限された結果、完全にブロックされるか、撤退を余儀なくされた。グーグルが中国に進出できていれば、百度《バイドゥ》（中国国産の検索エンジン）が今日のように70％の市場シェアを占めるチャンスはなかっただろう。同様に、ツイッターやフェイスブックが中国に参入できていれば、ウィーチャットやウェイボーのような国内サービスを凌駕する可能性が十分にあっただろう。これらのサービスは成功を収めているが、政府の検閲の厳しい監視の下で運営されている。

中国の一部のテクノロジー企業は、保護主義によって国内に根付くチャンスを得たが、それが中国のテック部門が成功した最大の理由ではない。そもそも国内の大半のテック企業は、外国の競合社から保護されていなかった。アマゾンが２０１８年に中国から撤退したのは、国内の競合他社が不当に優遇されていたからではない。アマゾンはＪＤドットコムのような競合他社に負けたが、ＪＤドットコムは、中国人はディスカウントを好むが、アマゾンプライムのような会員制システムを信用していないことをよく理解していた。彼らは、買い物を楽しむのが好きで、ＪＤドットコムの賑やかな設計と比べて、アマゾンのインターフェースを退屈だと感じていた。アリババはそのビジネスモデルを根本的に変えることで、イーベイとの競争に勝利した。登録を無料にし、高い可視性を選択した売り手のみに決済を許可し、サプライヤーに課す手数料を削減した。ウーバーは中国での滴滴《ディディ》との熾烈な競争の末、滴滴に現地企業を買収されてしまった。というのも、滴滴は中国の運転手と顧客のことを熟知していたからだ。このように、ほとんどの場合、中国企業はただ海外のライバル企業に打ち勝っただけだ。

中国での競争がいかに熾烈なものかを言葉で伝えるのは難しい。今日の中国のテック企業間の争いは、紀元前４７５年から紀元前２２１年までの中国の戦国時代を彷彿とさせるものだ。価格競争、ソフトウェアをアンインストールすることによる競争相手の切り崩し、互いに刑務所送りにする、互いの決済システムをブロックするといった現代の戦術は、流血がないだけで、非情そのものだ。[7] プラスの側面としては、中国では競争によって企業は自社製品をつねにアップグレードし、新たな収益化の道を見つけ、積極的にコストカットを図るよう迫られる。中国の労働倫理を表す言葉に「996」というものがあるが、これは午前9時から午後9時まで、週6日働くという意味だ。この言葉の最新バージョンは「007《ダブルオーセブン》」と呼ばれ、24時間週7日対応可能で、私生活が一切ないことを意味する。

ビッグデータと規模の効用

過去数十年のうちに、実業界にはパラダイムシフトが起きていた。2008年に時価総額が最大となった企業は、シェブロンやウォルマートだった。テクノロジー部門を代表する唯一の企業はマイクロソフトだった。それから10年後、アルファベットやアマゾン、テンセント、アリババなどの企業が上位10社のうち7社を占めている。その大半はアメリカもしくは中国の企業だが、それには理由がある。両国とも大きな市場と大量のデータを利用できるというスケールメリットがあるのだ。

20世紀後半、中国は規模の経済、すなわち大量生産によるコスト優位性という強みを活かして製造大国を築き上げ、それを支える大規模なインフラ網と、高い効率性を実現するための物流を整備した。ところが情報化の時代を迎え、規模はまったく新たな意味を持つようになった。テック企業はデータに依拠することから、経済学者が「規模の収穫逓増」と呼ぶものを利用できる。つまり、インプットを2倍にすればアウトプットをそれ以上にできるのだ。たとえば人工知能では、アルゴリズムに流入するデータが多ければ多いほどより効率的なアルゴリズムを実現できるようになり、最終製品がさらに優れたものになるという好循環を生む。それは検索エンジンでも、リアルタイム翻訳でも、自律走行車でも同じことだ。

繰り返しになるが、中国企業は巨大な国内市場を持つという点で、競争上、明らかに優位である。中国のニュースアプリ「今日頭条《ジンリートウティヤオ》」は膨大な顧客基盤のおかげで、人々が好むニュースをマッチングするニュースフィード技術を完成させた。また、中国最大のオンライン旅行会社携程《シートリップ》（アメリカではトリップドットコム）の創設者は、その規模の大きさゆえに膨大な数の顧客から迅速に学習できるのだと私に語った。もちろん、同じことがアリババにも言える。この会社はさまざまなプラットフォームに8億人のユーザーを抱え、5億人の消費者がアリペイサービスからお金を借りている。ＳＮＳ、音楽、Ｅコマース、インターネットサービス、決済システム、スマートフォン、多人数参加型のオンラインゲームなど、テンセントの10億人を超えるユーザーから集めた情報は、同社の製品をより便利で楽しいものにするのに役立っている。

インドに中国ほどのテック大手企業が存在しないのは、規模がすべてではないからだ。その他の重要な要因には、人的資本、物理的およびデジタルインフラ、長期的な金融資本などがある。しかし規模はやはり重要で、その重要度はデジタル以前の経済よりはるかに大きい。テック企業は従来の製造業とは明らかに異なる。たとえば従来の製造業では、工場で靴を1足追加で製造すれば、その生産と販売に追加コストがかかった。ところがインターネットを通じてデジタル製品を提供する追加コスト、たとえばスポティファイやネットフリックス、ズームなどの追加のサブスクリプション費用はほぼゼロに等しい。多くの顧客を獲得することで、テック企業はさらに儲かるのだ。このため、インターネットに接続し、スマートフォンでアクセスできる14億人の消費者を持つ中国企業は、非常に有利である。

多くのテック産業で、製造業と比べてはるかに一部の企業に資本が集中しているのはこのためだ。グーグルはオンライン検索で世界市場の90%を占め、ウーバーとリフトはアメリカのライドシェア市場のほぼ100%を占める。この新たな経済の特徴は、社会全体にとって重要な意味を持ち、社会の不平等から均衡利子率（貯蓄の供給が投資需要と合致する利子率）まで、あらゆるものに影響する。

デジタル経済では、データは生産に影響を与える新たなインプットとなる。医療データはより優れた診断につながり、消費者データはアマゾンのおすすめを改良し、交通データはウェイズ（Ｗａｚｅ）のようなナビゲーションアプリを生む。バイオテクノロジー、都市計画、輸送・物流、サプライチェーンはいずれも、こうしたデータを主要なインプットとして利用する。「データは新たな石油だ」というたとえには多くの真実が含まれるが、完全に正しいとは言えない。[8] 石油は再利用することができないし、あなたが車で買い物に行く際に消費するガソリンは、永久に失われてしまうからだ。一方、データは、それが有用であるかぎり、個人や研究者、企業、政府が共有することができる。つまりデータの所有は、データへのアクセスほど重要ではないということだ。

グローバルに蓄積されたデータを利用できるかぎり、理論上、小国は経済大国に比べてさほど不利ではないかもしれない。だが実際には、データはきわめて政治的な商品であり、政策決定者や市民に国家安全保障やプライバシーに関する懸念を生んでいる。顧客重視のアプリ内のデータが、ある文化に関する多くの情報を含む場合、中国やアメリカのような大国は大きな利点を享受できる。

中国が生み出しているのは、単なるデータではなく、有用なデータの宝庫だ。10億人以上の中国人が携帯電話を使って決済しており、中国のある1日のデジタル決済の規模は、ある年のアメリカのデジタル決済の規模を超えた。中国はデジタルサービスに傾注し、日常生活の多くの面がデジタルデータに変換されている。オンラインのフードデリバリーサービスはアメリカの10倍の規模で普及し、自転車のシェアサイクルは300倍以上利用されている。2020年のパンデミック以前、アメリカでは小売取引の約10%がオンラインで行われていたのに対し、中国での割合は4分の1で、コーヒーやバスの乗車券、駐車料金の履歴を見れば、顧客に関する多くの個人情報がわかる。こうした情報があれば、企業は効果的に商品を販売し、サービスを改善することができる。またこれから見ていくように、銀行業務に革命を起こすことも可能になる。

データ収集とデータに基づく国家統治システムは、監視やプライバシーの問題を引き起こすが、中国人はこの点について、かなり異なる感覚を持っているようだ。中国には世界で最も進んだ顔認識システムがあり、上海では、公共空間にいる個人を数秒で特定できる。以前、私は家の近くの道路を横断し、その数分後に、信号無視して道路を渡ったために罰金を課すことを伝えるメッセージを受けとった。中国人は、ゴミ箱以外の場所にゴミを捨てる、建物の玄関に違法な広告を貼るなどの問題行動も監視されている。こうしたテクノロジーは、新型コロナによるパンデミックでも非常に効果的であることがわかっており、当時はスマートフォンのアプリで、個人の居場所や誰と接触したかを追跡していた。私も自分の健康コードアプリと居所確認アプリ上で複数のグリーンパスを取得していなければ、中国の別の都市に行くことも、レストランや店に入ることもできなかっただろう。

欧米では、このようなプライバシーの欠如や監視の蔓延を、一種の人権侵害とみなすだろうが、中国では多くの市民がプライバシーより安全を重視している。犯罪が減り、人々の行動が改善され、公衆衛生のリスクを減らせるなら、データを共有してよいと公言する人も多い。先に述べたように、世界価値観調査によれば、93％の中国人が自由よりも治安を重視するのに対し、72％のアメリカ人は治安よりも自由を重視していた。中国では多くの人が、（これまでのところ）選択制の社会信用システムに登録している。この制度のもとでは、良き市民であること（期日内に請求書の支払いを済ませる、貧しい人々のためのボランティア活動をする、「英雄的」行為をするなど）でボーナスポイントが与えられ、望ましくない行動をすると（交通違反、違法な抗議活動への参加、高齢の親を定期的に訪問しないなど）、ポイントが差し引かれる。ポイントが高いと、公共交通機関の運賃が安くなったり、地下鉄の駅でセキュリティチェックの列に並ぶ時間が短縮されたり、税金が控除されることもある。こうしたことは、欧米の人々から見れば不可解に映るかもしれないが、中国では多くの一般市民が、この制度に多くの実用的な利点を見出し、魅力を感じている。

とはいえ、中国政府も国民もプライバシーを気にしないというのは誤解である。異なる意見が交わされる場も徐々に生まれつつある。杭州市の市民が、健康コードアプリが多くの個人情報を集めすぎていると非難の声をあげたことで、地元の役人はこのプロジェクトを中止しなければならなくなった。市民の圧力も、政府がデータ保護法に力を入れ、消費者のプライバシー保護を強化する方向に向かわせている。中国政府が世界で最も厳格なデータ保護法の制定に要した時間は、中国の立法史上最も短かった。さまざまなレベルの政府が民間のプラットフォームからデータを収集する際の厳格な承認システムも導入された。

西側諸国は、中国の監視技術が世界各国に輸出されることを非難するが、中国の技術が高品質で低価格であるため、アメリカや日本からではなく中国からの購入を希望する他国の需要が大きいという事実を見落としている。2008年以降、抑圧的な政権だけでなく、リベラルな民主主義国家も含めた世界の80カ国以上の国々が、中国の監視・治安プラットフォームを採用している。アメリカも2019年には30カ国以上にこうした製品を提供している。2020年にブルッキングス研究所が実施した調査では、民主化度や自由度が低い国よりも、犯罪率が高い国のほうが、こうした技術の採用率が高かった。[9] スマートシティのプラットフォームや先端技術を駆使したスマート警察活動を推進するためにも、この監視技術が活用されており、こうした国々では犯罪率の減少にかなり成功している。たとえば、インドでは数千人の行方不明の子どもたちを短期間で見つけ出し、中南米では薬物犯罪者の逮捕を助け、イギリスでは至るところに設置された監視カメラが、治安の改善に役立っている。

テクノロジーの飛躍的進化

工業化について述べた箇所でも見てきたように、後進の立場からスタートすることには、実は意外なメリットがある。一つは、後進経済国は先進経済国から最新のテクノロジーを直接導入し、それによって、時間もコストもかかる中間段階を省略できることだ。途上国のなかには、たとえばブロードバンドインフラを構築せずに、モバイルネットワークに力を入れる国もある。あるいは携帯電話などを使ったモバイルバンキングを直接採用し、従来の消費者銀行を利用せずにすます国もある。また途上国は、化石燃料を使った発電所を建設し、のちにそれを処分するコストを負担することなく、再生可能エネルギー技術にシフトできる。新しい設備を建設するために既存の建造物を取り壊すよりも、白紙状態から始めるほうが、はるかに簡単だ。

ジョン・F・ケネディ国際空港（JFK）の名で知られるニューヨーク国際空港は、1948年に建設された当初、最先端の空港だった。この空港は現在も使われているが、そのインフラは最先端とは言い難いものだ。一方、1948年にJFKが建設されたとき、北京の人々が国内を飛行機移動するには、改修された軍用飛行場を利用するしかなかった。ところが今日、北京大興国際空港には、顔認識の搭乗システム、地熱ヒートポンプによる冷暖房システム、RFID（近距離無線通信を用いた自動認識技術）による手荷物追跡システムなどの先端テクノロジーが導入されている。JFKを取り壊し、大興国際空港のようなスマート空港を再建することは、これまでの巨額の設備投資を考えると割に合わない。既存の遺産がもたらす弊害は、新たな技術を生み出せないことよりも、古い技術から脱却できないことにある。

成熟した経済では古い技術については広範な経験の蓄積があるが、そのせいで新しい技術の価値が軽視されることもある。当初、漸次的な利益しか生まないように見えるとすれば、それはなおさらである。真に素晴らしいものを創造する際の最大の障壁は、そこそこ良いものがすでに存在していることだ。数十年前、アメリカはクレジットカード決済網を強化し、この分野の最先端の国となった。カード決済システムに巨額の費用を投資した同国は、この10年を銀行の磁気カードをICチップカードにアップグレードすることに費やしてきた。[10] この間、アメリカの消費者は、チップが改良されるたびに、銀行やカード会社から新しいクレジットカードを受けとり、小売店は、決済時に使うチップリーダーをつねに最新のものに取り換えてきたが、それには膨大な費用がかかった。

一方、中国は、金融テクノロジー改革の波に乗り、まったく新しいデジタル決済のエコシステムを構築することができた。その結果、中国の消費者は、購入時に携帯電話でQRコードをスキャンするだけで、即時決済できるようになった。また、数回のクリックだけで支払いを済ませ、お金を借り、投資し、さらには個々のニーズに沿った保険商品も購入できる。かつてテクノロジーのトップランナーであったアメリカはいま、デジタル決済技術ではるかに遅れをとっている。

過去の遺産がさらに足かせとなるのは、現状維持を強く望む既得権者の存在である。コダックはデジタルカメラを最初に開発した会社だが、フィルム販売という実入りのいいビジネスを失うことを恐れ、デジタル化に対応した事業展開に二の足を踏んだ。この判断は、会社の未来とカメラの未来が分かち難く結びつく象徴的な企業にとって致命的だった。トヨタやフォードは電気自動車技術を牽引する立場にあるが、新たな道を切り開いているのはテスラのようなアウトサイダーだ。こうした企業が市場のリーダーになる唯一の道は、破壊的なテクノロジーを受容することにある。この飛躍によって昨今の中国は、再生可能エネルギーをはじめとする多くの新たなテクノロジー分野で首位に立っている。

後進性には別の利点もある。未解決の問題に対応するために斬新なイノベーションを加速させれば、それがテクノロジーの飛躍につながるケースもあるのだ。Ｅコマースが中国で急速に拡大したのは、もともと大都市圏外の住民に小売の選択肢がほとんどなかったからだ。この荒涼とした不毛の地で、アリババのような企業が成長と繁栄のチャンスを見出し、いまや中国のＥコマース企業は世界で最も革新的な存在となりつつある。

同じことが金融テクノロジー企業にもあてはまる。これまで見てきたように、中国の金融テクノロジー企業は、未整備な金融業界が中国の家庭や企業にサービスを提供できなかったことから誕生した。革新的なフィンテック企業は、銀行の支店やＡＴＭが近くにない土地で暮らす人々に最大の恩恵をもたらしている。最初にＥコマースを頼ったのはこうした人々だった。さまざまな研究から、アントグループ（アリババの金融関連会社）のビッグデータ技術がインクルーシブな資金調達を促進することもわかっている。たとえばアントの網商銀行《マイバンク》は、この国の１億社もの中小企業のうち３５００万社にサービスを提供している。さらに借り手のオンラインでの活動履歴データが新たな担保として利用され、この追加情報によってデフォルト率を下げることもできる。[11]

アリババの共同創業者、馬雲《ジャック・マー》は、かつて西安（古代の兵馬俑で有名な都市）の露天商から羊肉泡饃《ヤンロウパオモウ》（羊肉のスープ）を買ったとき、この露天商に、アントのマイクロ融資事業を利用したことがあるかと尋ねた。すると、マーのことを知らないこの露天商は、８万元（１万ドル以上）の融資を受けて、自分は商売を拡大できたのだと答えた。担保もクレジット歴もない彼が、旧来型の銀行から資金を借りるのは現実的に難しかったが、アリペイは短時間でその融資を承認し、数秒後に彼のアリペイ口座には金が振り込まれたという。

私が初めて花唄《ホワベイ》（106頁参照）のアプリを試してみたときも、150ドルの信用供与枠が即座に提供され、それで新しい携帯電話や化粧品を買い、「独身の日」に爆買いを楽しむことができた。花唄の5億人の借り手の大半はミレニアル世代で、次の給料日まで待ってオンラインセールのチャンスを逃したくはないのだ。別の借唄《ジエベイ》（中国語で「借りよう」という意味）という名の消費者向けサービスでは、1年に150ドルから8000ドルまでの資金を借りられる。一方、網商銀行では、数千万もの小企業や羊肉のスープを売るような個人業者がローンを組んでいる。

コロナ禍で、中国のフィンテック企業は然るべき顧客に対し、モバイル決済によって必要な金融支援を簡便かつ迅速に届けることができた。保険商品を前線にいる医療従事者に、少額クーポンをそれを必要とする人々に届けたのだ。[12] 中央銀行も網商銀行に5900億元の無利息ローンを提供し、網商銀行が独自の専門知識やルートを使って、中央銀行を利用できない小規模事業者を支援するよう奨励した。その結果、計8兆元もの資金が3年間の期限付きで、1000万以上の対象者に融資されることになった。[13]

だが、イノベーションには新たなリスクがつきものだ。なかにはすぐに察知できないものもある。飛躍的進化が起きるスピードが速すぎて、政策決定者や当局が追いつけないことがあるのだ。アントやスクエア（現ブロック）はテクノロジー企業なのか、それとも金融機関なのか。銀行サービスを提供しているなら、銀行のように規制すべきではないのか。政府や政策決定者からはこうした疑問の声もあがっている。

この状況は、アメリカのヘッジファンドや投資銀行が、リスクの高い新規の金融商品を次々と販売して、2008年の金融崩壊を招いたことを想起させる。今日の新たな金融機関がどのような脅威をもたらすかは未知数であり、規制はまだテクノロジーの進歩に追いついていない。政策決定者は煩雑な規則によってイノベーションの邪魔をしたくないと考えているが、中国政府は、億万長者のテック起業家に無制限の力を与えるつもりもない。中国政府はとくに消費者向けの巨大プラットフォームを持つ企業をアメリカに先んじて規制している。一方のアメリカは、メタ・プラットフォームズ（フェイスブック、インスタグラム、ワッツアップの親会社）や、アルファベット（グーグルの親会社）などの大手企業を規制する法律を準備している最中だ。

米中覇権争いの行方

2020年の最も時価総額が高いインターネット企業25社のうち、11社はアメリカ、9社は中国の企業だった。2018年にAI分野に投資したベンチャーキャピタルの10ドルのうち、5ドルは中国のスタートアップ企業に、4ドルはアメリカのスタートアップ企業に投資された。[14] Eコマースからライドシェアまで、多くの分野で熾烈な競争を繰り広げているのは、中国とアメリカの企業だ。興味深いことに、この領域でヨーロッパやその他の地域の企業はほとんど見られない。インターネットテクノロジー分野は、二つの経済大国によって二分されているが、その理由は規模の利点にある。そこで問われるのは、世界中の人々が使うのはインスタグラムかティックトックか、乗るのは滴滴かウーバーの車か、買い物をするのはアマゾンかアリババか、といったことである。米中両国の勝利はすでに決定していたとしても、グローバル市場の他の地域にもまだチャンスはある。

大手テック企業間の競争結果を予想してみると、いくつかの興味深いパターンが見えてくる。

２０１７年、中国のライドシェア企業として知られる滴滴は、ウーバーがすでに市場の87％近くを支配し、圧倒的な地位を占めていたメキシコ市場に初進出した。新規参入のハンディキャップに加え、滴滴にはウーバーに比べて明らかに不利な点があった。メキシコはアメリカに隣接し、中国語より英語が広く使われ、メキシコ人は中国文化よりアメリカ文化にはるかに馴染んでいたのだ。しかし、そのわずか数年後には滴滴がウーバーを抜いて最大のプレイヤーとなり、２０２２年にはメキシコ市場の56％を占めた。[15] 滴滴が中国市場でトップに立ち、ウーバーがアメリカで主導権を握るのは理にかなっているが、メキシコや中南米諸国などのような自国市場以外の場所で、滴滴が勝利することの意義は大きい。

この例を詳しく調べると、新規市場に対する二つの異なるアプローチが見えてくる。ウーバーはすでにアメリカで成功したモデルを他国でも採用しようとしたのに対し、滴滴の戦略が重視したのは、自社モデルを人口動態や文化的規範、その他の相手国の特徴に適応させることだった。たとえば、多くのドライバーがその日暮らしをしているブラジルでは、彼らの希望通り、滴滴は給料を月給ではなく日給で支払った。そしてほとんどのドライバーが銀行口座を持っていなかったので、彼らのために、アプリ内に銀行口座を申請できるボタンを加えた。さらに滴滴が各ドライバーに代わって口座を申請するとすぐに承認が得られ、新規のドライバーもわずか数日で銀行カードを受けとることができた。

また、滴滴はコロナ禍で消毒剤やフェイスシールドを無償で提供した。中南米では現金取引が主流だったが、パンデミック中は、人が直接触れる紙幣や硬貨の手渡しがとくに危険だったので、滴滴はアプリにデジタルウォレットを追加した。さらに、ドライバーのための訓練施設や、より安全な乗車を実現するための顔認識技術に力を入れ、アプリとカードを連携させて支払いを自動で行えるように働きかけた。このライドシェア事業モデルは、この中国企業が独自に考えたものではなかったが、滴滴はそれを地元市場にとってより魅力的な方法で取り入れた。中南米で最も人気のライドシェアアプリをつくったことで、同社は、地球反対側のまったく異なる文化圏で生まれた企業であるにもかかわらず、いまではアメリカの裏庭にしっかりと根を下ろしている。

この事例は、国境を越えた市場での米中大手テック企業間の競争において、形勢逆転を図る戦術を物語っている。それはどちらがより優れたテクノロジーを持つか、あるいはどちらがもっと文化的に魅力があるかに限った話ではない。先の見通しを立てるための法則性《パターン》を知るには、こうした企業や、企業が戦う市場の構造的な力を理解する必要がある。テクノロジー分野には、それぞれ独自の市場プロフィールがある。インターネットの検索エンジンでは、グーグルという世界的なプレイヤーが独占している。5G通信機器のグローバル企業はファーウェイ、エリクソン、ノキア、サムスンの4社だけだ。代替品を独自に開発するには膨大なコストがかかることを考えれば、この独占状態は納得のいくものだ。むしろ多くの国が既存の大手グローバル企業の市場参入を認め、国民はその恩恵を享受している。平たく言えば、マレーシア政府が検索エンジン、航空部門、半導体工場をゼロから構築しようとするのは、どう考えても最善の選択とは言えない。

だが、たとえばライドシェア部門の場合、状況は変わってくる。検索エンジンとは異なり、ライドシェア事業には、重要な地元のプレイヤーが存在する。たとえば東南アジアではグラブが大人気だ。一方、ロシアではウーバーは地元の競合社ヤンデックスとの合併を強いられ、インドの会社オラはウーバーと主導権を争っている。

Eコマースに目を向けてみても競争パターンはライドシェアに似ており、さらに手強い地元企業がグローバル大手のアマゾンやアリババと張り合っている。また、インドネシアではショッピーとトコペディアの2社が市場シェアの大部分を占めている。インドでは国内のフリップカートがEコマースでアマゾンに先行し、残りの市場をほかの多くの地元プレイヤーが分け合っている。中国でもアリババの市場シェアはいまや60%を下回り、その下でJDドットコムと拼多多が競い合っている。一方、オンラインのサービス予約や口コミ投稿サイトでは、目立った大手グローバル企業は存在しておらず、アメリカのイエルプ、中国の大衆点評《ティエンピン》などが市場を独占している。

業界ごとにかなり異なる市場競争が見られるおもな要因の一つは、ある業界がグローバルな外部性を持つか、ローカルな外部性を持つか、つまり、その技術的な波及効果が普遍的なものか、地域的なものか、という点だ。グーグルの検索エンジンは万人に利点のある技術の最たる例だ。たとえばグーグルがインドで情報を集めれば、それは世界中の企業の役に立つ。同社のアルゴリズムは全世界の膨大な量のコンテンツを信じられないほどのスピードで手際よく分類し、個々の質問に対する正確な回答を届けてくれる。それがどこでなされた質問であっても、ユーザーの言語が何であっても関係ない。またアマゾンもかなりのグローバルな外部性を持つ。そのグローバルな供給元と売り手の大規模なネットワークによって、世界中の消費者が自国のEコマース業者には提供できない、豊かな品揃えを享受できる。アマゾンのおすすめ商品のおかげで、消費者は自分の好みに合ったものを選ぶことができ、この企業の優れたグローバル・サプライチェーンのおかげで、より低価格の商品を購入することができる。

また、こうしたグローバルな波及効果が高い業界では、より優れたテクノロジーや製品を持つ企業がグローバル市場全体を支配するケースが多い。グーグルやファーウェイ、ビットコインがそれぞれの分野で勝者となっているのはこのためだ。それとは対照的に、ローカルな外部性が高い業界、たとえばオンラインデリバリーや一部のライドシェアにおいても、地元の多種多様な競合社が共存しうる。地元の嗜好やニッチマーケティング、あるいは多様性が重視されるような業界では、さまざまなプレイヤーに優位性がある。経済学者は製品やサービスを代替可能性の観点から分類する。グーグルとビングは提供するサービスという点ではきわめて互換性が高い。だが、フェイスブック、ワッツアップ、ティックトック、ツイッターはすべてSNSに分類されるが、一つとして同じものはない。だからこそ、アメリカ企業であれ中国企業であれ、複数の大手企業がグローバル市場を掌握できるのだ。

とはいえ、この分析は現実をやや単純化しすぎている。なぜなら、実際は競争への参入障壁、各部門におけるネットワーク効果の程度、必要とされる顧客からの信頼度などの要因が複雑に絡み合い、市場競争を決定しているからだ。だが、こうした企業をいくつかの重要な側面から整理してみると、テクノロジー界の主要な二大プレイヤーであるアメリカと中国の競争状態がより鮮明に見えてくる。いずれも大規模な国内市場の恩恵を享受しているが、文化や戦略、起業家的アプローチ、その国の政府の役割などの違いが、未来の様相を決定するだろう。

中国企業は、より没個性的なテクノロジー、つまり文化的魅力を持つ必要のない普遍的な技術の生産で成功するかもしれない。たとえば中国製のロボット、ドローン、ブロックチェーン技術がさらに改良されれば、グローバル市場で大きなシェアを獲得できるだろう。中国企業のDJIは、米中の貿易戦争による障壁をものともせず、アメリカのドローン市場において76%のシェアを保有している。また人工知能分野では、次世代でAI実装が重視されるようになれば、中国チームが優位に立つだろう。ただし、アルゴリズムやハードウェアにおける飛躍的進歩のほうが重視されるようになれば、優位に立てるのはアメリカチームだ。

ウィーチャットは素晴らしいアプリで、中国で大成功を収めているが、世界的にはあまり人気がないことには理由がある。SNSには重要な文化的側面があり、ウィーチャットはおもに中国の文化や嗜好、要求に合わせて設計されているからだ。それでも中国の新世代の起業家が、Kポップやティックトックのように世界のミレニアル世代を魅了するものを創造することができれば、中国企業も有力な競争相手になれるかもしれない。だがそれまでは、英語圏のものやアメリカのポップカルチャーのほうが万人に届きやすいため、アメリカ企業に大きな利点があるだろう。

中国企業は予測のつかない規制にこれまでずっと対応してきたし、外国企業が中国国内の環境に適応できずに失敗する様子も目の当たりにしてきた。中国が、制度が不完全で規則や規制があいまいな途上国市場に適応するのが得意な理由は、そこにあるのかもしれない。また、熾烈な国内競争を経験したからこそ、中国企業はわずかな競争優位を得るために、骨の折れる仕事も辞さないのかもしれない（これは「吃《チー》苦《クー》」と呼ばれ、苦を食べるという意味がある）。アメリカ企業は実証済みのモデルを用いて、できるだけ多くの市場でそれを再現しようとするかもしれないが、それは先駆者としての優位性があるからだ。一方、中国企業は個々の市場にさらなる資源と時間を費やし、おそらく幅よりも厚みを選ぶ傾向が強い。彼らの優位性は、競争相手が支配する市場シェアを奪うべく創意工夫することにあるかもしれない。ウーバーは滴滴より多くの国に進出しているが、滴滴のほうが個々の市場で高い収益をあげているのはこのためだ。

　最後に、テクノロジーの国際競争においても国家の役割が重要になる。世界各国の政府が独占禁止法、消費者の福利、データセキュリティの名のもとに、大手テック企業を統制ないし解体することを視野に入れている。その懸念はもっともかもしれない。規模に対する収益逓増（投下する資本やリソース以上に収益が加速度的に増加すること）が強く働けば、テクノロジー企業は製造業が直面してきたような成長の限界に縛られなくなる。テクノロジー企業が大きくなりすぎて、消費者に有害な方法でデータを利用したり、競争相手を一掃したり、イノベーションを抑制したりするのを防ぐために、政府は介入や規制を行う義務があると考えることもあるだろう。だが、国際的な競争となると話はもっと複雑だ。テクノロジー企業が外国市場でグローバルな競争力を維持するためには、政府はこうした問題をあえて容認し、これらの大企業がその規模を維持するか、さらに成長するに任せるかもしれない。

消費者保護への懸念から政府が国際競争に関して実施する政策は、国によって大きく異なることもある。ヨーロッパでは消費者保護は効率性や利益に勝るとみなされているが、中国では一般に、効率性や経済的成功が消費者の福利より優先され、巨大企業や国内の覇者の急速な台頭を許している。アメリカはその中間に位置する。それでも、新時代の中国で経済的平等と消費者の福利の優先度が高まるにつれて、政府は独占禁止法や新たな規制を施行し、企業に厳しい制限を課すようになっている。政府は国家権力に挑戦するほど企業の力が拡大することも望んでおらず、これが2020年に規制や弾圧の猛攻撃が始まる大きな要因となった。

0《ゼロ》から1へ

AIを搭載したスマートシティや、自律走行車が走る中国の華やかで未来的な都市を目の当たりにすれば、ヨーロッパの都市が古臭くて野暮ったく感じられるかもしれない。だが、こうしたイメージとは裏腹に、中国はいまだに最先端技術や画期的発明のパイオニアになれていない。たとえば、ある技術で迅速にキャッチアップしたり同業者と肩を並べたりすることと、クリエーターになることはまったく別物だ。ソフトウェアや新素材、次世代通信などの最先端技術で優位に立つのが重要な理由は、それを商業的に応用し、国際市場のシェアを獲得し、国際的な技術標準を設定し、規範やそれを採用する機関を構築できるからだけではない。深い知識やノウハウは電気やコンピュータ、インターネット、人工知能などの汎用技術（GPT）を生み、その恩恵はさらに広範な経済に浸透し、雇用を創出し、新たな副次的効果ももたらす。それは開拓者に対し、この先何年もトップの座を維持し、市場を形成するという先行者優位を与える。ゼロから1を生むテクノロジーは、国家の競争力や安全保障にとってはきわめて重要であり、先進的なテクノロジーは先進的な軍事力を創出する。こうした技術革新においても中国は急速にキャッチアップし、リードしている分野もあるが、それでも西側諸国とのあいだには、まだ大きな隔たりがある。

中国はジェネリック医薬品を製造できるが、自社ブランドの医薬品は製造できない。半導体を設計する技術力はあるが、集積回路を製造する工場はない。中国の医療関連企業はサービス提供者としては成功していても、最新の医療機器はいまだに輸入品頼みだ。グリーンエネルギー技術の製造と普及では突出しているが、それを発明したわけではない。一方、アメリカのベンチャー企業は、まるでSF小説の世界のように、人間の臓器内を動きまわり、胃を修復したり心臓手術を行ったりするナノボットの研究に取り組んでいる。中国企業の高度な人工知能でさえ、その優位性は計算に使うアルゴリズムやデータ処理、自動推論ではなく、データそのものにある。

半導体は未来のテクノロジーの中核として、スマートフォンから高度な衛星兵器システムに至る、あらゆる装置を動かすマイクロチップに不可欠な材料や回路を提供する。だが中国は、いまだに自国で最先端のチップを製造することができず、長年、重要な半導体の部品を海外から輸入している。2019年後半、中国の最も近代的な受注生産メーカー《ファンドリー》のSMICが、ようやく14ナノメートル技術世代のチップの製造を開始した（これはトランジスタの物理的な大きさを指す。トランジスタが小さければ小さいほど、狭い空間に多くのトランジスタを配置でき、トランジスタのスイッチングが速ければ速いほど、必要なエネルギーが少なくなり、より低い温度で作動する）。それでも中国は、この分野の世界的リーダーである台湾、韓国、アメリカと比べると、少なくとも2世代は遅れている。台湾のＴＳＭＣは２０１８年から7ナノメートル世代を、22年には3ナノメートル世代を製造し、まもなく2ナノメートル世代に達しようとしている。

ここ数年、中国は研究開発分野に膨大な資金を投じているが、機器や材料、コアな知的財産においては、いまだに他国への依存度が高い。中国はオランダの企業ＡＳＭＬから、「地球上で最も複雑な機械」と呼ばれる半導体製造に必要な先進機器の極端紫外光撮像器[16]を輸入している。この分野で自立するのは簡単なことではない。高性能半導体を製造するには、何十年もの学習や改良の蓄積によってのみ獲得できるスキルと高度なプロセスが必要だからだ。たとえば前述の紫外光撮像器は、90億ドルもの費用と17年間にわたる研究の末に開発された。アメリカの制裁措置により、ＴＳＭＣとともに取り組んだチップの製造が禁止されたファーウェイが苦況に陥ったことは、中国の持つ技術力の脆弱性を露呈する結果になった。

ファーウェイはその後、チップの生産能力を高め、新たな製品ラインやサービスを展開し、競合他社が見たこともないような5Gインフラを展開してきた。こうして国際的なパートナーの数を増やし続けた同社は、年々高い収益性を収めている。アメリカの厳しい制裁措置にもかかわらず、中国最大のチップメーカーであるＳＭＩＣは、２０２２年に7ナノメートルのチップの出荷を開始し、インテルのような企業と互角に競い合っている。技術覇権をめぐる競争は、たとえばアメリカが中国企業への半導体の輸出禁止を決定したときのように、[17]政治的外圧によって拍車がかかることが多い。中国が危機感を強めたのは、2022年にバイデン大統領が全面的な規制を行ったためで、それは習近平国家主席が3期目に再選された第20回党大会の数日前に発表されたものだった。この一連の新たな規制では、制裁リストに中国企業数社が追加され、アメリカのテクノロジーを利用する国際企業が中国企業にチップや機器を販売することだけでなく、アメリカ人が中国の半導体企業で働くことも禁止された。

ソ連が初の人工衛星スプートニクを打ち上げると、アメリカは宇宙開発のリーダーの座を奪還すべく発奮した。これに衝撃を受けた中国も第14次五カ年計画（2021年から25年）で技術的自立を国家の最優先課題とし、第20回党大会では、科学・技術・教育を通じて国家を強化するという意味の「科教興国《クーチャオシングオ》」と称する戦略を発表して注目を浴びた。中国政府は「挙国体制」を発動し、主要なテクノロジー、あるいは中国人が「チョークポイント技術」と呼ぶ技術革新を達成するために、国のあらゆる資源を投入した。これは毛沢東主席の「両弾一星《リャンドゥアンイーシン》」計画以来の強い意気込みで展開された。中国は、この「両弾一星」計画で原子爆弾と水素爆弾を記録的なスピードで開発し、歌曲「東方紅《トンファンホン》」（文化大革命期に毛沢東や中国共産党を讃えた歌曲）の調べとともに、ソ連のスプートニクからわずか数年で、自国の衛星を軌道に打ち上げることに成功した（これが西側諸国による対中禁輸の最中に起きたことは興味深い）。当時の中国には現代的な産業基盤がほとんどなく、資源も乏しかったことを考えれば、実に目覚ましい快挙だった。

戦略的目標に「挙国」の名が付されると、コストは二の次となり、無駄な出費も容認される。挙国体制では戦略的目標を達成するために国家が総動員される。中国が国家の誇りと名声をかけてオリンピックのメダル獲得に乗り出したときのように、大漁を狙って網を広く投じるのだ。習近平国家主席は、それまでは大臣の仕事であった中国の技術進歩を監督する仕事を自ら引き継いだ。こうした動員はおもに戦時下で発動されるものだが、中国は主要技術の開発分野で世界の頂点に立つことを、最重要課題とみなしている。

挙国体制の行方

私たちは皆、スティーブ・ジョブズやイーロン・マスクのようなテクノロジー分野のスーパースターを、単独で道を切り開いた人物だと考えがちだ。しかしアメリカでさえも、インターネットやパーソナルコンピュータ、GPS、タッチパネル、マイクロプロセッサなどの主要技術の進歩においては、政府が影の立役者となってきた。[18] 政府は米国防高等研究計画局(DARPA)のような重要なプログラムの費用を負担したが、このプログラムは巨額の国家予算を費し、全米の大学のコンピュータサイエンス学部から最高の人材を集めている。マンハッタン計画やアポロ計画に着想を得て、中国も主要な国立研究所、大学、ハイテク工業団地をつなぐ、完全に統合されたインキュベーション・チェーンを築いている。さらに中国は、全国に100カ所のテックセンターと100カ所のハイテク工業団地の建設をめざし、海外から数千人もの研究者や科学者を招集している。また、アメリカの監視が強まるにつれて、中国人の科学者や研究者のなかには、科学技術の研究開発に政府や民間企業が潤沢な資金を提供する母国に戻ることを望む者も増えている。

基礎科学研究でも理想的な成果を出すために、中国は知的所有権の保護にも力を入れている。知的所有権をめぐる他国との論争は中国を然るべき方向に導いたが、中国では適切な保護措置が存在しないことも、中核技術の開発に取り組む国内企業にとって大きな障害となっていた。中国では歴史的に知的所有権への意識が低く、これまで他人のアイデアを盗用することが問題視されることはあまりなかった。だがここにきて、中国政府は多額の罰金を課す制度を導入し、それを国中の知的財産権保護センターに実行させ、さらに国民の意識を変えるために小学校教育から取り組みを始めた。また、知的所有権の侵害に対して、迅速に調査・対処するための包括的な法制度も構築しつつある。

中国のあらゆる国家目標と同様に、中央政府が戦略的計画を策定し――この場合は主要技術の飛躍的進歩を実現するための挙国体制を打ち立て――地方政府がその実行を命じられる。私が出会った官僚たちも、10億ドル以上のテック企業が集まる「ユニコーン・アイランド」の建設についての野心的な試みを語っていた。

2020年に私が訪問した蘇州市のハイテク団地では、生物医学、半導体、情報テクノロジー関連の企業が、安価な土地、税控除、社会保障費の減額を享受していた。担当する地方政府の役人の話によると、この「ワンストップ・ショップ」は、企業の資金調達を支援し、グーグル本社のような環境で、従業員が質の高い生活を送れるようにするのだという。さらに共同研究開発を促進し、近隣大学から有能な人材を集める助けも得られ、海外の人材を引き抜く国の政策の恩恵にもあずかれる。こうした支援のおかげで、企業は邪魔されることなく、画期的なテクノロジーの開発に集中できるのだ。

だが、自律走行車やロボット、ドローン、顔認識技術を社会で円滑に機能させるコンピューティング、IoT、5Gのための新たなインフラにかかる莫大な費用を出せるのは一体誰なのか。それができるのは、国家、あるいはグーグルやアマゾンのような企業、すなわち下流部門に大きな影響を与えかねず、投資から短期的収益が得られる保証もない、リスクのある独創的な起業にとって必要な忍耐と資源を持つものだけだ。大規模な融資を行い、国際的な訓練を受けた多くの科学者や技術者を有し、戦時の危機感をもって任務に取り組む強い意志こそが、テクノロジー分野で世界のトップをめざす中国を飛躍させることだろう。

2019年、中国は6年間で新たな技術インフラに1兆4000億ドルを投資するという刺激策を打ち出した。2009年の金融危機後のように、橋や幹線道路を増設するのではなく、無線ネットワークを整備し、センサーを設置し、IoTのプラットフォームを構築し、パンデミック後の経済を活性化することで、この国は世界のテクノロジー競争の先頭に立とうとしている。半導体産業は民間・公的機関から1兆元の資金を集める「国家大基金」の恩恵を受け、量子通信分野にも「メガプロジェクト」がある。[19]

実はこうした基金は無駄が多く、非効率的であることも少なくないが、この挙国体制は国家予算が最優先される分野や、宇宙計画、量子通信、サイバーセキュリティのようにコストがあまり気にならない分野ではとくに効果的だ。国家が注力する大規模な計画は非効率であるという通説に反し、中国ではそれなりの実績をあげている。実際、中国が自立をめざす約35種類の基幹技術のうち、20種類の技術が飛躍的前進を遂げている。たとえば重要なアルゴリズム、ソフトウェア、ハイエンド製造などの技術以外にも、半導体や生物医学の技術も一定の躍進を見せている。だが、エンドユーザー向けの先端チップのように、コスト競争力と大量生産が重要となる分野では、こうした挙国体制の手法はあまり効果がない。

再生可能エネルギー、電気自動車、グリーンテック・サプライチェーンなど、誰もが比較的平等な立場からスタートできる革新的なハイテク分野では、中国はすでにアメリカや他の競合国に先行している。だが、仮に中国が広範なハイテク領域で圧倒的にリードできたとしても、それだけで技術革新の先駆者であるとは言えない。人間と同等かそれ以上の認識能力を持つ機械を最初に創造するのは誰なのか。癌の特効薬を開発するのは？　人間のあらゆる身体部位を修復できる医療を生み出すのは？　ゼロから1を生む技術は、試行錯誤を繰り返し、成功と失敗を無数に重ねた累積学習から生まれるため、その実現には多くの時間がかかる。それは横取りしたり、コピーしたり、海外から輸入したりできるものではない。

基幹技術が飛躍的に前進する背景には、市場、資金、人材という、おもに三つの要素がある。このうち、中国が最初の二つをすでに手に入れていることは間違いない。だが、この国の弱点は人材で、これが基礎研究不足をもたらしている。プログラマーやエンジニアは余るほどいるし、ＳＴＥＭ系の大卒生の数は世界一だが、彼らの多くが科学技術の道に進むことはない。半導体分野を例に挙げると、大学でこの分野を専攻した卒業生のうち、半導体業界で働くことを選んだ割合は15％に満たない。また、チップ業界では２０２５年までに、30万人の熟練労働者が不足すると予想されている。[20]

結局のところ、飛躍的進歩は基礎研究から生まれる。基礎研究とは、具体的な商業目的や狙いを持たずに獲得される、深く幅広い知識基盤だ。大学や国立研究所、産業界が協力し合い、学習、好奇心、探求心を育む環境のもとで知識を創造ならびに共有することにより、この知識基盤は拡大する。最近、中国はそのキャッチアップに取り組んでいるものの、この点では、はるかに遅れている。その理由の一つは、中国の大学や研究所が従来から質よりも量を重視してきたことにある。たとえばこれまでの中国では、発表論文や特許の質よりもその数のほうが注目されてきた。このため、中国は取得した特許の数では世界をリードしているが、特許の平均的な質は第一級とは言えない。[21] 研究者は、昇格あるいは政府幹部に見せる成果のために、多くの論文発表を強いられるが、それによってノーベル賞を獲得できるわけではない。また、研究者への厳しい監視も、その創造性の妨げとなりかねない。

せっかちな国家

ゼロから1を生む技術で中国が世界のリーダーになるのを阻む最大の障壁は、この社会そのものにある。忘れてならないのは、中国はいまだに国民の年間所得が1万ドルであり、それに応じて、能力以上の願望や野心を持つティーンエイジャーのようにせっかちに思考し、行動する若い国家であるということだ。この国の若さ溢れる精神が、国全体を全力疾走させている。ベンチャー企業がわずか数年で10億ドル企業になり、高速列車の駅が数カ月で建設され、研究者が一流専門誌にもっと論文を発表するよう求められ、政府は外国企業に中国市場への参入を認める見返りに、自分たちに足りない技術を獲得する。これらはすべて、すぐに結果を求め、迅速な解決策や、一夜にして勝利を手に入れることを望む国家の特徴だ。

中国にはこの心境をよく捉えた言葉がある。「短平快《トゥアンピンクワイ》」つまり「短く坦々と迅速に」というものだ。これはもともとバレーボールの試合で勝つための戦略だったが、いまでは投資家のための人気の処方箋となっている。つまり短期投資を坦々と進め、迅速な収益化をめざすという意味だ。これは社会全般に広く見られる姿勢でもあり、たとえば中国の結婚市場を皮肉混じりに表現するときにも使われる。結婚までの婚活期間はできるだけ短くし、感情移入をせずにさっさと離婚しろ、というわけだ。活気に満ち、勤勉で競争心が強く、集中力のある若い国家は短期的にはめざましい利益を生み出すかもしれないが、ゼロから1の革新的技術の創造には忍耐が必要だ。それはクリエーターや投資家、制度や機関でも同じことだ。そのためには、学生、研究者、教授を含めた学者などの有識者が、知識の追求そのものに専念する必要がある。言い換えれば、創造的な飛躍には、忍耐強い資本、忍耐強い国民、忍耐強い国家が求められるのだ。

抜本的なイノベーションは、市民社会に高い要求を突きつける。第一に、国民全体が繁栄するか、少なくとも「そこそこ豊か」になる必要がある。そうして初めて既存技術に段階的に改良を加えた「そこそこ良い」商品の先に進むことができる。だが中国は、まだそこまでのレベルには達していない。年間所得が1万ドルの国ではたしかに「短平快」は即効性があるかもしれないが、資金は利益が最大化する場所に流れるため、中国経済は、最大の利益が望めるが、利益ゼロのリスクもある知識集約型部門に資源を投入する前に、収穫しやすい果実をまず刈り取らなければならないだろう。

アイデアや知識の自由な流れには、中国国内においても、世界各国との交流においても、開放性が求められる。この情報化の時代には、世界の人材を集め、世界の技術にアクセスできる能力が、信頼構築能力と同様に不可欠だ。限界を超えて創造性を発揮し、既存の型に容赦なく挑む大胆さを持つことは、中国の強みではなかった。これには文化的な理由もある。権威者や年長者に従うことを美徳とする儒教的な考えが、現代の中国社会にいまだに根強く残っているからだ。これは一方で、強大な国家を維持するためには都合のよいものでもある。

中国が直面するもう一つの障害は、14億人の人口を有する国で才能を見極める唯一の手段が、迅速で理路整然とした回答を重視する標準試験であるという現実だ。こうした試験はある種の才能を際立たせることはできるが、飛躍的なイノベーションに必要な深みのある分析や、既存の考え方にとらわれない独創的な思考を見抜き、それに報いるものではない。これまで中国の学生たちは、創造的思考や想像力を発揮することよりも、理路整然とした問題解決や丸暗記をすることが重視されてきた。2021年に政府が学習塾産業への厳しい規制を課したのは、子どもたちを過度な負担から解放し、子どもたちにとっても、国家にとっても、意味のない受験スキル偏重志向を撤廃するためでもあった。2022年の党大会では、指導部が基礎科学の向上と、人材育成を目的とした教育制度の改革に取り組むことを明言している。

アメリカと同様に中国も、テック企業の規制という点では、拡大を続けるその強大な力ゆえに、ジレンマに直面している。その莫大な力は、(多くの国家を凌ぐ)富だけでなく、その広範な社会的影響力によっても発揮されている。では、グローバルリーダーとしての地位を確立し、市場を活性化するテック企業のイノベーションを阻害することなく、政府が必要な規制を設けるには、どうすればよいのだろうか。

中国で新たな規則の対象となっているテック企業は、SNSのプロバイダーやライブ配信サービス、ECプラットフォーム、デリバリーサービスなど、おもに消費者向けの企業である。中国もアメリカも、急速に発展する分野を萎縮させることなく規制するのに今後も苦労することだろう。だが中国でこうしたインターネットプラットフォーム企業の成長が制限されれば、ディープテック〔専門性の高い先進技術〕企業が、より多くの資源を利用できるようになり、それによって中国は、アメリカに遅れをとった分野でブレイクスルーを実現するという国家目標を叶えることができると主張する人もいる。

そして何より重要なのは、イノベーションのシステムだ。それは垂直的かつ水平的な構造を持ち、官民問わず多くの参加者を相互に結びつける。機能的なシステムは然るべきインセンティブを生む。大学は純粋に知識の向上を追求し、企業は新興テクノロジーのイノベーションや投資を行い、国家はイノベーションを阻害することなく支援する。知的所有権を強力に保護すれば、新たな発明を生み出すためのさらなるインセンティブが提供され、市場の力は、より先進的な技術に道を譲り、時代遅れのものを淘汰する「創造的破壊」のプロセスを加速させる。

米中の技術競争について考えるとき、この市場経済の核心をなす重要な特徴を忘れてはならない。競合国同士の能力が互角である場合、企業が技術革新を迫られることで、建設的な競争が生まれる。1980年代に日本が半導体市場を席巻していた際、あるいは1960年代にフランスとドイツが生産性と技術革新でアメリカに急接近した際のアメリカが、これに当てはまる。当時のアメリカがとった対応は、保護主義の圧力をかけることでも、経済を分断するとの脅しをかけることでもなく、1981年にレーガン政権が採用した研究開発税額控除制度のような、イノベーション政策を強化することだった。

それから40年が経ったいま、技術競争は、国家の安全保障という視点で捉えた場合、ますます「勝つか負けるか」の戦いの様相を呈しつつある。だがイノベーションとは本来、社会に浸透し、私たちの日常のあらゆる側面に影響を与えるものだ。米中両大国間の「競争的協調関係」の建設的要素を利用することによってのみ、私たちはワクチンを発見したり、生命科学を前進させたり、クリーンで安全なエネルギーへの移行を迅速に実現したりすることができる。米中間の技術競争は、対立に向かう下降スパイラルに陥るのではなく、適切なルールと制約のもとで行われるオリンピックの金メダル獲得競争のようなものになるべきだ。[22]

テクノロジーは、同時に信頼にも密接に結びついている。私たちは、コピー商品を送ってきたり、金を持ち逃げしたりしない信頼できるEコマースのプラットフォームで買い物をし、個人データを慎重に扱う誠実な企業にデータを提供し、安全性が保障されたクラウドサービスを利用したいと考える。信頼は、普遍的な技術水準を達成するうえで核となるものだ。

こうした信頼を獲得するのは簡単なことではないが、この点で、中国の新世代がその存在感を増しつつある。中国のユニコーンテック企業の創業者やCEOの大半はミレニアル世代だ。多くの若者にとって、金儲けはそれ自体が目的ではなく、消費者に高い品質と価値を提供することに伴う副産物にすぎない。そしてその結果、彼らはむしろさらなる成功を手にしている。彼らの影響力は、もっと忍耐強く、慎重な社会をつくることに寄与している。彼らのような存在こそが、国家が提供するあらゆる利点を長期的な利益につなげ、やがてはこの国の技術的な目標を叶えていくだろう。中国がゼロから1を創造し、世界に通用する持続可能なイノベーターになるという希望は、彼らに託されている。

第8章

世界経済における中国の役割

CHINA'S ROLE IN GLOBAL TRADE

1980年代、韓国出張から帰った父がお土産に買ってきてくれたピンク色のスノーブーツのことを、私はいまでもよく覚えている。履き心地がよくて、本染めの革でできた、とても素敵なブーツだった。中国では誰もこんなものを見たことがなく、私がそれを履いて見せびらかすと、幼稚園は大騒ぎになった。父の職場でも父と一緒に出張に行った同僚たちが、なぜこんなに素敵なお土産を買ってこなかったのかと、奥さんたちに怒られた。当時の中国には、これほど質の良い製品はどこにも売っていなかったのだ。

ところが、それから10年かそこらのうちに、中国の有名な秀水街《シルクマーケット》が、世界的な観光名所となった。立ち並ぶ高層ビルには、さまざまな種類の衣類や靴、織物が溢れ、西側諸国のファーストレディたちも中国を公式訪問した際にここを訪れたほどだ。話によると、1990年代後半にジョージ・H・W・ブッシュ大統領が北京を再訪し、秀水街の店で買い物をしたとき、その店主は代金の受けとりを断ったという。私が子どもの頃に知っていた、ごく基本的な消費財すらなかった国が、なんと20年も経たないうちに、それらの商品の世界最大の輸出国になったのだ。中国がいかに迅速に貿易大国への道を進んだか、そしてその物語が多くの途上国とはいかに異なるものであるかを、あのブーツはいまも私に教えてくれる。

1978年、鄧小平が中国の「改革開放」を宣言すると、国民の運命は永遠に変わることになった。本書ではこれまで、中国の「改革」が、黎明期の中国経済を変貌させ、繁栄への道に導くうえでいかに決定的な役割を果たしたかを見てきたが、「開放」もこの国にとっては同じように重要だった。2001年、長引く困難な交渉の末に、中国がアメリカの支持を得てついに世界貿易機関（WTO）に加盟したことで、この国の貿易の扉は大きく開かれた。世界が当時13億人の中国の消費者とその数兆ドルの貯蓄をその経済システムに迎え入れたとき、この国が自分たちの市場に参入したことで何が起こるかを予想できた国はほとんどなかった。

それから10年も経たないうちに、中国は世界最大の輸出国となり、中国の製造業者は衣類やスニーカー、家具、玩具など、さまざまな消費財を、手頃な価格で次々と世に送り出した。２０２０年には１２０カ国以上の国にとって中国は最大の貿易相手国となり、20年前のアメリカの役割を引き継いでいる。いまやアフリカや東南アジアの途上国の人々は、ｉＰｈｏｎｅの数分の一の値段で買える中国製スマートフォンでインターネットにつながることができる。さらに中国は、さまざまな供給元から仕入れた部品を使って、コンピュータなどを安価に手際よく組み立て、それを他国に再輸出することで、グローバル・サプライチェーンの中心的立場に就いた。そして中国の消費者は派手に買い物をし、イタリア製のハンドバッグ、ドイツ製の自動車、オーストラリア産の牛肉、アメリカ産の大豆など、世界中の多くの商品の売り上げ拡大に貢献した。

今日、中国の人々は、海外の旅行先で買ってきたものが、よく見ると中国製で、がっかりすることも多い。中国製でないか、中国で組み立てられていないか、中国で建設されていないか、あるいは中国の資本が投じられていないものを見つけるほうが難しい。遠く離れたアフリカの地でも、アリババが設計したプラットフォームでデジタル決済が行われている。サンフランシスコ・オークランド・ベイブリッジの東側区間の架け替え工事で使われた自碇式の吊床板の部品も、上海の企業が組み立てたものだ。

世界の貿易システムに中国が参入した影響は、まさに前例のないものだった。世界で新たな市場が開かれたことはそれ以前にもあったが、そのほとんどが韓国やメキシコ、ベルギーの市場など、小規模の市場だった。その後、これらの国々は目覚ましい経済成長を遂げたが、そこでは自国がグローバリゼーションに与えた影響よりも、グローバリゼーションから受けた影響のほうがはるかに大きかった。ところが中国は違った。

すでに手にしていた高い生産能力を驚くべき規模とスピードで拡大していく中国に、世界は不意打ちを食らった。２００１年のＷＴＯ加盟後、20年には中国が世界のＧＤＰに占めるシェアは倍増し、７・８％から19％近くまで上昇した。世界中の低賃金労働が中国に流れ込み、中国からの輸出品が世界経済に溢れ、中国の貿易黒字が拡大したことで、中国に売るよりも中国から買うケースが多くなった。やがて中国の投資家たちはアメリカの映画会社ＡＭＣやボルボのような一流ブランド企業のオーナーとなり、その様子は１９８０年代の日本を彷彿とさせた。

中国が、安価なローエンド商品から、富裕国の独占領域とされた高品質の製品に徐々に移行するにつれて、この若い貿易国を称賛する者もいれば、忌々しく思う者、またその両方の場合もあった。アメリカとの貿易摩擦は、ドナルド・トランプが２０１６年に米大統領選挙で勝利したときに顕在化し、アメリカは、自国の雇用を守るという理由のもとに新たな関税を導入した。２０１８年にトランプ政権は中国との全面的な貿易戦争の火蓋を切ったが、それは両国の国交正常化以来最も辛辣な対応となった。そして、世界各国のポピュリスト指導者たちが、この機に乗じて、不平等の拡大や失業率の上昇、政治の二極化などの自国の問題を、グローバル貿易のせいにするようになった。

台頭する中国経済

中国がグローバルな貿易強国として急速に力を持つようになった理由は、これまで見てきた国内の条件によるものだけではなく、背景にある強力な要因も、それを助長していた。1986年から2008年までの20年以上ものあいだ、世界は「ハイパー・グローバリゼーション」と呼ばれる現象下にあった。この時期、GDPに占める世界貿易の割合は2倍になり、国際通信が安価になり、インターネットへのアクセスによって、多くの人々、供給元、買い手が容易につながるようになった。商品のコストが急落し、輸送コストも激減したが、それは船舶や飛行機による大規模で迅速かつ効率的な輸送、さらにコンテナ保管、配送、通関といった物流が改良されたおかげだった。

世界はより開かれた貿易システムを熱狂的に歓迎した。各国政府は、2度の世界大戦の記憶の残る地に築かれた貿易の壁を、下げたり取り除いたりした。世界の平均関税率は14%から半分程度にまで引き下げられた。[1] この間に欧州連合（EU）が台頭し、1994年にはアメリカ、カナダ、メキシコ間で北米自由貿易協定（NAFTA）が締結され、中南米でメルコスール貿易圏が誕生した。アジアでは1992年のASEAN自由貿易地域と、その後の日中韓3カ国を加えた拡大版（ASEAN＋3）によって、東アジア13カ国からなる貿易圏が誕生した。1995年に設立されたWTOは、平均関税率を一桁台まで大幅に引き下げ、最恵国待遇の関税率も引き下げ、新たな加盟国の参入を承認した。

この歓迎ムードのなかで世界市場に参入した中国は、極端に安価な労働力（1990年の中国の労働コストはアメリカのわずか1・29％だった）[2]をほぼ無尽蔵に供給し、大規模な消費者基盤を有していた。数億人の労働者が農業から工業へと移行するにつれて、中国では知らぬ間に世界最大の工場になる準備が進んでいた。[3]中国は高度な製造技術を必要としない労働集約型のモノを輸出できたのに対し、アメリカなどの先進諸国は、資本や技術集約型製品の生産に集中することができた。こうして誰もが利益を享受できた。

新たなグローバル貿易のパラダイムに向けて

今日の「メイド・イン・チャイナ（中国製）」はたいてい誤称であり、大半の製品は「メイド・イン・ザ・ワールド」と呼ぶほうが正確だ。[4]グローバル貿易システムにおいて、国や地域は複雑に絡み合っている。アメリカの製品は、台湾の中間企業が組み立てた中国製のパーツや韓国製の部品に依存しており、中国製のパーツはさらに、日本やドイツ製の部品でできている。情報革命によって加速した貿易の新たなパラダイムは、チップやマイクロプロセッサ、化学物質、化学薬品などの国境を越えた移動を特徴とする。こうした中間財（より大きく、複雑な製品の製造に使われるモノ）は、国際貿易全体の3分の2という驚くべき割合を占めている。[5]iPhoneはカリフォルニアで設計されるが、そこに使われるさまざまな部品は、韓国、オランダ、台湾から集められ、台湾の会社である富士康《フォックスコン》が中国で組み立てている。

こうした生産の地理的分散によって、グローバル・バリューチェーンと呼ばれるものが誕生した。製品の設計・開発から始まり、複雑なパーツやモジュールを含む必要な材料の組み立て、そして最終製品を次々に製造する組み立てラインを経て、最終目的地に製品が出荷され、それが市場で販売される。その各段階で付加価値(バリュー)が生まれるのだ。それぞれの段階を担うのは、最も効率的な生産を最も低コストで提供できる国であればどこでもいい。複雑な製品は、往々にして何度も国境を越えて徐々に形をなし、さまざまなプロセスを経て、ようやく最終的な製品として販売・輸出される準備が整う。

たとえばミニクーパーを製造するために、中国はタイヤをイギリスに出荷し、その間にエンジンのパーツを日本に送って組み立て、それからイギリスに出荷する。エンジンのパーツ、組み立てたエンジン、タイヤはすべて、最終製品を製造するための中間財とみなされる。ボーイング社の大型旅客機の場合は、世界各地に1万2000の仕入先がある。こうした部品が行き交う貿易は、旅客機本体の貿易よりも規模が大きい。中間貿易がグローバル市場を席巻しているのはこのためだ。チップの部品ですら、アメリカ、韓国、台湾からドイツまで2万5000マイルを旅したのちに、最終製品に組み立てられる。[6]

グローバル・ネットワークの貿易地図を描いてみれば、世界中のほぼすべての国がつながっていることがわかるだろう。グリーンランドとサハラ以南のごくわずかな国を除けば、どの国もグローバル・サプライチェーンの一翼を担っている。中国、ドイツ、アメリカは、こうしたグローバル貿易の大半において、その流れの中心的存在だ。そして地域貿易は地域の拠点を生む。中国の最大の貿易相手国は近隣国の日本、韓国、ベトナムだ。アメリカにとってはメキシコとカナダが主要な貿易相手国で、ドイツにとってそれはイタリアとフランスだ。

複数の国家がこのように連携し合うとき、各国はバリューチェーンの特定の位置を占めている。長らく中国はもっぱら製品の組み立てを担い、電子チップや部品のような中間財を日本や韓国、アメリカから手に入れ、それを組み立てて、最終製品として出荷してきた。たとえば中国にとって、iPhoneを製造するメリットは非常に少なかった。2009年には、100ドルの小売価格につき、中国側が受けとれたのはわずか1ドル30セントだった。2018年には、その数字は10ドル40セントになった。[7] 中国はこうして徐々にグローバル・サプライチェーンの中心的存在となり、かつてその地位にあった国々に取って代わりつつある。2000年の中国は、繊維分野のグローバル・バリューチェーンでは目立った存在ではなかったが、2017年にはチェーン全体の最大拠点となった。[8] 情報通信技術（ICT）分野でも、中国は日本に代わり、サプライチェーンの中心的地位を占めるようになっている。

こうした椅子取りゲームがあるにせよ、中国がグローバルな貿易システムに加わることは、貿易の新たなパラダイムにおいて、誰にとっても好機となった。中国の低い製造コストと高い効率性は中間財の価格を下げ、それがネットワーク全体に波及効果をもたらし、利益を押し上げた。企業はより多くの労働者を雇用し、より低価格の商品を消費者に届けることができた。ところが世界の結びつきが強まり、とりわけ中国が突出した立場に就いたことで、新たな脅威が生まれた。中国で貿易の混乱が生じるたびに、すべての貿易相手国に、そして最終的には消費者に、深刻な波及効果をもたらしたのだ。

2020年の世界的パンデミックによって中国の工場が閉鎖されると、その影響は製造ネットワーク全体に広く及んだ。中国から多くの材料を仕入れていた韓国は、ドイツやアメリカ向けに製造していた部品を供給できなくなった。そしてアメリカが韓国から部品を輸入できなくなると、中国を含めた他国での生産がストップした（とくにハイテク製品において）。購入延期によって中国はさらなる打撃を受け、供給ショックは需要ショックとなった。アメリカのサプライマネジメント協会（ISM）によれば、アメリカ企業の約4分の3が、中国発のサプライチェーンの混乱による影響を受けた。

グローバル貿易がいかに連動し合っているかを示す別の例は、米中の貿易戦争だ。アメリカが輸入する中国製品に関税を課すことは、一見中国への制裁のように見えるが、アメリカの企業や消費者も、前述の相互に結びつく複雑なネットワークによって負の影響を免れなかった。トランプ大統領は中国に関税を負担させると公言したが、実際、そのコストはアメリカの消費者が負担するはめになった。アメリカの中間財と最終製品の価格は約10%から30%上昇し、[9] それはほぼ関税と同等のレベルであった。

アメリカの企業は中国から多くの中間製品を仕入れていたため、かなりの打撃を受けた。こうした中間製品への関税の引き上げは、アメリカ企業にとって生産コストの上昇を意味し、利益は縮小し、労働者を解雇するか、値上げするか、もしくはその両方を迫られた。建設機械メーカーのキャタピラーは中国の中間財に高い関税を払わなければならず、生産コストが1億ドル以上上がったため、同社の機械は値上げを余儀なくされた。この値上げは結局、アメリカの消費者の懐を直撃した。価格への影響はさらに拡大し、同業他社が中国の関税の影響を受けていなくても、それに便乗してメーカーは一斉に値上げを行った。シカゴ大学の経済学者らによる研究では、洗濯機に20%の関税をかけると、アメリカの消費者に12%

のコスト上昇をもたらすことがわかった。そこまでは予測のつくことだが、セットで買われることの多い乾燥機も同程度値上がりしたのだ。

世界の貿易相手国としての中国──機会と脅威を天秤にかける

昨今、よく耳にするのは、相互依存のメリットよりも、貿易摩擦や紛争、雇用喪失といった話題のほうだ。そのことが往々にしてポピュリストの声を増幅させ、国家を保護主義という危険な方向に向かわせている。では、中国との貿易はチャンスなのか、それとも脅威なのか。近年、米中の貿易摩擦が目立つことからも、まずこの点に注目してみたい。

中国からの輸入は、たしかにアメリカの一部の層に大きな打撃を与えたかに見える。2000年から10年にかけて、アメリカの製造業では600万人の雇用が消滅した。[10] ノースカロライナ州ヒッコリーのように家具製造の盛んな街では、失業率が全国平均の9・6%をはるかに上回る50%にまで跳ね上がった。[11] 南東部では2000年から10年で製造業の総雇用者数が38%も減少した。これらの出来事は中国からの輸入品がアメリカに広く浸透した時期に起きたことで、経済学者の推定では、2000年代前半に失われた約200万から300万の製造業の雇用は、中国からの輸入に直接関係していたという。[12]

とはいえ、視野を広げて見てみると、状況はもう少し複雑だ。つまり、アメリカの雇用喪失には、その背景にある二つの重要な動きが影響していたのだ。一つはテクノロジー、とくに情報技術ブームとロボット工学の導入だ。[13] 中国がＷＴＯに加盟したちょうどその頃、アメリカ企業は最新の生産設備を積極的に導入しつつあった。２０００年から03年にかけて、コンピュータを購入し、電気回路網を利用するアメリカの製造会社の割合は20％から60％へと急増した。[14] このテクノロジーの大規模な導入は、当然ながら労働力に影響を及ぼす。コンピュータ化、サプライチェーン・マネジメント、自動化は、熟練労働者の生産性を高める一方で、それ以外の労働者の解雇につながった。

二つ目の重要な動きとは、中国が台頭する数十年前から、アメリカの製造業はすでに衰退しつつあったことだ。アメリカの製造業の雇用は１９７９年にピークに達し、省力化技術の導入や、メキシコや日本のような国へのアウトソーシングが進むにつれて、衰退の一途を辿っていった。さらに研究者によれば、２０００年代前半、製造業の雇用は、中国からの輸入や中国との貿易がない分野でも大幅に減少していたという。[15]

だが中国ショックがこれほどの痛手になった理由は、失われた雇用の数だけでなく、玩具や靴、アパレルなどのすでに衰退しつつある最も脆弱な部門を直撃したからだ。[16] その影響を受けたのはおもに低学歴の労働者で、最も打撃を被った地域は、中国製品が普及する前からもともと失業率が高かった。中国からの輸入品は、こうした既存の脆弱性をさらに顕在化させた。そして自動車やアパレルなど、一つの業界が打撃を受けると、周辺地域の雇用にもその影響が波及した。特殊材料の生産者が近くにいれば、効率的に生産できるようになるが、その地域全体が外部ショックによって空洞化してしまうというリスクも生じやすい。

アメリカのおもな問題は、以前は未熟連労働者に門戸を開いていた製造業が、次第にスキル志向を強めてきたことにある。製造業における労働需要低下の大半は、スキルのミスマッチが原因だ。アン・ケースとアンガス・ディートンがその示唆的な著書『絶望死のアメリカ』で述べたように、グローバル化と中国は、国内の低学歴労働者を安価な外国人労働者に置き換えた存在として、悪者扱いされることが多い。だが、グローバル化と技術変化に同じく直面した他の豊かな国々に比べても、アメリカの長期的な賃金低迷は独特である。彼らが示唆するように、「アメリカでは何か違うことが起こっていて、それはとりわけ労働階級にとって有害な何か」なのだ。その原因は、抑圧的な独占企業や、労働組合を弱体化させて雇用主の権限を強化するアメリカの制度にあり、一般労働者の犠牲のもとで雇用主が利益を得ているのだと主張する。[17]

中国からの安価な輸入品の急増は、アメリカの特定分野にとっては厄介なものだったが、それは同時に多くの雇用ももたらした。中国企業がアメリカで工場を建設すると、雇用が生まれる。米中経済協議会によれば、中国の多国籍企業は19万7000人のアメリカ人労働者を雇用し、アメリカの対中輸出はさらに120万人の雇用を支えている。[18]中国との貿易による雇用喪失は、製造部門のごく一部に集中する傾向があるのに対し、雇用創出は多くの現代的なサービス部門を含め、アメリカ経済全体に広がっている。これはヨーロッパも同様で、ファーウェイや聯想集団《レノボ》のような中国企業の存在感は大きく、ヨーロッパで数万人の従業員を雇用し、アリババのEコマースも東欧で上位にランクされ、他のヨーロッパ地域に拡大しつつある。ヨーロッパのインフラに中国が大規模な投資を行うことで、雇用を創出することもできる。

研究によれば、アメリカでは少なくとも、輸入によって失われた雇用より多くの雇用が、対外輸出によって創出されている。ある研究では、サプライチェーンの上流から下流までの全体を見た場合、中国との貿易は多くの雇用を創出しているという。[19] さらに別の研究によれば、製造部門で失われた雇用を、マーケティング、管理、データ処理、金融部門のより生産性の高い雇用が、十分に補っていることがわかっている。[20] アップルはこのモデルの典型だ。製品の生産自体はアメリカ国外に移転したが、デザイン、マーケティング、小売部門は国内で拡大している。この企業はアメリカの収益性、生産性、付加価値を高めている。もちろん、これは高学歴の労働者にとっては朗報だが、低学歴の労働者にとってはありがたくない話だろう。しかし、問題は貿易そのものではなく、雇用の減少やコミュニティの崩壊にあり、そこから貿易利益の不平等な分配、政府による失業者への不十分な補償という実態が見えてくる。中国の台頭は、この問題を鮮明に浮き彫りにしたにすぎない。

こうした事実は、ときに激しい政治的レトリックにおいては無視されやすい。海外の競合他社によって雇用が失われると、政府にはもっとできることがあると認めるよりも、グローバル競争を「われわれ対彼ら」という構図にしたほうが、政治的に都合がいいからだ。一方、経済学者の視点で見れば、アメリカには約7万人の鉄鋼労働者がいるが、自動車産業には1000万人もの労働者がいて、さらに数億人もの消費者がいる。鉄鋼部門の製品に関税をかけることで数千人の雇用を救済できるかもしれないが、鉄鋼を原材料とした自動車産業などの下流部門では、さらに多くの雇用が失われるだろう。また、ここでは報復関税によって打撃を受ける企業や、価格上昇によって消費者が被るコストも考慮されていない。消滅の危機に瀕している部門を保護主義者が復活させようと手を尽くすのは、それを政治的な隠れ蓑にするか、特定の利益集団を優遇するためかもしれない。[21] だが結局、これらの動きは、高賃金の雇用や活気ある未来に貢献しうる新技術への支援という、高い生産性が期待できる解決策から、政策決定者の目を逸らすことになる。

興味深いことに、中国からの輸入がヨーロッパ諸国に与えた影響はさほど大きくない。[22] その理由は、ヨーロッパはすでにギリシャやトルコなどからの輸入品との価格競争に晒されてきたからだ。中国の参入は、フランスやドイツ、北欧諸国よりも、こうした国々において繊維やアパレル産業の雇用を奪うことになった。とくにドイツは、早くから東欧諸国との統合によってかなりの恩恵を受け、中国と東欧、その両方への輸出が急増したことで、製造業の雇用喪失は相殺されている。しかもヨーロッパの各国政府は、労働者の再教育と再雇用の斡旋のほうではるかに大きな成果をあげていた。

2015年、ドイツ、フランス、デンマークは、それぞれGDPの0・20%、0・37%、0・60%を労働者の教育のための公的支出に充てたが、アメリカは0・03%だった。[23] スウェーデンには、産業界と労働組合が共同で運営する再就職支援組織の効率的なネットワークがあり、解雇された労働者の再教育と再就職を支援している。ドイツの連邦雇用庁は、求職者と雇用主をつなぐ機関として、職業相談だけでなく、再教育にかかる費用の保証人の役目も果たしている。このため、中国からの輸入は、これらの国々の労働市場にはそれほど大きな混乱をもたらしていない。

中国からの輸入品がアメリカの低賃金労働者に与えたマイナスの影響は消えないし、それは多くの人にとって取り返しのつかないものとなった。しかし、貿易が経済を破壊するという話は、中国との貿易がもたらす恩恵を注意深く検証しなければ、ひどく曲解されてしまう。ケースとディートンが述べたように、中国との貿易はアメリカに「大変革」をもたらした。企業は安価な中間財を輸入できることで生産性を高め、収益も向上している。そして中国に事業移転することで、アメリカの多国籍企業はコストを削減し、可処分所得が増えつづける巨大市場の近くに拠点を構えることができた。

中国が中心的役割を担う効率的なサプライチェーンは、多くの国々に利益をもたらした。中国からの輸入品はアメリカの消費者に、より高品質で、より手頃な価格の家具、衣類、玩具、ガジェットを提供している。[24]しかもその内容は驚くほどバラエティに富んでいる。たとえばベビー用品メーカーのグッドベビーは、ベビーカー、チャイルドシート、ゆりかご、ベビーサークルの豊富な品揃えを誇り、その種類も競合他社の4倍で、すべての商品を量販価格で提供している。ハイアールは、主流商品のワイン用冷蔵庫をアメリカの会員制スーパーマーケットのサムズ・クラブで、元値の半額以下で販売している。

こうした安価な輸入商品の恩恵をとくに受けるのは、あまり裕福ではない消費者たちだ。この層は、サービスに費やす支出の割合が多い富裕世帯より、輸入品に支出する割合が高いが、こうした商品の多くは中国からの輸入品である。これには重要な意味がある。貿易は熟練労働者と非熟練労働者との賃金格差を拡大する一方で、こうした集団間の実質所得の不平等も縮小できる。世帯所得は変わらなくても、消費する商品の価格が20%下がれば、その世帯は実質的に20%豊かになり、実質所得の格差は縮小する。ある重要な研究では、貿易が停止すると、下位10%の所得層は平均で実質所得の63%を失うことになるが、上位10%の所得層では、その割合は28%にすぎないという。[25]

また、競争とは容赦ないものである一方で、プラスの側面もある。中国の競合企業によって存亡の危機に立たされた欧米企業は、技術革新と技量向上を強いられた。成熟した市場で高い収益を上げることができた、ある欧米のスポーツシューズメーカーを例に挙げよう。中国製スニーカーの突然の参入は、もし同社がコストのみを競っていたなら、最悪の事態になりかねなかった。そのような場合、顧客ターゲットを明確に絞り、その具体的なニーズに応えることによって、こうした企業は生き残ることができる。たとえば、人間工学的な利点を生かしたり、脈拍を測るなどの独自の機能をカスタマイズしたりするのだ。中国との競争に直面した多くの企業は、こうして懸命にイノベーションに投資し、品質を向上させ、新製品を開発し、新たなニッチ市場を開拓した。

ウィスコンシン州に本社を置く除雪機や芝刈り機のメーカー、アリエンス社は1933年創業の老舗企業だが、1990年代から2000年代前半にかけて、中国の輸入品との熾烈な競争を強いられた。これに対して同社は、研究開発や従業員の教育に大規模な投資を行い、のちに市場を独占する革命的な新型芝刈り機を誕生させた。[26]ベーグルショップ向けのワイヤーバスケットを製造するメリーランド州ボルティモアのメーカー、マーリン・スチール・ワイヤ・プロダクツは、中国企業との競争によって破産寸前にまで追い込まれたが、自動化への投資に着手し、[27]近代的な設備投資に数百万ドルを投じて成功を手にした。同社はいまでは中国とメキシコにも輸出している。

中国製の輸入品の脅威はヨーロッパのイノベーションに拍車をかけ、2000年から07年にかけての技術向上の14%はそれによって説明できることを示した画期的な研究もある。[28] ヨーロッパで特許取得数が増え、IT産業が成長し、生産性が向上したのは、中国の輸入品による圧力があったからだと言えるかもしれない。中国との競争がアメリカのイノベーションにも同様の影響を与えたという決定的証拠はないが、研究開発への投資を拡大した企業は、安価な中国製品との競争による影響をかなりの程度免れていたことを示すデータがある。[29]

グローバル貿易の複雑な課題

グローバル化の利点はいくつも挙げられるが、そこには問題の火種があることも間違いない。それがくすぶりはじめたら、世界最大の輸出国である中国は、アメリカだけでなく、他の先進諸国との紛争にも巻き込まれることになる。なかでもとくに重要な争点は、本書ですでに触れた、国の補助金、外資の制限、そして技術移転の要求だ。大局的に見ると、これらは現在のグローバルな貿易システムで起きている途上国と富裕国間のあらゆる紛争を象徴している。政治の話はさておき、グローバルな貿易システムには取り組むべきいくつかのジレンマがある。現在のシステムにおける最大の課題は、WTOに対する義務によって、国内の政策課題がしばしば妨害されてしまうことだ。[30]

たとえば、WTOが定めた世界貿易協定に含まれる「公正貿易《フェアトレード》」という概念は、視点や利害関係の違いによって、さまざまな解釈がなされている。先進国と途上国の見方が真逆であることも多く、世界銀行やＩＭＦのような国際機関による融資に課されるルールや条件が厳しすぎて、多くの途上国は、それが自国の経済発展の妨げになっていると感じている。途上国は補助金を通じて、自由貿易のもとでは外国との競争に耐えられない幼稚産業を育成・保護する正当な理由がある。というのも、こうした産業を国際競争にあまりにも早く晒してしまうと、その芽を摘むことになるからだ。

資本統制や、輸入部門より先に輸出部門を自由化するといった選択的開放は、国家がグローバル化で成功するための常套手段だった。イギリスやアメリカも例外ではなく、いずれも関税を下げると同時に、補助金や国有企業の支援、政府に誘導された銀行融資などの国家主義的な政策を実行した。[31] 同じ戦略によって、日本や韓国はトヨタやサムスンのようなグローバル巨大企業を発展させることができたが、富裕国の勧告に従って門戸を開放した中南米やアフリカ諸国は、そうした力を育めなかった。

さらに途上国に言わせれば、グローバルな貿易のルールを定めた先進諸国は、自国に有利な状況を設定し、農業や繊維といった自国の脆弱な部門や利権の絡む部門を保護する一方で、途上国に対しては、高度な製造業など、相手国にとって脆弱な部門の障壁を引き下げることを要求している。先進国は、補助金に関するルールを定める一方で、自分たちはそのルールをぞんざいに扱った。韓国人の経済学者ハジュン・チャンも、自著『悪しきサマリア人（*Bad Samaritans*）』で、この点を強く主張している。チャンによれば、１９９７年の東アジア危機の際、日本とアメリカは韓国の金融部門や産業の開放に熱心なあまり、ＩＭＦの財政支援を受ける条件として、韓国に同分野への参入を要求したこともその顕著な例だという。

一方、先進国に言わせれば、中国のような国は、途上国の立場を使ってWTOを利用し、国有企業に補助金を出し、知的所有権を侵害してきたという(WTOのルールは途上国に国内戦略を追求する余地を与え、ある程度の知的所有権の侵害を容認している)。WTOに加盟した当初、中国は一人当たりGDPが約1000ドルで、間違いなく途上国だった。しかし、その位置づけの変更を求める圧力が徐々に強まっている。20年後、一人当たりGDPが1万ドル前後を推移するこの国はいまだに途上国とされているが、北京と上海は、韓国のような豊かな国と、ほぼ同等の所得水準に達している。前章で見たように、中国の成熟産業や一部のテクノロジーは世界でもトップレベルにある。しかし状況は複雑で、この国には現在も月収140ドルの国民が6億人以上も存在している。

2001年、WTOがついに中国に加盟を認めたとき、中国は世界経済に、また小さな足跡しか残していなかった。その協定内容は、当時としては理にかなったものだったが、その後の中国は想像を絶するスピードで変貌を遂げていった。途上国のために設けられた例外措置が中国に認められたとき、それが世界の他の地域に与える影響を予想できた者はほとんどいなかった。たとえば中国が、自国の鉄鋼やソーラーパネルのメーカーに補助金を出した結果、国際市場価格が暴落し、大量の過剰供給が起きた。クリーンテクノロジーの価格が下がることは、環境にとっては朗報だったかもしれないが、貿易システムに生じた摩擦によって、その恩恵が見えにくくなっている。

WTOのルールでは、外国市場を歪めるような製品に国家が輸出補助金を出すことを禁じている。だが問題は、多くの国が、エネルギー、農業、製造業のために、巨額の補助金を投じていることだ。先進経済国も例外ではない。たとえば気候危機の影響緩和に不可欠な分野に投資するインセンティブが市場には十分にない場合、政府が介入することはもちろん理にかなっている。とはいえ、そうした支援の目的が輸出そのものにあって、公正な競争に支障を及ぼしかねないものかどうかを見極めるのは難しい。

アメリカでは、ゼネラル・モーターズやゼネラル・エレクトリック、フォード、ボーイングといった企業が国の補助金を受けている。これが国際市場を歪めることはないとの主張はどうにも信じがたいが、アメリカがWTOのルールに違反していることを立証するには、その過程で他国が損害を受けたことを証明しなければならない。とはいえ、最低限の証拠を出すことも難しく、補助金をめぐる論争が解決困難である理由はここにある。また、争いの火種となるのは補助金だけでない。WTOが関与する領域は広く、課税制度、食品の安全性基準、環境規制、産業奨励政策に及び、このすべてに貿易相手国が異議を申し立てることができる。

WTOの制度設計には欠陥があるという見方が広まりつつある。多くの抜け穴があり、その施行にも一貫性がない。多種多様な経済国を、公正なルールのもとで一つにまとめようとすることは、そもそも簡単なことではなく、そのためにはやるべきことも多い。たとえば、データフロー、Eコマース、環境保護、労働者の権利にまつわるルールをアップデートする必要があるし、さらに言えば、財の流れだけではなく、アメリカに過度な利益をもたらしているサービス部門に注目する必要がある。そして、WTOが存在意義を維持するためには、米中両国を取り込む必要がある。だがこの数年、両国はもっぱら2国間で争っている。

中国にも、グローバル貿易システムへの関与を継続するためにできることはたくさんある。この国が多くの分野で、他の途上国と比べても高い発展レベルにあることを率直に認めてよいだろう。国有企業への補助金は、自国のためにも段階的に廃止することができる。国家による支援は、一部の戦略的産業を強化できるかもしれないが、非生産的な国有企業をいつまでも存続させ、生産性の高い企業から資源を奪い、資金を浪費している。中国が変化に着手すれば、競合する外国企業により公平な場が作られ、中国のイメージもよくなるだろう。戦略的国有企業以外への国家の直接的な補助金は徐々に減ってはいるが、貿易交渉のために中国に国家資本モデルを放棄させることは現実的ではないし、何の解決にもならない。

それでも、中国の慣行を変えさせようと外部圧力がかかることは、かえって吉と出るかもしれない。中国の新たな外資法は強制的な技術移転（紛争の焦点の一つ）を禁じており、この行為に関わった政府の役人に対する処罰規程を定めている。これまで中国は、ＷＴＯの加盟条件を満たすために数千の法律を破棄し、新たな法律を制定し、国内企業に効率性と規律をもたらした。中国はＷＴＯの裁定で負けた際にもその慣行を修正し、アメリカよりも優れた実績をあげた。

２００１年以降、中国に対してＷＴＯに申し立てられた案件は47件だったが、同時期のアメリカに対する申し立てはその2倍以上だった。そして47件のうち再申告されたのはわずか2件で、それは不履行があったことを示している。一方、アメリカではその数は15件に及んだ。[32] 中国の人々はこれを「倒閉機《ダオビージー》制《ジー》」（「外的な強制力による改革」という意味）と呼ぶが、これは逃げ道がなく、改革などによって前に進むしかない状況を指す。このように、中国をさらに開放し、市場化を進め、強力にイノベーションを保護していくことは、いずれにせよ、中国にとって長期的利益をもたらすだろう。両国間の小競り合いからは何も生まれないし、結局は両者とも損をするだけだ。多国間システムは現時点で貿易紛争の解決に最も効果的かつ秩序ある方法であり、中国を含めたすべての貿易相手国をそのルールに従わせようとするものだ。

中国が貿易大国として台頭できたのは、この国の経済的成功によるものだと理解しておく必要がある。その後、中国はハイパー・グローバリゼーションの波に乗り、グローバル貿易ネットワークの重要な一翼を担うようになった。波が高ければ高いほどスキルの高いサーファーには都合がいい。中国は、その生産性、低コストの労働力、合理化されたインフラや物流を存分に活用した。こうした要因は、物議を醸す補助金や為替レートの不均衡よりも効果があったし、たとえ補助金や為替レートの問題に中国が十分に対処できたとしても、欧米の製造業の雇用が回復することはないだろう。こうした脆弱な分野の雇用は、これまで見てきたように、テクノロジーの導入や他の低コスト国によって失われていただろう。

競争が心地良いものであることなどないし、たとえばペプシにとって都合のよいものが、コカ・コーラにも都合がよいとはかぎらない。それでも競争の結果、どちらかがよい商品を生み出せば、消費者はその恩恵にあずかれるし、両社とも生き残ることができれば、いずれもうまくやっていくだろう。貿易戦争は生産性の低下をもたらし、結局は誰の得にもならないものであることがわかっている。要するに、国家が競争力を失う根本原因は、自国内の問題や国内政策の不備にあり、外国の競合相手が成功したからではないのだ。

欧米で雇用を創出するには、現地の企業は技術革新を行って競争力をつける必要があるし、政府も労働者が変化に対応できるように支援しなければならない。保護主義的な政策ではなく、こうしたことをつねに第一の防御線とするべきだ。この先、仮に中国が、産業の不振や生産性の低下に直面し、金融危機に陥り、分断化が進み、不平等がさらに深刻化したとしても、その責任を誰にも負わせることはできない。だが、ことグローバル貿易に関しては、心理学者のチャールズ・オズグッドの言う「悪いのは相手のほうで、自分たちはつねに正しい」という考えが、残念ながら最近の風潮をいくらか言い当てている。

来たるべき課題

今日、グローバル化の未来は不透明だ。保護主義が台頭し、地政学的な緊張が高まり、マイクロチップからN95マスクまで、あらゆるもののサプライチェーンを混乱させた世界的パンデミックを経験するなか、脱グローバル化や分断といったことがよく語られるようになった。その間、アメリカは中国に「チップ戦争」を仕掛け、脆弱なサプライチェーンの分断に拍車をかけた。グローバル化は多くの恩恵をもたらしたが、世界が直面する問題の格好のスケープゴートにもなり、その筋書きにおいて、中国はとりわけ目立った存在だ。しかしこうした風潮があるにせよ、グローバル化は、投資家のザカリー・カラベルも言うように、「嫌うのはたやすい、標的としても叩きやすい、だが止めるのは不可能である」[33]

こうした空騒ぎをよそに、データが示すのは、いまのところ、脱グローバル化の兆しは見えていないということだ。2008年の金融危機以降、拡大のペースは鈍化し、この章で先に述べたプラスの影響は勢いを失いつつある。とはいえ、グローバル貿易の規模は後退するたびに復活しただけでなく、危機以前の水準もすぐに超えた。それは世界全体の貿易量が世界のGDPの2倍以上急落した2008年の金融危機でも、20年のパンデミック下でも同様である。

グローバル化にはいくつかの綻びが見られる一方で、新たな形態やパターンも生まれつつある。テクノロジーが生んだサービス貿易が急成長し、デジタルビジネスが活況を呈している。動画配信、オンライン教育、Eコマース、遠隔治療はすべて、インターネット接続の拡大とパンデミック下で広く採用された遠隔参加技術に支えられている。世界各国の企業が、アマゾンやアリババ、フェイスブックなどのプラットフォームで製品を販売し、アリババはヨーロッパに進出してアマゾンと競い合っている。ティックトックやユーチューブを介して中国製ファストファッションを販売するシーイン（SHEIN）は、アメリカのミレニアル世代に大人気だ。最近の消費者は中国製品をウォルマートやベスト・バイ、テスコ、カルフールで見つけるだけではなく、中国やアメリカのサイトを介して直接購入する。ポピュリストの反発をよそに、テクノロジーは今後もますますグローバル貿易を加速させていくだろう。

グローバル化そのものは継続されるが、その主要な担い手の役割はきわめて流動的だ。労働集約型の輸出に占める中国のシェアが低下しつづけ、研究・技術集約型の輸出におけるそのシェアが上昇するにつれて、世界の貿易システムで中国と競合することは新たな意味を持つようになるだろう。中国は欧米に安価な衣類や玩具、家具を溢れさせるのではなく、化学製品から電子機器、電池にいたるまで、日本やドイツ、アメリカの製品と競合できる、より高度な製品を製造するために、バリューチェーンを向上させていくだろう。[34]

さらに中国は、これらの国に加わって、人工知能やロボット工学、ビッグデータなどの次世代テクノロジーを活用する新たな製造業を創造し、効率性、低コスト、品質の向上を実現するだろう。すでに中国では、人工知能が生産ラインを動かしており、24時間年中無休で稼働する自動ロボットが、人間に代わって危険で負荷の高い作業を担っている。アメリカに冷蔵庫や洗濯機などを輸出しているハイアールは、「つながる工場《コネクテッド・ファクトリー》」を構築し、顧客が対話型のプラットフォームにその要望を入力すると、オーダーメイドの冷蔵庫や洗濯機が完成される仕組みをつくっている。こうしてハイアールの納期は半減し、操業コストも20%削減された。同社のように、スマート設備とユーザーフレンドリーなインターフェースを採用する中国のメーカーはますます増えている。

こうした変化は、高度な訓練を受けた労働者や洗練されたテクノロジーに比較優位性を持つ先進国にとって脅威に感じられるかもしれない。だが、低スキル産業と高スキル産業のあいだには根本的な違いがある。前者が生産する製品は、そのほとんどが代替可能なものであることだ。そこでは、より安価なTシャツをつくれるなら競合相手に勝つことは容易だろう。しかしハイテク部門では、差別化や多様化を追求することで、同じ分野でより多くの企業が共存できるようになる。たとえばアップルとシャオミはライバル同士だが、前者が高品質と高価格を特徴とするのに対し、後者は良質のものを低価格で提供している。中国の通信機器やクラウドサービスが途上国でとくに人気があるのは、低価格のハイテクインフラにアクセスできるからだ。そう考えると、途上国はこうした中国のハイテク製品の主要な販売先になるかもしれない。

今後、中国はより大きな、そしてより先見性のあるドイツのような国、すなわち破壊的テクノロジーによる産業力でリードする国となるべく、邁進していくだろう。2021年から25年までの第14次五カ年計画は製造業の高度化をめざすものだ。中国にとって、自国の安全保障と国力を保障するのは、金融化の進むサービス志向のアメリカのようになることではない。むしろこの計画で政府が明言するように、注力すべきは「実体経済」を構築し、ノウハウと専門技術に投資し、バリューチェーンの上流でグローバル・サプライチェーンの重要拠点となることだ。

1975年から85年にかけての10年間に「日本ショック」がアメリカ経済を襲ったが、スピードも勢いも、それは2000年代初頭の「中国ショック」には及ばなかった。それにアメリカの未熟練労働者が日本との競争の矢面に立つことはなく、影響を受けたのは、もっぱら車や電子機器や機械のような高額商品だった。これらの産業は労働者の平均レベル以上の所得と教育を享受し、失業率も平均以下であったため、この変化に迅速に適応することができ、改善にも拍車がかかった。また再教育を受けた労働者が再就職先を見つける際もさほど長い時間はかからなかった。しかし、1980年代のアメリカで、反日感情の波を防ぐことはできなかった。このような経験を踏まえれば、中国の生産バリューチェーンの向上は低賃金労働者に同様の影響をもたらすことも、かつてのような大規模な混乱を招くこともないかもしれないが、かといって国内の不安が収まることはまずなさそうだ。

中国国内の状況も変化している。労働コストが急上昇し、成長が鈍化しているため、アジアの近隣諸国に低価格帯の製造業が流出しているのだ。私の友人は、15年前のアメリカで売られていたような中国製の安価なTシャツが、いまはベトナム製であることを教えてくれた。これはTシャツに限った話ではない。長引くパンデミックのロックダウンやアメリカとの地政学的緊張により、アップルやグーグルなどの企業が、スマートフォンの製造拠点をインドやベトナムに移転しはじめている。[35]

この流れは避けられないかもしれないが、経済の成熟や社会の発展において、前向きな展開も伴う。中国企業は、価格や利益を下げ、従業員を酷使することで、競合他社を淘汰しようとするような底辺の競争には以前ほど関心がない。中国企業は、この国が記録的な大気汚染から脱却してグリーンで持続可能な経済に移行するにつれて、ますます厳しい環境基準に従わざるをえなくなり、それがコスト上昇をもたらしている。中国の若者は娯楽への関心を高め、工場の生産ラインで長時間働くことを好まず、政府もまた若者がもっと子どもを生み、中国の人口動態の急激な変化を緩和できるように、「996」の労働倫理を奨励することはなくなっている。

自国や世界に足跡を残そうとする、意欲的で開拓者精神に溢れる一人っ子世代も存在するだろうが、それ以外の若者は「カルペ・ディエム」(「その日を摘め／今を生きろ」)的な人生を選ぶか、「寝そべり《タンピン》族」となって、仕事や収入面でミニマリスト的な生き方を志向するようになった。こうした傾向がますます強まるにつれて、またインドやマレーシア、タイ、インドネシア、ベトナムなどの国に低コストの製造業が次第にシフトするにつれて、安価な労働力と終わりなき労働から、研究や知識、スキルを生かした付加価値の高い製造業への移行が生じるだろう。

それによって、中国に対する従来からの不満——アメリカの貿易赤字に対する中国の大幅な貿易黒字——もさほど問題にならなくなるだろう。この国の貿易黒字は国民の過度な労働と過少な消費から生じるが、貿易戦争で見てきたように、この不均衡を是正するうえで関税や禁輸、通商政策はあまり役には立たない。国民が豊かになるにつれて、その行動が変化することのほうが、将来的にこうした不均衡を解決できる可能性がはるかに大きいだろう。また国民の行動変容によって、外国にいかに多くの製品を売るかに関心があった中国の生産者も、国内で製品を売ることに目を向けるようになっている。

経済ナショナリズムの台頭

グローバル化という「魔神」は、もはやランプの中に戻ろうとはしないだろうが、地政学的勢力や通商政策、サプライチェーンのエコシステムの破綻は多くの国々を経済ナショナリズムに向かわせている。これまでの中国の対応は、国内市場に重点を置きつつ、経済を成長させるために優先順位を変えるというものだった。それは中国の第14次五カ年計画の中核をなす「双循環」という概念にも反映されている。二つのエンジンが同時に経済を駆動させるという意味を持つこの概念は、一つは中国を世界に開放しつづけること(国際循環)、もう一つは自国市場を発展させて自立を達成すること(国内循環)を指し、両者が互いに補強し合いながら働くことを意味している。識者のなかには、こうした方針を内向き志向の兆候とみなす者もいる。

実際、これまで見てきたように、この五カ年計画、さらに最近の党大会においても、中国政府は自国のハイテク分野の発展をとくに重視している。国家が総力を挙げて取り組むのは、自国で製品開発をすることによって、外国製の高性能マイクロプロセッサやその他の重要なパーツの使用を断ち切ることだ。ただし、市場を開放しつづけることと自給率を高めることは、中国人にとってまったく矛盾するものではない。

それでも開放のほうがはるかに規模が大きいことを示すデータがあり、第20回党大会でもこの方針がとくに強調されていた。これまで参入が制限されていた金融サービスなどの部門が、いまでは完全外資の企業に開放されている。2022年初頭、中国は世界最大の貿易圏を形成するアジア15カ国のグループである「地域的な包括的経済連携（RCEP）協定」に加入し、サービス部門の少なくとも65％を完全に開放することを約束している。同時に、国内に海南自由貿易港のような自由貿易区を試験的に創設しており、そこでは、企業が通常の関税措置やその他の政府による規制を免除され、海外の商品や資金に自由にアクセスできる。中国は貿易相手国との新たな関係を積極的に築こうとし、近い将来に中国が主導権を握りたいと考える近隣地域との既存のつながりをさらに強化している。

たとえそれが「政冷経熱」であったとしても、中国は世界を必要とし、世界もまた中国を必要としている。アメリカとの貿易戦争の勃発後も、中国への海外の直接投資は記録的な高さを維持している。その最大の理由は、中国に商品を大量に販売する外国企業が「地元市場」の近くに工場を置きたいと考えるからだ。そうすれば、製造した商品を現地で直接販売し、余計な輸送費や関税も払わずにすむ。テスラはまさにその典型例だ。テスラの最新の工場は上海に置かれ、同社はこの都市の低コストかつ最先端のインフラと物流に賭けている。要するに、テスラは中国の顧客に直接商品を販売したいのだ。

同じ理由で、中国の厳しいコロナ規制にもかかわらず、2022年に中国市場において縮小や撤退を予定する日本企業はほとんどなかったし、むしろ拡張計画のほうが多かった。日本の自動車メーカーは、中国の原材料への過度な依存や技術移転のリスクを背負っても、高い収益性を見込める中国市場には参入する価値があると考えているようだ。[36]

顧客に製品を販売するだけでなく、多くの国際企業は中国を「フィットネスセンター」や「実験場」であると語り、そこでは、注文の多い中国の消費者が、より優れた、より革新的な製品を提供するように企業を駆り立てている。外国の衣料品ブランドのなかには、デリケートな政治問題に触れたことで国民感情を刺激し、激しい反発を受けた企業もあり、そうした企業は中国人とのかかわりにおいて、より慎重な姿勢を見せている。スウェーデンの衣料品ブランドH&Mは、中国の不買運動で店舗が閉鎖された1年後に、アリババのECプラットフォームに復帰した。

アップルの最高経営責任者（CEO）であるティム・クックは、中国が同社にとって不可欠な存在になったのは、この国ならではの高度な製造技術と職人技術の組み合わせによって、同社の高品質・高精度の基準を満たしているからだと、繰り返し語っている。こうした多国間貿易はきわめて重要だ。アップル、ナイキ、トヨタ、ユニリーバなどの多国籍企業が世界の生産高の約4分の1を占め、その貿易のかなりの部分を、中国などの国に拠点を持つ系列会社が担っている。たとえばアメリカでは、自国から出荷される製品の輸出額は約1兆ドルであるのに対し、多国籍企業の海外系列会社を通じて計上される売上高は5兆ドルに上る。[37]

したがってパンデミック後の世界においても、グローバル・サプライチェーンもグローバルな相互依存もこれまでと同様に重要であり、中国の役割も変化しているとはいえ、やはり不可欠だろう。世界中の消費者がより低価格の商品を求め、企業は国内で生産された部品よりも安ければ、他国から輸入したいと考えるだろう。グローバル・サプライチェーンには、各国が自力で製造の全工程を担う場合よりも、分散化の余地があることに変わりはない。なぜなら、そうしたショックの大半はグローバルではなくローカルなものだからだ（パンデミックは例外だったが）。貿易戦争は派手に騒がれたが、アメリカの対中貿易赤字にそれが与えた影響は微々たるものだった。それどころか、両国間の輸出入は、いずれも２０２０年に拡大している。

中国を貿易相手国として軽視したり、その巨大な製造拠点に代わるものを確保したりするのは実際、容易なことではない。韓国の輸入品の５分の１は中国からのもので、中国も韓国にとって最大の輸出市場だ。また、中国は日本の最大の貿易相手国でもある。中国の二線都市ほどの規模しかないベトナムのような小規模経済国が、中国の大規模な生産をいますぐに引き継ぐことは不可能だろう。さらに中国の効率性は、規模だけでなくインフラや物流にも及ぶが、それはこの国の世界屈指のサプライチェーンマネジメントと、他の途上国に比べてビジネスがしやすいことによるものだ。ベトナムに生産拠点を移そうとした多くのグローバル企業は、現地に蔓延する汚職と闘わねばならず、結局、全体的なコストは中国のほうがまだ低いことに気がついた。

中国と世界の結びつきはさらに深まりそうだが、この傾向を当然視することはできない。中国は統合をさらに進めたいと願っていても、多くの優先事項を調整し、国内の関心事と外圧との折り合いをつけることに苦労している。長引くロックダウンや渡航規制、さらに米中の高まる緊張のせいで、外国企業は様子見モードにならざるをえない。物理的な交流がなくなることで人と人とのつながりは弱まり、外国人スタッフの確保に苦労している多国籍企業もある。この世界第2位の経済国がかつての魅力を取り戻すのは容易ではなさそうだが、世界最大規模の中所得層がもたらすチャンスをみすみす見逃すわけにもいかないだろう。

長期的に見れば、世界は中国をめぐるジレンマに陥っており、あらゆる意味で前例のないこの大国に対し、態度を決めかねている。西側諸国の指導者たちは、中国がもっとグローバルな責任を担い、世界経済や国際金融の安定化だけでなく、国際平和や安全保障においても責任を負ってほしいと願っている。だがその一方で、中国が世界を舞台に、その経済規模や新たに獲得した力に見合う影響力を振るうことを、いまだに快く思ってはいない。

中国は、国際的な規範やルールの制定に積極的な役割を果たす世界のリーダー国になることをめざしている。そのために、国際連合やＷＨＯ、ＩＭＦの最大の拠出国の一つとなり、世界銀行、アジア開発銀行、その他の多国間の協力機構にも資金援助をしてきた。中国は他国に従属する気はないが、他国を支配したいわけでもない。中国が自立をめざすのは、不安定な他国への依存をただ避けたいからだ。中国は、自国民を豊かにする権利があり、さらに、さまざまな国際問題において、大国としての地位にふさわしい役割を担う権利があると考えている。そして、「平和的発展」を支持する公式声明を発表し、「国強必覇《グオチャンビーバー》」すなわち「国は強くなると必ず覇権を追求する」といった考え方を否定している。[38]

中国が、価値観や政治システム、宗教的信念、経済モデルが異なる国々との共存にこだわることは、アメリカが万民の民主主義を提唱することの対極にある。中国は現実を優先し、絶対的原理については判断を控えることで、経済的協調は国家間の違いを超越できると信じている。興味深いのは、大部分の近代史において多様性という理想を追求してきたのはヨーロッパの多元主義であり、それは今日のアメリカの大学に浸透する、多様な意見を尊重する精神にも通じることだ。

中国と世界とのかかわりも、いわば進化の途中にあると捉えなければならない。たとえば、中国がアフリカと経済関係を結んだ最初の動機は、天然資源を獲得することにあった。しかし時が経つにつれて、中国はより持続可能な関係を育む必要性を認識するようになり、広範な産業に投資し、アフリカ政府が中国の経験を生かして工業団地を建設するのを助け、アフリカの地域社会のために病院やインフラ、学校も建設している。

人類の脅威と闘うには、他国との協力が必要であることを中国は理解している。そのためには国際社会、とりわけ中国とアメリカが協力して問題に取り組む必要があるだろう。そこで課題となるのは、この二つの経済大国が互いの違いをいったん脇に置き、良からぬ影響を受けることなく、ともに協力し合える分野に集中できるかどうかということだ。気候変動、環境破壊、世界的パンデミック、テロリズム、サイバーセキュリティなどの問題は、大国間の緊密な協力なしに対処できるものではない。いくつかの重要な分野で、中国はそれを行動に移しはじめている。中国は、世界の再生可能エネルギー分野への投資の3分の1を担っている。また、クリーンエネルギーの研究開発に毎年500億ドル以上の研究開発費を投じ、急速にエネルギー革命における世界の拠点になりつつある。

さらに中国は、2060年までにカーボンニュートラルを達成するための取り組みも進めている。中国企業は、エネルギー貯蔵や電気自動車を含むさまざまなグリーン・イノベーションの開発において、アメリカ、日本、ヨーロッパの企業と深くかかわっている。中国は経済大国との貿易摩擦や地政学的紛争を抱えているが、世界のグリーン革命を牽引するという点では、中国に対する不信感ははるかに少ない。それでも、中国とアメリカは地球のエネルギー消費と排出の40%、世界の石炭使用量の50%を占めているため、両大国の分断は、グリーン・イニシアチブが最も必要とされるときに、その取り組みを破綻させることになるだろう。

主権国家間の議論がどんなに過熱しても、それが重要な共通利害を妨げるようなことがあってはならない。非難の応酬が外交上の駆け引きとしてなされることもあるが、そこから脱却し、現実問題の解決に取り組まなければならない。大学、海外留学、共同プロジェクト、人材の流動性といった若者をつなぐ情報チャネルを脅かすことは、国際社会の安定と平和を蝕むものだ。それよりも私たちは、絆を育み――ここでは世界貿易が重要な「つなぐ役割」を果たすが――同じ世界市民として、相互理解のために努力しつづけなければならない。

おそらくインドを除けば、世界経済に対して、今後、中国ほどの影響力を持つ国は現れないだろう。中国が世界の舞台に立って以来、世界は変わりつづけており、この情報化の時代に、他の途上国が生産と貿易を発展させて中所得国となる可能性は低い。オートメーションや3Dプリンターなどの労働代替技術の登場によって、製造業の限界コストは、富裕国でとくに急激に低下している。だが、中国ではいま、貿易で世界に影響力を発揮していた時代が終わりを迎え、新たな章が始まろうとしている。世界金融市場への中国の参入は、他の先進国に比べればまだ遅れてはいるが、中国はその差を縮め、国際的な金融大国になるために、着々と準備を進めている。

第 9 章

世界の金融市場で

ON THE WORLD'S FINANCIAL STAGE

２００年後に21世紀の世界の金融を振り返ってみれば、19世紀のイギリスや20世紀のアメリカのように、中国が世界の金融アンカーとして新たな役目を果たしているかもしれない。この二つの国には、次のような重要な共通点がある。いずれも当時の世界最大の経済国で、自国外で大規模な投資をする責任を負っていた。19世紀のイギリスは、広範な植民地帝国の建設や、中南米を含むさまざまな独立国のインフラ整備に資金を投じていた。一方のアメリカは、１９７５年から80年にかけて行われた外国投資全体の40％以上を担い、[1] 世界最大の銀行の役目を果たしていた。そしてロンドンとニューヨークはいずれも国際金融の傑出した中心地となり、ポンドとドルは当時の支配的な国際通貨であった。

グローバル化とは、国境を越えたモノの流れにかぎらず、資本の流れにも当てはまる。中国の銀行はアフリカ諸国がインフラを構築できるよう融資を行い、アメリカの企業は中国の新たな工場や組み立てプラントに融資し、イギリスの市民はアメリカの証券取引所でアップルやグーグルの株を購入する。外国直接投資、株式、債券、銀行ローンを含むこうした資本のグローバルな循環は、１９９０年から２００８年の金融危機までのあいだに８００％増加し、この時期には世界貿易のハイパー・グローバリゼーションが起きていた。

中国で貿易が自由化されたことで10億人以上の人々が世界の労働力と消費者市場に参入した。中国の金融開放はもっと慎重に進められたが、それでも数兆ドル規模の資金が世界経済に流入している。[2] 中国人はもともと貯蓄傾向が強く、国内で投資されない資金はすべて海外に送金される。こうした貯蓄は、巨大な世界的インフラ計画の資金となり、さらに再生可能エネルギーへの世界的な投資のための財源となっている。中国は米国債の最大の保有国の一つでもあり、その点でも両国の経済は密接に結びついている。

前章では、中国の世界貿易機関（ＷＴＯ）加盟後に起きた貿易ショックの影響を見てきた。同様の変化が、近い将来、アメリカの優位性が揺らぎつつある国際金融の世界でも起きる可能性がある。アメリカがグローバル経済に占めるシェアが低下する一方で、世界に流動性を提供し、最後の貸し手となるこの国の責任はますます重くなっている。ドルに対する世界的な選好が強まるなか、債務を抱え、内向き志向を強めるアメリカは、資産と流動性に対する世界の需要に必死に応えようとしている。歴史が物語るように、こうした動きは世界金融不安の前兆の可能性もあるが、台頭しつつある金融大国にとっては、その主役の座をめぐって、現在の覇権国に挑むチャンスであるかもしれない。

今日、野心に満ちた中国はまさにそのための手順を踏んでいる。自国通貨である人民元の普及に一層力を入れ、貿易決済を人民元建てにしたり、外資系投資銀行、保険会社、格付機関などに中国でビジネスを行うよう奨励したりしている。中国の中央銀行である中国人民銀行（ＰＢＣ）も、富裕国の仲間に入れない国々に対して必要に応じて人民元で経済支援を行い、[2]経済・債務危機が続くアルゼンチンや、[3]2016年には債務増大に直面するエジプトに、緊急の流動性供給を行った。[4]オーストリア、南アフリカ、日本など、地政学的・経済的に異なる国々が、自国の中央銀行に前例のない量の人民元を保有している。2016年、ＩＭＦは国際準備資産である特別引出権（ＳＤＲ）を構成する主要5通貨のバスケットに人民元（10・9％のＳＤＲ構成比）を加えた。

しかし、中国が国際経済のリーダーシップをとる準備ができているかという点には、まだ議論の余地がある。中国の経済規模、世界貿易における消火ホース的な役割、世界とのつながりを強める「一帯一路」構想のような大規模なプログラムを見れば、中国にはたしかにハードパワーがある。だが、はたして中国には、透明性、予測可能な政策、信頼できるメカニズム、国際的な制度からの信頼といったソフトパワーがあるだろうか。そして中国がリーダーシップを発揮することは、世界の国々にとってどのような意味を持つのだろうか。

1920年代から30年代にかけて、イギリスが世界金融のアンカー（下支え役）としての立場を維持できず、アメリカもまだリーダーシップを発揮する準備ができていない時期があった。経済の主導権が、ある国から別の国に移っていくこの過渡期は、リスクと不安をはらんでいた。ポンドとドルが覇権を争い、世界各国の中央銀行がこの二つの準備通貨のどちらを保有すべきか決めかねていた時期、経済学者のラグナー・ヌルクセが、国際通貨システムが不安定化することを世界に警告したのは有名な話だ。1931年〔ポンド〕と33年〔ドル〕に相次いだ通貨切り下げが、最終的に金本位制の崩壊につながった。[5]

新たな通貨が世界金融の覇権を争うなか、私たちは新たな金融不安に備えるべきなのだろうか。インフレ懸念、不動産部門の締め付け、企業の債務不履行など、中国発の金融市場の動揺は、中国の金融統合がアメリカに大きく遅れをとる状況下で、グローバル市場全体に波及しつつある。[6] 中国経済がアメリカのように国際的に統合され、中国資本が規制されることなく市場に流れ、中国の為替相場が自由に乱高下することを許され、中国の株式と債券が世界の投資家のポートフォリオの中心的な存在となる未来を想像してほしい。このような状況では、世界の金融市場は、中国で何かが起きるたびにその動きに左右されることになる。中国の金融・通貨制度への理解を深めることが急務となっている理由はここにある。

選択的開放主義

1978年、鄧小平は貿易自由化につながる開放政策を開始したが、中国の金融の国境を開放する同様の取り組みは見られなかった。その国境は最近までほぼ閉鎖されたままだった。ワシントン・コンセンサスが途上国に勧告した金融政策、すなわち資本取引と為替レートの完全な自由化は中国が受容できるものではなく、かわりに中国は「北京コンセンサス」と呼ばれる戦略によって、国家の管理を強めることを選択した。中国政府は、規制なしに資本が出入りし、為替相場が乱高下するような不確実性を嫌ったからだ。

また中国政府は、世界の列強が中国の金融部門を無理やり開放させようとしているのではないかという強い疑いも持っていた。この疑念が一層深まったのは、1997年から98年にかけて起きたアジア金融危機において、マレーシア、インドネシア、フィリピン、そしてシンガポールまでもが欧米の投機筋によって大混乱に陥る様子を目の当たりにしたからだ。10年後、アメリカの金融危機が自国の経済を破壊し、その影響が世界中に広がると、中国は欧米的アプローチからますます距離を置くようになった。自国の金融システムを全面的に開放することはあまりに危険すぎるように見えた。

その結果、過去20年で飛躍的に進んだ貿易統合と比べると、中国と世界の国々との金融統合は遅々として進まなかった。中国の貿易統合はアメリカより40%も進んでいるが、金融統合はアメリカの3分の1以下である。[7]これは国内外を移動できる資金の種類と量を制限する中国の資本統制を反映している。

中国の投資家も外国の投資家も、中国に金融の開放性が欠如していることを直接感じている。中国の一般家庭が自分の貯蓄を海外に投資しようとすると、規制の壁にぶつかる。現在、海外で子どもに教育を受けさせるためであれ、あるいは旅行のためであれ、中国で一人の大人が外貨と交換できる人民元は、毎年5万米ドル相当に制限されている。ニューヨーク証券取引所やロンドン証券取引所で株式を購入できるのは、オフショアの資金を持つ者だけだ。こうした制約があるために、中国国民には、海外資産を持つための選択肢がほとんどない。不動産や、ジェットコースターのように乱高下する中国の証券市場以外に新たな貯蓄先を見つけたい、あるいは多様な資産を多様な通貨で持つことで資産を分散させたいと思っても無駄なのだ。

外部からの投資の受け入れにおいても、中国の株式や債券への投資を希望する外国人には制限が設けられている。本書執筆時点で、外国人投資家は中国のA株式および債券市場の3~5%、銀行資産の2%未満しか保有していない。これに対し、外国人投資家はアメリカの株式市場の26%、債券市場の30%、銀行資産の13%を保有している。[8]特別な割当を認められた機関投資家だけが中国の証券に投資できるが、世界中の個人投資家が中国企業の成長に寄与し、その分け前にあずかりたいと思っても、それはできない。この点で中国は、韓国やインドのような他の新興国に大いに遅れをとっている。韓国では株式市場の

28％を外国人投資家が保有し、インドではその割合は22％だ。世界的に見ても、中国の株式と債券の保有比率はポートフォリオ全体の1％にも満たない。[9]

こうした数字をもう少し大局的に捉えるために、世界の株式の分散型ポートフォリオを見てみよう。市場が完全に開かれて摩擦がないとすれば、グローバル・ポートフォリオは、それぞれの主要な経済国の、その国のGDPで加重平均された株式で構成されることになる。アメリカが世界のGDPの24％を占め、中国が16％、日本が6％であれば、理論的には、グローバル分散投資のポートフォリオはその割合に従って配分される。つまり、アメリカ株が24％、中国株が16％、日本株が6％という割合だ。だが、中国の証券に資産の16％を投資するグローバル・ポートフォリオは存在しない。資産運用会社が目安としている世界的な株式指数である「上場インデックス世界株式（MSCI　ACWI）」は、アメリカに58％、日本に7％、そして中国にわずか5％（16％とは程遠い）の投資を推奨しているが、その理由は主として中国への投資が困難であるからだ。これは突き詰めれば、中国が金融においては、貿易で行ったような開放的な政策をとるかわりに、市場を選択的に開放すると決めたことによる。

こうした慎重な判断には理解できる点もある。自国の金融市場の門戸をただ開いただけで壊滅的な状況に陥った例は、これまでも世界中で見られるからだ。国際資本が殺到して資産価格が高騰し、あとは外国人投資家が自作自演のバブルからさっさと逃げ出せば、暴落するのみだ。1994年のメキシコのペソ危機、97年の東アジア危機におけるタイ、マレーシア、インドネシア、韓国の金融市場の崩壊、98年のロシア危機、99年のブラジル危機などはすべて、背筋の凍るような警告の物語だ。こうした経済の多くは、開放された資本の流れと、硬直的な固定為替相場制度を組み合わせたもので、それはいわば典型的な「破滅の処方箋」だった。

このため、中国は別の道を選び、資本規制を採用し、安定した為替レートを堅持した。長期の資本を外国からの直接投資に求めたが、国内の株式や債券への自由な流れは制限し、特別割当を受けた特定の機関投資家に限って参入を許した。この過度に慎重な措置の結果、中国はホットマネー（利息やキャピタルゲインを最大化するために金融機関のあいだで頻繁に行われる資金移動）の殺到を防ぐことができた。こうして中国は、途上国にありがちな苦難の道に進まずにすんだのだ。これまでのところ、目立った為替危機も、対外債務危機も、銀行危機も中国経済に大きな被害をもたらしてはいない。ともあれ、このシステムは大惨事を避けることができている。

しかし、中国の一見安定しているかに見える状態には、硬直的なシステム特有の脆弱性が隠れている。たとえば投機家は、厳しく規制されたシステムには大儲けできるチャンスがあると考えている。2008年の金融危機後、中国政府は大規模な財政刺激策を発動した際、海外からの資金を活用するために規制を緩和した。そこで中国企業は海外の低金利の借入に殺到した。さらに中国は人為的に為替レートを安定させていたため、この「キャリートレード」（低金利で借り、高金利で貸すことで確実に利ざやを稼ぐこと）で利益が得られることは確実だった。人民元が切り下げられ、利益が減ることはないとわかっていたからだ。

2008年から14年にかけて、中国企業の海外からの借入は、総額1兆1000億ドルに達した。資本は中国に殺到したが、こうした楽観的な状況は持続可能なものではなかった。ある時点で、中国の企業や機関は対外債務を返済する必要が生じ、大量の資本が中国から流出するからだ。そしてまさに2015年にそれが起き、中国は史上最大の資本流出を経験した。[10] 5000億ドルの準備金を失い、[11] 政府が介入しても人民元の下落を防げなかった（安定した価値を維持してきた通貨にとって、これはかなりの額である）。[12] こうしてわずか1年で合計1兆ドルが中国から流出した。[13] この一件はグローバルな金融システム全体に波及し、世界的な株価暴落を引き起こした。[14]

ここから得られる教訓は、そもそも金融制度を安定させることが目的だった介入――資本規制と硬直した為替レート――が不安定化を招く引き金になりうるということだ。たしかに経済を「金融の崖」から遠ざけておきたいと考えるのは悪くないが、経済を統制する自国の力を神聖視しながら、世界の金融大国になろうとする野心的な国にとって、これはとくに問題だ。残念ながら、この二つの目的は両立しないからだ。世界の金融アンカーになるには、その経済は開かれていなければならず、規制も手放す必要がある。グローバルな資本市場では、水面下で策略を巡らせるような手法は通用しない。とくに金融分野において、このまま中国政府が柔軟性や効率性よりも統制や安定を重視しつづけるかぎり、世界的な金融アンカーになるといった野望は遠い夢のままだろう。

中国が世界の金融の中心をめざす理由

新興の経済大国が世界金融のリーダーシップをめざす理由は、その地位に伴うあらゆるステータスを考えれば明らかだ。現在、アメリカが獲得しているこの地位には、経済的な利点と政治的な影響力を伴う。石油はほかの主要商品と同様に、ドル建てで取引されている。国際取引の半分以上がドル建てで行われ、銀行や外国企業もドルで貸し借りを行っている。これには借り手と貸し手だけでなく、アメリカの輸出入業者にとっても、為替レートの変動の影響を受けずにすむという大きなメリットがある。ドル建てでなければ、自分たちの保有する資産や借り入れたものの価値が大きく変動するリスクがあるからだ。このドルの特権には自己強化的な性質がある。貿易はドル建てで行われるので、企業はドルでの借入を好むようになるのだ。[15]

またドル建てのほうが流動性が高く、歴史的にドルの価値は維持される傾向があるため、投資家もドル建ての資産を保有するほうが安心だ。それによってアメリカはより低い金利で借入金を調達できるが、それは投資家が安心感と引き換えに高い利益を手放すことを厭わないからだ。そして危機が訪れると、世界は安全な資産を求めてアメリカに頼ろうとする。

このドルの力は強大な政治的影響力につながる。アメリカは友好国に融資を提供したり、自国通貨への特権的アクセスを許可したりすることもできる。たとえば2008年の金融危機後に一部の国々に流動性を提供するために、連邦準備銀行が中央銀行スワップ協定（自国通貨を担保に外国の銀行がドル建てで借り入れできるようにする協定）を結んだことなどがこれにあてはまる。一方で、返済に必要な国際網へのアクセスを敵対国から奪うこともできる。ドル建てで支払いや販売をする国は、アメリカの政治的圧力に晒されやすくなる。だからこそ、アメリカによる制裁措置は世界に強い影響力を持つのだ。かくしてドルは、アメリカの強力な政治的ツールになっている。[16]

1988年、アメリカがパナマの指導者を追放しようと決めたとき、アメリカ政府は自国銀行に預けられていたパナマの資産を凍結し、パナマに対するすべての支払いやドル送金を禁止した。その結果、パナマ国内のほとんどの銀行が業務停止に追い込まれ、深刻な流動性の喪失をもたらし、パナマがアメリカの圧力に抵抗する力が著しく弱まった。[17]アメリカはイランのような国との企業の取引を禁じることもできた。第三者は通常、ベルギーに本部がある国際銀行間通信協会（SWIFT）のシステムを通じてドルで支払いを行うからだ。[18]

2012年、スタンダードチャータード銀行は、イランとの金融取引で約2500億ドルを隠していたことがニューヨーク州金融サービス局に告発され、3億ドル以上の罰金を支払わなければならなくなった。2014年にはフランスの銀行BNPパリバが、イランとキューバに対する制裁違反で89億ドルの罰金を科せられた。さらにロシア・ウクライナ戦争が始まると、ロシアの主要銀行はドル制度から切り離され、その外貨準備のかなりの部分、ロシアのGDPの約35%に相当する中央銀行の準備金が凍結された。地政学的な力学によって、通貨はもはや「中立的」ではなく、自国の準備金へのアクセスが他国の政策に左右されかねないことから、多くの国がドルの保有資産の低減を決めた。また中国をはじめとする多くの国は、ドルに支配される現制度外で国際的な決済を行うために、もう一つの決済網、人民元国際決済システム（CIPS）を築いている。[19]

CIPSはSWIFTに比べてわずかな規模の取引しか処理できないが、その人気は高まっている。アメリカが国境を越えた取引を厳しく管理し、ドルを武器化していることで、多くの国がドルを回避しようとするなか、中国の人民元やデジタル通貨の使用が増える可能性がある。たとえば、ロシア・ウクライナ戦争の勃発以来、ロシアから石炭を輸入しているインド企業は、中国とは無関係であるにもかかわらず、人民元で支払いをしている。人民元で行われる取引は、世界中の中央銀行が保管する人民元の準備金の割合とともに、この期間に前例のないレベルまで増加した。こうした展開は、アメリカの金融覇権を脅かす可能性がある。[20]

中国のチャンス

20世紀初頭、経済力でアメリカに追い抜かれたイギリスは、すでに国際的な金融システムを安定化させる力を失っていた。その反循環的能力（景気が悪い時期に世界に貸し付け、良い時期に借り入れる力）は、もはや世界の需要を満たすには十分ではなく、イギリスには必要な規模の流動性を供給するだけの資本もなかった。その役割は、経済規模の大きいアメリカに徐々に取って代わられた。第二次世界大戦後には、アメリカは列強全体の経済生産高の半分以上を占め、世界最大の輸出国となり、世界の貿易信用の主要な供給源にもなっていた。

第二次世界大戦が終わる前から、連合国側として戦った44カ国の代表が、国際通貨システムを構築するために、ニューハンプシャー州ブレトンウッズに集まった。アメリカは、ドルを基軸通貨とし、主導権を握ることにこだわった。だが1960年代に、ベルギー系アメリカ人の経済学者ロバート・トリフィンは、ブレトンウッズ体制には大きな断層線があると警告した。協定のなかで、アメリカは要請があればドルを金と交換することを約束していたが、世界的な需要が高まったことで、国外のドルの量がアメリカ財務省の保有する金の価値を上回るようになった。この「トリフィンのジレンマ」で知られるロバート・トリフィンは、このシステムでは流動性も信頼も維持することはできないと予測した。1971年、彼の予測が正しかったことが証明されると、リチャード・ニクソン大統領はドルと金との交換を停止せざるをえなくなった。これによってブレトンウッズ体制は終わりを告げ、ドルは、その通貨の価値がその信頼性のみに基づく「フィアット通貨（不換通貨）」と呼ばれるようになった。いまでは通貨の安全性も、まさに見る者の目に宿るというわけだ。

国際準備資産に用いられる通貨は、価値の安定した貯蔵手段になることが期待されている。今日、世界経済におけるアメリカの相対的規模が縮小していることは、この国が主導的役割に伴う責任を果たすのに苦労していることを示すものだ。アメリカが世界のGDPに占める割合は4分の1未満だが、ドルに対する需要は膨大で、世界の準備総額の60％を占めている。しかし、そう遠くない未来に、ドル資産が安全だとみなされなくなるかもしれない。アメリカの財政赤字が拡大し、世界がその返済能力を信用しなくなれば、ドル資産は放棄され、ドルの価値は急落するだろう。このこともアメリカ以外に主要通貨を持つ国が必要な理由である。[21]

2008年の大不況が起きたとき、世界中の銀行は流動性を求めて奔走した。[22] 米連邦準備銀行は前述のスワップ協定を結んでいたが、この緊急時の流動性の恩恵を受けたのはごく限られた国々で、大半の途上国経済はそこから除外された。[23] IMFは融資を提供したが、その条件は受け入れ難いものであることも多かった。[24] 中国の中央銀行はこのとき、それを埋め合わせるべく介入し、多くの国とスワップ協定を締結して、人民元による流動性を提供した。こうした別の選択肢があることで、国際通貨制度はより安全で効率的なものになる。

支配通貨を持つ国にとっては、自国の政治的・経済的配慮と国際的な責任とのバランスをとることも厄介な問題だ。たとえばアメリカが量的緩和（貨幣供給を増やし、貸付や投資を促すために公開市場から長期証券を購入すること）のような国内政策を採用すると、その影響が連鎖的に世界全体に波及する。その国が望んでいなくても、各国に貸付ブームが起き、インフレになる可能性もある。またアメリカは、世界金融の「安定装置」としての義務に反していても、危機の際に自国通貨を切り下げたり、世界の国々に負っている債務の一部をインフレで相殺したりしたい誘惑に駆られるかもしれない。2017年、トランプ大統領は、アメリカの輸出を刺激するためにドルを切り下げようとしたが、[25] この動きは世界中から批判を浴びた。

表9-1　国際通貨の役割

通貨の機能	政府	民間主体
価値の保存	外貨準備	現地通貨を代替する（非公式のドル化）
交換手段	為替介入のための媒介通貨	貿易および金融取引をその通貨で行う
計算単位	現地通貨の価値を保つ名目アンカー	貿易および金融取引額をその通貨で表示する
		投資

出典：Chinn Menzie and Jeffrey Frankel, "Will the Euro Eventually Surpass the Dollar as Leading International Reserve Currency?" NBER Working Paper 11510, National Bureau of Economic Research, Cambridge, MA, August 2005. 元の出所は Peter B. Kenen, "The Role of the Dollar as the International Currency," *Group of Thirty Occasional Papers* 13 (1983).

特権には責任が伴うことは、歴史が証明している。1930年代、大恐慌に陥ったアメリカは、スムート・ホーリー関税法のような保護主義的措置を強化することで、他国との関係を断った。それによってアメリカの苦境が世界にさらに甚大な影響を及ぼす恐れもあったが、幸いにもイギリスが救いの手を差し伸べた。不況がそれほど深刻ではなかったイギリスは、オタワ協定を通じて市場開放を続け、反循環的な貸出を行い、世界の金融安定化の生命線となった。[26]安定化を図るためにこうした影響力を発揮することは、国際システムにとってはきわめて重要だが、その役割を一国に委ねるのは荷が重すぎる。最大の問題は、必要であれば中国がその手腕を振るい、アメリカのように中心的役割を担えるかどうかだ。そのための障壁となるのが、中国の通貨、人民元が世界で通用する通貨になれるかという問題だ。

中国は世界第2位の経済大国で、世界最大の貿易国であるにもかかわらず、その通貨が貿易や金融の国際決済で果たす役割は限られている。それどころか人民元は、世界で最もよく取引される五大通貨にも入っていない。国際通貨として十分な信頼を得るには、中央銀行で準備通貨として保有されていること、世界中の取引で使われていること、社債や政府債、銀行ローンの額面通貨であること、などの多くの基準を満たさなければならない。また特定の通貨や通貨バスケットに為替レートを連動させて安定性を提供するために、最も著名な国際通貨が基軸通貨として選ばれることが多い。[27]

しかしこのすべてにおいて、中国の通貨は遅れをとっている。2021年、人民元は総外貨準備高のわずか2・66%だったのに対し、ドルが占める割合は59%だった。[28] SWIFTによれば、人民元がグローバル決済で使われる割合は4%で、ドルの39%、ユーロの33%、ポンドの7%にはるかに及ばない。発行された全国際債券のうち、人民元建ての債券は全体の1%にも満たない。[29] 外国為替市場の総貿易量に占める人民元の割合は4・3%であるのに対し、アメリカのドルは44・2%である。[30]

国際化への長征《ロング・マーチ》

主要貿易国である中国は、当然ながらその通貨の使用を拡大できる立場にある。2015年には、自国貿易の25%が人民元で決済されたが、数年前にはその割合はほぼゼロだった。[31] 民間の取引がますます中国の通貨で行われるようになると、各国の中央銀行も準備金として、今後さらに多くの人民元を保有するようになるだろう。そこには海外への融資や海外資産の獲得に複数の金融手段を利用できるといった付加価値もある。

19世紀後半のイギリスは、当時の新興市場にとって主要な資本輸出国だった。その経常収支の黒字（海外への純貸出の流れを測定する経済指標）は、第一次世界大戦の直前にはGDP比10％まで拡大した。[32] イギリスは鉄道建設に投資し、港湾施設を改良し、都市のインフラを構築し、缶詰や冷蔵牛肉の輸出を支えるために農場と食肉加工施設をつなぐシステムも導入した。[33] さらに同国は、不動産や証券市場、銀行活動に積極的な役割を果たしたことで、世界中でポンドの使用が加速し、1850年から1914年にかけてポンドの黄金時代が到来した。

一方のアメリカは、両大戦間期に経常収支の黒字がGDP比7％に達し（2021年後半ではGDP比3.7％の経常収支の赤字ないし純借入を計上）、ドルが国際通貨として重要な地位を占めるようになった。同様に日本では、純貸出が1970年代から80年代にかけて急増すると、[34] 日本円は大きな弾みを得て、91年には世界の準備金の8％以上を占めるまでになった。[35] 中国の経常黒字は2008年にGDP比9.1％と過去最高値を記録し（その年の純流出の4500億ドルに相当）、こうした資金の一部は大量の米国債の購入に充てられた。だが、やがて中国は、途上国や新興市場への融資を行うようになる。2018年時点で、世界の債務残高のうち5兆ドル以上が中国政府に対する債務であり（世界GDP比6％）[36]、中国は世界第三位の債権国になった。中国は自国の膨大な貯蓄をもとに実現した、1兆ドルをかけた一帯一路構想を推進することにより、諸外国に対して人民元で借入や取引を行うよう、誘導することができるのだ。

中国政府は周到な戦略によって、多方面で人民元の拡大にも努めている。たとえば国内企業や外国企業に対し、「点心債《ディムサム・ボンド》」と呼ばれる人民元建ての債券を発行するよう奨励し、これをマクドナルドやHSBCなどの企業が発行している。中国人民銀行によるもう一つの作戦は、約1世紀前に米連邦準備銀行が採用した方針にも似ている。中国は2021年時点で世界40カ国とスワップ協定を結んでおり、こうした国々に人民元で流動性を（とりわけ危機の際に）効果的に提供している。スワップラインを使用することで、ある国が人民元で決済を行う確率が13〜20ポイント上昇したと推定されている。[37] その結果、国境を越える人民元の使用が2009年以来、5000倍と大幅に拡大した。中国は自国通貨を普及させる努力を行いながら、為替レートをより柔軟化し、資本移動の規制や、中国で事業展開する外国金融機関に対し、人民元取引の割当を緩和している。

こうした努力をしながらも、中国は貿易国や主要債権国の立場にあるとはいえ、いまだに人民元を主要通貨にできてはいない。中国に欠けている最も重要な要因、そしてすべての国際通貨にとって必須の成功要素とは、自国の金融市場が十分に成熟していることだ。いまも昔も金融のアンカー役を務める国々には、先進的な金融システムと、最も厚みがあって、最も流動的な金融市場が存在する。第一次世界大戦以前のロンドンは、当代一の金融センターだった。イギリスの役目を引き継ぐようになる頃には、アメリカもまた世界で最も先進的な金融システムを築いていた。第一次世界大戦以前の米ドルは、他の多くの通貨に遅れをとっており、とくに同国の金融市場が未熟なために不利な状況を強いられていた。だが、1913年に米連邦準備銀行が設立されたことで、季節的な金利上昇が緩和され、金融市場の変動性が低下し、貿易信用市場が生まれ、金本位制度の管理が強化されるなどの、一連の必須条件が整った。[38]
また、米連邦準備銀行がアメリカの銀行の海外支店設立を許可した結果、同国の銀行は海外で広く事業を展開できるようになった。その後、他の通貨に対するドルのシェアが急騰し、1918年から32年にかけて、米ドルは徐々にポンドを凌ぐようになった。過去の債券市場の記録によれば、1929年にはすでに全世界の公債の約4割がドル建てだった。アメリカの金融市場の金融深化度、すなわち経済全体に対する金融部門の規模こそが、ドルの台頭に寄与した最大の要因だった。一方、当時、世界の通貨においてポンドのシェアが縮小していたおもな理由は、イギリスの経済規模が相対的に縮小していたからである。[39]

幅と厚みのある金融市場では、投資家は投資のニーズを満たすか、リスクヘッジを図るために幅広い金融商品を利用することができる。金融市場に流動性があるというのは、投資家が資産を売買する際に価格への大きな影響がないということだ。だがそれには、高い貿易量を維持するために、多くの買い手と売り手が必要になる。それと同時に、国際通貨を容易に取引できなければならない。ドル建ての債券を容易に売却できれば、ドルを保有することが投資家にとっても魅力的な選択肢となるだろう。アメリカの債券市場は世界で最も厚みがあって、最も流動性があるが、中国政府の債券市場はこの点でかなり遅れている。中国では大半の政府債が、成熟した金融市場のように積極的に取引されておらず、満期になるまで銀行で保管されている。中国の債券取引量は欧米の1％程度だ。[40]一方、中国の株式市場の回転率は高いが、その理由は市場が流動的だからではなく、長期的な投資家よりも思惑買いをする個人投資家が市場を独占しているからだ。

規模と厚みのいずれにおいても、中国の金融部門は、先進国の金融部門にも途上国の金融部門にも及ばない。中国の株式市場の時価総額は2019年にGDP比約60％だったが、アメリカでのその割合は158％、マレーシアでは108％、タイでは100％、ブラジルでは64・5％だった。[41]中国の債券市場の時価総額は2008年のGDP比35％から20年末には約110％に上昇したが、アメリカはGDP比221％であり、追いつくにはほど遠い。[42]またすでに見てきたように、投資家にとって高品質で安全な幅広い中国資産が存在しないことが、人民元建ての資産を保有しようとする外国の機関投資家や中央政府の意欲を削いでいる。

信頼できる予測可能な中央政府の存在も重要だ。政府が自国の都合で切り下げを実施しかねない通貨や、政府が膨らみすぎた債務をインフレで帳消しにしたいと思えば価値が下がるような通貨など、誰も持ちたくはないだろう。市場が不意を突かれることのないように、政府はその方針を透明化し、首尾一貫して実行する必要がある。これもまたドルの人気が続く大きな理由だ。

だが、中国はまだこうした点を重視していない。2015年に起きた株式市場の暴落は、政府による介入と情報の伝達不良によって悪化し、政府が為替相場に介入したことで資本流出に拍車がかかった。市場変動に対処する制度的な能力や技量があることは、経済がキャッチアップに励む高度成長期にはそれほど重要ではないかもしれないが、中国の次の発展段階においては必要不可欠なものだ。市場原理が人民元の価値決定により大きな役割を果たすことを受け入れ、資本収支の流れに対する規制を緩和するには、金融システムの抜本的な改革が必要になるだろう。だが、この国にはまだ、その準備ができていないようだ。

国際通貨の歴史に学ぶことがあるとすれば、金融不安は通貨の持てる力を損なう恐れがあるということだ。1929年以降のアメリカの銀行危機は、国際取引の決済に使用されるドルのシェアの低下につながった。1980年代後半に起きた日本の株式・不動産バブルの崩壊は、経済・銀行危機を招き、台頭しつつあった日本円への期待を失墜させた。ユーロ圏の経済不安は、国家間の取引に使用されるユーロのシェアをさらに低下させることになった。[43] 中国にとって、金融の安定を維持し、近いうちに来るとされる金融危機を未然に防ぐことが、きわめて重要になるだろう。

結局、中国の通貨は、先に述べたような弱みはあるにせよ、いずれ米ドルの対抗勢力となるだろう。この役割を担える通貨はほかに見当たらない。近い将来、最も起こりそうなのは、アジアの人民元、ヨーロッパのユーロ、その他の全地域におけるドルのように、地域ごとに特定の通貨が優勢になることだ。だが、それに代わる魅力的な決済手段が現れる可能性もある。多くの国が、ドルが政治的ツールとして利用されることを懸念しており、米国債があらゆる金融資産のなかでも本当に最も安全な通貨なのかを疑問に思い、ドル建ての決済や銀行制度から解放されたいと願っている。

また通貨間の競争が、主権通貨間ではなく、交換可能通貨とデジタル通貨との競争になるのも、さほど遠くないかもしれない。それはビットコインやイーサリアムのように民間で発行された通貨、あるいはデジタル人民元（2020年、中国は中央銀行がデジタル通貨を発行した最初の主要経済国となった）、デジタルドル、デジタルユーロなどの主権デジタル通貨かもしれない。たとえば、ウルグアイに住む人が、長年のインフレや通貨切り下げで荒廃した自国の交換可能な通貨よりも、ビットコインやデジタル人民元を保有したいと考えるのは、理にかなったことだ。

デジタル通貨は分散型暗号資産を含め、すでに広く普及しているが、私たちの日常生活がいかにデジタル化されているかを思えば、それは当然のことでもある。従来の決済方法とは違い、デジタル通貨はスマートだ。データを収集してプログラミングできるため、たとえば子どもに渡した小遣いの使い道を、親が認めるものだけに制限することもできる。デジタル通貨は特定のサービスと組み合わせることも可能で、プラットフォームによっては、特定のデジタル通貨でしかサービスを利用できないものもある。そして当然、デジタル通貨を使えば、取引にかかる時間やコストを大幅に削減できる。

こうした諸々の理由から、政府は、民間のデジタル通貨が市場を完全に独占する前に、自国の中央銀行デジタル通貨（CBDC）をこぞって普及させようとしている。主権デジタル通貨に賛同する人々は、安全性やコスト、利便性、顧客への配慮をその理由に挙げているが、特定の国の政府によって保証された通貨は、グローバルな取引をより容易にするだけでなく、マネーロンダリングやテロ行為への資金提供などの違法取引を監視することもできる。CBDCを使えば、パンデミックやその他の緊急時にも、多くの人に流動性を直接、かつほぼ瞬時に提供できるだろう。しかし、特定の主権デジタル通貨が実際に広く行き渡れば、プライバシーが失われるという代償も伴うだろう。

デジタル通貨の台頭は、「世界の人民元」をめざす中国の計画にどのような影響を与えるだろうか。デジタル通貨によって、ドルがその支配的立場から陥落し、中国などの国が、他国との取引においても既存のドル建ての金融システムを回避できるようになるかもしれない。そうなれば、いずれ誰もがボタンに触れるだけで、自分の選んだ好きな通貨で海外送金できる未来が訪れるだろう。途上国で暮らす人々は、デジタル人民元が使えるようになれば、より安価な方法で送入金ができるに違いない。現時点でも、サハラ以南のアフリカに住む人々には、取引額の8%という法外な手数料がかかっている。

異なる国家システム間、たとえば中国と一帯一路構想の参加国とのあいだを自由に移動できることで、デジタル人民元の人気が急上昇することも考えられる。アリペイがアフリカでますます利用されるようになり、ティックトックやアリババ、テンセントのようなテック大手企業が市場を独占するなど、世界中で中国のテクノロジーが台頭し、またすでに確立された決済インフラもあることを考えると、人民元の価値はさらに高まるかもしれない。だが結局のところ、従来の人民元もデジタル人民元も、中国の通貨の人気は、この国の経済基盤、その金融の深化度、流動性、安定性次第である。何より忘れてならないのは、ニーアル・ファーガソンもその著書『マネーの進化史』で述べているように、「信用を刻印されたものがカネなのだ」ということだ。通貨をより便利なものにするどんなに素晴らしい技術が発明されたところで、国際通貨に対する一般認識を左右するのは、その国の制度や機関、そしてその国の金融システムと政府に対する信頼だという事実は変わらない。

世界に与える影響

中国の人民元がすぐにドルと交代することはないにしても、中国の金融開放が進めば、世界経済に大きな影響を及ぼすことになるだろう。中国の株式・債券市場がアメリカのそれに匹敵する規模に成長し、外国の投資家が中国の国債を現在の3%ではなく10%保有するようになれば、中国への新たな資本流入は数兆ドル追加されるだろう。中国における国内金融市場の統合度は、現在、アメリカの3分の1に満たないが、それでも中国はすでに、世界の金融に顕著な影響を与えている。2015年8月に上海証券取引所で起きた20%の株価暴落は、ドイツ、オランダ、フランス、デンマークをはじめとする欧州諸国の株式市場にも10~12%の下落をもたらした。[44]

世界第2位の経済圏で持ち高を増やしたい投資家たちの強い要望は、中国が今後も金融統合を進めることを後押しするだろう。ごく最近まで、世界の金利は一般的に低く、中国の債券は魅力的な利回りを提供していた。10年満期の政府債は2021年に3・2%の利回りで、それは10年満期の米国債より約1・6%高かった。中国の株や債券も世界の投資家に異例なレベルで分散化を提供するが、それはこうした市場での利回りが、他の経済圏の市場とはほとんど相関関係がないからだ。たとえば、アメリカと中国の国債の利回りにおける3年間の週次相関は0・14だが、イギリスとアメリカでは0・71、日本とドイツでは0・58だ。[45] 中国の株式市場と新興の大手株式市場との相関は0・5未満で、同じことが先進経済国との相関にも言える。

　金融統合が進むにつれて、中国は必要に応じて流動性を提供するようになるかもしれない。だがそれはアメリカと交代するためではなく、アメリカの取り組みを補完するためだ。２００８年の金融危機の最中に中国が国際金融システムの安定化を支援したように、中国はこの先も、同じ行動をとりつづけるだろう。中国の資産は、高い利回り、他の主要な指標との相関の低さという二つの理由から、どんなグローバル・ポートフォリオにも積極的に加えられていくだろう。

　だが、中国の金融統合は同時に、世界的な危機の引き金を引くことにもなりかねない。新興経済はその性質上、かなりの変動を経験することがあるからだ。その原因となるのは、為替相場や株式市場の急変、不動産バブルとそれによる破綻、あるいは予測不能な通貨政策かもしれない。従来の経済の考え方によれば、経済は次の二つのタイプに分けられる。一つは、他国にかなりの波及効果を及ぼすことを特徴とする制度化された経済（アメリカとEUがこれに該当する）、そしてもう一つは、未熟な制度、リスク、萌芽期の資本市場を特徴とする新興市場だ。中国は一つの国がこの二つのタイプに同時に当てはまる史上初の例であり、いわば制度化された新興経済と呼べるものだ。インドも、さらに規模が大きく、金融が開放されれば、ここに加わるかもしれない。

　中国がいま考えなければならないのは、いかに迅速に金融自由化を受け入れていくか、ということだ。これを実行すれば、より効率的な資本分配が促進されるだろうし、実際に、どの富裕国も資本市場を開放している。だが中国は、おそらくその経済システムに対する支配の手を緩めざるをえないし、それは容易なことではないだろうが、実行されれば間接的な効果も期待できる。たとえばＷＴＯ加盟の準備段階で国有企業に効率化を促したときのように、これをきっかけに、必要な金融改革も進められるかもしれない。それでも中国が、あまりにも性急かつ大規模に、またあまりにも準備不足のまま開放を進めれば、自国にとって逆効果になるばかりか、世界を混乱させることになるだろう。米中貿易戦争の影響を見ればわかるように、両大国間の摩擦がもたらす波紋は、二国間のみにとどまるものではない。ある国が、世界に広く及ぼす影響を考慮せずに自国の国益だけを追求しようとすれば、悲惨な結果が待ち受けていることは、歴史が何度も証明している。

１９１９年から20年のパリ講和会議後に、保護主義的な米国議会が40％も関税を引き上げると、世界の貿易と通商の量が激減した。[46] そして予想外のブーメラン効果によって、アメリカの輸入額が65％も急落すると、１９２９年に米国株式市場が暴落して大恐慌が発生し、その後10年間にわたり、世界中に暗い影を落とした。[47] ある国粋主義的な孤立主義の動きが最初に不安定な状況をもたらすと、間もなく第二次世界大戦という露骨な戦いの火蓋が切って落とされた。それから数十年が経ち、今度は世界の協力不足によって１９７４年と79年にオイルショックが起き、１９７４年から80年にかけてオイルマネーの危機、さらに１９８０年代に中南米の危機が発生し、その後、先進工業諸国をインフレの猛威が襲った。２００８年の世界金融危機がようやくおさまったのは、Ｇ20の首脳が流動性スワップと金融緩和において協力を誓ったときだった。[48]

将来、世界にはおそらく二つの重要な中央銀行が存在することになるだろう。一つは中国、一つはアメリカの銀行で、どちらも独自の権限と目的を持ち、自国のために働き、世界の金融に影響力を振るうことだろう。この二つの主要な中央銀行は、ライバル関係に陥りやすいため、協調が何にも増して重要になる。協調の精神はブレトンウッズ体制下で深く刻まれたが、この体制が1971年に崩壊したあとも、協調と協議は国際経済秩序の法則として広く浸透していた。ところが昨今、この協調精神が危機に晒され、私たちは手強い問題に直面している。ここにきて、同様の考えを持つ国のあいだだけでなく、経済的に競合し、同等の技術力を持ち、政治的に異なる二つの国のあいだでの協調が必要とされているのだ。どちらの国も協力関係の構築に注力してきたが、アメリカをはじめとする先進諸国が、中国という国家のシステム、文化的遺産、社会的道徳観、国家の野心や希望を理解することは、将来、真に協力し合える関係を築く可能性を大いに高めることだろう。

新しい経済リーダーシップの考え方

世界で経済のリーダーシップをとるということは、国際通貨、強力な中央銀行、世界の金融センターを有し、国際通貨制度や金融構造の設計と維持に主要な役割を果たすことだけにとどまらない。テクノロジーや貿易、資本の流れのすべてにおいて、今日の世界は一つのネットワークとして動いている。気候変動、AIによる労働力の置換、専門家が今後10年ごとに起きると予想するパンデミックの脅威など、人類が直面するこれらの重要な問題はすべて国境を越えたものだ。テジタルネットワークやサービスや知識がより重要度を増すこの時代に、経済のリーダーシップは新たな意味と関連性《レリバンス》を担っている。

ネットワークとは、たんなる一連の関係性以上のものだ。ネットワークがつながればつながるほど、それぞれのリンクがさらに価値あるものになる。グローバルな輸送、貿易、金融において、各国間のインフラの規模が大きくなればなるほど、効率性はますます向上するだろう。気候変動に対処するために各国間の調整が進めば進むほど、望ましい結果が得られる見込みも高まる。それによって、ネットワークの中心、あるいは重要な結節点に位置する国々は、最も恩恵を受けるかもしれないが、ネットワーク内のどこにいようと、同様に恩恵を享受できるようになるだろう。

グローバル・ネットワークのリーダーとなるために、中国は野心的な一帯一路構想を立ち上げ、「効率性《リーン》、透明性《クリーン》、持続性《グリーン》」を指針とするアジアインフラ投資銀行を創設した。さらに中国は、G20やアジア太平洋経済協力などのフォーラムを通して、多国間のネットワーク構築にも取り組んでいる。[49] そして国連で2番目に大きな資金支援国として、[50] 昨今では、アフリカ諸国のインフラ開発に最大の資金も提供している。[51] またグリーンファイナンスの世界的ハブになるために、国際的なカーボンプライシング〔企業などが排出する二酸化炭素に価格をつけ、それによって排出者の行動に変化を促す政策手法〕の拠点、ならびにグリーンな債券とデリバティブをおもに扱う金融センターも築いている。こうした取り組みの見返りとして、中国は人民元をグリーンファイナンスの通貨にすることもできるかもしれない。

大規模な経済国は、世界における公共財の支出以上の大きなシェアを担うことがある。さもなければ、プロジェクトに必要な資金が集まらないからだ。アメリカはNATOの経費をかなりの割合で負担している一方、中国も一帯一路構想で行ったように、世界のインフラや気候関連の支出をかなりの割合で負担している。だが中国は、途上国で膨らむ負債や、環境へのダメージ、中国企業との過剰なまでの関わりといった、それに伴うリスクに無頓着であってはならない。過去の教訓から学べることは、計画的な資金提供のほうが、計画が実を結ぶのを見届けるよりも簡単だということだ。

中国は借り手を借金地獄に陥れていると非難する声もある。ローンを返済できない借り手は、貴重な資産を手放さざるをえないからだ。インフラ開発を目的とした中国からの巨額融資が原因で、こうした国の債務が過剰に膨らんだと言われている。だがこうした見方は誤解を招くものだ。一帯一路関係国の債務は、中国よりもヘッジファンドや資産管理会社、国際組織など、西側機関により多くを負っている。そして新興市場で起きている公的債務危機は、新たな現象などではなく、はるか昔から繰り返し起きているものだ。[52]しかしそれでも中国が貸付条件の詳細を明らかにすることを拒めば、疑惑が高まるのは仕方ないことだ。帳簿外の隠された債務があれば、主権国政府が自国の負債を正しく評価・監視できなくなるからだ。

とはいえ、独立した機関が集めたデータに基づくさまざまな研究を見れば、中国からの融資は世界の開発金融界の規範におおむね沿ったものであり、[53]2013年に一帯一路構想が提唱されて以来、貸付基準は飛躍的に改善されていることがわかる。145カ国の1万3427件のプロジェクトを記録した最も包括的なデータによれば、大半の借り手国の返済リスクはさほど高くないし、目立って汚職が蔓延しているわけでもない。

逆に中国は、アジア（29％）、アフリカ（23％）、中南米（24％）、中東欧（18％）など、世界中の多様な国々に融資を行っている。大半の国は健全な財政状態にあるが、懸念されるレベルの負債を抱える国もわずかにある（モルディブやラオスは、自国のGDP比の25％以上を中国の融資先から借りている）[54]。中国はその融資の多くを帳消しにして借り手に債務救済を実施するだけではなく、資産を押収することもほとんどない（本書執筆時点で、アフリカでは一例もない）[55]。融資の多くが大規模（5億ドル以上）であることから、中国は借り手とともに自らもリスクを負いながら、いまも新入りの貸付国として進むべき道を見つけようとしている。また国際協調の精神に基づき、中国はG20のメンバーとして、新型コロナウイルスに関連する債務返済の猶予も認めている[56]。

ドルの力によって、アメリカは世界の舞台で、途方もない政治的影響力を発揮している。一方、途上国が危機に見舞われた際に中国がインフラ計画を立て、援助や融資を行ったことは、途上国から大きな支持を集めた。こうした大規模な計画が、中国に地政学的・戦略的に利害をもたらしたとしても、それは世界の経済発展のために世界秩序を構築するという中国のビジョンを反映するものだ。だがリーダーシップの松明《たいまつ》を掲げるすべての国には、そのための正統性が求められ、それにはハードパワーを超えた道徳的義務も必要になる。民主主義を堅持することが、この間のアメリカに、世界的な力を示す暗黙の権限を与えてきた。ところがアメリカは、次第にグローバルな責任を他国に託したいと望むようになり、「アメリカ第一主義」の精神に則って、経済・技術分野でナショナリズムを追求することで、その正統性が徐々に揺らぎつつある。

ブレグジット、貿易戦争、パンデミックなどでグローバルなネットワーク機能が脅威に晒されるようになったいま、新たな経済のリーダーシップの定義が求められている。このネットワーク化の時代に、従来の競争のパラダイムは、相補性、接続性、協力に道を譲らなくてはならない。国境を越えたレジリエントなネットワークが主権国家に取って代わられつつあるいま、経済的覇権という概念そのものが時代遅れで、あまり意味を持たなくなっているのかもしれない。このネットワークをリードするのはネットワークの最も中心にあり、他国と最もつながり合う国であることは間違いないが、その目的は支配ではなく、ネットワークの安全性や持続可能性、円滑な機能を保証することだ。とくに重要な結節点にいる国々は、他のすべての国々が豊かになる構造を築き、それを維持していく必要があるだろう。

中国が国境を越えて繁栄できたのは、グローバルなシステムがこの国を受け入れ、その繁栄を後押ししてくれたからだ。世界の貿易、金融、インフラなどのネットワークに中国がこれまで以上に統合されることで、今度は中国が、新たにネットワークに加わる途上国に、その恩恵を還元できるようになるだろう。

第10章

新たなパラダイムに向けて

TOWARD A NEW PARADIGM

中国の現在と未来

過去40年にわたる中国の奇跡とは、この国が記録破りの短い期間でGDPの目覚ましい成長を遂げたことではなく、子どもを含む十数億人もの国民に、一世代のうちに想像を超える変化を起こしたことだ。これは私の家族だけでなく、大半の家族に当てはまることだろう。この劇的な転換が中国で起きなかったら、文化大革命のときに両親が肉体労働者として働かされていた南部の田舎で私は生まれていたはずだ。父はこの田舎に残り、豚の屠殺場で働いていたかもしれない。ところが、鄧小平が文化大革命時に廃止された全国の高等教育制度を復活させる一環として全国試験を再開すると、父はその試験を最初に受けた学生の一人になった。希望をくじかれた数年間は、1枚の合格通知で終わりを迎え、父は僻地から抜け出して首都・北京の一流大学に入ることができた。私も北京で生まれたのだが、そこでは当時、私たち家族の暮らす小さなアパートですら、途方もない贅沢とみなされた。

1978年、中国の経済的ニーズがついにイデオロギーとの闘いに勝ったとき、この国は豊かな未来を築こうとしていたが、自国の直近の経験で参考になるものはほとんどなかった。それから40年後、中国は自らを改革することで世界の大国となったが、この国は、世界中から広く賛否両論を誘う政治と経済の稀有な融合に支えられていた。こうした変化を経験してきた私の世代は、この国が成し遂げたことを誇りに思う一方で、その過程で払わざるをえなかった高い代償も痛感している。今日、私たちはこれまでのどの世代よりも国際的な企業や機関から引く手あまただが、それは私たち自身の能力というより、この国が私たちに授けてくれたものによるところが大きい。中国の成熟とともに、私たちも大人になったのだ。

過去40年間でとりわけ大きく変わったのは、中国の自国に対する見方だ。1960年代と70年代に西側諸国で学ぶ機会に恵まれた生徒や学生の多くが彼《か》の地にとどまった。そこではもっと良い暮らしができるし、消費財もふんだんにあり、給料も自国の相場と比べて10倍以上高かったからだ。中国人は西側諸国に強く感銘を受けた。とくにアメリカという国の持つ力、テクノロジー、豊かさに目を瞠《みは》った。この国の発展の原動力となったアメリカン・ドリームは、米国民と、この国に渡ってきた移民の両方を発奮させた。

ところが2000年代前半、私の世代が取得したばかりの学位を携えて海外の大学を一斉に卒業する頃には、中国の学生はより母国に近い場所に移り住むようになった。香港やシンガポールのような国際都市に腰を据え、安心できる距離を保ちつつ、中国本土で生まれる好機の恩恵を受けていた。2013年頃には、中国本土が彼らの主要な目的地になっていた。中国教育部によれば、2000年から19年までに海外で学業を終えた500万人の学生のうち、約86％が中国に戻っていた。私の尊敬する丘成桐《チュウ・チャントン》教授は、長らく務めていたハーバード大学の終身教授の職を捨て、北京大学で教鞭をとることを選んだ。

鄧小平は、中国の若者に海外で教育を受けることを認めたとき、多くの若者は当面母国には戻ってこないだろうと予想していた。外国で学んだ学生たちの大半はいずれ戻ってくるだろうし、たとえ戻らなくても、将来何らかのかたちでこの国の役に立ってくれるだろうと、長い目で見ていたのだ。それでも最近の傾向を見れば、鄧本人も驚いたことだろう。昨今の若い学生たちは、本気で成功したいなら中国国内にとどまり、世界中のベンチャーキャピタルが押し寄せるこの好調な波に加わるべきだと私に語る。科学者や研究者が中国に移住するのは、高給や潤沢な予算、自分の研究を進めるための大規模なチームに魅力を感じているからだ。フェイスブックやグーグル、ゴールドマン、ブラックロックで誰もが憧れる仕事に就くテクノロジー分野の専門家も故国に戻ってきているし、なかには億万長者やＳＮＳのスターになりたくて自分で会社を立ち上げる者もいる。

帰郷がますます祝福されるものになり、この国の魅力が高まっていることは、中国の成功を雄弁に物語っている。アメリカ、ヨーロッパ、オーストラリアで暮らすことは、もはや中国のすべての若者が望むことではなくなった。こうした国々がかつて見せてくれた夢も、いまでは中国国内で実現できるからだ。

資本主義を全面的に受容する西側の民主主義こそが、広く繁栄をもたらす唯一のシステムだと信じて疑わない人々からすれば、中国のグローバル社会での台頭は、いかにも謎めいて見えるに違いない。この国の強引とも言える介入は、自由市場の原理に反するものだ。中国の戦略の多くは驚くほど成功しているが、実際、問題がないわけではない。本書では一貫して、中国の政治的経済の仕組みが純粋な市場原理をいかに補完してきたかを説明してきたが、それでも、そこに働いているすべての要因を説明できたとは言えない。あらゆるものが複雑に混じり合う中国経済から必要不可欠な要素を取り出してみると、多くの謎や矛盾を内包する中国経済の奇跡を理解する際に特筆すべき、いくつかの要素が見えてくる。

独自の国家デザイン

中国という国家の比類なき力は、古代の官僚構造「条条塊塊《テャオテャオ・クァイクァイ》（垂直型管理と水平型管理）」にその基盤がある。これはトップにいる権威者が、最小の行政単位にまでその指示を伝達できる手の込んだ行政システムである。縦の命令と横の管轄区域およびブロックとが組み合わさったネットワークが、この国の隅々にまで張り巡らされている。帝政時代にさかのぼるこの構造は、中国が驚くべきスピードで新たなインフラを建設し、オリンピックで金メダルを大量に獲得したり、世界的なパンデミックを首尾よく乗り切るというこの国の力にとって、いまも不可欠なものだ。

こうした効果がある一方で、このシステムは、中国の中央権力者に完全な支配権を認めているわけではない。権力が省レベルに委ねられることで、地方政府は地元の経済を成長させ、社会的進歩を達成し、秩序を維持するように動機づけされる。権力バランスはつねに変化し、中央権力に傾くこともあれば、地方政府に傾くこともある。それでも中央政府は決して完全に管理を放棄することはなく、外的ショックや危機が起こるたびに、権力が指導層の手に戻る場合も多い。

だが、強力な中央政府の存在が、必ずしも経済の成功を保証するわけではない。歴史を振り返ってみればそれは明らかである。少なくとも過去40年間、中国は、個人や世帯、企業、地方政府、中央権力といったあらゆる重要な経済主体のために、経済的なインセンティブを巧みに調整してきた。マクロレベルの国家戦略は、積極的な役目を果たすよう動機づけされた地方政府の役人によって、ミクロレベルで実行に移された。この国の役人は、地元で目覚ましい経済的成果をあげることで、党の出世階段を昇り、より大きな影響力を振るい、華々しいキャリアを築く。その一方で、地域間の競争や省レベルで行われる上層部の強制的な交代によって、役人たちは共謀して中央権力に反対することも、地元企業を利用して私腹を肥やすこともできない。こうした仕組みは、政治腐敗を徹底的に防ぐことはできなくても、それを抑制する効果がある。

中央政府のもう一つの力は、その巨大な資源にある。政府は土地、天然資源、中国最大の銀行を保有する。さらにGDPの成長目標を設定し、金融システムを規制し、不動産市場を支配し、許認可を発行し、富を分配する。おそらくその最も強力なツールとなるのが改革だ。中央政府は政治的な制約がほぼないなかで、古い法律を破棄し、新たな法律を迅速に制定することができる。こうした資源や権力を国家が保有していることが、自由市場を好む民間部門と、計画経済に安住する国家とのあいだに緊張が続いても、民間部門が国家と親密な関係を維持しうる理由だ。

強力な国家は、市場システムが未完成な経済の揺籃期に、とりわけ力を発揮する。原始的な金融システムのもとでは、国有銀行の援助がなければ、重要な新規事業を支援するのは難しい。また国家は、市場が期待通りの成果をあげられなければ、市場の代わりに重要な分野で供給元と生産者の調整を長期的に行う。ただし、強力な国家は諸刃の剣でもあり、中国では多くのことがうまくいったものの、失敗することもあった。

GDPを押し上げるための産業政策は、市況が変化したあとも必要以上に長く維持され、信用取引と補助金という一種の筋肉増強剤として中国経済を煽りつづけている。経済の歪みに対応できた改革もあったが、その過程で新たな歪みが生じ、資本、人的資源、土地の不適切な配分をもたらすこともあった。自由市場は非生産的な主体を排除し、有能な主体に報酬を与えるが、こうした浄化作用が及ぶ範囲は限られていた。中国の中央指導部は現代の最も成功した経済成長の物語を促したが、それは将来、真逆の影響を及ぼすような選択にもつながりかねない。国家権力はそのシステムの力を最大化する一方で、そこに内在するリスクを最大化することもあるからだ。

「競争力・規模・人材」の強み

経済学者とは、現代の経済理論の基本原則を用い、経済を数学的な枠組みで捉えようとする存在だ。これまで述べてきたように、中国における不確定要素《ワイルドカード》とは、国家の役割が大きすぎて、予測不能なことが多い点にある。だが、この変数を考慮できたとしても、こうした経済学的ツールを用いて構築されたいかなるモデルも、現実を正当に評価することはできないだろう。そこで考慮されていないのは、すべての経済に活力を与える「生命力」、すなわち、労働倫理や競争心、野心を発揮して国家事業に取り組む人々だ。これらの性質は、中国の労働者に職業選択の自由とそこそこの動機を与えただけで、なぜ改革が大成功したのか、その理由の一端を教えてくれる。また、のちに世界を驚かせた中国の貿易の急拡大についても説明してくれるだろう。外国企業は第一級の製品、サービス、管理のノウハウを持っていても、中国の国内市場では、迅速な学習、創造的な模倣、地域の特徴に合わせた事業展開を得意とする地元企業に敗れることも多かった。

市場経済に競争は不可欠だが、公平な条件を維持することは簡単ではない。それはあらゆる経済についても言えることだ。西側の経済も同様で、大企業は不当なメリットや影響力を使って競争を抑え込もうとすることがある。政府が独自に選んだ部門に補助金を出したり、関税や規制をかけたりすることも、公正な競争の道を阻む障壁になる。だが、公平な条件か否かにかかわらず、中国が頼みとする労働力は、飢餓や困窮に苦しみ、最初は腹を満たすため、のちに夢を実現するために昼夜を問わず働いた記憶を共有する人々だ。先進諸国のなかでさらなる成長を追求しようとする中国という国もまた、世界が理解し、受け入れなければならない一つの現実なのだ。

パターナリズムと支配

中国経済という「醸造物」には、論理や理屈では語れない要素が含まれている。株式市場、住宅市場、教育、世帯の出生数から子どもたちがゲームに費やす時間にいたるまで、なぜ政府がこれほど介入しようとするのか、理解に苦しむ人もいるだろう。だが、中国が国民を指導し、管理しようとする傾向は、この国の歴史と文化に深く根ざしたパターナリズムから生まれたものだ。おそらくさらに多くの人にとって理解しがたいのは、国民が、そうした状況を広く受け入れているということだ。もちろん、国民の不満が生じるケースもあるが、これまでの実績を見ても、激変する環境においても、政府は安定と安全の維持という役割を見事にこなしている。

父権的な中国政府が最も優先するのは、安定を維持することだ。だが、市場経済とはそもそも例外なく不安定なものである。景気循環、金融市場、外国為替、資本フローにおいても、不安定な状態が日常茶飯事である。そこに国が介入すると、決まって思わぬ結果をもたらす。第6章で見たように、財政赤字を出すことを禁じられ、負債を抑制された地方政府は、「影の銀行」という代替策を頼りに、中間企業を使って好きなだけ借り入れることができた。この見えない負債が、いつ爆発するかわからない地雷となっている。また、企業や投資家の救済のため、あるいは自国の為替レートを守るために、中央政府が大量の資本を転用し、セーフティーネットを設けることが、さらなるリスクをもたらしている。

この難局を抜けだす一つの方法は、企業が債務を返済できない場合、自由市場の自然な成り行きに任せ、そのまま破綻させることだ。だが、パターナリスティックな規範から逸脱すると、政府は国民が動揺し、陰謀論を煽りかねないというジレンマに陥っている。パターナリズムというこの国の文化的性質は、中国の政策決定やそのスタンスを理解する鍵であることは間違いない。そう考えると、国有企業が、政府が主要な国家資産を管理する手段、いわば国家の命綱としての役目から外されることはなさそうだ。国有企業は今後も、国の目標遂行を任される共産党の代理人《エージェント》の役目を果たしつづけることだろう。この国にとって、国有企業はやはり、安定を維持するため、また国家の夢を実現するために必要な歩兵のような存在なのだ。それは、テクノロジー、航空産業、宇宙空間などの分野の夢でも、世界的なパンデミック時の迅速な対応などでもかまわない。

またパターナリズムは、権力者にとって気に食わない行動に向けられることもある。封建時代に、中国の皇帝に任命された行政官は、自分たちの役割は「牧民《ムーミン》」、つまり国民を羊だと思って世話することだと考えていた。国民が規則をぞんざいに扱ってもいいと考える理由はこうした歴史に起因しているのかもしれない。改革初期に、国家がその足場を築こうと奮闘するあいだ、かくして多くの国民は、どんなに小さな抜け穴も、全力で活用しようとした。この傾向がとくに顕著に見られるのは金融システムであり、政府が中国でフィンテック業界を厳しく規制し、目下、暗号通貨産業を禁じている理由もそこにある。だが、たとえば子どもにとって何が最善かを知っているのは親であるという考えと同様、国民にとって何が最善かを知っているのは政府だといった考えは、今後、見直されていくだろう。社会が発展するにつれて、国民はますます自己決定権を求めるようになるだろう。今後、中国が直面する最大の試練とは、多様な個人の選好を、いかにして集団的な利益に集約していくかということだ。

文化基盤を考える

経済のパターンや行動のすべてが文化に起因するという考えには注意が必要だ。たとえば、「なぜ我々の国のやり方は違うのか」を説明するときなどだ。こうしたパターンの背後には、人々をある方向に動かそうと仕向ける(ナッジする)政策や経済情勢が隠れていることも多い。1980年に一人っ子政策が制定されるまでの中国では、伝統的に大家族が奨励されていた。その40年後に、政府は産児制限を緩和し、若い夫婦に子どもを3人持つことを勧めるようになったが、この新たなルールがもたらす影響は、これまでに比べるとはるかに小さい。社会的な道徳観や、現実的な問題も変わりつつある。たとえば、家族を養うコストが高まり、産業界、学究界、政府で重要なポストに就くようになった女性たちが、膨大な時間を子育てに費やさなければならないといったことだ。

それでもやはり、文化的要因を無視することはできない。従順さやパターナリズムは現代の中国でも重要な要素であり、教育、勤勉、倹約を昔から重視していることもそうだ。個人の利益より共同体の利益を重視するこの国の伝統は、西側の人々の個人重視の考え方とはきわめて対照的である。前述のように、多世帯家族は皆で決定を下し、住居費や高齢者の世話を分担することが多い。また、親から独立して異なるライフスタイルを選択する子どもたちも、両親の意見には素直に従うことも、その文化を見れば理解しやすいだろう。パンデミック下で優先すべきは治安や安全か、それとも自由か、という問題に関しては、国によってその選択はかなり違っていた。そしてこの違いが決定要因となって、さまざまな結果を生むことになった。

中国はかつて最も進んだ技術とインフラを有し、最も優秀な人間を選ぶ官僚制に支えられた、世界有数の豊かな国であったことを忘れてはいけない。中国の能力主義の伝統が、現代の統治への移行をより円滑にし、その秘めた力を解き放ち、新たな時代に必要な現代の科学や技術を発展させてきた。だがこの国は、古代の栄光に安住することはない。近年の中国経済の後退が示すのは、変わりつづける環境に適応し、変動する世界をありのままに見ることの必要性である。輝かしい歴史を持つ国が、必ずしも現代社会でリーダーシップをとれるとは限らない。ギリシャ、イタリア、ポルトガル、スペイン、イギリスなどの国がそれを証明している。鄧小平の改革以来、中国は先進国から学び、中国独自の状況に合うものはすべて吸収し、そうでないものを拒否することで、その制度を立て直してきたのだ。

未来に向けて

これからの時代に鍵となるのは、中国の未来はどのようなものか、世界のなかでこの国が担うべき役割とは何か、という問いだ。その答えを見出すのは容易ではないかもしれない。本書で見てきたように、国家はつねに変化し、その統治や制度を調節し、新たな戦略や方針を築き、国民の考え方も状況に合わせて進化している。中国の占いの古典として知られる『易経』では、「万物は流転する」と述べている。つまり、この世では変わらぬものは何もなく、決まった道もないということだ。中国の制度やその柔軟な現実的手法を特徴づけるこのダイナミズムは、中国の未来や運命を予言することを、困難ながらも胸躍るものにしている。

過去は序章ではない。中国でこれまでに起きてきたことは、この先の未来を知るうえでは、あまり参考にならない。中国の政治的経済システムは、この先に待ち受ける多難な変革の時代を渡っていけるほど頑丈に見えても、現実には手強い課題が待ち受けているだろう。次に挙げる五つの重要な要因が、おそらく今後数十年の中国の進む道を決めることになる。

第一の、そして最も重要な課題は、「社会問題」に立ち返ることだ。中所得層の拡大、消費者保護、国家による然るべき経済援助などの問題に対処することが、この国にとって、今後さらなる喫緊の課題となるだろう。世界中でGDPに占める労働の割合が減少し、資本の割合が上昇している。労働者はますます交渉力を失い、資本課税の低減による恩恵からますます遠ざかっている。テクノロジーは能力の高い起業家の財産を増やす一方で、人々から雇用を奪い、テクノロジー分野に精通した高学歴の熟練労働者を歓迎する一方で、その他大勢の人々をさらに窮地に陥れている。これまでになくモノが溢れる時代に、多くの国では社会の緊張が高まり、多くの人々が怒りや不満を抱え、失望している。このまま何も手を打たずにいると、中国にも同じ運命が降りかかるだろう。

40年前、共産党のイデオロギーに導かれた国家のリーダーであった鄧小平は、中国が貧困を克服するには、まず一定数の国民が豊かになる必要があると判断した。その上げ潮が、そのあとに続くすべての船を持ち上げ、やがて広範な繁栄をもたらすだろうと考えたのだ。それから数十年のうちに、中国では多くの人々が実際に豊かになり、しかも非常に豊かになった。この国はいまや世界で2番目に多くの億万長者を有している。だが、ごく一部の特権階級の純資産が急騰する一方で、国内の所得格差が拡大し、一時期は北欧レベルだったその格差は、いまではアメリカ並みに近づいている。[1]中国では、所得分配の下位2分の1が国の所得に占める割合はわずか15%だ(アメリカではその割合は12%、フランスでは22%である)。「持てる者」と「持たざる者」との格差が、人々の住む場所から子どもの教育の質まで、生涯の雇用見通しから寿命に至るまで、ありとあらゆることに影響している。世界各国に深刻な影響をもたらした新型コロナウイルスによるパンデミックは、この苦難が人々にいかに不均衡に降りかかるかを教えてくれた。

中国の倫理的使命はここにきて、40年前に定められた国家の集団的目標に回帰しつつある。鄧小平が提唱した「共同富裕」の概念は、習近平政権の政治目標の特徴でもある。彼が思い描くのは、「偉大な現代社会主義国」だ。西側諸国を見た中国が理解したのは、先進経済国では、豊かな人間と貧しい人間の深刻な格差が、分断や不信、有害な影響、過激主義を煽っているということであった。それは中国が避けたいと強く願うシナリオにほかならない。中国は国民に対し、中央が太く両端にいくにつれて細くなるオリーブ型の所得分配構造を望んでいる。さらに、企業方針を政治指導者が決定したいと――その逆ではなく――考えていることがテック界のプラットフォーム企業への規制措置や、裕福な起業家への圧力につながっている。また中国は、ユニバーサル・ベーシックインカムを提供するつもりはないが（この国の伝統的な価値観では、有意義な人生を送るために、勤労が奨励される）、国家が全国民に基本的な幸福を提供する義務があると考えている。

中国のこれからの優先事項は、富の共有が進む質の高い成功を実現することだ。1980年代、鄧小平は党幹部に対し、「社会主義」対「資本主義」というイデオロギー論争に陥ることのないよう、釘を刺した。彼は双方の利点を取り入れて、独自の統治システムを築こうとしたのだ。中国が繁栄を継続できるかどうかは、社会の調和と富の成長をいかに両立するかという、資本主義の最大のジレンマをこの国が解決できるかどうかにかかっている。その目標を達成することは一筋縄ではいかないため、実際に成功している国はほとんどなく（成功しているのは、デンマークのように小さな国である）、膨大な資源と比類なき国力を持つ中国が、その全力を尽くしても、答えを見つけるのは困難だろう。鄧小平が保守的イデオロギーと決別して半世紀近くが経ったいま、またしても中国は、漸進的な改革のスローガンが示すように、「踏み石を探って新たな川を渡ろうとして」いる。

不平等や公平性の問題に対処するための最初の一歩を踏み出すことで、中国は西側諸国に先がけて資本主義の最も厄介な問題に取り組もうとしている。民主主義に対する答えは、もっと民主主義を進めることだと語る西側の人もいる。だが中国はそう考えてはいないし、まして自由市場の失敗に対する答えが、もっと自由な市場だとも思っていない。次第に明らかになってきたのは、包括性、公平性、質の高い生活が、必ずしも市場の解決策には馴染まないということだ。私たちの知る資本主義は、その成長が公平なものに向かうとしたら、もはや経済発展をもたらす決定的な力にはなりえない。何かを変える必要があるのだ。

これはとくにグローバル経済に当てはまる。その市場メカニズムは、かつての「大量生産社会」、すなわち工場生産が経済活動の中心であったときのように、そのままでは均衡をもたらさない。むしろ情報化時代の到来によって、市場は規模の経済性にますます影響を受け、データや技術を独占する企業が無限に成長し、想像を超える規模で事業を展開している。独占企業がその力を駆使して高い価格を設定し、競争を阻止し、世界中の消費者にダメージを与えているのだ。

ＡＩ時代の七つの巨人、アルファベット、アマゾン、メタ、マイクロソフト、百度、アリババ、テンセントがＡＩ研究を支配している。これらの企業は私たちに関するデータにアルゴリズムを適用し、あの商品ではなくこの商品を買うように、あの候補者でなくこの候補者に投票するように、私たちの思考と行動を「ナッジ」する。私たちの従来の経済的思考や原理はいまこそ問い直されるべきであり、市場の「見えざる手」が私たちを失望させるなか、標的を絞った政府による介入を支持する声がかつてなく高まっていると見る者もいる。

中国の「共同富裕」は、上位1%を標的にすることでも、個人や企業が大金を隠すタックスヘイブンを見つけて規制することでもない。また所得の不平等という狭い定義を重視する累進課税をいかに設計するかというような話でもない。これが最初にめざすのは、搾取や独占、操作や共謀などの公然たる非合法の所得源を排除することだ。利益を気にする前に、何よりもまず、より公正な機会の提供に専念するのだ。中国はそのために、手頃な価格の住居を販売し、誰もが医療や効率的なインフラを利用できるようにすることを最優先事項としている。そしてやや大げさとも言える手法で、多くの企業を厳しく規制している。過熱する教育熱につけ込んで、富裕層向けに高価格で個別指導を提供する学習塾産業もこうした規制の対象だ。この徹底的な反腐敗対策は、最初に党内部で始まったが、その後、国有企業、民間企業、金融当局などに拡大している。

所得の不平等が、つねに不公平であるとは限らない。他人より勤勉に働く人もいれば、能力が高い人も、創意工夫に富む人もいるからだ。中国に限らず、どんな経済圏でも、民間の起業家に価値や雇用を生む動機を与えつづける必要がある。共同富裕は平等主義と同じものではないが、過去数十年で少なからぬ富を築いてきた数々の不正行為を追放すれば、これに近づくことはできる。

中国の共同富裕の推進は、中国企業に「合法、合理、合場」、すなわち法を守り、道理をわきまえ、共感的であることを義務づけるものである。市長経済に大きく貢献するだけでは、もはや十分ではない。中国の変わりゆく経済環境下で、企業は規律を守り、環境問題への意識を高め、顧客に配慮する必要がある。企業はさらに規則や規制を尊重し、消費者のプライバシーを保護しなければならない。また独占企業を抑制する必要もある。国内の覇者にまつわる議論は今後も続くだろうが、中国が低価格の大量生産品から、より専門的かつ高度な製品の製造へと移行するにつれて、「スモール・イズ・ビューティフル」の精神がますます重視されるようになっている。[2]

企業の力を弱めることに関しては、中国は明らかに西側諸国より力を入れている。西側諸国では、金回りのいい大手企業のロビー活動が政治システムを操り、その政策を決定する。フェイスブックやアマゾンのような企業の規制をめぐっては何年も論争が続いているが、いまだにアメリカは目立った成果をあげていない。一方、中国では政府の介入によってすぐに効果が見られた。2020年に介入を始めて1年も経たないうちに、SNSおよびゲーム業界大手のテンセントが、市場への集中を避けるために持ち株の売却を強いられ、さらに規制当局は、テンセントが提案した自国の上位2社のゲーム配信サイトとの合併を阻止し、同社にその音楽著作権の独占を中止するよう命じた。また美団は、労働者の権利と利益を十分に保護していないという理由で巨額の罰金を課され、さらに、あらゆる部門を対象とした徹底した反トラスト調査では、アリババや滴滴のような企業が標的となった。規制の嵐が全国を席巻し、2021年の末に政府は多額の負債を抱えた大手不動産会社の救済を拒否した。

こうした予想外の強引な介入は、一夜にして大手インターネット企業の環境を一変させ、国際市場を揺るがし、投資家を震え上がらせた。とはいえ、あまりに性急かつ容赦ないやり方で、つまり、以前のような「短平快」の姿勢で共同富裕を追及すれば、中国の目標は頓挫するだろう。善かれと思って講じられた政策も、設計や施行の仕方が悪ければ、裏目に出かねない。そうなると、国民はビジネスや政府への信頼を失い、企業は一貫性のない政策に怯えて投資や技術革新を控え、経済のパイが成長を止めると、不測の事態や好機の折に国家が自由に使える資金は減ってしまうだろう。過度の規制がもたらすリスクは無視できないものであり、この国を「偉大な復興」への道から脱線させかねない。それでも慎重にアプローチすれば、社会に恩恵をもたらすことができるだろう。結局のところ、安定した社会とは、それ自体が経済資産なのだ。

介入主義の中国国家を恐怖と疑いの目で見る者も多い。イデオロギーによる統治の時代が到来し、改革開放路線が逆戻りすることを懸念する者もいる。[3] 中国で大きな出来事が起きるたびに、それを象徴的で恒久的なものと解釈する向きもあるが、それは間違っている。派手な取り組みのなかには、人々の意識を高めて変化を生み出そうとする「ビッグバン」効果を意図したものもあるからだ。そうした取り組みは、そのメッセージが行き渡り、予想外の影響が出始めると、撤回されることもある。たとえば２０２０年に当局はテクノロジー企業を派手に弾圧したが、結局は猶予を与え、２０２２年には公的な支持を表明したように。

その数カ月後に開かれた第20回党大会では、デジタル経済を拡大することの重要性が明確に示された。振り子はときに極端な方向に振れたあと、同じ強さで揺り戻しが起きる。中国は１９５０年代から60年代にかけての孤立主義のあと、20世紀後半に包括的なグローバル化に向かい、1970年代から80年代前半の民間部門にとってきわめて不利であった政策環境は、その後数十年で野放し同然となり、さらに新型コロナウイルスのロックダウンから2022年後半にゼロコロナ政策が緩和されるまでのあいだに、劇的な変化が起きた。とはいえ、その過程で失われたものを取り戻すことはできない。

中国の新たな戦略とは、私たちの時代にふさわしい新たな均衡を模索することにほかならない。この均衡には、さらなる平等と市場のインセンティブ、安全性と成長、自立と西側諸国との継続的な関わりなどのバランスをとることも含まれる。いずれも相容れないものだと考える人は多いが、それは間違いだ。ただし、中国がこのバランスを見出すには、手段と目標の両方が「その目的に叶う」まで、学習し、検討を重ね、微調整を続ける必要があるだろう。経済に深刻な影響を与えかねない間違いや逸脱、紆余曲折もあるかもしれない。2022年、中国経済は深刻な後退に見舞われた。その年の第2四半期には、中国のGDP成長率が40年ぶりにアメリカよりも低くなった。予測可能で、信頼のできる安定した国際的ビジネスパートナーとしての中国の評判は、渡航や仕事が制限され、グローバル・サプライチェーンが遮断されたことで傷つけられてしまった。[4]

こうしたプロセスにはおそらく犠牲はつきものであり、中国は近いうちにその成長のチャンスを逸してしまうかもしれない。だがそれでも最終的に、実用主義と合理性が勝利するという楽観的な見方を私は持ち続けている。たとえその過程で何が起きようとも、たとえば国際関係の危機が生じ、政策がイデオロギー色を強め、感染症との闘いが再開される、といった場合においてさえも。私たちは、近代以前やテクノロジーが普及する以前の社会に戻ることはできない。中国の国民は根本的な変化を遂げているからだ。市場の素晴らしさや、現代を象徴するあらゆるものを直接体験した国民は、どんなスローガンが巷で叫ばれていようとも、物不足の経済や、娯楽や贅沢品、海外旅行やカフェ文化の楽しみを奪われた生活様式を心底嫌うだろう。

インターネット時代にどっぷり浸り、情報がいかに迅速かつ広範に拡散するかを熟知している人々は、意見を差し控えたり、抗議することをためらったりはしないだろう。どんなに厳しい監視、検閲、管理の下に置かれようと、問題は抑え込めても、人々の感情は抑え込めない。結局、今日の中国の現職および次期リーダーは、1980年代以降に生まれた新世代のリーダーですらも、鄧小平の改革開放の構想の恩恵を大いに受けている。改革の40年は容易に逆転できるものではない。なぜなら、あまりに多くの人がその恩恵に浴し、あまりに多くの利害がそれに根差しているからだ。

2022年後半、地方の役人はいまも現場で、官庁用語で「招商引資《チャオシャンインツー》」と呼ばれる、事業や資本流入の呼び込みに忙しい。政府の金庫を満たすには財政収入が必要であり、民間企業の成功こそが十分な雇用を生む唯一の手段であるからだ。締め付けや検閲が厳しさを増すなか、いまも起業家たちは、億万長者になれそうな巨大市場で、次の大規模な計画に取り組んでいる。あらゆるレベルの政府の役人が、外資を再び呼び込むために尽力している。幸いなことに、債券、株式、スワップがつながり合うことで、中国の金融システムの開放はゆっくりと、しかし確実に進んでいる。

今後の中国の進路を決める第二の要因は、中国経済が成熟するにつれて、若い国家という立場を脱しつつあることだ。開拓者がルールを曲げたり破ったりし、政府がそれを黙認するという旧来の手法は、新たな手法に取って代わられつつある。国家が裕福になるにつれて、その優先順位は変わる。国民が豊かになればなるほど、基本的ニーズを満たすことへの欲求は、ワークライフバランスや、さまざまな高品質のモノやサービスへのアクセスを求める欲求へと変化する。社会全体にとって、結果と同じくらいプロセスが重要になる。手段はその結果だけでなく、それ自体の価値によって評価されなければならない。中国は成熟しつつあり、その動きは、新世代が影響力を強めるなかで、さらに加速していくだろう。ハードパワーの効果が弱まるにつれて、中国に必要とされるのは、ネットワークを築き、説得力のある物語を伝え、国際的なルールづくりのために協力し、この国を世界にとってより魅力的な存在にしてくれるソフトパワーを築くことであると、この世代は誰よりもよく理解している。

だが、経済が成熟するにつれて、社会はますます複雑になる。国家も国民も、もはや自分たちの経済的繁栄だけに目を向けるわけにはいかないのだ。地方政府の業績を測る指標は、GDP成長率という単純な基準のみに基づいてはいない。状況の変化に適応しないかぎり、動員と調整に長けた現行のシステムは、これからの時代にはうまく機能しないかもしれない。いま必要とされるのは、複雑化する社会にふさわしい柔軟性とレジリエンス、そして根深い既得権益が改革の妨げとなることを防ぐ、新たな統治のメカニズムだ。

この国固有のイノベーションや画期的な技術の開発を促すために、地方政府も含めて国家は裏方にまわり、市場や起業家の働きに任せていく必要があるだろう。国民が望んでいること――国家の考える国民が望むべきことではなく――に応えるために、パターナリズムは万人の民意が反映される政治に道を譲らなければならない。新たなメカニズムが古いメカニズムに取って代わる必要があるが、いまのところそれはまだ新たな戦略には含まれていない。前例のない試練に直面するこの時代には、結局、中国の政治的経済システムが状況の変化に対応しつづけられるかどうかが、何よりも問われているのだ。

中国の未来に影響する第三の強力な要因は、中国が自らに課した二つの目標に基づいている。一つ目の目標は、GDPにおいて、この国が世界で傑出した経済大国になることだ。一人当たりGDPで最富裕国の仲間入りをするにはまだ数十年はかかるとしても、経済規模全体では、中国はあと数年のうちにアメリカを追い抜くだろう。ただし、それが実現するのは、中国がグローバル経済とのつながりを拡大かつ深化させながら、先端技術とエネルギー供給において、独立性とリーダーシップを確立できたときだ。中国の経済的野望にとっては幸いなことに、この国にはまだ成長の源泉が残されている。たとえば国内の移住者のために都市化に投資すること、国内貿易に根強く残る障壁を撤廃すること、サービス部門の台頭を受け入れることなどである。

世界最大のGDPを達成するという目標と並行して、中国が強く望むのは、世界的なルールと規範に影響力を与え、自分たちを歓迎してくれる広範な経済ネットワークを築くことだ。ここ数十年で中国は、多くの途上国にインフラ開発のための資本やテクノロジー、専門技術を提供するための取り組みを重ねており、それに触発されて、欧米諸国でもこうした活動が増えつつある。大規模で潜在的なリスクのあるグローバルな開発プロジェクトに関しては、中国はまだ初心者であり、戦略的な課題もあるだろう。しかし、経済発展や協力による繁栄の共有を抜きにして、中国の世界観を語ることはできない。だからこそ中国は、富裕国や国際機関が途上国に残した穴を、率先して埋めようとしているのだ。

中国の未来を決定する第四の要因は、アメリカと共有するニーズである。それはすなわち、世界の二大経済国が平和的かつ協力的に歩み寄ることだ。中国にとってアメリカとの競争は貿易だけではなく、中国の国民の要望、然るべき開発と統治のモデル、テクノロジーの未来に関わるものだ。かつてクリントン政権時代にアメリカの戦略的パートナーとみなされていた中国は、最近では、その最大のライバルとみなされるようになった。政治的な違いや競争意識があるとはいえ、私たちは中国とアメリカが、協力し合う道を模索することを望むしかない。これはとくに、気候変動の緩和や国家間の紛争の平和的解決の促進など、互いのニーズが明確な分野に言えることだ。互いに何を望んでいるかだけでなく、現実的に何が達成可能かを見極める必要があるだろう。中国がアメリカに代わって、世界唯一の超大国になりたいと願うのは、現実的なことではない。またアメリカが自国の経済と軍事の覇権が未来永劫続くと考えるのも、ただの夢物語でしかない。

中国が積極的に紛争を求めようとする可能性は低い。とはいえ、価値観、信念、制度において両国を隔てる溝が完全に埋まることはないことを理解しているため、収束を求めることもないだろう。中国は世界の「丘の上に輝く町」〔マサチューセッツ植民地総督ウィンスロップの言葉を借りてレーガン大統領が用いた表現。アメリカは神に与えられた使命を持つという意味で、聖書に由来する〕になりたいと考えてはいないし、自国のイデオロギーを輸出したり、その開発モデルを他国に押し付けたりすることを望んでもいない。自国の経験や方式は、他国の参考にはなるが再現できないものであることをよく理解しているからだ。こうした中国の姿勢には、歴史的背景がある。産業革命以前の世界で中国がその絶頂期にあったときでさえ、中国は自国の価値観を広めたり、自国の文化や制度の重要性を布教したりすることはなかった。ヘンリー・キッシンジャーの著書『キッシンジャー回想録――中国』によれば、「中国は自国の思想を輸出するのではなく、他国がそれを求めるようにした」のである。

今日の賢明なアプローチとは、両国が自国の安全に配慮しながら互いのニーズや要望を尊重し、共有するグローバルな問題について対話を続け、両国が徐々に歩み寄ることだろう。それ以上は望めないにしても、それが中国も望んでいる共存モデルなのだ。両国の関係が冷え込むこともあるかもしれないが、それでも、40年以上も続く両国間の投資、貿易、人的交流、公式の協力をもとに築かれた深い絆が断たれないことを願っている。

戦争に関しては、敗者が被った犠牲ばかりが注目され、勝者が払った代償は見過ごされやすい。それはたとえば、失われた命、希望を挫かれた年月、軍事費のかわりに社会福祉や世界中の病気の撲滅に充てられたはずの膨大な資金などだ。私たちは目に見えないものを軽視してはならない。かつてキッシンジャーが、軍事力と技術力が拮抗する二つの大国間の紛争について、「人類を滅亡させるリスクなしに勝利は得られない」と警告していたように。

中国が西欧型の民主主義国家に変貌することはまずなさそうだが、その国民は自らの法的権利を考慮・保護してくれる社会的・法的環境に次第に慣れつつある。彼らは、SNSや政府のウェブサイトへの投稿、民事裁判などを通じて自らの意見を表明することで、地方政府に対して、自分たちの日常生活におけるその役割に一層説明責任を求めるようになった。行政訴訟法のもとで、国民は人権侵害に対して政府機関を訴えることができ、実際に民事裁判で勝訴している。2021年にこの法律が成文化されたことは、法治の改善における画期的な一歩となった。国民とともに進化しつづける国家の力学のなかで、国民は一段と積極的な役割を担っていくだろう。

本書の冒頭で、この本の目的は中国のありのままの姿を知ってもらうことだと書いた。そこで最後に、私たちが何を行い、そして何を行わないかが、世界にどのような意味を持つかを検証して、本書を締めくくりたい。中国という国やその経済について知りたいと考える世界の読者のために、私は新たな視点を提供しようとしてきた。中国人として、自身がそのなかにどっぷりと浸っている場合、大局的な視点で眺めることは必ずしも簡単ではない。

宋時代の有名な詩人である蘇軾は、江西省にある廬山の幽玄な美しさを伝えることの難しさをこう説明している。「廬山の真面目を識らざるは、只身の此の山中に在るに縁る（廬山そのもの真の姿がよくわからないのは、自分がその山に身を置いているからだ）」。米中両国で教育を受け、現在は北京とロンドンを行き来して教鞭をとるという二重のアイデンティティを持ち、この難しさを痛感している私は、中国の内側と外側、両方の視点を持つ観察者としての立場から、この国の社会、伝統、文化、経済、政治システムを探究し、光を当てようと努めてきた。

しかし、中国の考え方を理解することは、それを全面的に支持することではない。中国の戦略はもとより、その目的の達成の仕方にも、議論の余地はある。それでも、こうした違いがなぜ、どこから生じるかを理解できれば、私たち一人ひとりが互いに対する疑念を、いったん脇に置くことができるだろう。政府間で意見を一致させることはできなくても、国民同士ではそれが可能だ。最終的に交流の大部分は国家間ではなく個人間で起きている。それは産学間の積極的な協働、科学界や学生たちの自由な交流などを見れば明らかだ。一つの国がすべての答えを持つよりも、さまざまな情報源からベストな答えが得られる可能性のほうが、はるかに高いだろう。米中両国での経験を通し、私は規律と競争を重んじる中国の教育制度の良さが理解できるし、自発性を促し、自分の好きな道を追求できるアメリカの教育にも刺激を受けてきた。

中国の戦略を理解すれば、地政学的メリットだけでなく、計り知れない経済的利益を得られるはずだ。それによって、この国の経済に関するより正確な予測が得られ、直感に頼ることなく、豊富な情報に基づいて判断することができる。中国の消費者に製品を販売する企業は、目下、驚くべき世代交代が起きている現実を理解すれば、その恩恵にあずかることができるだろう。中国企業と直接競合する外国企業は、ライバル企業を理解することで、自社に適した市場を見つけやすくなるだろう。中国の株式や証券に直接・間接に投資する投資家は、中国の起業ブームの背後にある国家の介入力や支援者のネットワークを理解し、同時にこのシステムの脆弱性も認識することで、好況時にはより多くの利益を獲得し、不況時には損失を抑えることができるだろう。あるいは、中国の政策決定者と交渉する人にとって、彼らの考え方を理解しておくことは、非常に有益であるはずだ。中国人の思考は、直線的というより循環的であり、論理だけでなく、その時々の文脈や複雑な関係性にも大きく左右される。

将来の世代は、深刻な負債、地政学的緊張、環境問題の脅威など、過去の世代が残したあらゆる課題を克服しなければならないだろう。なかには、勝者か敗者かというような世界観を拡散し、人々や国家を対立させることで、この世界を危険な場所にしようとする者もいる。だが、幸いなことに、私たちの不安や偏見の背後にあるのはもっと深い真実だ。私たちには、自分たちが思っている以上に多くの共通点がある。たとえば私たちは皆、子どもたちの明るい未来を望んでいる。しかしその実現のためには、私たちの国が他の国々と手を携えて、新たな現実に適応し、調和していく必要があるだろう。今後リーダー的立場に就く世界中の新世代の助けを借りれば、こうした現実を、人類に対する永遠の脅威ではなく、変化と再生のサイクルの一環として理解する術《すべ》を見つけられるはずだ。そして、覇権を競うよりも、未来を築くためにエネルギーを注ぐことができれば、そのときこそ、いかなる戦略も成功したと言えるに違いない。

謝辞

この長い旅は1997年、アメリカのロビイストで教育者の故ビル・クロハティが、私を交換留学生として中国からアメリカに連れてきてくれたときに始まった。彼とホーレス・マン高校の当時の校長ドクター・ローレンス・ワイスは、人格形成期に多角的な視点で世界を見るという、一生に一度の貴重な機会を私に授け、中国について語ることへの情熱に火を灯してくれた。さらにアメリカの寛容さを教えてくれたのは、ホーレス・マンのコミュニティ、そしてホストファミリーのコペル家の人たちで、皆が私を温かく迎えてくれた。共産主義下の中国という遠い国からやって来た若い生徒に差しのべられた、アメリカの寛大さの恩恵に、私は幸いにもあずかることができた。そしてハーバード大学では、指導教官のケネス・ロゴフと故エマニュエル・ファーリからつねに支援と励ましをいただいた。

本書を通して、中国のもう一つの面を語ることができていれば嬉しい。私のものの見方は、これまで受けてきた多文化教育と自らの人生の経験に基づくものだ。そしてその土台になっているのは、数多くの研究者による優れた仕事、そしてもちろん、中国の国内外で暮らし、仕事をする日々から得た私の個人的な観察である。

最初に本書を執筆する機会を授けてくれたパトリツィア・ファン・ダーレンに感謝する。数年前にベルテルスマンのために行った「中国の謎」についての私の講演を聞いて、本を書くことを彼女が熱心に勧めてくれたのだ。彼女が紹介してくれたペンギン社の編集者パトリック・ノーランにも心から感謝する。このプロジェクトが、初めて本を書く人間がそのアイデアを書き留めた1枚のメモから始まった当初から、彼は揺るぎない支援を与えてくれた。彼が私を信じてくれたことは、何よりも貴重だった。彼の素晴らしいチームメンバーの、マット・クライス、アニカ・カロディにも、適切かつ細やかな意見や提案をいただいた。

エージェントのシルヴィ・カーのかけがえのない指導と献身にも心から感謝する。ピーター・ガザーディにも深く感謝したい。彼は責任以上のことを引き受け、この原稿をよりよいものにするために誠心誠意尽力してくれた。この原稿を煌《きら》めかせるために驚くような仕事をしてくれたピーターに、私は多くを学んだ。ただし、間違いがあるとすれば、その責任はすべて私自身にある。私の優れたアシスタント、グー・ビンイエン、ミエン・フー、ナチケット・シャー、ヤン・ブーユエン、チャン・ジエンディンは、データや貴重な学術資料の収集を助けてくれた。シュン・ウェンタオには、前半の数章を読んでもらい、貴重なフィードバックを得ることができた。

最後に、私が経験したこと、そして本書に綴ったことはすべて、私の家族にその源《みなもと》がある。大海をさまよう私の船にとって、あなたたちはつねに導きの星だ。

監訳者解説――中国経済の新しい見取り図

梶谷　懐（神戸大学大学院経済学研究科教授）

著者について

本書は、２０２３年7月に出版されたジン・クーユー（金刻羽）の初めての著書『*The New China Playbook: Beyond Socialism and Capitalism*』の全訳である。著者のジン・クーユーは鄧小平による市場経済化路線が軌道に乗り始めた１９８２年に北京市で生まれ、中学時代までをそこで過ごした。彼女の父親は中国政府の国際金融畑の官僚として活躍した後に２０１６年にＡＩＩＢ（アジアインフラ投資銀行）初代行長に就任し、２０２４年10月現在もその任にある金立群《ジン・リージュン》である。中学卒業後に渡米した彼女は、ニューヨークの高校を卒業するとハーバード大学に入学し、同大で経済学の博士号を取得した後にロンドン・スクール・オブ・エコノミクスで教鞭をとり、終身在職権（テニュア）を得ている。彼女の専門は国際経済学の理論・実証的な研究であり、これまでにアメリカン・エコノミック・レビュー誌やジャーナル・オブ・インターナショナル・エコノミクス誌など、一流の査読付き学術誌に数多くの学術論文を発表している。その意味で、彼女はこれまで中国経済に特化した研究を行ってきたわけではないし、一般向けの文章を書く経験も、本書の出版まではほとんどなかったはずだ。

しかし本書は、そんなことを感じさせないほど洗練された内容になっている。マクロ経済、不動産、金融、イノベーション、国際貿易といった中国経済の様々なトピックをデータと先行研究による裏付けのもとにわかりやすく解説しているだけでなく、中国で生まれ育った著者自身の体験やものの見方なども交え親しみやすい文章で書かれた本書は、すぐれた中国経済の概説書と言ってよい。

本書のねらいと反響

本書の一般読者にも親しみやすいスタイルは、アカデミックな経済学の世界で一定の地位を得た著者が、中国経済の状況を西側諸国の人々に、できるだけ偏見を持たずに理解してもらいたい、という目的から選択されたものだろう。特に英語圏では、近年の米中間の政治的な対立を背景に、中国経済についてもその実態をつぶさに見るというよりは、むしろ論者の政治的な立ち位置に合わせて現実を論断するような姿勢が、影響のある論者の中でも増えてきているからだ。たとえば、米ピーターソン国際経済研究所所長のアダム・ポーゼンは2023年のフォーリン・アフェアーズ誌のコラム「中国経済の奇跡の終焉」で、習近平政権をベネズエラのチャベス政権やマドゥロ政権やロシアのプーチン政権などと同じ強権的な政府と位置付けたうえで、こうした独裁政権でおなじみのパターンの繰り返しをなぞるだろう、という見通しを述べた。すなわち、中国政府は不動産不況に代表される困難な問題を解決できないどころか、今後も民間部門への恣意的な介入と収奪を繰り返し、それにおびえる民間部門はますます萎縮して活力を失い、長期的な停滞の道をひた走るだろう、というわけだ。ちなみに、このような見方に対して、現在中国経済が抱えている問題はポーゼンが述べるような政治体制上の問題ではなく、むしろマクロ経済政策上の失敗にある、という批判が、北京大学光華管理学院教授のマイケル・ペティスによって行われている。

本書がこういった論調へのカウンターを担うことをはじめから意図していたかどうかはわからない。しかし、結果として本書はその役割を十二分に果たしたと言っていい。出版されると大きな反響を呼んだだけでなく、ニューヨーク・タイムズ紙コラムニストのピーター・コイ、元英国首相トニー・ブレア、元ハーバード大学学長ローレンス・H・サマーズといった影響力のある人物が本書について次々に肯定的な評価を下したからだ。またアジアン・レビュー・オブ・ブックス誌による書評では、本書がオーソドックスな経済学に基づいた英語圏の読者にも理解しやすい議論の枠組みを設定することで、読者に中国経済に対する十分な情報を提供し、一定の共感を育んだ点が特に高く評価されている。

本書の特徴

本書に類似する書籍としては、2023年に第2版が邦訳されたアーサー・R・クローバーの『チャイナ・エコノミー』(東方雅美訳、白桃書房)がある。こちらは長年金融機関などに所属しながら中国ビジネスの最前線をウォッチしてきた実務派エコノミストの手によるもので、徹底的な合理主義の観点から、中国経済の抱える様々な問題や、今後の展望についてQ&A方式で明快に解説している点が特徴だ。

それに対して本書の特徴は、第一に、アカデミックなバックグラウンドを持った著者らしく、本文の記述の根拠として、主要な経済学の英文ジャーナルに掲載された論文の内容が随所に言及されている点があげられる。たとえば、第2章「中国経済の奇跡」では、一般的な見方とは異なり、中国の急速な経済成長は、単なる投入量の増加だけでなく、資源分配の効率性の上昇と技術革新によって支えられていたことが強調されている。重要なのは、複数の研究論文が、中国のGDP成長率に対する全要素生産性（TFP）上昇の寄与度を45~51%だと推計していることを紹介し、その見方を裏付ける根拠としている点だ。また、第3章「中国の消費者と新世代」の図3-1は、一人っ子の教育に費やした支出と、双子の教育に費やした支出の差から、一人っ子政策がいかに一人当たりの人的資本の蓄積に寄与したかを示した興味深い分析結果だが、これも彼女が執筆した、一人っ子政策と中国の家計貯蓄に関する実証的な研究論文の内容に裏付けされている。

本書の二つ目の特徴は、中国の伝統を踏まえた経済的リベラリズムの観点から中国経済のこれまでの歩みと将来を肯定的に評価するという明確な姿勢だ。それは、特に第4章「中国独自の企業モデル――国有企業と民間企業」における、中国社会における起業家精神についての記述に明確に表れている。著者によれば、中国における民間企業の経営者は、企業利益の追求と、社会の安定を維持したい政府の姿勢との間で板挟みになっており、政策や指導層の気まぐれな変化に柔軟に対応することが求められてきた。にもかかわらず、膨大な消費者の心をつかみ、巨万の富を手にするために自らの才覚で競争できる場が開かれた現在の状況を、多くの意欲ある若い起業家たちは歓迎しているはずだ、と結んでいる。

また、第5章「国家と市長経済」における、中央と地方の間の地方分権的な関係性に関する記述にも、同様の姿勢を見ることができる。著者は、国家資本主義であるとの西側の見方を「時代遅れ」だと一蹴したうえで、国家と地方政府、そして民間企業の間に、より巧妙で複雑な相互協力のモデルが出現していることを強調している。特に中央政府と地方政府との相互依存的な関係を、本書では「市長経済」と呼んでいる。つまり、中央政府はあえて地方政府にかなりの経済的権限と自主性を許すことで、中央政府の官僚制度の硬直性と組織の限界を補完しようとしている、というわけだ。

重要なのは、このような中国社会がもともと持っている、市場経済に適合的な側面を強調する本書の記述が、西側諸国からの批判に対する一種の弁明の役割を果たすのと同様に、国内にとどまる研究者が表立っては声を上げにくい、政府に対してさらなる改革を求める強いメッセージとしても機能すると考えられる点だ。特に国内の金融システム（第6章）や為替レート決定の仕組みに関する自由主義的な改革の遅れ（第9章）に関して、著者は先進国はおろか、アジアの新興国のそれにも負けている、と厳しい評価を下している。著者の言葉を借りれば、市場の変動に対処する制度的な能力や技量があることは、経済がキャッチアップに励む高度成長期にはさほど重要でないかもしれないが、中国の次の発展段階では欠かせない。その点に関する危機感の表明は、国際派の経済官僚として知られる父親譲りのものかもしれない。

本書に対する評価

もちろん、これまで見てきたような本書のスタンスが、中国経済の現実および将来を過度に楽観視するものだという批判はありうるだろう。たとえば、MIT スローン経営大学院教授の黄亜生《ホアン・ヤーシャン》は、本書の書評の中で、GDPデータはしばしば誇張されていることをあげ、中国の李克強元首相でさえ疑問を呈している（いわゆる「李克強指標」）中国の公式統計に依拠した、本書における「中国経済の奇跡」の前提自体が砂上の楼閣だったのではないか、と述べている。[1]

また、スコットランド出身の著名な経済ジャーナリストであるイザベル・ヒルトンは、本書が政治的な問題をあえて論じようとしていないことに対していら立ちを隠さない。たとえば彼女は、多くの子どもたちが倒壊した建物の下敷きになって亡くなった2008年の四川大地震について、これまで西側諸国のメディアが報じてきたように、地方政府および建設業者が校舎の建築の際に地震に対してあまりに脆弱な、必要なコストをかけない工事を行ったことや、その背景に深刻な腐敗の問題があることを強調している。そして彼女は、本書ではそれらの点についてはほとんど言及がなく、中国社会では人々が大きなリスクと不確実性に直面しており、それが貯蓄のインセンティブとして働いている、という経済的な現象を説明する題材としてのみ取り上げられたことに疑問を呈している。[2]

ただ、これらの批判はいずれもフェアなものとは言いがたい。李克強指数など、代替的なGDP推計値が、公式のGDP統計よりも信頼性が高いわけではないことは、拙著『中国経済講義』（中公新書、

２０１８年）でも述べたとおりだ。また、本書があくまで経済成長の持続性という観点から中国経済を論じていることを考えれば、それ以外の観点が抜け落ちているからと言って本書を批判するのは、基本的にお門違いだと言ってもいいだろう。

ただ、本書が特に現政権の経済政策について、恐らくは何らかの政治的配慮から、その判断をできる限り回避している、というのはその通りだろう。また、そのことはこれからの中国経済の見通しに関する判断に全く影響を与えていないとは考えにくい。たとえば、習近平政権によるここ数年の経済政策は明らかに迷走しているとしか思えないところがある。２０２１年の「共同富裕」政策もその一つだ。中国当局は２０２０年末よりアリババやテンセントなどの大手ＩＴ企業に対する独占禁止法の適用を通じた締め付けを強化してた。そして２０２１年８月に開催された共産党中央財経委員会では、「共同富裕」実現のための手段として個人や団体が自発的に寄付する「第３次分配」を提起し、アリババ、およびテンセントは相次いで、貧困対策のために多額の資金を拠出することを約束した。さらに同じく「共同富裕」の名目で、塾などの教育産業やゲーム関連企業、さらにはアイドルなどのファンクラブ（「推し活」）への締め付けなどが行われた。

---

1. Huang,Yasheng. “Chinese Exceptionalism Just Won’t Die.” *Foreign Policy*, March 2, 2024.（https://foreignpolicy.com/2024/03/02/china-economy-keyu-jin-new-china-playbook-growth-gdp-xi-jinping/）
2. Hilton, Isabel. “The New China Playbook by Keyu Jin review – the bright side of Beijing.” *The Guardian*, July 31, 2023.（https://www.theguardian.com/books/2023/jul/31/the-new-china-playbook-by-keyu-jin-review-the-bright-side-of-beijing）

これについて本書では、これらの一連の政策は搾取や独占、操作や共謀といった企業の非合法の所得源を排除するために行われた、とその政策意図を説明したうえで、富裕層向けの価格で個別指導を提供する塾産業への制裁もその枠組みの中で理解できる、としている。著者の言葉を借りれば、共同富裕は平等主義と同じではないが、過去数十年で少なからぬ富を築いた不正行為を追放することで、これに近づこうとする試みなのだ。

ただし、その後の状況を見れば、営利目的の塾産業の解体に代表される、上からの締め付けによって、そのような不平等是正の目的を実現できるかどうかは疑わしい。大部分の学習塾が廃業に追い込まれた結果、子どもに少しでも良い教育を受けさせようとする富裕層は、より高額な報酬で家庭教師を雇い、自分の子どもに英才教育を受けさせるようになった。その結果、そのような高額の費用が支払える家庭と、そうではない一般的な家庭との教育格差がますます広がった、という指摘もある。社会の不平等や不公正を減らそうとする正しい政府の意図があったとしても、その実現のため各経済主体のインセンティブを考慮した適切な手法が採られなければ望ましい結果をもたらさない、というのは経済学が私たちに教えてくれる最も大切な教訓の一つだ。その意味では、政治へのかかわり、すなわち現政権への批判を回避する本書の姿勢が、政策の失敗に関する経済学的な判断を甘くしている可能性は否定できないのではないだろうか。

最後はやや批判的な論調になってしまったが、それでも筆者は、「振り子はときに極端な方向に振れたあと、同じ強さで揺り戻しが起きる」（本書364頁）という一節に現れた、本書を一貫して流れる中国経済を長期的なスパンでとらえたうえでの楽観主義には心からの賛同の意を表したい。著者と立場を同じくする、経済的リベラリズムを信奉する官僚や経済人、それに学者は現在の中国においても決して少なくはない。「振り子が極端な方向に振れた」結果、現実の中国国内および国際的な情勢は、そういった人々にとってかなり厳しいものになっているはずだ。前記の一節から読み取るべきなのは、今の中国社会にはいずれ「振り子の揺り戻し」が来ることを待ち構えている人々が多数存在すること、そしてそうした進取の気性にみちた人々が中心となって西側諸国とも協調しつつ、新たな経済発展の道を切り開いていくことへの著者の深い信頼だろう。いずれにせよ、経済学の明確なロジックに根差しながら、あくまでも内在的な視点から中国経済のポテンシャルとその弱点を明快に論じた本書は、今後も中国と何らかの形で付き合っていかざるを得ない日本のビジネスパーソンやエコノミストにとっても、中国経済の「いま」を知り、「これから」を占ううえで、類書にはない有益な視点を与えてくれるに違いない。

・Zhou, Yu, William Lazonick, and Yifei Sun, eds. *China as an Innovation Natio*n. Oxford: Oxford University Press, 2016.
・Zhu, Xiaodong. "Understanding China's Growth: Past, Present, and Future." *Journal of Economic Perspectives* 26, no. 4 (Fall 2012): 103–24. https://doi.org/10.1257/jep.26.4.103.

＊註および参考文献に掲載のリンクは原著刊行時のものである

- Whyte, Martin King, Wang Feng, and Yong Cai. “Challenging Myths about China’s One-Child Policy.” *China Journal* 74 (July 2015): 144–59. https://doi.org/10.1086/681664.
- World Trade Organization. *Global Value Chain Development Report 2019: Technological Innovation, Supply Chain Trade, and Workers in a Globalized World.* Geneva: World Trade Organization, 2019. https://documents.worldbank.org/curated/en/384161555079173489.
- Wu, Cary, Zhilei Shi, Rima Wilkes, Jiaji Wu, Zhiwen Gong, Nengkun He, Zang Xiao et al. “Chinese Citizen Satisfaction with Government Performance during COVID19.” *Journal of Contemporary China* 30, no. 132 (March 17, 2021): 930–44. https://doi.org/10.1080/10670564.2021.1893558.
- Wu, Ruxin, and Piao Hu. “Does the ‘Miracle Drug’ of Environmental Governance Really Improve Air Quality? Evidence from China’s System of Central Environmental Protection Inspections.” *International Journal of Environmental Research and Public Health* 16, no. 5 (March 2019): 850–879. https://doi.org/10.3390/ijerph16050850.
- Xing, Jianwei, Eric Zou, Zhentao Yin, Yong Wang, and Zhenhua Li. “ ‘Quick Response’ Economic Stimulus: The Effect of Small- Value Digital Coupons on Spending.” NBER Working Paper 27596, National Bureau of Economic Research, Cambridge, MA, July 2020. https://doi.org/10.3386/w27596.
- Xing, Yuqing. “How the iPhone Widens the U.S. Trade Deficit with China: The Case of the iPhone X.” *Frontiers of Economics in China* 15, no. 4 (2020): 642–58. https://doi.org/10.3868/s060-011-020-00268.
- Xu, Chenggang. “Capitalism and Socialism: A Review of Kornai’s *Dynamism, Rivalry, and the Surplus Economy.*” *Journal of Economic Literature* 55, no. 1 (March 2017): 191–208. https://doi.org/10.1257/jel.20151282.
- ———. “The Fundamental Institutions of China’s Reforms and Development.” *Journal of Economic Literature* 49, no. 4 (December 2011): 1076–151. https://doi.org/10.1257/jel.49.4.1076.
- Yang, Li. “Towards Equity and Sustainability? China’s Pension System Reform Moves Center Stage.” SSRN 3879895, June 2021. https://doi.org/10.2139/ssrn.3879895.
- Yang, Zhiyong, Cin Zhang, and Linmin Tang. “Chinese Academy of Social Sciences: How Risky Is Local Government Debt.” *The Paper*, December 2, 2019. https://www.thepaper.cn/newsDetail_forward_5119321.
- Yeaple, Stephen Ross. “The Multinational Firm.” *Annual Review of Economics* 5, no. 1 (August 2013): 193– 217. https://doi.org/10.1146/annurev-economics-081612-071350.
- Zakaria, Fareed. *Ten Lessons for a Post-Pandemic World.* New York: W. W. Norton, 2021.（ファリード・ザカリア『パンデミック後の世界10の教訓』上原裕美子訳、日本経済新聞出版、2021年）
- Zhang, Bin, He Zhu, Yi Zhong, Zhongming Sheng, and Zihan Sun. “New Citizens and New Models: The Real Estate Market for the Future.” China Finance 40 Forum, June 1, 2022. http://www.cf40.org.cn/Uploads/Picture/2022/06/01/u6297090ccd409.pdf.
- Zhao, Yaohui, John Strauss, Albert Park, and Yan Sun. *2008 CHARLS (China Health and Retirement Longitudinal Study, Pilot).* Beijing: School of Development, Peking University, 2009. https://charls.charlsdata.com/pages/Data/2008-charls-pilot/en.html.
- Zhao, Yaohui, John Strauss, Gonghuan Yang, John Giles, Peifeng (Perry) Hu, Yisong Hu, Xiaoyan Lei et al. *2011 CHARLS (China Health and Retirement Longitudinal Study) Wave 1 (Baseline).* Beijing: National School of Development, 2013. https://charls.charlsdata.com/pages/Data/2011-charls-wave1/en.html.
- Zheng, Jinghai, Arne Bigsten, and Angang Hu. “Can China’s Growth Be Sustained? A Productivity Perspective.” World Development 37, no. 4 (April 2009): 874–88. https://doi.org/10.1016/j.worlddev.2008.07.008.

- Stein, Jeremy C., and Adi Sunderam. "The Fed, the Bond Market, and Gradualism in Monetary Policy." *Journal of Finance* 73, no. 3 (June 2018): 1015–60. https://doi.org/10.1111/jofi.12614.
- Stevenson, Alexandra, Michael Forsythe, and Cao Li. "China and Evergrande Ascended Together. Now One Is About to Fall." *New York Times*, September 28, 2021. https://www.nytimes.com/2021/09/28/business/china-evergrande-economy.html.
- Storesletten, Kjetil, and Fabrizio Zilibotti. "China's Great Convergence and Beyond." *Annual Review of Economics* 6, no. 1 (August 2014): 333–62. https://doi.org/10.1146/annurev-economics080213-041050.
- Su, Zhenhua, Yanyu Ye, Jingkai He, and Waibin Huang. "Constructed Hierarchical Government Trust in China: Formation Mechanism and Political Effects." *Pacific Affairs* 89, no. 4 (December 2016): 771–94. https://doi.org/10.5509/2016894771.
- Tang, Michelle. "Ride-Hailing in Latin America: A Race between Uber and Didi's 99." Measurable AI, August 18, 2022. https://blog.measurable.ai/2022/08/18/ride-hailinginlatin-americaarace-between-uber-and-didis99.
- Tencent. *Aggressive Post-00s 2019 Tencent Post- 00s Research Report*, 2019.
- Thompson, Clive. "Inside the Machine That Saved Moore's Law." *MIT Technology Review*, October 27, 2021. https://www.technologyreview.com/2021/10/27/1037118/moores-law-computer-chips.
- Tombe, Trevor, and Xiaodong Zhu. "Trade, Migration, and Productivity: A Quantitative Analysis of China." *American Economic Review* 109, no. 5 (May 2019): 1843–72. https://doi.org/10.1257/aer.20150811.
- Truman, Edwin M. "International Coordination of Economic Policies in the Global Financial Crisis: Successes, Failures, and Consequences." Working Paper No. 1911. Peterson Institute for International Economics, Washington, DC, July 2019. https://doi.org/10.2139/ssrn.3417234.
- Tu, Wei-ming. "The Rise of Industrial East Asia: The Role of Confucian Values." *Copenhagen Journal of Asian Studies* 4 (1989): 81– 97. https://doi.org/10.22439/cjas.v4i1.1767.
- United Nations Statistics Division. International Trade Statistics: 1900–1960, May 1962. https://unstats.un.org/unsd/trade/imts/Historical%20data%201900-1960.pdf.
- USChina Business Council. *China's 2017 Communist Party Leadership Structure & Transition*. Washington, DC: USChina Business Council, 2017. https://www.uschina.org/reports/chinas-2017-communist-party-leadership-structure-transition.
- Varian, Hal. "Artificial Intelligence, Economics, and Industrial Organization." In *The Economics of Artificial Intelligence: An Agenda*, edited by Ajay Agrawal, Joshua Gans, and Avi Goldfarb, 399–419. Chicago, London: University of Chicago Press, 2018.
- Wakabayashi, Daisuke, and Tripp Mickle. "Tech Companies Slowly Shift Production Away from China." *New York Times*, September 1, 2022. https://www.nytimes.com/2022/09/01/business/tech-companies-china.html.
- Wang, Zhi, Shang- Jin Wei, Xinding Yu, and Kunfu Zhu. "Reexamining the Effects of Trading with China on Local Labor Markets: A Supply Chain Perspective." NBER Working Paper 24886, National Bureau of Economic Research, Cambridge, MA, August 2018. https://www.nber.org/papers/w24886.
- Wei, Shang- Jin. "Misreading China's WTO Record Hurts Global Trade." Project Syndicate, December 11, 2021. https://www.project-syndicate.org/commentary/misreading-china-wto-record-hurts-global-tradebyshang-jin-wei-202112.
- Wei, Shang- Jin, and Xiaobo Zhang. "The Competitive Saving Motive: Evidence from Rising Sex Ratios and Savings Rates in China." *Journal of Political Economy* 119, no. 3 (June 2011): 511–64. https://doi.org/10.1086/660887.

- Pan, Jennifer, and Yiqing Xu. "China's Ideological Spectrum." *Journal of Politics* 80, no. 1 (January 2018): 254–73. https://doi.org/10.1086/694255.
- Perkins, Dwight H., and Thomas G. Rawski. "Forecasting China's Economic Growth to 2025." In *China's Great Economic Transformation*, edited by Loren Brandt and Thomas G. Rawski, 829–86. Cambridge: Cambridge University Press, 2008.
- Piketty, Thomas, Li Yang, and Gabriel Zucman. "Capital Accumulation, Private Property, and Rising Inequality in China, 1978–2015." *American Economic Review* 109, no. 7 (July 2019): 2469–96. https://doi.org/10.1257/aer.20170973.
- Piketty, Thomas, and Gabriel Zucman. "Capital Is Back: Wealth Income Ratios in Rich Countries 1700–2010." *Quarterly Journal of Economics* 129, no. 3 (August 2014): 1255–310. https://doi.org/10.1093/qje/qju018.
- Qiao, Jie, Yuanyuan Wang, Xiaohong Li, Fan Jiang, Yunting Zhang, Jun Ma, Yi Song et al. "A *Lancet* Commission on 70 Years of Women's Reproductive, Maternal, Newborn, Child, and Adolescent Health in China." The Lancet 397, no. 10293 (June 2021): 2497–536. https://doi.org/10.1016/s0140-6736(20)327082.
- Qin, Bei, David Strömberg, and Yanhui Wu. "Why Does China Allow Freer Social Media? Protests versus Surveillance and Propaganda." *Journal of Economic Perspectives* 31, no. 1 (Winter 2017): 117–40. https://doi.org/10.1257/jep.31.1.117.
- Reinhart, Carmen M., and Kenneth S. Rogoff. "Serial Default and the 'Paradox' of Rich-to-Poor Capital Flows." *American Economic Review* 94, no. 2 (May 2004): 53– 58. https://doi.org/10.1257/0002828041302370.
- Ren, Zeping, Jiajin Ma, and Zhiheng Luo. *Report on China's Private Economy: 2019*. Evergrande Research Institute, 2019. http://pdf.dfcfw.com/pdf/H3_AP201910161368844678_1.pdf.
- Rodrik, Dani. *The Globalization Paradox: Why Global Markets, States, and Democracy Can't Coexist*. Oxford: Oxford University Press, 2012. （ダニ・ロドリック『グローバリゼーション・パラドクス——世界経済の未来を決める三つの道』柴山桂太・大川良文訳、白水社、2013年）
- Rogoff, Kenneth S, and Yuanchen Yang. "Peak China Housing." NBER Working Paper 27697. National Bureau of Economic Research, Cambridge, MA, August 2020. https://doi.org/10.3386/w27697.
- Rudd, Kevin. "The World according to Xi Jinping." *Foreign Affairs*, October 10, 2022. https://www.foreignaffairs.com/china/world-accordingxijinping-china-ideologue-kevin-rudd.
- Salidjanova, Nargiza. "China's Stock Market Meltdown Shakes the World, Again." Washington, DC: U.S.- China Economic and Security Review Commission, January 14, 2016. https://www.uscc.gov/sites/default/files/Research/Issue%20brief%20-%20China%27s%20Stocks%20Fall%20Again.pdf.
- Schmid, Jon, and Fei- Ling Wang. "Beyond National Innovation Systems: Incentives and China's Innovation Performance." *Journal of Contemporary China* 26, no. 104 (2017): 280–96. https://doi.org/10.1080/10670564.2016.1223108.
- Song, Zheng Michael, and Wei Xiong. "Risks in China's Financial System." NBER Working Paper 24230, National Bureau of Economic Research, Cambridge, MA, January 2018. https://doi.org/10.3386/w24230.
- State Council of the People's Republic of China. "China and the World in the New Era." Gov.cn, September 27, 2019. http://www.gov.cn/zhengce/201909/27/content_5433889.htm.
- ———. "The State Council Adopted Various Measures to Support Small Enterprise Development." Gov.cn, May 27, 2021. http://www.gov.cn/zhengce/202105/27/content_5612867.htm.

no. 12 (December 2021): 7291–7307. https://doi.org/10.1287/mnsc.2021.4119.

· Lucas, Robert E., Jr. "Making a Miracle." *Econometrica* 61, no. 2 (March 1993): 251–72. https://doi.org/10.2307/2951551.

· Ma, Deyong, and Shuxia Zhang. " 'The Left' And 'the Right' of Chinese Netizens." *Twenty-First Century*, no. 142 (April 2014): 86–103. http://www.cuhk.edu.hk/ics/21c/media/articles/c142-201309061.pdf.

· Ma, Jun, Xiaorong Zhang, and Zhiguo Li. *A Study of China's National Balance Sheet*. Beijing: Social Sciences Press, 2012.

· Maddison, Angus. Maddison Database 2010. Groningen Growth and Development Centre. www.rug.nl/ggdc/historicaldevelopment/maddison/releases/maddison-database-2010.

· Maggiori, Matteo, Brent Neiman, and Jesse Schreger. "International Currencies and Capital Allocation." NBER Working Paper 24673, National Bureau of Economic Research, Cambridge, MA, May 2018. https://doi.org/10.3386/w24673.

· ———. "The Rise of the Dollar and Fall of the Euro as International Currencies." *AEA Papers and Proceedings* 109 (May 2019): 521–26. https://doi.org/10.1257/pandp.20191007.

· Malik, Ammar A., Bradley Parks, Brooke Russell, Joyce Jiahui Lin, Katherine Walsh, Kyra Solomon, Sheng Zhang et al. *Banking on the Belt and Road: Insights from a New Global Dataset of 13,427 Chinese Development Projects*. AidData at William & Mary, Williamsburg, VA, September 2021.

· Mao, Yarong. "Private Enterprises Contribute More than 60% of GDP and More than 50% of National Tax Revenue." Yicai, December 23, 2019. https://www.yicai.com/news/100444934.html.

· Marin, Dalia. "The China Shock: Why Germany Is Different." Center for Economic and Policy Research, September 7, 2017. https://cepr.org/voxeu/columns/china-shock-why-germany-different.

· Mazzucato, Mariana. "The Entrepreneurial State." *Soundings* 49 (Winter 2011): 131– 42. https://doi.org/10.3898/136266211798411183.

· Menzie, Chinn, and Jeffrey Frankel. "Will the Euro Eventually Surpass the Dollar as Leading International Reserve Currency?" NBER Working Paper 11510, National Bureau of Economic Research, Cambridge, MA, August 2005. https://doi.org/10.3386/w11510.

· Miao, Yanliang, and Tuo Deng. "China's Capital Account Liberalization: A Ruby Jubilee and Beyond." *China Economic Journal* 12, no. 3 (2019): 245–71. https://doi.org/10.1080/17538963.2019.1670472.

· Mitter, Rana, and Elsbeth Johnson. "What the West Gets Wrong about China." *Harvard Business Review*, May 1, 2021. https://hbr.org/2021/05/what-thewest-gets-wrong-about-china.

· Moreno, Ramon, Dubravko Mihaljek, Agustin Villar, and Előd Takáts. "The Global Crisis and Financial Intermediation in Emerging Market Economies: An Overview." BIS Papers, No. 54, Bank for International Settlements, December 2010. https://www.bis.org/publ/bppdf/bispap54.pdf.

· National Bureau of Statistics. *Statistics Yearbook 2001: Employment by Urban and Rural Areas at Year-End*. 2002. www.stats.gov.cn/tjsj/ndsj/zgnj/2000/E04c.htm.

· Obstfeld, Maurice, and Alan M. Taylor. "Globalization and Capital Markets." In *Globalization in Historical Perspective*, edited by Michael D. Bordo, Alan M. Taylor, and Jeffrey G. Williamson, 121–88. Chicago: University of Chicago Press, 2003.

· OECD (Organization for Economic Co-operation and Development). *Active with the People's Republic of China*. Paris: OECD, March 2018. https://www.oecd.org/china/active-with-china.pdf.

· Pan, Che. "China's Top Chip Maker SMIC Achieves 7Nm Tech Breakthrough on Par with Intel, TSMC and Samsung, Analysts Say." *South China Morning Post*, August 29, 2022. https://www.scmp.com/tech/big-tech/article/3190590/chinas-top-chip-maker-smic-achieves7nmtech-breakthrough-par-intel.

・Kenen, Peter B. "The Role of the Dollar as the International Currency." *Group of Thirty Occasional Papers* 13 (1983). https://group30.org/images/uploads/publications/G30_RoleDollarIntlCurrency.pdf.
・Kissinger, Henry. *On China*. New York: Penguin Press, 2011.（ヘンリー・A・キッシンジャー『キッシンジャー回想録――中国』上下巻、塚越敏彦ほか訳、岩波現代文庫、2021年）
・Klein, Aaron. *China's Digital Payments Revolution*. Brookings Institution, April 2020. www.brookings.edu/wpcontent/uploads/2020/04/FP_20200427_china_digital_payments_klein. pdf.
・Kucik, Jeffrey, and Rajan Menon. "Can the United States Really Decouple from China?" *Foreign Policy*, January 11, 2022. https://foreignpolicy.com/2022/01/11/uschina-economic-decoupling-trump-biden.
・Landry, Pierre F., Xiaobo Lü, and Haiyan Duan. "Does Performance Matter? Evaluating Political Selection along the Chinese Administrative Ladder." *Comparative Political Studies* 51, no. 8 (2018): 1074–105. https://doi.org/10.1177/0010414017730078.
・Lardy, Nicholas R. *Markets over Mao: The Rise of Private Business in China*. Washington, DC: Peterson Institute for International Economics, 2014.
・Lee, KaiFu. *AI Superpowers: China, Silicon Valley, and the New World Order*. Boston: Houghton Mifflin, 2018.（李開復『AI世界秩序――米中が支配する「雇用なき未来」』上野元美訳、日本経済新聞出版、2020年）
・Lehr, Deborah. "Trust in China." Edelman, January 18, 2022. https://www.edelman.com/trust/2022-trust-barometer/trust-china.
・Li, Chunling, and Yunqing Shi. *Experience, Attitudes and Social Transition: A Sociological Study of the Post-1980 Generation*. Beijing: Social Sciences Academic Press, 2013.
・Li, Hongbin, Prashant Loyalka, Scott Rozelle, and Binzhen Wu. "Human Capital and China's Future Growth." *Journal of Economic Perspectives* 31, no. 1 (Winter 2017):25–48. https://doi.org/https://doi.org/10.1257/jep.31.1.25.
・Li, Qiaoyi. "600m with $140 Monthly Income Worries Top." *Global Times*, May 29, 2020. https://www.globaltimes.cn/content/1189968.shtml.
・Li, Wei, and Dennis Tao Yang. "The Great Leap Forward: Anatomy of a Central Planning Disaster." *Journal of Political Economy* 113, no. 4 (August 2005): 840–77. https://doi.org/10.1086/430804.
・Li, Xiaohua, and Wenxuan Li. "The Transformation of China's Manufacturing Competitive Advantage in the 40 Years of Reform and OpeningUp." *Southeast Academic Research* 5 (2018): 92–103.
・Li, Xin, Bo Meng, and Zhi Wang. "Recent Patterns of Global Production and GVC Participation." In *Global Value Chain Development Report 2019*, 9–44. Washington, DC: World Bank Group, 2019.
・Li, Yang, Xiaojing Zhang, and Xin Chang. *China's National Balance Sheet 2013*. Beijing: China Social Sciences Press, 2013.
・Lin, Zhitao, Wenjie Zhan, and Yin Wong Cheung. "China's Bilateral Currency Swap Lines." *China and World Economy* 24, no. 6 (November– December 2016): 19–42. https://doi.org/10.1111/cwe.12179.
・Lipsey, Robert E. "Foreign Direct Investment and the Operations of Multinational Firms: Concepts, History, and Data." NBER Working Paper 8665, National Bureau of Economic Research, Cambridge, MA, December 2001. https://doi.org/10.3386/w8665.
・Liu, Chang, and Wei Xiong. "China's Real Estate Market." In *The Handbook of China's Financial System*, edited by Marlene Amstad, Guofeng Sun, and Wei Xiong, 183–207. Princeton, NJ: Princeton University Press, 2020. https://doi.org/10.2307/j.ctv11vcdpc.11.
・Liu, Qiao, Qiaowei Shen, Zhenghua Li, and Shu Chen. "Stimulating Consumption at Low Budget: Evidence from a Large- Scale Policy Experiment amid the COVID19 Pandemic." *Management Science* 67,

- Hu, Grace Xing, Jun Pan, and Jiang Wang. "Chinese Capital Market: An Empirical Overview." NBER Working Paper 24346, National Bureau of Economic Research, Cambridge, MA, February 2018. https://doi.org/10.3386/w24346.Huang, Wei, Xiaoyan Lei, and Ang Sun. "Fertility Restrictions and Life Cycle Outcomes: Evidence from the One-Child Policy in China." *Review of Economics and Statistics* 103, no. 4 (October 2021): 694–710. https://doi.org/10.1162/rest_a_00921.
- Huang, Yasheng. "How Did China Take Off?" *Journal of Economic Perspectives* 26, no. 4 (Fall 2012): 147–70. https://doi.org/10.1257/jep.26.4.147.
- Huang, Yasheng, and Heiwai Tang. "Are Foreign Firms Favored in China? Firm- Level Evidence on the Collection of Value- Added Taxes." *Journal of International Business Policy* 1, no. 1–2 (June 2018): 71– 91. https://doi.org/10.1057/s42214-018-0006z.
- Hui, Cho Hoi, Hans Genberg, and Tsz- Kin Chung. "Funding Liquidity Risk and Deviations from Interest-Rate Parity during the Financial Crisis of 2007–2009." *International Journal of Finance and Economics* 16, no. 4 (October 2011): 307–23. https://doi.org/10.1002/ijfe.427.
- Ilzetzki, Ethan, Carmen M. Reinhart, and Kenneth S. Rogoff. "The Country Chronologies to Exchange Rate Arrangements into the 21st Century: Will the Anchor Currency Hold?," NBER Working Paper 23135, National Bureau of Economic Research, Cambridge, MA, February 2017. https://doi.org/10.3386/w23135.
- IMF (International Monetary Fund). "Review of the Method of Valuation of the SDR—Initial Considerations." *Policy Papers* 2015, no. 41 (Washington, DC: International Monetary Fund, July 16, 2015). https://doi.org/10.5089/9781498344319.007.
- Infrastructure Consortium for Africa. *Infrastructure Financing Trends in Africa–2018*. Abidjan, Côte d'Ivoire: Infrastructure Consortium for Africa, 2018. https://www.icafrica.org/fileadmin/documents/IFT_2018/ICA_Infrastructure_Financing_in_Africa_Report_2018_En.pdf.
- Ing, Lili Yan, Miaojie Yu, and Rui Zhang. "The Evolution of Export Quality: China and Indonesia." In *World Trade Evolution*, edited by Lili Yan Ing and Miaojie Yu, 261–302. London: Routledge, 2018.
- Jiang, Quanbao, Shuzhuo Li, and Marcus W. Feldman. "China's Missing Girls in the Three Decades from 1980 to 2010." *Asian Women* 28, no. 3 (September 2012): 53–73.
- Ji, Siqi. "How China, Japan's Hot Trade and Economic Relationship Is Being Tested by Cold Politics." *South China Morning Post*, August 18, 2022.
- Jin, Keyu. "China's Steroids Model of Growth." In *Meeting Globalization's Challenges*, edited by Luís Catão and Maurice Obstfeld, 77–93. Princeton, NJ: Princeton University Press, 2019.
- Jin, Keyu, Tao Jin, and Yifei Ren. "Fiscal Policy through Fintech Platforms." Working Paper, London School of Economics and Political Science, October 2022.
- Jochim, Christian. "Confucius and Capitalism: Views of Confucianism in Works on Confucianism and Economic Development." *Journal of Chinese Religions* 20, no. 1 (1992): 135–71. https://doi.org/10.1179/073776992805307539.
- Jones, Charles I., and Christopher Tonetti. "Nonrivalry and the Economics of Data." *American Economic Review* 110, no. 9 (September 2020): 2819–58. https://doi.org/10.1257/aer.20191330.
- Jones, Charles M., Donghui Shi, Xiaoyan Zhang, and Xinran Zhang. "Understanding Retail Investors: Evidence from China." SSRN 3628809, October 2021. https://papers.ssrn.com/sol3/Delivery.cfm/SSRN_ID3935426_code3168539.pdf?abstractid=3628809&mirid=1.
- Kania, Elsa B. "China's Quantum Future." *Foreign Affairs*, September 26, 2018. https://www.foreignaffairs.com/articles/china/20180926/chinas-quantum-future.

· Goldin, Claudia, and Lawrence F. Katz. "The Power of the Pill: Oral Contraceptives and Women's Career and Marriage Decisions." *Journal of Political Economy* 110, no. 4 (August 2002): 730–70. https://doi.org/10.1086/340778.
· Gopinath, Gita, and Jeremy C. Stein. "Banking, Trade, and the Making of a Dominant Currency." *Quarterly Journal of Economics* 136, no. 2 (May 2021): 783–830. https://doi.org/10.1093/qje/qjaa036.
· Greenaway, David, Alessandra Guariglia, and Zhihong Yu. "The More the Better? Foreign Ownership and Corporate Performance in China." *European Journal of Finance* 20, no. 7–9 (2014): 681–702. https://doi.org/10.1080/1351847X.2012.671785.
· Greitens, Sheena Chestnut. *Dealing with Demand for China's Global Surveillance Exports*. Brookings Institution, April 2020. www.brookings.edu/research/dealing-with-demand-for-chinas-global-surveillance-exports.
· Grossman, Gene M., and Alan B. Krueger. "Economic Growth and the Environment." *Quarterly Journal of Economics* 110, no. 2 (May 1995): 353–77. https://doi.org/10.2307/2118443.
· Grossman, Gene M., and Elhanan Helpman. "Protection for Sale." *American Economic Review* 84, no. 4 (September 1994): 833–50. https://www.jstor.org/stable/2118033.
· Guo, Di, Kun Jiang, Byung- Yeon Kim, and Chenggang Xu. "Political Economy of Private Firms in China." In "Economic Systems in the Pacific Rim Region Symposium," edited by Josef C. Brada. Special issue, *Journal of Comparative Economics* 42, no. 2 (May 2014): 286–303. https://doi.org/10.1016/j.jce.2014.03.006.
· Hachem, Kinda, and Zheng Song. "Liquidity Rules and Credit Booms." *Journal of Political Economy* 129, no. 10 (October 2021): 2721–65. https://doi.org/10.1086/715074.
· Haerpfer, Christian, Ronald Inglehart, Alejandro Moreno, Christian Welzel, Kseniya Kizilova, Jaime Diez- Medrano, Marta Lagos et al., eds. *World Values Survey: Round Seven–Country-Pooled Datafile Version 3.0*. Madrid and Vienna: JD Systems Institute & WVSA Secretariat, 2020. https://doi.org/10.14281/18241.16.
· Handley, Kyle, and Nuno Limão. "Policy Uncertainty, Trade, and Welfare: Theory and Evidence for China and the United States." *American Economic Review* 107, no. 9 (September 2017): 2731–83. https://doi.org/10.1257/aer.20141419.
· Hannum, Emily, Yuping Zhang, and Meiyan Wang. "Why Are Returns to Education Higher for Women Than for Men in Urban China?" *China Quarterly* 215 (September 2013): 616–40. https://doi.org/10.1017/s0305741013000696.
· Hau, Harald, Yi Huang, Hongzhe Shan, and Zixia Sheng. "How FinTech Enters China's Credit Market." *AEA Papers and Proceedings* 109 (May 2019): 60–64. https://doi.org/10.1257/pandp.20191012.
· He, Zhiguo, and Wei. "China's Financial System and Economy." NBER Working Paper 30324, National Bureau of Economic Research, Cambridge, MA, August 2022. https://doi.org/10.3386/w30324.
· Hombert, Johan, and Adrien Matray. "Can Innovation Help U.S. Manufacturing Firms Escape Import Competition from China?" *Journal of Finance* 73, no. 5 (October 2018): 2003–39. https://doi.org/10.1111/jofi.12691.
· Horn, Sebastian, Carmen M. Reinhart, and Christoph Trebesch. "China's Overseas Lending." *Journal of International Economics* 133 (November 2021): 103539. https://doi.org/10.1016/j.jinteco.2021.103539.
· Hsieh, Chang-Tai, and Zheng (Michael) Song. "Grasp the Large, Let Go of the Small: The Transformation of the State Sector in China." Brookings Papers on Economic Activity, Spring 2015, 295–366. https://doi.org/10.1353/eca.2016.0005.

· Eichengreen, Barry, Arnaud Mehl, and Livia Chiţu. *How Global Currencies Work: Past, Present, and Future.* Princeton, NJ: Princeton University Press, 2018.
· ElTablawy, Tarek. "Egypt Moves Closer to IMF Loan with China Currency Swap Deal." Bloomberg.com, October 30, 2016. https://www.bloomberg.com/news/articles/20161030/egypt-moves-closertoimf-loan-with-china-currency-swap-deal.
· Eriksson, Katherine, Katheryn N. Russ, Jay C. Shambaugh, and Minfei Xu. "Trade Shocks and the Shifting Landscape of U.S. Manufacturing." In "2019 Asia Economic Policy Conference (AEPC): Monetary Policy under Global Uncertainty," edited by Zheng Liu and Mark M. Spiegel. *Journal of International Money and Finance* 114 (June 2021): 102407. https://doi.org/10.1016/j.jimonfin.2021.102407.
· European Chamber. "European Business in China Position Paper 2022/ 2023," September 21, 2022. https://www.europeanchamber.com.cn/en/publications-archive/1068/European_Business_in_China_Position_Paper_2022_2023.
· European Commission. "Reforming the WTO towards a Sustainable and Effective Multilateral Trading System." European Commission, March 25, 2022. https://knowledge4policy.ec.europa.eu/publication/reforming-wto-towards-sustainable-effective-multilateral-trading-system_en.
· Fajgelbaum, Pablo D., and Amit K. Khandelwal. "Measuring the Unequal Gains from Trade." *Quarterly Journal of Economics* 131, no. 3 (March 2016): 1113–80. https://doi.org/10.1093/qje/qjw013.
· Fang, Hanming, Quanlin Gu, Wei Xiong, and Li An Zhou. "Demystifying the Chinese Housing Boom." *NBER Macroeconomics Annual* 30, no. 1 (2016): 105–66. https://doi.org/10.1086/685953.
· Feenstra, Robert, Hong Ma, Akira Sasahara, and Yuan Xu. "Reconsidering the 'China Shock' in Trade." Center for Economic Policy Research, January 18, 2018. https://cepr.org/voxeu/columns/reconsidering-china-shock-trade.
· Feenstra, Robert C., and Akira Sasahara. "The 'China Shock,' Exports and U.S. Employment: A Global Input- Output Analysis." *Review of International Economics* 26, no. 5 (2018):1053–83. https://doi.org/10.1111/roie.12370.
· Field, Erica, and Attila Ambrus. "Early Marriage, Age of Menarche, and Female Schooling Attainment in Bangladesh." *Journal of Political Economy* 116, no. 5 (October 2008):881–930. https://doi.org/10.1086/593333.
· Fitch Ratings. "Rating Report: China Evergrande Group." Fitch Ratings, July 5, 2021. https://www.fitchratings.com/research/corporate-finance/china-evergrande-group05072021.
· Flaaen, Aaron, Ali Hortaçsu, and Felix Tintelnot. "The Production Relocation and Price Effects of US Trade Policy: The Case of Washing Machines." *American Economic Review* 110, no. 7 (July 2020): 2103–27. https://doi.org/10.1257/aer.20190611.
· Fong, Vanessa L. "China's One-Child Policy and the Empowerment of Urban Daughters." *American Anthropologist* 104, no. 4 (December 2002): 1098–109. https://doi.org/10.1525/aa.2002.104.4.1098.
· Fort, Teresa C., Justin R. Pierce, and Peter K. Schott. "New Perspectives on the Decline of US Manufacturing Employment." *Journal of Economic Perspectives* 32, no. 2 (Spring 2018): 47–72. https://doi.org/10.1257/jep.32.2.47.
· Garnaut, Ross, Ligang Song, and Cai Fang, eds. *China's 40 Years of Reform and Development: 1978–2018.* Acton, Australia: Australian National University Press, 2018.
· Glaeser, Edward, Wei Huang, Yueran Ma, and Andrei Shleifer. "A Real Estate Boom with Chinese Characteristics." *Journal of Economic Perspectives* 31, no. 1 (Winter 2017): 93–116. https://doi.org/10.1257/jep.31.1.93.

Affairs 94, no. 3 (May/June 2015): 13–18. www.jstor.org/stable/24483658.

- Chen, Zhuo, Zhiguo He, and Chun Liu. "The Financing of Local Government in China: Stimulus Loan Wanes and Shadow Banking Waxes." *Journal of Financial Economics* 137, no. 1 (July 2020): 42–71. https://doi.org/10.1016/j.jfineco.2019.07.009.
- Chiţu, Livia, Barry Eichengreen, and Arnaud Mehl. "When Did the Dollar Overtake Sterling as the Leading International Currency? Evidence from the Bond Markets." *Journal of Development Economics* 111 (November 2014): 225– 45. https://doi.org/10.1016/j.jdeveco.2013.09.008.
- China Banking Wealth Management Registration and Custody Center. *China Wealth Management Products Market Annual Report* (2016), May 19, 2017. http://www.efnchina.com/uploadfile/2017/0531/2017 0531032656799.pdf.
- Choukhmane, Taha, Nicolas Coeurdacier, and Keyu Jin. "The One- Child Policy and Household Saving." Working paper, July 2017. https://personal.lse.ac.uk/jink/pdf/onechildpolicy_ccj.pdf.
- Clemens, Michael A., and Jeffrey G. Williamson. "Why Did the Tariff– Growth Correlation Change after 1950?" *Journal of Economic Growth* 9, no. 1 (March 2004): 5–46. https://doi.org/10.1023/B:JOEG.0000 023015.44856.a9.
- Cohen, Benjamin J. *The Future of Money*. Princeton, NJ: Princeton University Press, 2006.
- Cui, Xiaomin, and Miaojie Yu. "Exchange Rate and Domestic Value Added in Processing Exports: Evidence from Chinese Firms." Working Paper Series, E2018017. Beijing: China Center for Economic Research, National School of Economic Development, Peking University, August 2018. https://en.nsd. pku.edu.cn/docs/20181027004756364270.pdf.
- Cunningham, Edward, Tony Saich, and Jesse Turiel. "Understanding CCP Resilience: Surveying Chinese Public Opinion through Time." Ash Center for Democratic Governance and Innovation, Harvard Kennedy School, Cambridge, MA, July 2020. https://ash.harvard.edu/files/ash/files/final_policy_ brief_7.6.2020.pdf.
- Dai, Lili, Jianlei Han, Jing Shi, and Bohui Zhang. "Digital Footprints as Collateral for Debt Collection." SSRN 4135159, August 2022. https://doi.org/10.2139/ssrn.4135159.
- Dauth, Wolfgang, Sebastian Findeisen, and Jens Suedekum. "The Rise of the East and the Far East: German Labor Markets and Trade Integration." *Journal of the European Economic Association* 12, no. 6 (July 2014): 1643–75. https://doi.org/10.1111/jeea.12092.
- Davis, Bob, and Jon Hilsenrath. "How the China Shock, Deep and Swift, Spurred the Rise of Trump." *Wall Street Journal*, August 11, 2016.
- Dollar, David, Yiping Huang, and Yang Yao, eds. *Economic Challenges of a Rising Global Power*. Washington, DC: Brookings Institution Press, 2020. www.jstor.org/stable/10.7864/j.ctvktrz58.
- Du, Yang. "Changes of College Student Employment and Policy Suggestions." *People's Daily*, September 16, 2022. http://finance.people.com.cn/n1/2022/0916/c444648-32527858.html.
- Ebenstein, Avraham. "The 'Missing Girls' of China and the Unintended Consequences of the One Child Policy." *Journal of Human Resources* 45, no. 1 (Winter 2010): 87–115. https://doi.org/10.1353/jhr.2010. 0003.
- Eichengreen, Barry. *Exorbitant Privilege: The Rise and Fall of the Dollar*. Oxford: Oxford University Press, 2012.（バリー・アイケングリーン『とてつもない特権——君臨する基軸通貨ドルの不安』小浜裕久監訳、勁草書房、2012年）
- ———. "Ragnar Nurkse and the International Financial Architecture." *Baltic Journal of Economics* 18, no. 2 (2018): 118–28. https://doi.org/10.1080/1406099X.2018.1540186.

In *China's Great Economic Transformation*, edited by Loren Brandt and Thomas G. Rawski, 683–728. Cambridge: Cambridge University Press, 2008.

・Brandt, Loren, Debin Ma, and Thomas G. Rawski. “From Divergence to Convergence: Reevaluating the History behind China's Economic Boom.” *Journal of Economic Literature* 52, no. 1 (March 2014): 45–123. https://doi.org/10.1257/jel.52.1.45.

・Brandt, Loren, John Litwack, Elitza Mileva, Luhang Wang, Yifan Zhang, and Luan Zhao. “China's Productivity Slowdown and Future Growth Potential.” Policy Research Working Paper 9298, World Bank, Washington, DC, June 2020. https://openknowledge.worldbank.org/handle/10986/33993.

・Brandt, Loren, and Thomas G. Rawski, eds. *China's Great Economic Transformation*. Cambridge: Cambridge University Press, 2010.

・Brandt, Loren, and Xiaodong Zhu. “Accounting for China's Growth.” IZA Discussion Paper No. 4764, Institute for the Study of Labor, Bonn, Germany, February 2010. http://dx.doi.org/10.2139/ssrn.1556552.

・Broz, J. Lawrence, Zhiwen Zhang, and Gaoyang Wang. “Explaining Foreign Support for China's Global Economic Leadership.” *International Organization* 74, no. 3 (June 2020): 417–52. https://doi.org/10.1017/S0020818320000120.

・Brunnermeier, Markus Konrad. *The Resilient Society*. Colorado Springs, CO: Endeavor Literary Press, 2021.（マーカス・K・ブルネルマイヤー『レジリエントな社会――危機から立ち直る力』立木勝・山岡由美訳、日本経済新聞出版、2022年）

・Cai, Fang, and Meiyan Wang. “A Counterfactual Analysis on Unlimited Surplus Labor in Rural China.” *China and World Economy* 16, no. 1 (January–February 2008): 51–65. https://doi.org/10.1111/j.1749-124X.2008.00099.x.

・Campbell, Douglas L., and Karsten Mau. “On ‘Trade Induced Technical Change: The Impact of Chinese Imports on Innovation, IT, and Productivity.’ ” *Review of Economic Studies* 88, no. 5 (October 2021): 2555– 59. https://doi.org/10.1093/restud/rdab037.

・Case, Anne, and Angus Deaton. *Deaths of Despair and the Future of Capitalism*. Princeton, NJ: Princeton University Press, 2020.（アン・ケース、アンガス・ディートン『絶望死のアメリカ――資本主義がめざすべきもの』松本裕訳、みすず書房、2021年）

・Chang, HaJoon. Bad Samaritans: *The Guilty Secrets of Rich Nations and the Threat to Global Prosperity*. London: Random House, 2008.

・Charles, Kerwin Kofi, Erik Hurst, and Mariel Schwartz. “The Transformation of Manufacturing and the Decline in US Employment.” *NBER Macroeconomics Annual* 33, no. 1 (2019): 307–72. https://doi.org/10.1086/700896.

・Chen, Ting, and James Kai-sing Kung. “Busting the ‘Princelings’: The Campaign against Corruption in China's Primary Land Market.” *Quarterly Journal of Economics* 134, no. 1 (February 2019): 185–226. https://doi.org/https://doi.org/10.1093/qje/qjy027.

・Chen, Ting, Laura Xiaolei Liu, Wei Xiong, and LiAn Zhou. “Real Estate Boom and Misallocation of Capital in China.” Working paper, Princeton University, Princeton, NJ, December 2017. https://editorialexpress.com/cgi-bin/conference/download.cgi?db_name=CICF2018&paper_id=915.

・Chen, Wei, Xilu Chen, Chang- Tai Hsieh, and Zheng Song. “A Forensic Examination of China's National Accounts.” Brookings Papers on Economic Activity, Spring 2019, 77–141. https://www.jstor.org/stable/90000434.

・Chen, Zhiwu. “China's Dangerous Debt: Why the Economy Could Be Headed for Trouble.” *Foreign*

Paper No. 2603022, July 2018. https://papers.ssrn.com/sol3/papers.cfm?abstract_id=2603022.
・Antràs, Pol. "Conceptual Aspects of Global Value Chains." *World Bank Economic Review* 34, no. 3 (October 2020): 551–74. http://hdl.handle.net/10986/33228.
・———. "De-Globalisation? Global Value Chains in the Post- COVID19 Age." NBER Working Paper 28115, National Bureau of Economic Research, Cambridge, MA, November 2020. https://doi.org/10.3386/w28115.
・———. *Global Production: Firms, Contracts, and Trade Structure*. Princeton, NJ: Princeton University Press, 2020.
・Arthur, W. Brian. *The Nature of Technology: What It Is and How It Evolves*. New York: Free Press, 2009.（W・ブライアン・アーサー『テクノロジーとイノベーション――進化／生成の理論』日暮雅通訳、みすず書房、2011年）
・Autor, David H., David Dorn, and Gordon H. Hanson. "The China Syndrome: Local Labor Market Effects of Import Competition in the United States." *American Economic Review* 103, no. 6 (October 2013): 2121– 68. https://doi.org/10.1257/aer.103.6.2121.
・———. "The China Shock: Learning from Labor- Market Adjustment to Large Changes in Trade." *Annual Review of Economics* 8, no. 1 (October 31, 2016): 205–40. https://doi.org/10.1146/annurev-economics-080315-015041.
・Baba, Naohiko, and Frank Packer. "From Turmoil to Crisis: Dislocations in the FX Swap Market before and after the Failure of Lehman Brothers." In "The Global Financial Crisis: Causes, Threats and Opportunities," edited by Mark P. Taylor. Special issue, *Journal of International Money and Finance* 28, no. 8 (December 2009): 1350–74. https://doi.org/10.1016/j.jimonfin.2009.08.003.
・Bahaj, Saleem, and Ricardo Reis. "Jumpstarting an International Currency." HKIMR Working Paper No.19/ 2020, Hong Kong Institute for Monetary and Financial Research, December 2020. https://doi.org/10.2139/ssrn.3757279.
・Bai, ChongEn, Chang-Tai Hsieh, and Zheng Song. "Special Deals with Chinese Characteristics." *NBER Macroeconomics Annual* 34, no. 1 (2020): 341–79. https://doi.org/10.1086/707189.
・Bai, ChongEn, Chang- Tai Hsieh, Zheng Song, and Xin Wang. "The Rise of State-Connected Private Owners in China." NBER Working Paper 28170, National Bureau of Economic Research, Cambridge, MA, December 2020. https://doi.org/10.3386/w28170.
・Bai, Yan, Keyu Jin, and Dan Lu. "Misallocation under Trade Liberalization." NBER Working Paper 26188, National Bureau of Economic Research, Cambridge, MA, August 2019. https://doi.org/10.3386/w26188.
・Balsvik, Ragnhild, Sissel Jensen, and Kjell G. Salvanes. "Made in China, Sold in Norway: Local Labor Market Effects of an Import Shock." *Journal of Public Economics* 127 (July 2015): 137–44. https://doi.org/10.1016/j.jpubeco.2014.08.006.
・Becker, Gary S., and H. Gregg Lewis. "On the Interaction between the Quantity and Quality of Children." *Journal of Political Economy* 81, no. 2 (1973): S27988. http://www.jstor.org/stable/1840425.
・Borst, Nicholas, and Nicholas Lardy. "Maintaining Financial Stability in the People's Republic of China during Financial Liberalization." Working Paper No. 154, Peterson Institute for International Economics, Washington, DC, March 2015. https://doi.org/10.2139/ssrn.2588543.
・Bosworth, Barry, and Susan M. Collins. "Accounting for Growth: Comparing China and India." *Journal of Economic Perspectives* 22, no. 1 (Winter 2008): 45–66. https://doi.org/10.1257/jep.22.1.45.
・Brandt, Loren, Chang-Tai Hsieh, and Xiaodong Zhu. "Growth and Structural Transformation in China."

- Acemoglu, Daron, David Autor, David Dorn, Gordon H. Hanson, and Brendan Price. "Import Competition and the Great US Employment Sag of the 2000s." In "Labor Markets in the Aftermath of the Great Recession," edited by David Card and Alexandre Mas. Supplement, *Journal of Labor Economics* 34, no. S1 (January 2016): S141–98. https://doi.org/10.1086/682384.
- Acemoglu, Daron, and Pascual Restrepo. "Robots and Jobs: Evidence from US Labor Markets." *Journal of Political Economy* 128, no. 6 (June 2020): 2188–244. https://doi.org/10.1086/705716.
- Acker, Kevin, Deborah Brautigam, and Yufan Huang. "Debt Relief with Chinese Characteristics." CARI Working Paper Series, no. 39, China Africa Research Initiative, School of Advanced International Studies, Johns Hopkins University, Baltimore, MD, June 2020.
- Adalet, Muge, and Barry Eichengreen. "Current Account Reversals: Always a Problem?" In *G7 Current Account Imbalances: Sustainability and Adjustment*, edited by Richard H. Clarida, 205–46. Chicago: University of Chicago Press, 2007.
- Aiyar, Shekhar, Romain Duval, Damien Puy, Yiqun Wu, and Longmei Zhang. "Growth Slowdowns and the Middle-Income Trap." *Japan and the World Economy* 48 (December 2018): 22–37. https://doi.org/10.1016/j.japwor.2018.07.001.
- Allen, Franklin, Jun Qian, and Meijun Qian. "Law, Finance, and Economic Growth in China." *Journal of Financial Economics* 77, no. 1 (July 2005): 57–116. https://doi.org/10.1016/j.jfineco.2004.06.010.
- Allen, Franklin, Jun Q. J. Qian, Chenyu Shan, and Julie Lei Zhu. "The Development of the Chinese Stock Market." In *The Handbook of China's Financial System*, edited by University Press, 2020. https://doi.org/10.2307/j.ctv11vcdpc.15.
- ———. "Dissecting the Long-Term Performance of the Chinese Stock Market." SSRN 2880021, November 2021. https://doi.org/10.2139/ssrn.2880021.
- Allison, Graham, Kevin Klyman, Karina Barbesino, and Hugo Yen. "The Great Tech Rivalry: China vs. the U.S." Belfer Center for Science and International Affairs, Harvard Kennedy School, Cambridge, MA, December 2021. www.belfercenter.org/sites/default/files/GreatTechRivalry_ChinavsUS_ 211207.pdf.
- Amiti, Mary, Stephen J. Redding, and David E. Weinstein. "The Impact of the 2018 Tariffs on Prices and Welfare." *Journal of Economic Perspectives* 33, no.4 (Fall 2019): 187–210. https://doi.org/10.1257/jep.33.4.187.
- Amstad, Marlene, and Zhiguo He. "Chinese Bond Markets and Interbank Market." In *The Handbook of China's Financial System*, edited by Marlene Amstad, Guofeng Sun, and Wei Xiong, 105–48. Princeton, NJ: Princeton University Press, 2020. https://doi.org/10.2307/j.ctv11vcdpc.9.
- Amstad, Marlene, Guofeng Sun, and Wei Xiong, eds. *The Handbook of China's Financial System*. Princeton, NJ: Princeton University Press, 2020.
- Ananat, Elizabeth Oltmans, and Daniel M. Hungerman. "The Power of the Pill for the Next Generation: Oral Contraception's Effects on Fertility, Abortion, and Maternal and Child Characteristics." *Review of Economics and Statistics* 94, no. 1 (February 2012): 37–51. https://doi.org/10.1162/rest_a_00230.
- Andrews, David M., ed. *International Monetary Power*. Ithaca, NY: Cornell University Press, 2006.
- Ang, Andrew, Jennie Bai, and Hao Zhou. "The Great Wall of Debt: Real Estate, Political Risk, and Chinese Local Government Financing Cost." Georgetown McDonough School of Business Research

foreignaffairs.com/china/world-according-xi-jinping-china-ideologue-kevin-rudd.

4. European Chamber, "European Business in China Position Paper 2022/2023," September 21, 2022, https://www.europeanchamber.com.cn/en/publications-archive/1068/European_Business_ in_China_Position_Paper_2022_2023.

43. Maggiori, Neiman, and Schreger, "International Currencies and Capital Allocation."
44. Guntram B. Wolff and Thomas Walsh, "The Dragon Sneezes, Europe Catches a Cold," *Bruegel* (blog), August 26, 2015, https://www.bruegel.org/2015/08/china-stock-market.
45. BlackRock, "Investors Can Benefit from Diversifying into Chinese Bonds," May 2020, 2022年4月28日閲覧、https://www.blackrock.com/hk/en/insights/investment--inspiration/investors-can-benefit-from-diversifying-into-chinese-bonds. これは5年国債における3年間の週単位の相関関係を示している。10年間では、先進市場国の国債の対前月比総利回りの平均相関関係は0.2である（S&P算出).
46. 1922年、米国議会はフォードニー・マッカンバー関税法を制定した。これは米国史上、とりわけ制裁的かつ保護主義的な関税法で、平均輸入税を約40%まで引き上げた。
47. United Nations Statistics Division, "International Trade Statistics: 1900–1960," May 1962, https://unstats.un.org/unsd/trade/imts/Historical%20data%201900-1960.pdf.
48. Edwin M. Truman, "International Coordination of Economic Policies in the Global Financial Crisis: Successes, Failures, and Consequences," Working Paper No. 19-11, Peterson Institute for International Economics, Washington, DC, July 2019, https://doi.org/10.2139/ssrn.3417234.
49. Organization for Economic Co-operation and Development, *Active with the People's Republic of China* (Paris: OECD, March 2018), 6–7, www.oecd.org/china/active-with-china.pdf.
50. Huaxia, "China Pays in Full Its UN Regular Budget Dues for 2021," Xinhuanet, April 14, 2021, http://www.xinhuanet.com/english/2021-04/14/c_139878726.htm.
51. Infrastructure Consortium for Africa, *Infrastructure Financing Trends in Africa– 2018* (Abidjan, Côte d'Ivoire: Infrastructure Consortium for Africa, 2018), https://www.icafrica.org/fileadmin/documents/IFT_2018/ICA_Infrastructure_Financing_in_Africa_Report_2018_En.pdf.
52. Carmen M. Reinhart and Kenneth S. Rogoff, "Serial Default and the 'Paradox' of Rich-to-Poor Capital Flows," *American Economic Review* 94, no. 2 (May 2004):53–58, https://doi.org/10.1257/0002828041302370.
53. David Dollar, Yiping Huang, and Yang Yao, eds., *Economic Challenges of a Rising Global Power* (Washington, DC: Brookings Institution Press, 2020), 285–386,www.jstor.org/stable/10.7864/j.ctvktrz58.
54. Dollar, Huang, and Yao, *Economic Challenges.*
55. Agatha Kratz, Allen Feng, and Logan Wright, "New Data on the 'Debt Trap' Question," Rhodium Group, April 29, 2019, https://rhg.com/research/new-data-on-the-debt-trap-question.
56. Kevin Acker, Deborah Brautigam, and Yufan Huang, "Debt Relief with Chinese Characteristics," CARI Working Paper Series, no. 39, China Africa Research Initiative, School of Advanced International Studies, Johns Hopkins University, Baltimore, MD, June 2020, https://ssrn.com/abstract=3745021.

第10章

1. Thomas Piketty, Li Yang, and Gabriel Zucman, "Capital Accumulation, Private Property, and Rising Inequality in China, 1978–2015," *American Economic Review* 109, no. 7 (July 2019): 2469–96, https://doi.org/10.1257/aer.20170973.
2. State Council of the People's Republic of China, "The State Council Adopted Various Measures to Support Small Enterprise Development," May 27, 2021, http://www.gov.cn/zhengce/2021 05/27/content_5612867.htm.
3. Kevin Rudd, "The World According to Xi Jinping," *Foreign Affairs*, October 10, 2022, https://www.

Policy Papers 2015, no. 41 (July 16, 2015), https://doi.org/10.5089/9781498344319.007.

30. データは以下による。BIS Triennial Central Bank Survey 2019. 以下の方法で測定。 Matteo Maggiori, Brent Neiman, and Jesse Schreger in "International Currencies and Capital Allocation," NBER Working Paper 24673, National Bureau of Economic Research, Cambridge, MA, May 2018, https://doi.org/10.3386/w24673 およびMatteo Maggiori, Brent Neiman, and Jesse Schreger, "The Rise of the Dollar and Fall of the Euro as International Currencies," *AEA Papers and Proceedings* 109 (May 2019): 521–26, https://doi.org/10.1257/pandp.20191007.
31. International Monetary Fund, "Review of the Method of Valuation of the SDR."
32. Maurice Obstfeld and Alan M Taylor, "Globalization and Capital Markets," in *Globalization in Historical Perspective*, eds. Michael D. Bordo, Alan M. Taylor, and Jeffrey G. Williamson (Chicago: University of Chicago Press, 2003), 121–88.
33. Muge Adalet and Barry Eichengreen, "Current Account Reversals: Always a Problem?," in *G7 Current Account Imbalances: Sustainability and Adjustment*, ed. Richard H. Clarida (Chicago: University of Chicago Press, 2007), 205–46.
34. Thomas Piketty and Gabriel Zucman, "Capital Is Back: Wealth-Income Ratios in Rich Countries 1700–2010," *Quarterly Journal of Economics* 129, no. 3 (August 2014): 1255–310, https://doi.org/10.1093/qje/qju018.
35. Barry Eichengreen, Arnaud Mehl, and Livia Chițu, *How Global Currencies Work: Past, Present, and Future* (Princeton, NJ: Princeton University Press, 2018), 164.
36. Sebastian Horn, Carmen M. Reinhart, and Christoph Trebesch, "China's Overseas Lending," *Journal of International Economics* 133 (November 2021), https://doi.org/10.1016/j.jinteco.2021.103539.
37. Bahaj and Reis, "Jumpstarting an International Currency."
38. Eichengreen, Mehl, and Chițu, *How Global Currencies Work*, 30–41.
39. Livia Chițu, Barry Eichengreen, and Arnaud Mehl, "When Did the Dollar Overtake Sterling as the Leading International Currency? Evidence from the Bond Markets," *Journal of Development Economics* 111 (November 2014): 225–45, https://doi.org/10.1016/j.jdeveco.2013.09.008.
40. Barry Eichengreen, *Exorbitant Privilege: The Rise and Fall of the Dollar* (Oxford: Oxford University Press, 2012)バリー・アイケングリーン『とてつもない特権――君臨する基軸通貨ドルの不安』小浜裕久監訳、勁草書房、2012年)
41. CEIC Data. CEIC, "China Market Capitalization: % of GDP," 2022年4月28日閲覧、https://www.ceicdata.com/en/indicator/china/market-capitalization--nominal-gdp; CEIC, "United States Market Capitalization: % of GDP," 2022年4月28日閲覧、https://www.ceicdata.com/en/indicator/united-states/market-capitalization--nominal-gdp; CEIC, "Malaysia Market Capitalization: % of GDP," 2022年4月28日閲覧、https://www.ceicdata.com/en/indicator/malaysia/market-capitalization--nominal-gdp; CEIC, "Thailand Market Capitalization: % of GDP," 2022年4月28日閲覧、https://www.ceicdata.com/en/indicator/thailand/market-capitalization--nominal-gdp; CEIC, "Brazil Market Capitalization: % of GDP," 2022年4月28日閲覧、https://www.ceicdata.com/en/indicator/brazil/market-capitalization--nominal-gdp.[aa]
42. Marlene Amstad and Zhiguo He, "Chinese Bond Markets and Interbank Market," in *The Handbook of China's Financial System*, eds. Marlene Amstad, Guofeng Sun, and Wei Xiong (Princeton, NJ: Princeton University Press, 2020), 105–48, https://doi.org/10.2307/j.ctv11vcdpc; "China's Bond Market—the Last Great Frontier," S&P Global Ratings, April 15, 2021, https://www.spglobal.com/ratings/en/research/articles/210415-china-s-bond-market-the-last-great-frontier-11888676.

14. "The Causes and Consequences of China's Market Crash," *The Economist*, August 24, 2015, https://www.economist.com/news/2015/08/24/the-causes-and-consequences-of-chinas-market-crash.

15. Gita Gopinath and Jeremy C. Stein, "Banking, Trade, and the Making of a Dominant Currency," *Quarterly Journal of Economics* 136, no. 2 (May 2021): 783–830, https://doi.org/10.1093/qje/qjaa036.

16. David M. Andrews, ed., *International Monetary Power* (Ithaca, NY: Cornell University Press, 2006), 7–28.

17. Benjamin J. Cohen, *The Future of Money* (Princeton, NJ: Princeton University Press, 2006).

18. Rachelle Younglai and Roberta Rampton, "U.S. Pushes EU, SWIFT to Eject Iran Banks," Reuters, February 15, 2012, https://www.reuters.com/article/us-iran-usa-swift/u-s-pushes-eu-swift-to-eject-iran-banks-idUSTRE81F00I20120216.

19. "The Search to Find an Alternative to the Dollar," *The Economist*, January 18, 2020, https://www.economist.com/leaders/2020/01/18/the-search-to-find-an-alternative-to-the-dollar.

20. "America's Aggressive Use of Sanctions Endangers the Dollar's Reign," *The Economist*, January 18, 2020, https://www.economist.com/briefing/2020/01/18/americas-aggressive-use-of-sanctions-endangers-the-dollars-reign.

21. Zhitao Lin, Wenjie Zhan, and Yin Wong Cheung, "China's Bilateral Currency Swap Lines," *China and World Economy* 24, no. 6 (November–December 2016): 19–42, https://doi.org/10.1111/cwe.12179.

22. Naohiko Baba and Frank Packer, "From Turmoil to Crisis: Dislocations in the FX Swap Market before and after the Failure of Lehman Brothers," in "The Global Financial Crisis: Causes, Threats and Opportunities," ed. Mark P. Taylor, special issue, *Journal of International Money and Finance* 28, no. 8 (December 2009): 1350–74, https://doi.org/10.1016/j.jimonfin.2009.08.003およびCho Hoi Hui, Hans Genberg, and Tsz-Kin Chung, "Funding Liquidity Risk and Deviations from Interest-Rate Parity during the Financial Crisis of 2007–2009," *International Journal of Finance and Economics* 16, no. 4 (October 2011): 307– 23, https://doi.org/10.1002/ijfe.427.

23. Scott O'Malia, "Action Needed to Address EM Dollar Shortfall," ISDA (International Swaps and Derivatives Association), April 14, 2020, https://www.isda.org/2020/04/14/action-needed-to-address-em-dollar-shortfall.

24. J. Lawrence Broz, Zhiwen Zhang, and Gaoyang Wang, "Explaining Foreign Support for China's Global Economic Leadership," *International Organization* 74, no. 3 (June 2020):417–52, https://doi.org/10.1017/S0020818320000120.

25. Gerard Baker, Carol E. Lee, and Michael C. Bender, "Trump Says Dollar 'Getting Too Strong,' Won't Label China a Currency Manipulator," *Wall Street Journal*, April 12,2017, https://www.wsj.com/articles/trump-says-dollar-getting-too-strong-wont-label-china-currency-manipulator-1492024312.

26. Barry Eichengreen, "Ragnar Nurkse and the International Financial Architecture," *Baltic Journal of Economics* 18, no. 2 (2018): 118–28, https://doi.org/10.1080/1406099X.2018.1540186.

27. Ethan Ilzetzki, Carmen M. Reinhart, and Kenneth S. Rogoff, "The Country Chronologies to Exchange Rate Arrangements into the 21st Century: Will the Anchor Currency Hold?," NBER Working Paper 23135, National Bureau of Economic Research, Cambridge, MA, February 2017, https://doi.org/10.3386/w23135.

28. データはThe IMF's Currency Composition of Official Foreign Exchange Reserves (COFER) databaseを参照。また、同デ　タは以下より閲覧可能。https://data.imf.org/?sk=E6A5F467-C14B-4AA8-9F6D-5A09EC4E62A4.

29. International Monetary Fund, "Review of the Method of Valuation of the SDR— Initial Considerations,"

第９章
1. Robert E. Lipsey, "Foreign Direct Investment and the Operations of Multinational Firms: Concepts, History, and Data," NBER Working Paper 8665, National Bureau of Economic Research, Cambridge, MA, December 2001, https://doi.org/10.3386/w8665.
2. Saleem Bahaj and Ricardo Reis, "Jumpstarting an International Currency," HKIMR Working Paper No.19/2020, Hong Kong Institute for Monetary and Financial Research, December 2020, https://doi.org/10.2139/ssrn.3757279.
3. Ramon Moreno, Dubravko Mihaljek, Agustin Villar, and Előd Takáts, "The Global Crisis and Financial Intermediation in Emerging Market Economies: An Overview," *BIS Papers*, No. 54, Bank for International Settlements, December 2010, https://www.bis.org/publ/bppdf/bispap54.pdf.
4. Tarek El-Tablawy, "Egypt Moves Closer to IMF Loan with China Currency Swap Deal," Bloomberg.com, October 30, 2016, https://www.bloomberg.com/news/articles/2016-10-30/egypt-moves-closer-to-imf-loan-with-china-currency-swap-deal.
5. Emmanuel Farhi and Matteo Maggiori, "A Model of the International Monetary System," *Quarterly Journal of Economics* 133, no. 1 (2018): 295–355, https://doi.org/10.1093/qje/qjx031.
6. 金融資産・負債総額のGDP比により測定。データは以下による。International Monetary Fund, "Balance of Payments and International Investment Position," 2022年4月28日閲覧、https://data.imf.org/?sk=7A51304B-6426-40C0-83DD-CA473CA1FD52; World Bank, "GDP (Current US$): China, United States," 2022年4月28日閲覧、https://data.worldbank.org/indicator/NY.GDP.MKTP.CD.
7. 貿易の開放性は輸出入総額のGDP比で測定、金融の開放性は金融資産・負債総額のGDP比で測定。出典： IMF Balance of Payments and International Investment Position Statistics, World Bank.
8. WIND, "Statistics on Mainland Stocks: Statistics on Foreign Ownership,"以下を介して2022年4月28日閲覧。WIND Financial Terminal; Evelyn Cheng, "Overseas Investors Are Snapping Up Mainland Chinese Bonds," CNBC, May 21, 2021, https://www.cnbc.com/2021/05/21/overseas-investors-buy-up-mainland-chinese-bonds-in-a-search-for-yield.html; 以下による分析。Bloomberg News, "China's Finance World Opens Up to Foreigners, Sort Of," *Washington Post*, September 24, 2020, https://www.washingtonpost.com/business/chinas-finance-world-opens-up-to-foreigners-sort-of/2020/09/24/e168d5c8-fee0-11ea-b0e4-350e4e60cc91_story.html; Federal Reserve, "Assets and Liabilities of U.S. Branches and Agencies of Foreign Banks," March 2022, https://www.federalreserve.gov/data/assetliab/current.htm.
9. International Monetary Fund, "Coordinated Portfolio Investment Survey," April 22, 2022, https://data.imf.org/?sk=B981B4E3-4E58-467E-9B90-9DE0C3367363.
10. Yanliang Miao and Tuo Deng, "China's Capital Account Liberalization: A Ruby Jubilee and Beyond," *China Economic Journal* 12, no. 3 (2019): 245–71, https://doi.org/10.1080/17538963.2019.1670472.
11. Ana Maria Santacreu and Heting Zhu, "China's Foreign Reserves Are Declining. Why, and What Effects Could This Have?," *On the Economy* (blog), Federal Reserve Bank of St. Louis, October 3, 2017, https://www.stlouisfed.org/on-the-economy/2017/october/china-foreign-reserves-declining-effects.
12. Robert Peston, "China Devalues Yuan Currency to Three-Year Low," BBC News, August 11, 2015, https://www.bbc.com/news/business-33858433.
13. "China Capital Outflows Rise to Estimated $1 Trillion in 2015," Bloomberg News, January 25, 2016, https://www.bloomberg.com/news/articles/2016-01-25/china-capital-outflows-climb-to-estimated-1-trillion-in-2015.

(July 2014): 1643–75, https://doi.org/10.1111/jeea.12092.

24. Kyle Handley and Nuno Limão, "Policy Uncertainty, Trade, and Welfare: Theory and Evidence for China and the United States," *American Economic Review* 107, no. 9 (September 2017): 2731–83, https://doi.org/10.1257/aer.20141419.
25. Pablo D. Fajgelbaum and Amit K. Khandelwal, "Measuring the Unequal Gains from Trade," *Quarterly Journal of Economics* 131, no. 3 (March 2016): 1113–80, https://doi.org/10.1093/qje/qjw013.
26. Johan Hombert, Adrien Matray, and Daniel Brown, "Yes, You Can Outmuscle Chinese Imports through Innovation and R& D," *Forbes*, April 25, 2018, https://www.forbes.com/sites/hecparis/2018/04/25/how-us-manufacturers-can-outmuscle-chinese-imports-through-innovation-and-rd.
27. Daniel Michaels, "Foreign Robots Invade American Factory Floors," *Wall Street Journal*, March 26, 2017, https://www.wsj.com/articles/powering-americas-manufacturing-renaissance-foreign-robots-1490549611.
28. Nicholas Bloom, Miko Draca, and John Van Reenen, "Trade Induced Technical Change? The Impact of Chinese Imports on Innovation, IT, and Productivity," *Review of Economic Studies* 83, no. 1 (January 2016): 87–117, https://doi.org/10.1093/restud/rdv039.
29. Johan Hombert and Adrien Matray, "Can Innovation Help U.S. Manufacturing Firms Escape Import Competition from China?," *Journal of Finance* 73, no. 5 (October 2018): 2003–39, https://doi.org/10.1111/jofi.12691.
30. Dani Rodrik, *The Globalization Paradox: Why Global Markets, States, and Democracy Can't Coexist* (Oxford: Oxford University Press, 2012), 67–88（ダニ・ロドリック『グローバリゼーション・パラドクス――世界経済の未来を決める三つの道』柴山桂太・大川良文訳、白水社、2013年）
31. Ha-Joon Chang, *Bad Samaritans: The Guilty Secrets of Rich Nations and the Threat to Global Prosperity* (London: Random House, 2008), 19–39.
32. Shang-Jin Wei, "Misreading China's WTO Record Hurts Global Trade," Project Syndicate, December 11, 2021, https://www.project-syndicate.org/commentary/misreading-china-wto-record-hurts-global-trade-by-shang-jin-wei-2021-12.
33. Fareed Zakaria, *Ten Lessons for a Post-Pandemic World* (New York: W. W. Norton, 2021)（ファリード・ザカリア『パンデミック後の世界10の教訓』上原裕美子訳、日本経済新聞出版、2021年、229–230ページより引用）
34. Lili Yan Ing, Miaojie Yu, and Rui Zhang, "The Evolution of Export Quality: China and Indonesia," in *World Trade Evolution*, eds. Lili Yan Ing and Miaojie Yu (London: Routledge, 2018), 261–302.
35. Daisuke Wakabayashi and Tripp Mickle, "Tech Companies Slowly Shift Production Away from China," *New York Times*, September 1, 2022, sec. Business, https://www.nytimes.com/2022/09/01/business/tech-companies-china.html.
36. Siqi Ji, "How China, Japan's Hot Trade and Economic Relationship Is Being Tested by Cold Politics," *South China Morning Post*, August 18, 2022, https://www.scmp.com/economy/china-economy/article/3189234/how-china-japans-hot-trade-and-economic-relationship-beingおよびJeffrey Kucik and Rajan Menon, "Can the United States Really Decouple from China?," Foreign Policy, January 11, 2022, https://foreignpolicy.com/2022/01/11/us-china-economic-decoupling-trump-biden.
37. Stephen Ross Yeaple, "The Multinational Firm," *Annual Review of Economics* 5, no. 1 (August 2013): 193 217, https://doi.org/10.1146/annurev economics 081612 071350.
38. State Council of the People's Republic of China, "China and the World in the New Era," September 27, 2019, http://www.gov.cn/zhengce/2019-09/27/content_5433889.htm.

in the United States," *American Economic Review* 103, no. 6 (October 2013): 2121–68, https://doi.org/10.1257/aer.103.6.2121; David H. Autor, David Dorn, and Gordon H. Hanson, "The China Shock: Learning from Labor-Market Adjustment to Large Changes in Trade," *Annual Review of Economics* 8, no. 1 (October 31, 2016): 205–40, https://doi.org/10.1146/annurev-economics-080315-015041.

13. Daron Acemoglu and Pascual Restrepo, "Robots and Jobs: Evidence from US Labor Markets," *Journal of Political Economy* 128, no. 6 (June 2020): 2188–244, https://doi.org/10.1086/705716.
14. Teresa C. Fort, Justin R. Pierce, and Peter K. Schott, "New Perspectives on the Decline of US Manufacturing Employment," *Journal of Economic Perspectives* 32, no. 2 (Spring 2018): 47–72, https://doi.org/10.1257/jep.32.2.47.
15. Kerwin Kofi Charles, Erik Hurst, and Mariel Schwartz, "The Transformation of Manufacturing and the Decline in US Employment," *NBER Macroeconomics Annual* 33, no. 1 (2019): 307–72, https://doi.org/10.1086/700896.
16. Katherine Eriksson, Katheryn N. Russ, Jay C. Shambaugh, and Minfei Xu, "Reprint: Trade Shocks and the Shifting Landscape of U.S. Manufacturing," *Journal of International Money and Finance* 111 (March 2021): 102–254, https://doi.org/10.1016/j.jimonfin.2021.102407.
17. Anne Case and Angus Deaton, *Deaths of Despair and the Future of Capitalism* (Princeton, NJ: Princeton University Press, 2020), 9–10（アン・ケース、アンガス・ディートン『絶望死のアメリカ――資本主義がめざすべきもの』松本裕訳、みすず書房、2021年、10ページより引用）
18. "U.S.-China Trade War Has Cost up to 245,000 U.S. Jobs: Business Group Study," Reuters, January 14, 2021, https://www.reuters.com/article/us-usa-trade-china-jobs-idUSKBN29J2O9.
19. Zhi Wang, Shang-Jin Wei, Xinding Yu, and Kunfu Zhu, "Re-examining the Effects of Trading with China on Local Labor Markets: A Supply Chain Perspective," NBER Working Paper 24886, National Bureau of Economic Research, Cambridge, MA, August 2018, https://www.nber.org/papers/w24886; Robert Feenstra, Hong Ma, Akira Sasahara, and Yuan Xu, "Reconsidering the 'China Shock' in Trade," Center for Economic Policy Research, January 18, 2018, https://cepr.org/voxeu/columns/reconsidering-china-shock-trade.
20. Teresa Fort, Justin Pierce, and Peter Schott, "The Evolution of US Manufacturing," Center for Economic Policy Research, August 18, 2020, https://cepr.org/voxeu/columns/evolution-us-manufacturing.
21. Gene M. Grossman and Elhanan Helpman, "Protection for Sale," *American Economic Review* 84, no. 4 (September 1994): 833–50, https://www.jstor.org/stable/2118033.
22. 2000年から10年にかけて、アメリカでは輸入全体における中国からの輸入のシェアは25ポイント増えた。イギリスとオランダでは16ポイント、スペイン、イタリア、ドイツでは14ポイント増えた。フランスとスウェーデンでは最も低く、中国からの輸入のシェアの上昇は13ポイントだった。これらの数字は以下による。Dalia Marin, "The China Shock: Why Germany Is Different," Center for Economic Policy Research, September 7, 2017, https://cepr.org/voxeu/columns/china-shock-why-germany-different. また、ノルウェーにおける製造業の雇用減少の10%が中国ショックによるものと推定される。以下を参照。Ragnhild Balsvik, Sissel Jensen, and Kjell G. Salvanes, "Made in China, Sold in Norway: Local Labor Market Effects of an Import Shock," *Journal of Public Economics* 127 (July 2015): 137–44, https://doi.org/10.1016/j.jpubeco.2014.08.006.
23. Wolfgang Dauth, Sebastian Findeisen, and Jens Suedekum, "The Rise of the East and the Far East: German Labor Markets and Trade Integration," *Journal of the European Economic Association* 12, no. 6

org/10.3898/136266211798411183.

19. Elsa B. Kania, "China's Quantum Future," *Foreign Affairs*, September 26, 2018, https://www.foreignaffairs.com/articles/china/2018-09-26/chinas-quantum-future.
20. Keyu Jin, "How China Is Fighting the Chip War with America," *New York Times*, October 27, 2022, https://www.nytimes.com/2022/10/27/opinion/china-america-chip-tech-war.html.
21. Jon Schmid and Fei-Ling Wang, "Beyond National Innovation Systems: Incentives and China's Innovation Performance," *Journal of Contemporary China* 26, no. 104 (2017): 280–96, https://doi.org/10.1080/10670564.2016.1223108.
22. このたとえは、アメリカの政治学者グレアム・アリソンと清華大学公共管理学院教授で院長の薛瀾（シュエ・ラン）との会話による。

第８章

1. Pol Antràs, "De-Globalisation? Global Value Chains in the Post - COVID-19 Age," NBER Working Paper 28115, National Bureau of Economic Research, Cambridge, MA, November 2020, https://doi.org/10.3386/w28115.
2. Xiaohua Li and Wenxuan Li, "The Transformation of China's Manufacturing Competitive Advantage in the 40 Years of Reform and Opening-Up," *Southeast Academic Research* 5 (2018): 12.
3. Fang Cai and Meiyan Wang, "A Counterfactual Analysis on Unlimited Surplus Labor in Rural China," *China and World Economy* 16, no. 1 (January–February 2008): 51–65, https://doi.org/10.1111/j.1749-124X.2008.00099.x.
4. Pol Antràs, "Conceptual Aspects of Global Value Chains," *World Bank Economic Review* 34, no. 3 (October 2020): 551–74, http://hdl.handle.net/10986/33228.
5. World Trade Organization, *Global Value Chain Development Report 2019: Technological Innovation, Supply Chain Trade, and Workers in a Globalized World* (Geneva: World Trade Organization, 2019), https://documents.worldbank.org/curated/en/384161555079173489.
6. Accenture, "Globality and Complexity of the Semiconductor Ecosystem," Accenture, February 21, 2020, https://www.accenture.com/cz-en/insights/high-tech/semiconductor-ecosystem.
7. Yuqing Xing, "How the iPhone Widens the U.S. Trade Deficit with China: The Case of the iPhone X," *Frontiers of Economics in China* 15, no. 4 (2020): 642–58, https://doi.org/10.3868/s060-011-020-0026-8.
8. Xin Li, Bo Meng, and Zhi Wang, "Recent Patterns of Global Production and GVC Participation," in *Global Value Chain Development Report 2019* (Washington, DC: World Bank Group, 2019), 9–44.
9. Mary Amiti, Stephen J. Redding, and David E. Weinstein, "The Impact of the 2018 Tariffs on Prices and Welfare," *Journal of Economic Perspectives* 33, no. 4 (Fall 2019):187–210, https://doi.org/10.1257/jep.33.4.187.
10. US Bureau of Labor Statistics, "Workforce Statistics in Manufacturing: Employment (in Thousands)," 2022年4月28日閲覧、https://www.bls.gov/iag/tgs/iag31-33.htm#workforce.
11. Bob Davis and Jon Hilsenrath, "How the China Shock, Deep and Swift, Spurred the Rise of Trump," *Wall Street Journal*, August 11, 2016.
12. Daron Acemoglu, David Autor, David Dorn, Gordon H. Hanson, and Brendan Price, "Import Competition and the Great US Employment Sag of the 2000s," in "Labor Markets in the Aftermath of the Great Recession," eds. David Card and Alexandre Mas, supplement, *Journal of Labor Economics* 34, no. S1 (January 2016): S141–98, https://doi.org/10.1086/682384; David H. Autor, David Dorn, and Gordon H. Hanson, "The China Syndrome: Local Labor Market Effects of Import Competition

雅通訳、みすず書房、2011年）
4. Christina Larson, "From Imitation to Innovation: How China Became a Tech Superpower," *Wired*, February 13, 2018, https://www.wired.co.uk/article/how-china-became-tech-superpower-took-over-the-west.
5. Yu Zhou, William Lazonick, and Yifei Sun, eds., *China as an Innovation Nation* (Oxford: Oxford University Press, 2016), 133–162.
6. Scott Malcomson, "How China Became the World's Leader in Green Energy: And What Decoupling Could Cost the Environment," *Foreign Affairs*, February 28, 2020, https://www.foreignaffairs.com/articles/china/2020-02-28/how-china-became-worlds-leader-green-energy.
7. Kai-Fu Lee, *AI Superpowers: China, Silicon Valley, and the New World Order* (Boston: Houghton Mifflin, 2018), 30–42.（李開復『AI世界秩序——米中が支配する「雇用なき未来」』上野元美訳、日本経済新聞出版、2020年）
8. Hal Varian, "Artificial Intelligence, Economics, and Industrial Organization," in *The Economics of Artificial Intelligence: An Agenda*, eds. Ajay Agrawal, Joshua Gans, and Avi Goldfarb (Chicago, London: University of Chicago Press, 2018), 399–419.
9. Sheena Chestnut Greitens, *Dealing with Demand for China's Global Surveillance Exports*, Brookings Institution, April 2020, www.brookings.edu/research/dealing-with-demand-for-chinas-global-surveillance-exports.
10. Aaron Klein, China's Digital Payments Revolution, Brookings Institution, April 2020, www.brookings.edu/wp-content/uploads/2020/04/FP_20200427_china_digital_payments_klein.pdf.
11. Harald Hau, Yi Huang, Hongzhe Shan, and Zixia Sheng, "How FinTech Enters China's Credit Market," *AEA Papers and Proceedings* 109 (May 2019): 60–64, doi.org/10.1257/pandp.20191012; Lili Dai, Jianlei Han, Jing Shi, and Bohui Zhang, "Debt Collection through Digital Footprints," SSRN 4135159, August 2022, https://doi.org/10.2139/ssrn.4135159.
12. Jianwei Xing, Eric Zou, Zhentao Yin, Yong Wang, and Zhenhua Li, " 'Quick Response' Economic Stimulus: The Effect of Small - Value Digital Coupons on Spending," NBER Working Paper 27596, National Bureau of Economic Research, Cambridge, MA, July 2020, https://doi.org/10.3386/w27596; Qiao Liu, Qiaowei Shen, Zhenghua Li, and Shu Chen, "Stimulating Consumption at Low Budget: Evidence from a Large-Scale Policy Experiment amid the COVID-19 Pandemic," *Management Science* 67, no. 12 (December 2021): 7291–7307, https://doi.org/10.1287/mnsc.2021.4119.
13. Keyu Jin, Tao Jin, and Yifei Ren, "Fiscal Policy through Fintech Platforms," Working Paper, London School of Economics and Political Science, October 2022.
14. Allison, Klyman, Barbesino, and Yen, "The Great Tech Rivalry."
15. Michelle Tang, "Ride- -Hailing in Latin America: A Race between Uber and Didi's 99," *Measurable AI* (blog), August 18, 2022, https://blog.measurable.ai/2022/08/18/ride-hailing-in-latin-america-a-race-between-uber-and-didis-99.
16. Clive Thompson, "Inside the Machine That Saved Moore's Law," *MIT Technology Review*, October 27, 2021, https://www.technologyreview.com/2021/10/27/1037118/moores–law–computer-chips.
17. Che Pan, "China's Top Chip Maker SMIC Achieves 7-Nm Tech Breakthrough on Par with Intel, TSMC and Samsung, Analysts Say," *South China Morning Post*, August 29, 2022, https://www.scmp.com/tech/big-tech/article/3190590/chinas-top-chip-maker-smic-achieves-7-nm-tech-breakthrough-par-intel.
18. Mariana Mazzucato, "The Entrepreneurial State," *Soundings* 49 (Winter 2011): 131–42, https://doi.

Rules and Credit Booms," *Journal of Political Economy* 129, no. 10 (October 2021): 2721–65, https://doi.org/10.1086/715074.
29. Zhuo Chen, Zhiguo He, and Chun Liu, "The Financing of Local Government in China: Stimulus Loan Wanes and Shadow Banking Waxes," *Journal of Financial Economics* 137, no. 1 (July 2020): 42–71, https://doi.org/10.1016/j.jfineco.2019.07.009; Zheng Michael Song and Wei Xiong, "Risks in China's Financial System," NBER Working Paper 24230, National Bureau of Economic Research, Cambridge, MA, January 2018, https://doi.org/10.3386/w24230; China Banking Wealth Management Registration and Custody Center, *China Wealth Management Products Market Annual Report (2016)*, May 19, 2017, http://www.efnchina.com/uploadfile/2017/0531/20170531032656799.pdf.
30. 委託貸付は銀行を受託者として使用する企業間の貸付である。中国で非金融企業間の貸付は禁じられており、銀行が手数料をとって貸付を代行する。
31. Zhiwu Chen, "China's Dangerous Debt: Why the Economy Could Be Headed for Trouble," *Foreign Affairs* 94, no. 3 (May/June 2015): 13–18, www.jstor.org/stable/24483658.
32. "Development and Reform Commission: The Composition of 4 Trillion Yuan Investment and Latest Progress of Investment Projects," http://www.gov.cn/gzdt 2009-05/21/content_1321149.htm.
33. Chong-En Bai, Chang-Tai Hsieh, Zheng Song, and Xin Wang, "The Rise of State-Connected Private Owners in China," NBER Working Paper 28170, National Bureau of Economic Research, Cambridge, MA, December 2020, https://doi.org/10.3386/w28170.
34. Chen, He, and Liu, "The Financing of Local Government in China."
35. Andrew Ang, Jennie Bai, and Hao Zhou, "The Great Wall of Debt: Real Estate, Political Risk, and Chinese Local Government Financing Cost," Georgetown McDonough School of Business Research Paper No. 2603022, July 2018, https://papers.ssrn.com/sol3/papers.cfm?abstract_id=2603022.
36. Chen, He, and Liu, "The Financing of Local Government in China."
37. Fitch Ratings, "Rating Report: China Evergrande Group," July 5, 2021, https://www.fitchratings.com/research/corporate-finance/china-evergrande-group-05-07-2021.
38. Song and Xiong, "Risks in China's Financial System."
39. 以下の論文を参照。Song and Xiong, "Risks in China's Financial System."
40. Zhiyong Yang, Cin Zhang, and Linmin Tang, "Chinese Academy of Social Sciences: How Risky Is Local Government Debt," *The Paper*, December 2, 2019, https://www.thepaper.cn/newsDetail_forward_5119321.
41. 毎年の貯蓄フローを年間の支払利息額で割ることで、この数字は簡単に計算できる。この比率は、アメリカが2007年に住宅ローン危機に陥る前に比べて８倍も高い。

第７章

1. Kai-Fu Lee, "Kai-Fu Lee on How Covid Spurs China's Great Robotic Leap Forward," *The Economist*, June 25, 2020, https://www.economist.com/by-invitation/2020/06/25/kai-fu-lee-on-how-covid-spurs-chinas-great-robotic-leap-forward.
2. Graham Allison, Kevin Klyman, Karina Barbesino, and Hugo Yen, "The Great Tech Rivalry: China vs. the U.S.," Belfer Center for Science and International Affairs, Harvard Kennedy School, Cambridge, MA, December 2021, www.belfercenter.org/sites/default/files/GreatTechRivalry_ChinavsUS_211207.pdf.
3. W. Brian Arthur, *The Nature of Technology: What It Is and How It Evolves* (New York: Free Press, 2009), 24（W・ブライアン・アーサー『テクノロジーとイノベーション——進化／生成の理論』日暮

Financial System, eds. Amstad, Sun, and Xiong.

11. Franklin Allen, Jun Q. J. Qian, Chenyu Shan, and Julie Zhu, "Dissecting the Long-Term Performance of the Chinese Stock Market," SSRN 2880021, November 2021, https://doi.org/10.2139/ssrn.2880021.
12. U.S.-China Economic and Security Review Commission, "Chinese Companies Listed on Major U.S. Stock Exchanges," March 31, 2022, https://www.uscc.gov/research/chinese-companies-listed-major-us-stock-exchanges.
13. これらの数字は以下のデータをもとに計算している。Allen, Qian, Shan, and Zhu in "Dissecting the Long-Term Performance of the Chinese Stock Market."
14. Alexandra Stevenson, Michael Forsythe, and Cao Li, "China and Evergrande Ascended Together. Now One Is About to Fall," *New York Times*, September 28, 2021, https://www.nytimes.com/2021/09/28/business/china-evergrande-economy.html.
15. Grace Xing Hu, Jun Pan, and Jiang Wang, "Chinese Capital Market: An Empirical Overview," NBER Working Paper 24346, National Bureau of Economic Research, Cambridge, MA, February 2018, https://doi.org/10.3386/w24346およびCharles M. Jones, Donghui Shi, Xiaoyan Zhang, and Xinran Zhang, "Understanding Retail Investors: Evidence from China," SSRN 3628809, October 2021, https://doi.org/10.2139/ssrn.3628809.
16. Jeremy C. Stein and Adi Sunderam, "The Fed, the Bond Market, and Gradualism in Monetary Policy," *Journal of Finance* 73, no. 3 (June 2018): 1015–60, https://doi.org/10.1111/jofi.12614.
17. Glaeser, Huang, Ma, and Shleifer, "A Real Estate Boom with Chinese Characteristics."
18. Bin Zhang et al., "New Citizens and New Models: The Real Estate Market for the Future," China Finance 40 Forum, June 1, 2022, http://www.cf40.org.cn/Uploads/Picture/2022/06/01/u6297090ccd409.pdf.
19. Kenneth S. Rogoff and Yuanchen Yang, "Peak China Housing," NBER Working Paper 27697, National Bureau of Economic Research, Cambridge, MA, August 2020, https://doi.org/10.3386/w27697.
20. Rogoff and Yang, "Peak China Housing."
21. Hanming Fang, Quanlin Gu, Wei Xiong, and Li An Zhou, "Demystifying the Chinese Housing Boom," *NBER Macroeconomics Annual* 30, no. 1 (2016): 105–66, https://doi.org/10.1086/685953および Chang Liu and Wei Xiong, "China's Real Estate Market," in *The Handbook of China's Financial System*, eds. Amstad, Sun, and Xiong.
22. 2003年から13年までの住宅ローンに関するデータを使用。その後の2013年から17年までの70都市の指数は国家統計局の提供によるもので、住宅の質が調整されている。
23. Liu and Xiong, "China's Real Estate Market."
24. Ting Chen, Laura Xiaolei Liu, Wei Xiong, and Li-An Zhou, "Real Estate Boom and Misallocation of Capital in China," Working Paper, Princeton University, Princeton, NJ, December 2017, https://editorialexpress.com/cgi-bin/conference/download.cgi?db_name=CICF2018&paper_id=915.
25. 中国の上場不動産企業は総資産負債比率が平均80%だが、アメリカでは57%、イギリスでは37%だ。これについては以下を参照。 CEIC, "CN: Listed Company: Debt to Asset Ratio," 2022年4月28日閲覧、https://insights.ceicdata.com/series/234354101_SR2937736.
26. Institute of Social Science Survey (ISSS) of Peking University, "China Family Panel Studies (CFPS)," 2022年10月1日閲覧、https://www.isss.pku.edu.cn/cfps/en.
27. かつてのゴーストタウンの変貌については、以下を参照。www.sohu.com/a/133489588_141721.
28. この点については以下の鋭い論考を参照のこと。Kinda Hachem and Zheng Song, "Liquidity

Quality? Evidence from China's System of Central Environmental Protection Inspections," *International Journal of Environmental Research and Public Health* 16, no. 5 (March 2019): 850, https://doi.org/10.3390/ijerph16050850.
9. Bei Qin, David Strömberg, and Yanhui Wu, "Why Does China Allow Freer Social Media? Protests versus Surveillance and Propaganda," *Journal of Economic Perspectives* 31, no. 1 (Winter 2017): 117–40, https://doi.org/10.1257/jep.31.1.117.
10. Markus K. Brunnermeier, *The Resilient Society* (Colorado Springs, CO: Endeavor Literary Press, 2021), 13–19（マーカス・K・ブルネルマイヤー『レジリエントな社会――危機から立ち直る力』立木勝・山岡由美訳、日本経済新聞出版、2022年）

第6章

1. Franklin Allen, Jun "QJ" Qian, Chenyu Shan, and Julie Zhu, "Dissecting the Long–Term Performance of the Chinese Stock Market," SSRN 2880021, November 2021, https://doi.org/10.2139/ssrn.2880021; Franklin Allen, Jun Q. J. Qian, Chenyu Shan, and Julie Lei Zhu, "The Development of the Chinese Stock Market," in *The Handbook of China's Financial System*, eds. Marlene Amstad, Guofeng Sun, and Wei Xiong (Princeton, NJ: Princeton University Press, 2020), 283–313, https://doi.org/10.2307/j.ctv11vcdpc.15.
2. Edward Glaeser, Wei Huang, Yueran Ma, and Andrei Shleifer, "A Real Estate Boom with Chinese Characteristics," *Journal of Economic Perspectives* 31, no. 1 (Winter 2017): 93–116, https://doi.org/10.1257/jep.31.1.93.
3. Nargiza Salidjanova, "China's Stock Market Meltdown Shakes the World, Again," U.S.-China Economic and Security Review Commission, January 14, 2016, www.uscc.gov/sites/default/files/Research/Issue%20brief%20-%20China%27s%20Stocks%20Fall%20Again.pdf.
4. "The Causes and Consequences of China's Market Crash," *The Economist*, August 24, 2015, https://www.economist.com/news/2015/08/24/the-causes-and-consequences-of-chinas-market-crash.
5. World Bank data, "Domestic Credit to Private Sector by Banks (% of GDP)– China," 2022年4月28日閲覧、https://data.worldbank.org/indicator/FD.AST.PRVT.GD.ZS?locations=CN; "Domestic Credit to Private Sector by Banks (% of GDP)–United States," 2022年4月28日閲覧、https://data.worldbank.org/indicator/FD.AST.PRVT.GD.ZS?locations=US.
6. CEIC, "China Market Capitalization: % of GDP," 2022年4月28日閲覧、https://www.ceicdata.com/en/indicator/china/market-capitalization-nominal-gdp; CEIC, "United States Market Capitalization: % of GDP," 2022年4月28日閲覧、https://www.ceicdata.com/en/indicator/united-states/market-capitalization-nominal-gdpおよびMarlene Amstad and Zhiguo He, "Chinese Bond Markets and Interbank Market," in *The Handbook of China's Financial System*, eds. Amstad, Sun, and Xiong, 105–48.
7. Zhiguo He and Wei, "China's Financial System and Economy," NBER Working Paper 30324, National Bureau of Economic Research, Cambridge, MA, August 2022, https://doi.org/10.3386/w30324.
8. データは以下による。St. Louis Fed FRED. "Mutual Fund Assets to GDP for China," 2022年4月28日閲覧、https://fred.stlouisfed.org/series/DDDI07CNA156NWDB; "Mutual Fund Assets to GDP for United States," 2022年4月28日閲覧、https://fred.stlouisfed.org/series/DDI07USA156NWDB.
9. Nicholas Borst and Nicholas Lardy, "Maintaining Financial Stability in the People's Republic of China during Financial Liberalization," Working Paper No. 15 4, Peterson Institute for International Economics, Washington, DC, March 2015, https://doi.org/10.2139/ssrn.2588543.
10. Franklin Allen et al., "The Development of the Chinese Stock Market," in *The Handbook of China's*

14. 中国企業のデータは、中国国家統計局が実施した製造企業の年間調査による。このデータには、1998年から2007年までのあいだに500万元（約60万ドル）以上の売上があった非国有企業とすべての国有企業が含まれる。これらの結果は以下による。Yan Bai, Keyu Jin, and Dan Lu, "Misallocation under Trade Liberalization," NBER Working Paper 26188, National Bureau of Economic Research, Cambridge, MA, August 2019, https://doi.org/10.3386/w26188, この著者らは企業レベルで歪みを測定し、それを税と補助金によるものと解釈した。
15. Yasheng Huang and Heiwai Tang, "Are Foreign Firms Favored in China? Firm-Level Evidence on the Collection of Value-Added Taxes," *Journal of International Business Policy* 1, no. 1–2 (June 2018): 71–91, https://doi.org/10.1057/s42214-018-0006-z.
16. Feng Li, "Why Western Digital Firms Have Failed in China," *Harvard Business Review*, August 14, 2018, https://hbr.org/2018/08/why-western-digital-firms-have-failed-in-china.
17. David Greenaway, Alessandra Guariglia, and Zhihong Yu, "The More the Better? Foreign Ownership and Corporate Performance in China," *European Journal of Finance* 20, no. 7–9 (2014): 681–702, https://doi.org/10.1080/1351847X.2012.671785.
18. Chunling Li and Yunqing Shi, *Experience, Attitudes and Social Transition: A Sociological Study of the Post–1980 Generation* (Beijing: Social Sciences Academic Press, 2013), 350–52.

第５章

1. Rana Mitter and Elsbeth Johnson, "What the West Gets Wrong about China," Harvard Business Review, May 1, 2021, https://hbr.org/2021/05/what-the-west-gets-wrong-about-china.
2. Pierre F. Landry, Xiaobo Lü, and Haiyan Duan, "Does Performance Matter? Evaluating Political Selection along the Chinese Administrative Ladder," *Comparative Political Studies* 51, no. 8 (2018): 1074–105, https://doi.org/10.1177/0010414017730078.
3. Charlotte Gao, "China's Anti - Graft Campaign: 527,000 People Punished in 2017," *The Diplomat*, January 12, 2018, https://thediplomat.com/2018/01/chinas-anti-graft-campaign-527000-people-punished-in-2017.
4. Trevor Tombe and Xiaodong Zhu, "Trade, Migration, and Productivity: A Quantitative Analysis of China," *American Economic Review* 109, no. 5 (May 2019): 1843–72, https://doi.org/10.1257/aer.20150811.
5. Wei Chen et al., "A Forensic Examination of China's National Accounts," Brookings Papers on Economic Activity, Spring 2019, 77–141, https://www.jstor.org/stable/90000434.
6. 2008年に三鹿 (サンルー)の粉ミルクにメラミンが混入していたという悪名高き事件が起きると、食品の安全性、とくに国産の乳児用調製粉乳に対する不安が長期的に高まった。栄養価検査に合格するために、タンパク質値を高める目的でミルクにメラミンを混入させたのは地元の原乳業者たちだったが、三鹿の経営陣は自社の製品が消費者の健康に害を及ぼすとわかってからも生産を中止せず、メラミン入りのミルクを販売し続けた。汚染されたミルクを飲んだ６人の乳児が死亡し、30万人が病気になり、その多くが透析治療を一生受けなければならなくなった。三鹿の女性会長は終身刑の判決を受け、この国有企業は破産した。この悲惨な事件には22の企業が関与しており、この事件がきっかけで、乳児用粉ミルクへの規制が強化されるようになった。
7. Gene M. Grossman and Alan B. Krueger, "Economic Growth and the Environment," *Quarterly Journal of Economics* 110, no. 2 (May 1995): 353–77, https://doi.org/10.2307/2118443.
8. Ruxin Wu and Piao Hu, "Does the 'Miracle Drug' of Environmental Governance Really Improve Air

Rural," 2022年 4月28日閲覧、https://insights.ceicdata.com/series/365359527_SR88609007.

17. Yang Du, "Changes of College Student Employment and Policy Suggestions," *People's Daily*, September 16, 2022, http://finance.people.com.cn/n1/2022/0916/c444648-32527858.html.

第 4 章

1. Mao Yarong, "Private Enterprises Contribute More Than 60% of GDP and More Than 50% of National Tax Revenue," Yicai (December 23, 2019), https://www.yicai.com/news/100444934.html.
2. Chong-En Bai, Chang-Tai Hsieh, and Zheng Song, "Special Deals with Chinese Characteristics," *NBER Macroeconomics Annual* 34, no. 1 (2020): 341–79, https://doi.org/10.1086/707189.
3. National Bureau of Statistics, *Statistics Yearbook 2001: Employment by Urban and Rural Areas at Year-End* (2002), www.stats.gov.cn/tjsj/ndsj/zgnj/2000/E04c.htm.
4. 1989年から96年にかけて、大部分の郷鎮企業が解体された。市場統合が進み競争が激しくなると、郷鎮企業は公的に差別を受けるようになり、さらに政府が外国企業を優遇しはじめたことで、郷鎮企業はその競争力を失った。この問題については以下を参照。Yasheng Huang, "How Did China Take Off ?," *Journal of Economic Perspectives* 26, no. 4 (Fall 2012): 147–70, https://doi.org/10.1257/jep.26.4.147.
5. 温州市および昆山市の企業の調査による。以下を参照。Figure 4 in Franklin Allen, Jun Qian, and Meijun Qian, "Law, Finance, and Economic Growth in China," *Journal of Financial Economics* 77, no. 1 (July 2005): 57–116, https://doi.org/10.1016/j.jfineco.2004.06.010.
6. Chang-Tai Hsieh and Zheng (Michael) Song, "Grasp the Large, Let Go of the Small: The Transformation of the State Sector in China," Brookings Papers on Economic Activity, Spring 2015, 295–366, https://doi.org/10.1353/eca.2016.0005.
7. 工業系国有企業の平均資産規模は1999年の1億3400万元から2008年には9億2300万元に拡大した。これについては以下を参照。Gao Xu, "State-Owned Enterprises in China: How Big Are They?," *East Asia & Pacific on the Rise* (blog), World Bank, January 19, 2010, https://blogs.worldbank.org/eastasiapacific/state-owned-enterprises-in-china-how-big-are-they.
8. 1949年に中華人民共和国が誕生して以来、地方政府には立法権が与えられた。この問題については以下を参照。Chenggang Xu, "The Fundamental Institutions of China's Reforms and Development," *Journal of Economic Literature* 49, no. 4 (December 2011): 1076–151, https://doi.org/10.1257/jel.49.4.1076.
9. Di Guo, Kun Jiang, Byung-Yeon Kim, and Chenggang Xu, "Political Economy of Private Firms in China," in "Economic Systems in the Pacific Rim Region Symposium," ed. Josef C. Brada, special issue, *Journal of Comparative Economics* 42, no. 2 (May 2014): 286–303, https://doi.org/10.1016/j.jce.2014.03.006.
10. Bai, Hsieh, and Song, "Special Deals with Chinese Characteristics."
11. Qiaomei Du, "7 Billion: Why Did NIO Headquarters Finally Land in Hefei," *NetEase News* (May 6, 2020), https://auto.163.com/20/0506/07/FBU6IPRI000884MR.html.
12. Chong-En Bai, Chang-Tai Hsieh, Zheng Song, and Xin Wang, "The Rise of State- Connected Private Owners in China," NBER Working Paper 28170, National Bureau of Economic Research, Cambridge, MA, December 2020, www.nber.org/system/files/working_papers/w28170/w28170.pdf. ここで使用しているのは国家工商行政管理総局の企業登録データである。
13. 外国投資家は中国で外資系企業を法人化するために、通常、共同出資事業、協調的合弁事業、完全外資企業という 3 つの事業形態をとる。

基礎年金保険の対象になった。さらに2006年には、第16回中国共産党中央委員会第6回全体会議で、都市部と農村部の両方の住民を対象とした社会保障制度の構築と改善が提案され、2009年から15年にかけて一連の措置が導入された。2020年には、都市部および農村部の成人の約84%が基礎年金保険の対象となった。この問題については以下も参照。 Li Yang, "Towards Equity and Sustainability? China's Pension System Reform Moves Center Stage," SSRN, June 2021, https://doi.org/10.2139/ssrn.3879895.

4. Gary S. Becker and H. Gregg Lewis, "On the Interaction between the Quantity and Quality of Children," *Journal of Political Economy* 81, no. 2 (1973): S279–88, http://www.jstor.org/stable/1840425.
5. Tencent, *Aggressive Post- 00s 2019 Tencent Post- 00s Research Report*.
6. Quanbao Jiang, Shuzhuo Li, and Marcus W. Feldman, "China's Missing Girls in the Three Decades from 1980 to 2010," *Asian Women* 28, no. 3 (September 2012): 53–73.
7. Avraham Ebenstein, "The 'Missing Girls' of China and the Unintended Consequences of the One Child Policy," *Journal of Human Resources* 45, no. 1 (Winter 2010): 87–115, https://doi.org/10.1353/jhr.2010.0003.
8. Wei Huang, Xiaoyan Lei, and Ang Sun, "Fertility Restrictions and Life Cycle Outcomes: Evidence from the One-Child Policy in China," *Review of Economics and Statistics* 103, no. 4 (October 2021): 694–710, https://doi.org/10.1162/rest_a_00921. この調査から、この政策による産児制限の施行によって、女性の高校卒業率が4.5ポイント上昇し（平均35%）、男性の高卒率よりも3.1ポイント（13%）高かった。
9. Emily Hannum, Yuping Zhang, and Meiyan Wang, "Why Are Returns to Education Higher for Women Than for Men in Urban China?," *China Quarterly* 215 (September 2013): 616–40, https://doi.org/10.1017/s0305741013000696.
10. Huang, Lei, and Sun, "Fertility Restrictions and Life Cycle Outcomes."
11. Erica Field and Attila Ambrus, "Early Marriage, Age of Menarche, and Female Schooling Attainment in Bangladesh," *Journal of Political Economy* 116, no. 5 (October 2008): 881–930, https://doi.org/10.1086/593333.
12. Vanessa L. Fong, "China's One-Child Policy and the Empowerment of Urban Daughters," *American Anthropologist* 104, no. 4 (December 2002): 1098–109, https://doi.org/10.1525/aa.2002.104.4.1098.
13. Claudia Goldin and Lawrence F. Katz, "The Power of the Pill: Oral Contraceptives and Women's Career and Marriage Decisions," *Journal of Political Economy* 110, no. 4 (August 2002): 730–70, https://doi.org/10.1086/340778.
14. Huang, Lei, and Sun, "Fertility Restrictions and Life Cycle Outcomes,"の推定によれば、避妊用ピルを利用できることはアメリカの若い女性の大学進学率を2〜3%上昇させた。一方、一人っ子政策は中国女性の大学進学率を34%上昇させたという。以下も参照。Elizabeth Oltmans Ananat and Daniel M. Hungerman, "The Power of the Pill for the Next Generation: Oral Contraception's Effects on Fertility, Abortion, and Maternal and Child Characteristics," *Review of Economics and Statistics* 94, no. 1 (February 2012): 37–51, https://doi.org/10.1162/rest_a_00230.
15. Shang-Jin Wei and Xiaobo Zhang, "The Competitive Saving Motive: Evidence from Rising Sex Ratios and Savings Rates in China," *Journal of Political Economy* 119, no. 3 (June 2011): 511–64, https://doi.org/10.1086/660887.
16. CEIC data, "CN: Disposable Income per Capita: Ytd: Urban," 2022年４月28日閲覧、https://insights.ceicdata.com/series/5049701_SR526054. 以下も参照。"Disposable Income per Capita: Ytd:

189（アビジット・V・バナジー、エステル・デュフロ『絶望を希望に変える経済学——社会の重大問題をどう解決するか』村井章子訳、日本経済新聞出版、2020年、275ページより引用）
25. Loren Brandt, Chang-Tai Hsieh, and Xiaodong Zhu, "Growth and Structural Transformation in China," in *China's Great Economic Transformation*, eds. Loren Brandt and Thomas G. Rawski (New York: Cambridge University Press, 2008), 683–728.
26. Zhu, "Understanding China's Growth."
27. Chong-En Bai, Chang-Tai Hsieh, and Yingyi Qian, "The Return to Capital in China," NBER Working Paper 12755, National Bureau of Economic Research, Cambridge, MA, December 2006, https://doi.org/10.3386/w12755.
28. Keyu Jin, "China's Steroids Model of Growth," in *Meeting Globalization's Challenges*, eds. Luís Catão and Maurice Obstfeld (Princeton, NJ: Princeton University Press, 2019), 77–93.
29. 世界正義プロジェクト2019年版「法の支配指数」によれば、中国は126カ国中82位だった。世界銀行事業環境ランキングでは、中国は2015年に90位だったが、2019年には31位に上昇した。世界経済フォーラムの「2019年の国際競争力レポート」によれば、中国は「制度（コーポレートガバナンス）」の指標については、141カ国中72位だった。
30. 中国所得分配研究所によるデータ。"Chinese Household Income Project (CHIP) Dataset," 2022年10月1日閲覧。http://www.ciidbnu.org/chip/index.asp. 以下も参照。Qiaoyi Li, "600m with $140 Monthly Income Worries Top," *Global Times*, May 29, 2020, https://www.globaltimes.cn/content/1189968.shtml.
31. Hongbin Li, Prashant Loyalka, Scott Rozelle, and Binzhen Wu, "Human Capital and China's Future Growth," *Journal of Economic Perspectives* 31, no. 1 (Winter 2017): 25–48, https://doi.org/10.1257/jep.31.1.25.
32. Trevor Tombe and Xiaodong Zhu, "Trade, Migration, and Productivity: A Quantitative Analysis of China," *American Economic Review* 109, no. 5 (May 2019): 1843–72, https://doi.org/10.1257/aer.20150811.

第3章

1. Martin King Whyte, Wang Feng, and Yong Cai, "Challenging Myths about China's One-Child Policy," *China Journal* 74 (July 2015): 144–59, https://doi.org/10.1086/681664.
2. 2005年に実施された人口サンプル調査は、中国全省の人口1%のデータを提供するもので、それによると、都市部の高齢人口（65歳以上）の約半数にとって家族からの支援がおもな収入源であることがわかった。さらに「中国における健康および老後に関する追跡調査（CHARLS)」(2011年)によれば、40代と50代の人々は自分たちが高齢になっても同様のパターンが継続され、少なくとも収入の半分は子どもたちに頼れると考えていることがわかった。この調査では、都市部の45歳から65歳までの全人口サンプルに「高齢になったとき誰に支援を頼れると思うか」と尋ねた。CHARLS (2008年) では、都市部世帯の高齢者の45%が子どもと同居していることもわかった。さらに詳しい情報は以下を参照。Taha Choukhmane, Nicolas Coeurdacier, and Keyu Jin, "The One-Child Policy and Household Saving," Working paper, July 2017, https://personal.lse.ac.uk/jink/pdf/onechildpolicy_ccj.pdf.
3. この問題については以下を参照。"A Decision on Establishing a Unified Basic Pension System for Enterprise Workers," State Council Document, 1997, 26. 1997年から98年にかけて、国務院は、都市部の従業員の基礎年金と医療保険制度を確立した。2002年には、都市部の労働者の58%が

cjas.v4i1.1767およびChristian Jochim, "Confucius and Capitalism: Views of Confucianism in Works on Confucianism and Economic Development," *Journal of Chinese Religions* 20, no. 1 (1992): 135–71, https://doi.org/10.1179/073776992805307539.

8. Tan Kong Yam, "Pattern of Asia Pacific Economic Growth and Implications for China," paper presented at the Symposium on Economic Trade Cooperation between China and Asian Pacific Region, Beijing, October 28–31, 1989, 11–12. 以下より引用。Tu Wei-Ming, "The Rise of Industrial East Asia: The Role sf Confucian Values," *Copenhagen Papers in East and Southeast Asian Studies* 4 (1989): 90–91.
9. Loren Brandt, Debin Ma, and Thomas G. Rawski, "From Divergence to Convergence: Reevaluating the History behind China's Economic Boom," *Journal of Economic Literature* 52, no. 1 (March 2014): 45–123, https://doi.org/10.1257/jel.52.1.45.
10. Loren Brandt and Thomas G. Rawski, eds., *China's Great Economic Transformation* (Cambridge: Cambridge University Press, 2010), 5.
11. Wei Li and Dennis Tao Yang, "The Great Leap Forward: Anatomy of a Central Planning Disaster," *Journal of Political Economy* 113, no. 4 (August 2005): 840–77, https://doi.org/10.1086/430804.
12. Brandt and Rawski, *China's Great Economic Transformation*, 170.
13. Ross Garnaut, Ligang Song, and Cai Fang, eds., *China's 40 Years of Reform and Development: 1978– 2018* (Acton, Australia: Australian National University, 2018), 11.
14. Zeping Ren, Jiajin Ma, and Zhiheng Luo, *Report on China's Private Economy: 2019*, Evergrande Research Institute. 2019, http://pdf.dfcfw.com/pdf/H3_AP201910161368844678_1.pdf.
15. Barry Bosworth, and Susan M. Collins, "Accounting for Growth: Comparing China and India," *Journal of Economic Perspectives* 22, no. 1 (Winter 2008): 45–66, https://doi.org/10.1257/jep.22.1.45.
16. Dwight H. Perkins and Thomas G. Rawski, "Forecasting China's Economic Growth to 2025," in *China's Great Economic Transformation*, eds. Loren Brandt and Thomas G. Rawski (Cambridge: Cambridge University Press, 2008), 829–86.
17. Jinghai Zheng, Arne Bigsten, and Angang Hu, "Can China's Growth Be Sustained? A Productivity Perspective," *World Development* 37, no. 4 (April 2009): 874–88, https://doi.org/10.1016/j.worlddev.2008.07.008.
18. Loren Brandt and Xiaodong Zhu, "Accounting for China's Growth," IZA Discussion Paper No. 4764, Institute for the Study of Labor, Bonn, Germany, February 2010, http://dx.doi.org/10.2139/ssrn.1556552.
19. Shekhar Aiyar, Romain Duval, Damien Puy, Yiqun Wu, and Longmei Zhang, "Growth Slowdowns and the Middle-Income Trap," *Japan and the World Economy* 48 (December 2018): 22–37, https://doi.org/10.1016/j.japwor.2018.07.001. 資本シェアと生産関数についての仮定の違いにより推定値に差が生じている。
20. Xiaodong Zhu, "Understanding China's Growth: Past, Present, and Future," *Journal of Economic Perspectives* 26, no. 4 (Fall 2012): 103–24, https://doi.org/10.1257/jep.26.4.103.
21. Loren Brandt et al., "China's Productivity Slowdown and Future Growth Potential," Policy Research Working Paper, 9298, World Bank, Washington, DC, June 2020, https://openknowledge.worldbank.org/handle/10986/33993.
22. Brandt and Zhu, "Accounting for China's Growth."
23. データは米国商務省経済分析局が発表した国民所得生産勘定による。https://apps.bea.gov/iTable/iTable.cfm?reqid=19&step=2#reqid=19&step=2&isuri=1&1921=survey.
24. Abhijit V. Banerjee and Esther Duflo, *Good Economics for Hard Times* (New York: PublicAffairs, 2021),

第1章

1. Thomas Piketty, Li Yang, and Gabriel Zucman, "Capital Accumulation, Private Property, and Rising Inequality in China, 1978–2015," *American Economic Review* 109, no. 7 (July 2019): 2469–96, https://doi.org/10.1257/aer.20170973.
2. Christian Haerpfer et al., eds., *World Values Survey: Round Seven–Country-Pooled Datafile Version 3.0* (Madrid and Vienna: JD Systems Institute & WVSA Secretariat, 2020), https://doi.org/10.14281/18241.16. 以下を参照。survey question 150.
3. Edward Cunningham, Tony Saich, and Jesse Turiel, "Understanding CCP Resilience: Surveying Chinese Public Opinion through Time," Ash Center for Democratic Governance and Innovation, Harvard Kennedy School, July 2020, https://ash.harvard.edu/files/ash/files/final_policy_brief_7.6.2020.pdf.
4. Haerpfer et al., *World Values Survey*. 以下参照。survey question 71.
5. Deborah Lehr, "Trust in China," Edelman, January 18, 2022, https://www.edelman.com/trust/2022-trust-barometer/trust-china. 以下も参照。Cary Wu et al., "Chinese Citizen Satisfaction with Government Performance during COVID-19," *Journal of Contemporary China* 30, no. 132 (March 17, 2021): 930–44, https://doi.org/10.1080/10670564.2021.1893558.
6. オンライン調査では、46万人以上の人々に、西側の複数政党制は現在の中国に適さないと思うかを尋ねた。1985年以降生まれの回答者の約38%がこれに同意したが、その30年前に生まれた回答者でこの考えに賛同したのは約16%にすぎなかった。この調査データは以下による。Jennifer Pan and Yiqing Xu, "China's Ideological Spectrum," *Journal of Politics* 80, no. 1 (January 2018): 254–73, https://doi.org/10.1086/694255.
7. Li and Shi, Experience, *Attitudes and Social Transition*, 338–61.

第2章

1. Angus Maddison, Maddison Database 2010, www.rug.nl/ggdc/historicaldevelopment/maddison/releases/maddison-database-2010.
2. シンガポールは42年間 8%を超える年間成長率を維持し、香港も31年間それを維持した。日本は20年間にわたり急成長を続けたが、その前の数十年間は戦後のキャッチアップの時期で、破壊された資本ストックを迅速に再建した。
3. Robert E. Lucas Jr., "Making a Miracle," *Econometrica* 61, no. 2 (March 1993): 251–72, https://doi.org/10.2307/2951551.
4. Nicholas R. Lardy, *Markets over Mao: The Rise of Private Business in China* (Washington, DC: Peterson Institute for International Economics, 2014).
5. 世界価値観調査は90カ国を対象とした包括的なデータベースであり、25万人以上の参加者に自身の価値観や信念に関連するトピックについて、1000項目以上の質問に答えてもらうものだ。
6. Christian Haerpfer et al., eds, *World Values Survey: Round Seven–Country–Pooled Datafile Version 3.0* (Madrid and Vienna: JD Systems Institute & WVSA Secretariat, 2020), questions 7–17, https://doi.org/10.14281/18241.16.
7. この問題についてはたとえば以下を参照。Tu Wei-ming, "The Rise of Industrial East Asia: The Role of Confucian Values," *Copenhagen Journal of Asian Studies* 4 (1989): 81–97, https://doi.org/10.22439/

*
* *

著者

ジン・クーユー（Keyu Jin / 金刻羽）

ロンドン・スクール・オブ・エコノミクス（LSE）経済学准教授。
1982年北京市生まれ。14歳で渡米し、ニューヨークの高校を卒業後、
ハーバード大学にてPh.D.（経済学）取得。
イエール大学、UCLAなどで教鞭をとったのち、現職。
専門は国際マクロ経済学、国際貿易論、中国経済。
アメリカン・エコノミック・レビュー誌をはじめ、
著名な国際学術誌に多くの論文を発表するほか、
ニューヨーク・タイムズ、フィナンシャル・タイムズ、
ウォール・ストリート・ジャーナル、タイム誌にも寄稿。
初の単著となる本書は、中国経済に関する十分な情報と
理解しやすい議論の枠組みを示し、高く評価された。

監訳者

梶谷 懐（かじたに・かい）

神戸大学大学院経済学研究科教授。
2001年に神戸大学大学院経済学研究科より博士号を取得（経済学）。
神戸学院大学経済学部准教授などを経て、2014年より現職。
著書に『中国経済講義』（中公新書）、『日本と中国経済』（ちくま新書）、
『「壁と卵」の現代中国論』（人文書院）、
『現代中国の財政金融システム』（名古屋大学出版会、大平正芳記念賞）、
『幸福な監視国家・中国』（NHK出版新書、高口康太との共著）ほか多数。

訳者

西川美樹（にしかわ・みき）

翻訳家。
訳書にブランコ・ミラノヴィッチ『資本主義だけ残った』、
ジェイムズ・Q・ウィットマン『ヒトラーのモデルはアメリカだった』（以上、みすず書房）、
ユリア・エブナー『ゴーイング・ダーク』『ゴーイング・メインストリーム』（左右社）、
エドウィン・ブラック『弱者に仕掛けた戦争』（共訳、人文書院）ほか。

新中国経済大全　資本主義と社会主義を超えて

2024年12月12日　1版1刷

著者 ―――――― ジン・クーユー

監訳者 ―――――― 梶谷 懐

訳者 ―――――― 西川美樹

発行者 ―――――― 中川ヒロミ

発行 ―――――― 株式会社日経BP
日本経済新聞出版

発売 ―――――― 株式会社日経BPマーケティング
〒105-8308　東京都港区虎ノ門4-3-12

装丁 ―――――― 川添英昭

本文デザイン ―――― 野網デザイン事務所

本文DTP ―――――― 株式会社CAPS

印刷・製本 ―――――― シナノ印刷株式会社

ISBN 978-4-296-11911-0　Printed in Japan